Jurisprudence

DE

LA COUR ROYALE

D'ORLÉANS,

Par M. Colas De La Noue,

DOYEN DES CONSEILLERS A LA COUR ROYALE D'ORLÉANS.

TOME PREMIER.

PARIS.

Charles Béchet, Libraire, Quai des Augustins, N.° 57.

1826.

ANGERS, MAME AÎNÉ, IMPRIMEUR DU ROI.

JURISPRUDENCE

DE

LA COUR ROYALE

D'ORLÉANS.

•••

CET OUVRAGE SE TROUVE A ORLÉANS

CHEZ L'AUTEUR, PLACE DU MARTROI, N.º 8.

•••

ANGERS, MAME AÎNÉ, IMPRIMEUR DU ROI.

JURISPRUDENCE

DE

LA COUR ROYALE

D'ORLÉANS,

PAR M. COLAS DE LA NOUE,

DOYEN DES CONSEILLERS A LA COUR ROYALE D'ORLÉANS.

Jurisprudentia parùm proficit, nisi bene et frequenter.
applicetur.   (*Molin, de feudis.*)

Tome Premier.

PARIS.

Charles Béchet, Libraire, Quai des Augustins, N.° 57.

1826.

AVERTISSEMENT.

Cᴇᴛ ouvrage contient un grand nombre d'arrêts de la Cour Royale d'Orléans, recueillis depuis 1811, jusqu'au mois de février 1826. Quelques-uns remontent à une époque antérieure à l'année 1811. Chaque article est précédé d'un exposé sommaire du sujet. Pour faciliter les recherches, les matières sont classées par ordre alphabétique, et les affaires sont placées suivant leur date dans l'article auquel elles appartiennent.

Dans l'Introduction qui va suivre, l'Auteur a exposé les principes généraux de la Jurisprudence, et a parcouru rapidement l'Histoire de la Législation des peuples anciens. Passant ensuite à la France, il est entré dans quelques détails sur les Parlemens, les Présidiaux, etc., et particulièrement sur les Juridictions qui ont précédé la Cour Royale d'Orléans.

L'Auteur continuera à rassembler les nouvelles décisions de cette Cour, et il les publiera quand elles seront assez nombreuses pour former un troisième volume.

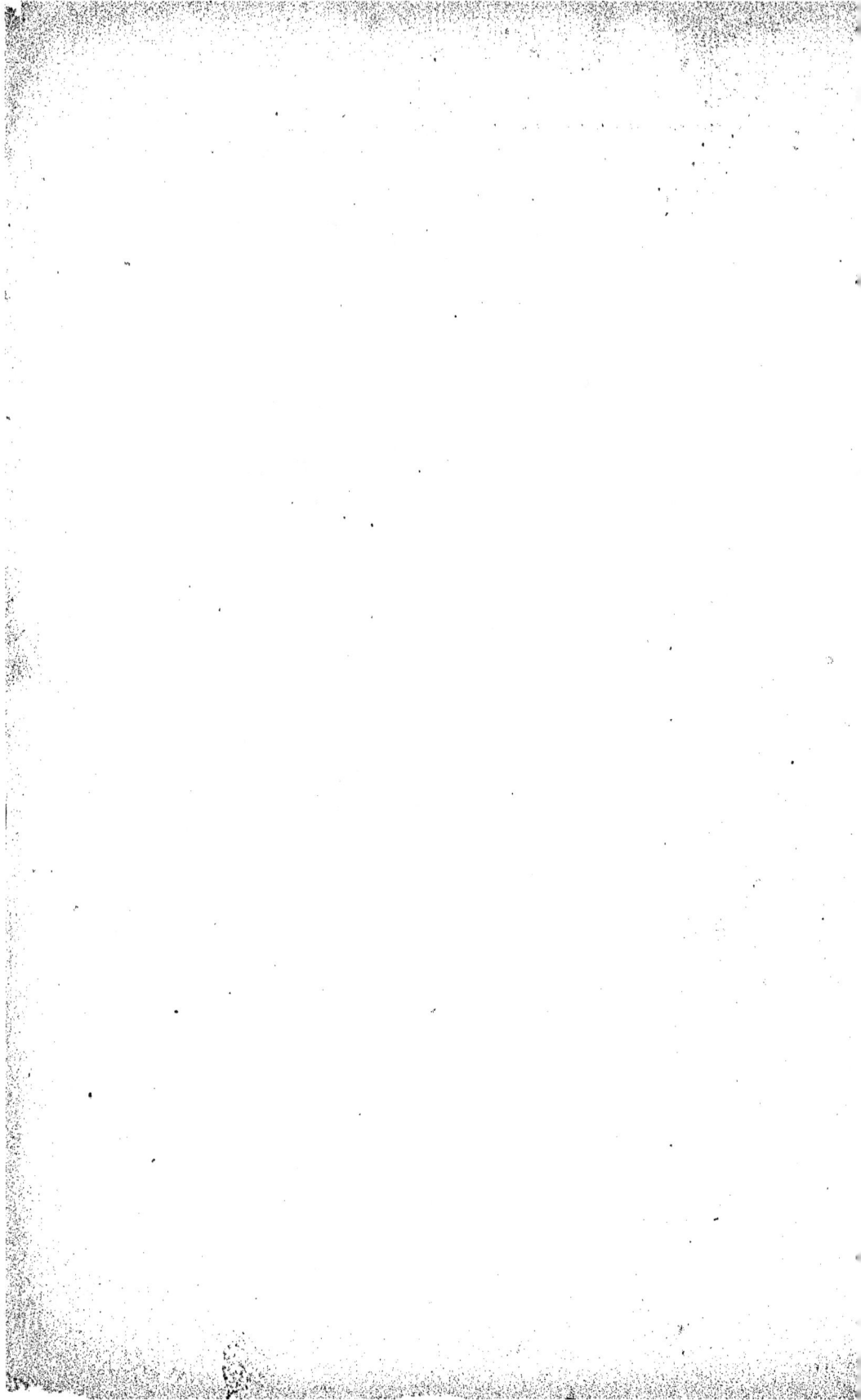

INTRODUCTION.

I. La science des lois serait peu utile, si l'on ne possédait en même temps l'art de les appliquer. *Juris scientia parum proficit, nisi bene et frequenter applicetur.* Cet axiôme de Dumoulin [1] est une vérité de tous les temps, et admise chez tous les peuples civilisés. A la théorie du droit doit se joindre la connaissance des débats judiciaires; l'érudition seule ne suffit point pour résoudre des difficultés sans cesse renaissantes, et que toute la sagesse du législateur n'a pu prévoir.

Fixer la jurisprudence, et obtenir par l'application des lois des règles de décisions sûres et invariables, voilà le but des efforts constans des jurisconsultes anciens et modernes. Quand Justinien fit réunir en un seul corps l'immense compilation des lois romaines, les Pandectes ne furent qu'un choix de tous les jugemens des préteurs, des réponses des *prudens*, et des rescripts des empereurs. Cette collection entière, dit Heineccius [2], aurait pu charger plusieurs chameaux.

Les monumens de la législation Française n'ont guères été moins nombreux, et depuis 1789 seulement, le volumineux recueil du *Bulletin des lois* at-

---

[1] *De feudis tit.* 1, *art.* 1.
[2] *Element. juris in præmium instit.*, §. 1.

teste combien la pensée du législateur est variable.
La série des décrets rendus pendant notre révolution
est un véritable cours d'histoire.

Pourquoi s'étonner de la mobilité et même de
la contrariété des lois qui nous régissent? C'est la
conséquence des passions humaines; l'expérience
ne les apaise point, elles renaissent avec les
générations, l'éducation religieuse peut seule les
comprimer. Les bonnes lois ne seraient pas faites
sans les mauvaises mœurs. *Bonæ leges ex malis mori-
bus proficiscuntur.* On ne les verrait point autant multipliées, si elles ne tendaient à réprimer un grand
nombre de vices : *ubi multæ leges, ibi regnare et multa
vitia.* C'est aux premières contestations qui s'élevèrent parmi les hommes que la loi dut sa naissance,
puis la loi à son tour fit naître de nouveaux procès;
ce qui a fait dire à un poète du moyen âge: *lis ge-
nuit leges, legum lis filia*[1].

II. Les lois divines émanées de l'intelligence suprême sont immuables, leur fondement repose sur
des vérités éternelles; aucune autorité ne peut les
abolir, ni même les modifier. L'unité de ces sages
préceptes est une preuve irrécusable de la vérité de
la religion chrétienne; ses dogmes, c'est-à-dire ses
lois fondamentales ont toujours été les mêmes, elle
n'est donc point l'ouvrage des hommes. Un des
plus grands génies du XVII.ᵉ siècle a dit : « On ne
» voit presque rien de juste ou d'injuste qui ne
» change de qualité en changeant de climat; trois
» degrés d'élévation du pôle suffisent pour ren-

---

[1] *Owen. Epig.* 60, *lib.* 2.

» verser la jurisprudence. » Pascal dévoilait ainsi la faiblesse de l'homme, et l'on donne le nom de raison écrite aux règles mobiles de la législation ! Par opposition au caractère des lois divines, les lois humaines sont appelées par Domat *lois arbitraires*, et sont faites pour les besoins de tous : *lex est commune præceptum* [1]. Ces règles arbitraires ne peuvent donc être que le fruit de l'expérience; imparfaites comme la sagesse humaine, les meilleures sont celles où il se trouve le moins de défauts. L'orgueil de l'homme, inséparable de sa nature, ne peut atteindre à la perfection; mais le jurisconsulte doit s'appliquer à démêler les contrariétés des lois. Souvent ces contrariétés ne sont qu'apparentes, il lui importe donc de connaître l'étendue, l'usage et la force de chaque loi, et de savoir se décider entre celles qui paraissent opposées, et maintenir leur autorité, en les faisant céder les unes aux autres, selon les circonstances.

III. La loi naturelle prend sa source dans la morale et dans le cœur de l'homme : *ea lex non scribitur, sed innascitur* [2]; elle s'identifie avec notre conscience, et devient la règle immédiate de nos actions; mais, ne pouvant seule régir la société, elle s'appuie sur la loi civile, appropriée au génie de la nation, aux besoins de tous, et aux changemens qui s'opèrent dans les gouvernemens. Ce secours, que prête ainsi la loi civile à la loi naturelle, n'en détruit pas pour cela le principe d'immutabilité. Il n'entre point dans

[1] *L. 1. ff. de Legibus.*

[2] *S. Ambros. Epist.* 41.

le plan de cette introduction de développer une matière qui a été l'objet des méditations de plusieurs
philosophes et publicistes [1]. Il suffira de rapporter
un fragment du *Traité de la république* de Cicéron.
Lactance nous avait conservé ce beau morceau [2]; le
voici, tel que M. Villemain l'a traduit sur le précieux manuscrit de l'ouvrage de Cicéron, découvert il y a quelques années : « Il est une loi vérita-
» ble, la droite raison, conforme à la nature,
» universelle, immuable, éternelle, dont les ordres
» invitent au devoir, dont les prohibitions éloignent
» du mal, soit qu'elle commande, soit qu'elle dé-
» fende. Ses paroles ne sont ni vaines auprès des
» bons, ni puissantes sur les méchans. Cette loi ne
» saurait être contredite par une autre, ni rapportée
» en quelque partie, ni rapportée toute entière. Ni
» le sénat, ni le peuple ne peuvent nous délier de
» l'obéissance à cette loi. Elle n'a pas besoin d'un
» nouvel interprète, ou d'un organe nouveau. Elle
» ne sera pas autre dans Rome, autre dans Athènes;
» elle ne sera pas demain autre qu'aujourd'hui :
» mais dans toutes les nations et dans tous les
» temps, cette loi règnera toujours une, éternelle,
» impérissable; et le guide commun, le roi de
» toutes les créatures, DIEU même donne la nais-
» sance, la sanction et la publicité à cette loi, que
» l'homme ne peut méconnaître, sans se fuir lui-
» même, sans renier sa nature, et, par cela seul,

---

[1] Grotius, Puffendorf, et après eux le savant professeur Gene-
vois Burlamaqui.

[2] *Inst. Divin.*, lib. 6, cap. 8.

» sans subir les plus dures expiations; eût-il évité
» d'ailleurs tout ce qu'on appèle supplice...[1]. »

IV. Les lois civiles découlent des lois naturelles;
si l'on ne peut méconnaître celles-ci sans renoncer à l'usage de la raison, l'intérêt de la société ne
veut pas non plus qu'on ignore les autres; *consti-
tutiones principum, nec ignorare quemquam, nec dissi-
mulare permittimus*[2]. Ainsi, le vœu de la nature oblige
le père à nourrir ses enfans, auxquels sa succession
est dévolue dès le moment de sa mort, mais pendant le cours de sa vie, le père est maître absolu de
son bien : comme conséquence de la loi naturelle,
la loi civile doit donc venir au secours de l'enfant
qu'un père injuste aurait dépouillé de ses droits
héréditaires. Les principes du droit politique ont
également réglé l'ordre des successions. C'est au
fondateur de Rome qu'est due l'origine des lois sur
les successions; il fit le partage des terres, et ne

---

[1] « *Est quidem vera lex, recta ratio, naturæ congruens, diffusa*
» *in omnes, constans, sempiterna, quæ vocet ad officium jubendo,*
» *vetando à fraude deterreat; quæ tamen neque probos frustrà ju-*
» *bet, aut vetat, nec improbos jubendo aut vetando movet. Huic*
» *legi nec obrogari fas est, neque derogari ex hâc aliquid licet,*
» *neque tota abrogari potest : nec verò aut per senatum, aut per*
» *populum solvi hâc lege possumus : neque est quærendus expla-*
» *nator aut interpres ejus alius : nec erit alia Lex Romæ, alia*
» *Athenis, alia posthâc : sed omnes Gentes, et omni tempore una*
» *Lex et sempiterna et immutabilis continebit : unusque erit com-*
» *munis, quasi magister et imperator omnium* DEUS. *Ille legis*
» *hujus inventor, disceptator, lator; cuique non parebit ipse se*
» *fugiet, ac naturam hominis aspernabitur, atque hoc ipso luet*
» *maximas pœnas, etiamsi cœtera supplicia quæ putantur, effu-*
» *gerit.* » (De Repub. lib. 3, §. 17.)

[2] *L. 12. Cod. de jur. et ignor. facti.*

voulut point que les biens d'une famille passassent
dans une autre.

V. Les lois seraient souvent sans effet, s'il était
permis d'invoquer le défaut de connaissance de leur
publication. Tous les législateurs ont tracé sur ce
point des règles préliminaires du droit civil. En
France, le Code civil, et la Charte constitutionnelle,
en consacrant la division des pouvoirs, ont fait disparaître la confusion des anciennes idées sur la publication et la promulgation des lois. Un bulletin
officiel, créé depuis le 4 décembre 1793, et dont
la direction appartient exclusivement au gouvernement, est le seul dépôt légal, où tous les actes
législatifs sont enregistrés. La promulgation ne permet plus à aucun citoyen d'alléguer cause d'ignorance [1]. Cette mesure est à-la-fois sage et salutaire.
Quelquefois le Roi signe une loi, le même jour de
l'adoption du projet par les chambres. Cette sanction royale n'est point une véritable promulgation,
les citoyens doivent être avertis des obligations
qu'on leur impose. L'application de l'article 1.er du
Code civil, et de l'article 22 de la Charte, présentaient quelqu'incertitude; l'ordonnance du 27 novembre 1816 y a remédié, en statuant, « que la
» promulgation des lois et des ordonnances résul-
» terait à l'avenir de leur insertion au Bulletin offi-
» ciel. » Les articles 2 et 3 de cette ordonnance
sont la reproduction de l'article 1.er du Code civil
sur le mode d'entendre la promulgation de la loi.

VI. Les lois embrassant toutes les matières seront

---

[1] Code civil, art. 1er.

toujours nombreuses, malgré tous les soins d'un gouvernement sage pour les simplifier. Le style doit en être concis et clair. Irnerius¹ fut chargé par l'empereur Lothaire d'abréger les Novelles ; mais ces constitutions impériales sont restées entières, et le travail du jurisconsulte milanais n'est point parvenu jusqu'à nous. Les lois subtiles et obscures ne peuvent convenir qu'aux hommes médiocres ou de mauvaise foi. « Les lois, dit Montesquieu², ne » sont point un art de logique, mais la raison simple » d'un père de famille..... Les lois étant l'ouvrage » des hommes, rencontrent les passions et les pré- » jugés du législateur ; quelquefois elles passent au » travers et s'y teignent, quelquefois elles y restent » et s'y incorporent. »

VII. Les magistrats sont les interprètes des lois. Pour découvrir le sens exact de celles qui sont obs- cures, ils doivent prendre l'équité pour guide ; elle est la source du droit civil. *In summâ, ante oculos æquitatem debere habet judex*³. « Les juges, dit Domat, » sont les protecteurs des lois ; ils doivent en im- » poser le joug à ceux qui ne s'y soumettent pas vo- » lontairement : ils tiennent leur autorité du prince » qui porte en soi l'attribution de la justice, mais » qui dispense et délègue ce droit à ceux qu'il croit

---

¹ On doit à Irnérius l'introduction du Doctorat dans les écoles. Dès le milieu du XII.ᵉ siècle, l'université de Paris en fit usage, à l'égard de Pierre Lombard, qui, le premier, reçut le grade de Docteur en Théologie.

² Esprit des Lois, liv. 29.

³ *L. 4. ff. de eo quod cert. loc.*

» dignes et capables de l'exercer. » Toutefois, interpréter une loi, n'est pas lui créer une disposition
qu'elle n'a point. Prononcer par voie de réglement
serait violer un des articles préliminaires du Code
civil ¹. L'application des principes aux diverses espèces forme toute la jurisprudence. En vain, dira-t-
on, le droit a ses règles, qui, selon Domat, sont des
expressions courtes et claires de ce que demande la
justice dans les différens cas, ces règles n'ont d'effet
que par l'intermédiaire des idées et des sentimens
de chacun. La rectitude des sciences physiques et
mathématiques, résultat d'expériences invariables,
conduit toujours à démontrer, ou plutôt à résoudre
une proposition donnée. L'étude de ces sciences satisfait l'esprit, et s'applique plus aux choses qu'aux
individus. Tout ce qu'un homme de génie a découvert appartient à ceux qui viennent après lui, et
enrichit le domaine de leurs connaissances. Quant
au droit, il en est autrement, car il s'étend à des
matières variables par leur nature. Le guide le plus
sûr est l'expérience; le magistrat l'acquiert par l'examen approfondi de décisions judiciaires, analogues à
celle qu'il doit rendre. « *Nihil inter homines sic est in-*
» *dubitatum ut non possit, licet aliquid sit justissimum,*
» *suscipere quamdam sollicitam dubitationem.* ² » Cette
réflexion judicieuse de l'empereur Justinien ne tient
point aux temps et aux circonstances, mais à l'esprit humain dont le fond est soumis aux mêmes in-
certitudes et aux mêmes faiblesses. Tel moyen sera

¹ Code civil, art. 5.
² *Nov.* 44, *cap.* 1, §. 3.

beaucoup d'impression sur certains esprits, et n'en produira point sur d'autres. Souvent les juges concourent à un même avis par des motifs différens.

VIII. Les rapports des hommes entr'eux, le droit de propriété, si précieux pour tous, la cupidité et la mauvaise foi, les spéculations commerciales, donnent naissance à des contestations que le législateur ne peut prévoir, et que la jurisprudence ne fera jamais disparaître. Il appartient aux magistrats établis pour la sûreté de tous, de régler les droits de chacun. Les discussions s'ouvrent en leur présence, les prétentions des parties sont portées devant les tribunaux ; des avocats prêtent leur appui aux plaideurs ; des consultations sont habilement rédigées, et pour en apprécier le mérite et rapprocher de la cause le sens des autorités invoquées, il faut aux juges, non-seulement la science des lois, mais encore l'habitude pratique de l'interprétation, et la connaissance de tous les cas qui se réfèrent à l'espèce controversée : *scire leges non est verba tenere, sed vim ac potestatem.* Bien des circonstances viennent modifier l'application de la loi, et nécessiter la corrélation des dispositions législatives qui ont des points de contact avec la matière. On a cru d'abord pouvoir faire usage par analogie d'une décision déjà intervenue dans une affaire semblable ; un examen plus approfondi fait évanouir cette identité. La conscience du magistrat est alarmée, le développement des replis de la controverse la met à la torture ; il faut toute la sagacité d'un esprit judicieux et éclairé pour ne point s'égarer au milieu des *raisons de douter.*

Pour sortir de ce labyrinthe, le juge combinera le texte des lois qu'on a citées, *totâ lege perspectâ*, il y recherchera l'esprit du législateur, *mens legis*, et il obtiendra enfin un résultat fondé sur la véritable justice.

Nos lois étant soumises à des discussions publiques avant leur promulgation, ces élémens servent à en faire connaître la force et à en apprécier les effets, *vim ac potestatem*. Indépendamment d'un cœur droit et dégagé de passions, le magistrat doit se préparer par un travail assidu à l'exercice des hautes fonctions qui lui sont confiées. L'art du discernement est difficile à acquérir; après de longues études et de profondes méditations, il parviendra enfin à posséder la science du droit dont la société retire de si grands avantages, et qui est définie par ces deux mots : *ars æqui et boni* [1].

IX. Dans un état monarchique et constitutionnel, tous les citoyens sont appelés à connaître le droit public; car ils contribuent d'une manière plus ou moins directe au réglement des affaires publiques. En France, l'esprit du siècle, et les progrès im-

---

[1] *L. 1. ff. de Justitiâ et Jure.*

Nota. Aulugelle (*noc. act.*, *lib.* 14, *cap.* 4.) a donné ce beau portrait de la Justice : « *Sub formâ virginali, aspectu vehementi* » *et formidabili, (inspicienda est) luminibus oculorum acribus;* » *neque humilis, neque atrocis, sed reverandæ cujusdam tristitiæ* » *dignitate, ex imaginis autem istius significatione intelligi voluit* » *judicem, qui justitiæ antistes est, oportere esse gravem, sanc-* » *tum, severum, incorruptum, inadulabilem, contràque improbos* » *nocentesque immisericordem atque inexorabilem, erectumque et* » *arduum, ac potentem, vi et majestate æquitatis veritatisque ter-* » *rificum.* »

menses de la civilisation exercent une vive influence
sur la jeunesse, et lui inspirent le noble désir de
s'élever. Cette ardeur ne peut plus s'éteindre; elle
est le fruit de la révolution française, ère nouvelle dans les fastes de notre histoire. De là, ce ma-
laise pénible pour tant d'individus auxquels la condition de leurs pères ne peut plus suffire. On ne
doit pas se dissimuler qu'il résulte de cet état de
choses une agitation dangereuse, et une tendance à
troubler l'ordre établi; mais d'un autre côté, une
foule d'hommes capables sort de tous les rangs de la
société, et se présente pour aggrandir encore la
carrière ouverte aux sciences, aux arts et à l'industrie.

X. Les règles de notre droit public sont presque
toutes renfermées dans la Charte constitutionnelle.
Ce monument d'une haute sagesse garantit les droits
de tous les Français. Il émane de la volonté libre du
monarque, qui, après vingt ans d'exil, est venu re-
concilier son peuple avec lui-même, et lui apporter
la paix et le bonheur. La Charte n'a point toutefois
détruit certaines dispositions de nos anciennes constitutions, telles que la loi salique, etc.; elle n'a pas
non plus satisfait à tout ce qu'exigent nos besoins.
Les lois politiques qui doivent en découler ne peuvent être que l'œuvre du temps et de l'expérience.
Les fruits de la restauration de 1814, n'ont pas
encore tous atteint leur maturité. De nouvelles
institutions sont vivement désirées; il faut donc distinguer dans notre pacte fondamental les principes
du droit public dont les bases sont invariablement
fixées, d'avec le mode d'exercice du gouvernement;

tel est le système électoral développé par une loi
spéciale. Dire qu'on ne peut expliquer la Charte sans
la renverser, c'est méconnaître son esprit, et soutenir une erreur qui ne peut être proclamée que par
les ennemis de la monarchie légitime.

XI. La Charte, par des dispositions toutes pater-
nelles, a consacré nos droits. Ce bienfait a été reçu
avec reconnaissance par la France entière; toutefois, il a produit sur la génération actuelle de dan-
gereuses illusions. Sans doute, on doit se féliciter
de jouir de la liberté et de l'indépendance, mais il
convient d'expliquer avec franchise ce qu'on doit
entendre par ces précieux avantages. Dès notre jeunesse, les hommes de l'antiquité dont Plutarque a
écrit l'histoire, nous sont offerts pour modèles. Plus
l'époque où ils vivaient s'éloigne de nous, plus ils
paraissent grands à nos yeux; mais si les héros des
temps anciens ont donné tant d'éclat aux républiques d'Athènes et de Rome, c'est qu'ils ont observé
avec une religieuse fidélité les lois de leur pays. Les
législateurs de cette époque avaient prescrit des
devoirs à remplir, avant de parler des *droits* de chaque citoyen; ces deux mots, loin d'être opposés,
s'identifient donc l'un à l'autre. Les obligations ne
sont-elles point la base fondamentale de ces lois romaines appelées *raison écrite?* en tête des préceptes
généraux, l'éternelle maxime *suum cuique tribuere*,
ne vient-elle point se placer? Le droit de chacun
renferme un devoir imposé à un autre. Supposer
pour un seul instant une théorie contraire, c'est
renverser les droits de tous, c'est briser les liens des
familles, c'est proclamer la servitude sous le nom de

l'indépendance. Maintenir l'ordre et la paix dans la société, en protégeant tous les intérêts, est le devoir de tous les gouvernemens sages, il est d'une bonne législation de renfermer dans de justes bornes les idées spéculatives de certains écrivains philosophes. Les ouvrages des Grotius, Puffendorf, Burlamaqui, Beccaria, Filangieri, J.-J. Rousseau, Mably, Condillac, etc., sont remplis d'idées lumineuses et philantropiques, mais ces écrits bouleverseraient l'ordre de la société, s'ils étaient adoptés comme règles législatives.

Les Antonins, les Marc-Aurèle, les Trajan, ces sages couronnés, occupés uniquement du bonheur de leurs peuples, n'ont point pris pour guide l'utopie de Platon. Les statuts et les rescripts de ces Empereurs ont long-temps fait le bonheur du monde et ont servi de modèles aux ordonnances de nos Rois.

L'ancien gouvernement de la France n'était point ennemi de la liberté des citoyens. Dans aucun état monarchique, le peuple n'avait joui de plus de sécurité, et d'une protection plus constante. Depuis Louis-le-Gros jusqu'à Louis XVI, l'autorité royale absolue de droit, en elle-même, a toujours été gracieuse et pleine de franchise. Les monarques communiquaient à leurs sujets les lois de leur gouvernement, et ils recevaient leurs observations ou *remontrances;* les cahiers des états-généraux et des assemblées des provinces faisaient connaître au Roi les besoins de la France, et il y avait égard, quand il les croyait utiles au bien public. Après l'établissement des communes dans les principales villes du royaume, les seigneurs accordèrent aussi des bourgeoisies dans leurs terres; mais les affranchis ayant été traités avec autant de dureté que s'ils n'avaient point cessé d'être serfs, tournèrent leurs regards vers le trône, et nos Rois se déclarèrent leurs protecteurs en les rendant justiciables des juges royaux dans tous les cas personnels, civils et criminels, quoiqu'ils restassent domiciliés dans les domaines et les justices de leurs seigneurs.

XII. Le monde aujourd'hui dispense les réputations; les salons et les journaux de la capitale proclament tous les genres de célébrité. Les temps ne sont plus, où on allait chercher le savant dans sa retraite, et où le vrai mérite n'excitait pas l'envie des contemporains. Les plus habiles jurisconsultes étaient étrangers au monde et à ses jouissances. Leurs habitudes particulières les rendaient quelquefois incapables de connaître autre chose que leurs livres; ils laissaient après eux des ouvrages, ou plutôt des commentaires sur les matières qui les avaient le plus constamment occupés. Le défaut de communication retardait la propagation des lumières; les livres de droit étaient en petit nombre, leur format même s'opposait à ce qu'ils fussent autant multipliés. Ces temps sont déjà loin de nous. Paris est un centre où tout vient aboutir. Des hommes distingués sont l'ornement du barreau de la capitale. Dans cette ville immense où les plus grandes fortunes de l'Europe sont réunies, les affaires se multiplient sans cesse et sous toutes les formes. La science usuelle des lois et de la jurisprudence est à Paris, dans son véritable domaine. Le savoir et l'expérience ne sont point un don de la nature, mais le résultat d'une pratique habituelle. Telle est la cause de la haute réputation de ces avocats, dont les avis éclaircissent les points les plus obscurs, parce qu'ils émanent d'un esprit droit et toujours judicieux; cependant la vie active et si diversement remplie de ces jurisconsultes ne leur laisse pas toujours le temps de se livrer à des méditations profondes et non interrompues.

Si Pothier eût vécu à Paris, surtout aujourd'hui, aurait-il osé concevoir le plan des Pandectes? le meilleur traité sur le Code civil est celui de M. Toullier, ce savant professeur n'habite point la capitale. Deux autres ouvrages complets par leur exécution, la Procédure civile, par M. Carré, et le Traité des hypothèques par M. le premier président Grenier, sont sortis de la plume de deux jurisconsultes de la province. Il est donc vrai de dire qu'un travail long et assidu peut difficilement s'entreprendre dans une ville où le tourbillon des affaires entraîne les hommes les plus occupés.

XIII. Les Cujas, les Dumoulin, les Voët, les Vinnius, etc., ont consacré leur vie à l'étude des lois romaines, et les ont enrichies de doctes et nombreux commentaires. Si l'on en croit Cujas, Papinien et quelques érudits d'un savoir immense, écrivaient sans rien citer [1]. Les auteurs des XVI.e et XVII.e siècles étaient bien plus modestes; car leurs livres sont hérissés de citations. Dans un in-folio de mille pages, cent pages à peine appartiennent à l'auteur. Sous le

---

[1] *Cuj. apud Papin. in leg.* 54, *ff*, ex his *de condict. indeb.*

nom du docteur Mathanasius, Saint Hyacinthe [1] a
critiqué, avec autant d'esprit que de finesse, cet abus
de la science dans le petit ouvrage intitulé : *Chef-
d'œuvre d'un inconnu.* Cet écrit s'applique purement
à la littérature, mais on eût pu en dire autant des
commentaires volumineux sortis de la plume de
quelques jurisconsultes de la même époque.

On peut être habile sans emprunter l'appui des
thèses et des argumens des glossateurs. La rectitude
du jugement vaut mieux aujourd'hui que l'habitude des arguties appelées dans l'ancienne école
raisons de douter et de décider ; rarement elles ont aidé
le légiste à se former une opinion droite et sûre.
Camus [2], dans ses *Lettres sur la profession d'avocat,*
s'étend avec détail sur les lectures nécessaires à ceux
qui se destinent au barreau. M. Dupin aîné a donné
une nouvelle édition du livre de Camus. Sa *bibliothèque des livres choisis de droit* est encore tellement volumineuse, qu'elle ne peut être regardée
comme un *selectæ* d'ouvrages de jurisprudence ; le
laborieux docteur Dupin a fait paraître en 1808 un
Manuel des jeunes juristes. Nous aimons à en indiquer l'usage ; il renferme une notice sur les livres de
droit les plus utiles, et sur la manière de mettre à
profit les doctrines enseignées dans les écoles.

XIV. Parcourons, maintenant, dans une courte
analyse, l'histoire de la jurisprudence des peuples,
nos maîtres dans la science du droit, nous arrive-
rons ensuite aux temps modernes ; et, pour pré-

[1] Ou Hyacinthe Cordonnier, né à Orléans en 1684.
[2] Mort en 1805.

parer à la lecture de cet ouvrage, nous y joindrons
un exposé succinct des établissemens judiciaires qui
ont précédé la Cour royale, dont le siége est à Orléans.

Plutarque [1], et de nos jours l'abbé Barthelemy,
ont développé toute la théorie des législateurs de la
Grèce. Deux dissertations de l'abbé Canaye, insérées
dans le recueil des Mémoires de l'académie des inscriptions et belles-lettres [2], contiennent une histoire
complète de l'aréopage. Ce tribunal célèbre était
chargé du soin de faire observer les lois, et de maintenir la régularité des mœurs. Les juges appelés à
donner leurs voix, étaient tirés au sort. On ne sait
point d'une manière exacte le nombre des aréo-
pagites. Socrate fut condamné par trois cent soixante-
un suffrages, mais on ignore combien de magistrats
prononcèrent son absolution. Des cérémonies ef-
frayantes précédaient les jugemens de l'aréopage :
avant la discussion de la cause, les deux adversaires
placés au milieu des restes sanglans des victimes,
prenaient à témoin les Euménides, et, par des im-
précations terribles prononcées contre eux-mêmes
et contre leurs familles, ils juraient de ne point s'é-
carter de la vérité [3].

L'ostracisme mettait entre les mains du peuple une
puissance dangereuse. Cette loi l'autorisait à bannir
les citoyens qui avaient rendu à la patrie les plus
éminens services. L'exil d'Aristide a justifié ce mot

[1] Vies de Lycurgue, Solon, Lysandre, etc.
[2] Tome 7.
[3] Voyages du Jeune Anacharsis, chap. 17.

TOME I.   b

judicieux de Plutarque sur l'ostracisme, c'est le *soulagement de l'envie*.

XV. Quand Romulus et Numa composèrent leurs lois, ils ne les empruntèrent point à la Grèce, qui n'était encore régie que par celles de Lycurgue; autrement, Denys d'Halicarnasse, si enclin à vanter les républiques de Sparte et d'Athènes, n'eût point hésité à dire que Romulus avait imité le législateur de Lacédémone.

Pendant les premiers siècles de Rome, ses habitans ne sortirent point de l'Italie, et si quelques Grecs se trouvaient alors mêlés aux Romains, c'étaient des marchands incapables d'enseigner les lois de leur pays aux habitans du Latium.

L'an 3oo de la fondation de Rome, trois députés furent envoyés en Grèce pour aller chercher les lois qui pouvaient le mieux s'accorder avec les mœurs et les usages du peuple romain; deux ans après, ces députés revinrent, et l'on créa dix magistrats, auxquels on confia le soin de rédiger ce nombreux assemblage de lois. Elles furent gravées sur des colonnes d'airain, élevées dans la place publique, et servirent de fondement à toutes les décisions. On s'aperçut bientôt qu'il y manquait beaucoup de choses utiles pour la religion et la société; les décemvirs ajoutèrent deux tables d'airain qui furent placées à côté des dix premières.

Les douze tables furent consumées par les flammes quelques temps après le sac de Rome par les Gaulois; mais heureusement on en avait tiré des copies. Bientôt elles reparurent, et elles subsistaient encore peu de temps avant Justinien; puisque dans le di-

geste, on voit le jurisconsulte Caius citer la loi des
douze tables, et annoncer qu'il en avait fait un commentaire approfondi [1]. Il désigne Solon comme le
premier auteur des lois adoptées dans la jurisprudence Romaine ; ce qui est une première preuve que
les décemvirs empruntèrent au législateur d'Athènes
plusieurs lois, qui des XII tables passèrent ensuite
dans le Digeste.

Terrasson nous apprend [2] que J.-B. Vico, jurisconsulte napolitain, a prétendu que la députation
envoyée en Grèce n'était qu'une fable accréditée par
les Patriciens.

L'académicien Bonamy [3], sans aller tout-à-fait aussi
loin, laisse entrevoir quelques doutes sur la réalité
de cette députation, et semble incliner à croire
qu'aucun chef de la loi des douze tables ne fut em-
prunté à la législation de la Grèce ; il se fonde entre
autres choses sur Cicéron, qui, lorsqu'il parle de la
loi des XII tables, ne fait aucune mention du voyage
en Grèce des députés de Rome.

Terrasson combat un système aussi hasardé, en
faisant remarquer ; « que si Cicéron, pour faire sen-
» tir toutes les beautés des lois des XII tables, dit
» dans son premier livre de l'Orateur, que la sa-
» gesse des anciens Romains est préférable à celle
» des autres nations, et même aux lois de Lycurgue,
» de Dracon et de Solon ; il ne nie point la dépu-
» tation, et ne dit pas non plus que les lois des XII

---

[1] L. 13. ff. finium regundor. et l. 4. ff. de Colleg. et Corpor.

[2] Hist. de la Jurisp. rom., p. 77.

[3] Mém. de l'Acad. inscript. et belles-lettres, tome 12, p. 67.

» tables n'aient pas été tirées en partie des lois
» d'Athènes; car il n'en examine ni la source, ni
» l'origine. »

Il se peut, en effet, que dans les lois des XII tables, il y ait plusieurs dispositions particulières au
peuple de Rome, et observées dès les premiers
temps de la fondation de cette ville, qui dès lors
n'ont point été empruntées au Code de Solon. Les
décemvirs, d'ailleurs, ont mis en ordre ces lois, et
les ont appropriées aux besoins de leur nation. Les
raisonnemens de Vico et de Bonamy ne sauraient
donc ébranler les probabilités les plus sages et les
mieux accréditées, fondées sur les témoignages formels de Tite-Live, de Florus et d'Aurélius Victor.
C'est aussi ce que pense M. Bouchaud, auteur d'un
savant commentaire sur la loi des XII tables [1]. Remarquons, enfin, que dans les commencemens de la
république romaine, une haine implacable était
vouée à toutes les institutions nées sous la royauté;
ce fut une des causes du voyage en Grèce des députés de Rome. Le Code Papyrien, recueil de toutes
les anciennes constitutions royales, était réellement
insuffisant pour régir les intérêts des citoyens d'une
ville qui prenait tous les jours de nouveaux accrois-
semens.

XVI. César est nommé *dictateur perpétuel*, et il se
croit appelé à réformer le gouvernement civil. A
tant d'autres ambitions déjà satisfaites, ce conquérant veut joindre le titre de législateur. Diverses
interprétations s'attachaient au texte des lois ro-

---

[1] Tome 1, p. 14, édit. *in-4.°* (1803.)

maines ; les réponses des *prudens* variaient selon les espèces qui leur étaient soumises. Q. Mutius Scévola, souverain Pontife, avait composé XVI livres de définitions sur le droit. César, le premier dans la guerre, comme dans l'administration civile, tour-à-tour questeur, édile, préteur et consul, signalait les défauts des lois déjà trop multipliées. La loi Julia *de repetundis*, portée contre ceux qui s'appropriaient les deniers publics, celle *de Sacerdotibus*, *de pecuniis mutuis*, et la loi *Agraria*, ont été proposées et rédigées par lui [1]. Sa mort prématurée l'empêcha de réaliser le vaste plan d'un Code général des lois. Peut-être, voulait-il avoir la gloire d'exécuter un ouvrage conçu par Pompée et Cicéron, les rivaux ou plutôt les ennemis de ce grand homme.

XVII. La république touchait à sa fin. Les successeurs de César joignirent au titre d'empereur celui de législateur. La loi *Regia* [2] accorda ce droit à Auguste. Bientôt après, les jurisconsultes se partagèrent en plusieurs sectes, et ne s'accordèrent plus entre eux sur les mêmes matières. Les *Proculéiens* regardaient les *Sabiniens* comme leurs antagonistes. Ceux-ci s'attachaient au texte littéral de la loi, ceux-là en approfondissaient le sens, et faisaient fléchir la lettre devant l'équité.

Les avocats appelés à défendre les causes furent presque toujours chez les Romains des personnes notables, qui ne recevaient rien des parties : « *Veti-* » *tum quippe erat lege Cincid numerali, ne quis ob cau-*

---

[1] Hist. de la Jurisp. rom., par Terrasson, *p.* 236.

[2] *L. 1. ff. de constit. Principum.*

» *sam orandam pecuniam donum ve acciperet* [1]. » Pour
toute récompense, ces hommes de bien, dévoués à
la cause de l'humanité, se voyaient entourés de
beaucoup d'amis et de cliens : ceux-ci, dans les assemblées publiques, les élevaient ensuite par leurs
suffrages aux plus éminentes dignités.

XVIII. Adrien, successeur de Trajan, confia à
Salvius Julianus le soin de composer un seul Code
avec les plus importans édits annuels des préteurs.
Ce jurisconsulte, appelé par les empereurs Leo et
Authemius, *vir tantæ existimationis, et disertissimus
jurisperitus*, s'occupa avec soin de ce travail. Cette
collection intéressante, connue sous le nom d'*Édit
perpétuel*, a été perdu, le Digeste en a seulement
conservé des fragmens.

XIX. Constantin transféra le siége de l'empire à
Bysance, et donna son nom à cette nouvelle capitale.
Il parut alors deux recueils des constitutions impériales, sous les titres de *Codes Grégorien* et *Hermo-
génien*. Ces livres de lois ne sont point parvenus jusqu'à nous ; ils servirent à Justinien pour la composition du corps de droit.

Le Code *Théodosien* vit le jour sous le règne de
l'empereur Théodose [2] ; il a été mis en ordre par
Jacques Godefroy [3], sans les soins duquel nous ne
l'eussions connu que de nom. Terrasson fait à ce sujet une remarque judicieuse : « le Code Théodosien,
» recueil complet des décrets et constitutions impé-

---

[1] *Tacit. annal. lib.* II.

[2] L'an 438 après J.-C.

[3] Edition de 1665, Lyon ; 6 vol. *in-f.*

» riales, a été perdu, ou entièrement défiguré ; car,
» autrement, on ne trouverait pas dans le Code de
» Justinien, environ trois cent vingt constitutions
» qui ne sont point dans le Code Théodosien, et qui
» cependant ont été faites par les prédécesseurs de
» Théodose et par cet empereur lui-même ¹ ».

XX. Les Institutes, le Digeste, le Code et les Novelles furent publiés au VI.ᵉ siècle dans le court espace de six années ². Justinien ne fit point paraître
cette immense compilation dans l'ordre où elle est
actuellement placée ; le Code fut promulgué avant le
Digeste, les Institutes suivirent, et les Novelles ter-
minèrent cette grande entreprise. Les Novelles, rédigées d'abord en langue grecque, ne furent tra-
duites en latin que cinquante ans après. Cette ver-
sion, conforme au texte original, a reçu le nom
d'*Authentiques*.

XXI. Les collections des lois romaines étaient des-
tinées à se perdre. Vers la fin du VI.ᵉ siècle, les Goths
furent chassés de l'Italie par les Lombards ³, et sous
la domination de ceux-ci, le corps de droit disparut
entièrement. Didier, leur dernier roi, vaincu par
Charlemagne ⁴, entraîna la chute de ce royaume,
élevé sur les débris de l'ancienne Rome. Les barbares ravageaient l'Europe, aucune digue ne pouvait
arrêter ce torrent dévastateur ; la civilisation fit place
à l'ignorance, on ne connut plus que le droit des ar-

---

¹ Hist. de la Jurispr. rom., *p.* 290.
² An de J.-C. de 528 à 534.
³ Ainsi nommés, parce qu'ils portaient une *longue barbe*.
⁴ An de J.-C. 774.

mes; les lois romaines cessèrent d'être observées.
Les Maures et les Sarrasins entrés en Espagne par le
détroit de Gibraltar [1], en chassèrent les Visigoths [2].
Vespasien avait conquis la Grande-Bretagne [3]; l'Angleterre, province romaine, resta soumise aux lois
de l'empire jusqu'au VII.ᵉ siècle, après la conquête
des Saxons, et pendant la durée du gouvernement,
appelé heptarchie; ces Anglo-Saxons transportèrent
dans leurs Codes plusieurs lois empruntées aux Romains.

XXII. Après la formation de la monarchie française dans les Gaules [4], la domination romaine cessa
bientôt d'y subsister. Cependant, sous la première
race, le droit romain fut constamment observé dans
les provinces méridionales, mais ce n'était pas celui
de Justinien. « Les lois de cet empereur, dit Terras-
» son, s'étant perdues, et n'ayant d'ailleurs jamais
» été introduites dans ce royaume, on y observait
» seulement le Code Théodosien, les Institutes de
» Caius, et principalement l'Édit perpétuel. » Les
Sarrasins et les Normands firent des irruptions en
France au commencement de la seconde et de la
troisième race; mais la nation, conduite à la victoire
par des princes dont la bravoure égalait la sagesse,
s'opposa à l'introduction des lois de ces barbares.
La législation romaine fut conservée, néanmoins

---

[1] An 712 après J.-C.

[2] Voir l'atlas, hist. de Le Sage, Tableau de la Transmigration
des Barbares.

[3] *Vid. Tacit. Vit. Agric.*, n.° 17.

[4] An de J.-C. 420.

elle ne s'étendit pas à toutes les provinces. Les capitulaires de Charlemagne confirmèrent l'exercice des lois des Lombards.

XXIII. Au douzième siècle [1], le Digeste fut retrouvé par des soldats qui pillaient la ville d'Almafi, près Pise. L'empereur d'Allemagne, Lothaire, voulut que les Pandectes devinssent la loi générale de ses états. Pendant trois cents ans, elles furent religieusement observées par les habitans de Pise. Les Florentins, maîtres de cette ville, en 1406, s'emparèrent du précieux manuscrit, et le conservèrent avec le plus grand soin, il est connu partout sous le nom des *Pandectes Florentines* [2].

XXIV. Revenons à la France. Dès le commencement de la monarchie, nos rois préparèrent les lois dans leur conseil privé, appelé *Cour du Roi*. Cette cour de justice réunissait les grands de l'état, et jugeait les crimes de haute trahison. Elle fit le procès de la reine Brunehaut [3]. Le président Hénault, d'après l'autorité de Du Cange, donne le nom de *référendaires*, aux plus considérables des magistrats sous la première race.

Le *grand référendaire* scellait les actes du Roi, les autres référendaires rédigeaient les lettres et édits royaux. Sous le règne de Pepin, les assemblées générales cessèrent de se tenir au mois de mars; elles

---

[1] En 1130.

[2] Voir la descript. de ce précieux manuscrit, Hist. de la Juris. rom., *p.* 373 *et suiv.*

[3] En 613.

furent convoquées au mois de mai, par la nécessité de trouver des fourrages pour la cavalerie [1].

Charlemagne, conquérant et législateur, aimait la gloire et protégeait les lettres. Ses Capitulaires remontent au commencement du IX⁰ siècle, e t sont encore considérés comme des monumens de sagesse. Ce Code est un mélange de lois civiles et religieuses. Les ecclésiastiques et les laïcs, réunis dans le *plaids* ou *parlement*, concoururent à la confection des Capitulaires.

XXV. Les faibles successeurs de Charlemagne laissèrent échapper leur puissance. Hugues Capet, arrière petit-fils de Robert-le-Fort, monta sur le trône [2]. Bientôt après le régime féodal commença à s'introduire. Les fiefs devinrent héréditaires et patrimoniaux. Plusieurs pairs du royaume s'affranchirent de l'autorité royale, d'autres seigneurs voulurent suivre cet exemple, mais, craignant la tyrannie des grands, ils réclamèrent bientôt la protection du Roi.

« Le monarque, dit Mezerai, gouvernait son » royaume comme un grand fief plutôt que comme » une monarchie. » A l'exemple des principaux de la nation, la noblesse voulut assurer le maintien de ses droits et priviléges. Tous les châteaux devinrent autant de *seigneuries*. De là la maxime, *nulle terre sans seigneur*. Les communications furent interrompues ; les seigneurs vivaient dans l'isolement, et ne connaissaient que leurs vassaux. L'ignorance ne tarda pas à être générale. « Il y avait alors [3], dit le

---

[1] Voir le Présid. Hénault, *p.* 56, tome 1, édit. *in-8.°*

[2] En 987.

[3] Au commencement du XII.⁰ siècle.

» président Hénault, si peu de commerce entre les
» provinces de la France, qu'un abbé de Clugny,
» invité par Bouchard, comte de Paris, à amener ses
» religieux à Saint-Maur-les-Fossés, s'excuse de
» faire un si long voyage dans un pays étranger et
» inconnu. » La magistrature était à son berceau,
et déjà les hommes revêtus des premières dignités de
l'état cherchaient à dissiper les ténèbres de l'ignorance, et à faire respecter l'autorité royale. Le chancelier Gervais, en même temps archevêque de Rheims,
sacra le roi Philippe Ier. Le prélat obtint par son crédit l'autorisation de réunir ces deux dignités sur sa
tête, mais son successeur ne put jouir de cet avantage. Louis VI, pour affermir sa puissance, affran-
chit les communes; il parvint, par les conseils de
l'abbé Suger et des principaux hommes d'état, à diminuer l'autorité trop grande des justices seigneuriales. Les *missi dominici*, commissaires du Roi dans
les provinces, furent les agens du prince pour protéger les intérêts de la classe moyenne, et la défendre des vexations des grands. Sous Louis VII, les
Pandectes qui venaient d'être retrouvées, ne tardè-
rent point à être enseignées dans la capitale. Les premiers statuts de l'université de Paris furent dressés
par le légat du Saint-Siége. Cette école, déjà célèbre,
envoya des députations aux conciles. Louis VIII succéda à Philippe-Auguste, et la charge de chancelier
remplie par Guérin, évêque de Senlis, devint la première de l'état.

XXVI. En 1226 saint Louis monta sur le trône. Ce
prince, entraîné par de grands intérêts hors de son
royaume, s'occupe encore à créer des institutions

pour le gouvernement de l'intérieur. Il fonde la
Sorbonne. (En 1250), et sous le nom d'*établissemens*,
il publie des coutumes générales [1]. La sollicitude de
Louis IX pour la justice est digne d'admiration. Philippe-le-Bel, petit-fils du saint Roi, veut que le parlement reste sédentaire [2]. Ce prince regarde ce
moyen comme seul capable de faire arriver à tous
ses sujets, sans distinction, les dispositions bien-
veillantes de la justice. « L'institution des parlemens,
» dit Loyseau [3], nous préserva d'être cantonnés et
» démembrés comme en Italie et en Allemagne, et
» maintint le royaume en son entier. » Cependant
le parlement de Paris ne reçut point encore l'attribution de juger les procès criminels. Il n'eut aucune part au procès des templiers, condamnés par
une commission spéciale nommée par le Roi [4].

Sous Philippe-le-Long, les parlemens, rendus per-
manens, commencèrent à acquérir une haute importance. Les lois, dont le dépôt leur était confié,
étaient pour la plupart obscures, et d'une interprétation qui variait sans cesse. Des coutumes furent
établies pour les besoins particuliers des provinces.
Jusqu'à Louis XI, première époque de la perpétuité
des charges, le parlement fut annuel; « et par cha-
» cun an, dit Loyseau [5], les offices d'icelui étaient
» muables et révocables au bon plaisir du Roi. »

[1] En 1270.
[2] En 1305.
[3] Traité des Offices.
[4] En 1309.
[5] Des Offices, *p.* 29.

Dans certaines provinces étrangères au droit romain, la législation fut une sorte de tradition de règles et d'habitudes qu'on était tenu d'observer. Pendant plusieurs siècles, la plupart des coutumes s'appliquaient à interpréter le texte des Capitulaires. Quelques-unes n'eurent point une longue durée; tombées en désuétude, il fallut l'autorité du prince pour les rétablir [1]. Ces règles de droit n'étaient observées que dans les localités dont elles portaient le nom. Les ordonnances, au contraire, eurent force de loi dans tout le royaume. Dans les pays non régis par le droit écrit, les lois romaines vinrent au secours d'une jurisprudence souvent douteuse et incertaine. Jusqu'au XVI.e siècle, les monumens de la législation sont encore enveloppés du voile de l'ignorance, qui ne tomba tout-à-fait qu'à cette époque de la renaissance des lettres.

XXVII. Philippe de Valois appela les membres du parlement à siéger comme assesseurs à la cour des pairs; il fut ainsi procédé au jugement de Robert, comte d'Artois [2]. Le Roi créa en cette occasion Jean, son fils aîné, pair de France, afin que la cour fût *suffisamment garnie de pairs*. On nomma, quelques années après, des conseillers *jugeurs* et des conseillers *rapporteurs*. Voltaire [3], sur des annotations trouvées, dit-il, dans les mémoires de Jean du Voisin, archevêque de Rheims, rapporte un arrêt du parlement,

[1] Voir les Ordon. de Charles VII, de 1453, et de Louis XII, en 1410, art. 49.

[2] En 1331.

[3] Hist. du Parlement de Paris, chap. 6.

du 12 novembre 1420, qui condamne au bannissement perpétuel Charles, dauphin de France [1], convaincu de l'homicide du duc de Bourgogne, tué sur
le pont de Montereau. Le président Hénault avait
parlé avant Voltaire de ce singulier arrêt, que quelques historiens ont cité, et il le regardait comme
controuvé. Si cette dernière opinion doit prévaloir,
le premier procès criminel fait par le parlement aux
princes du sang, fut celui du duc d'Alençon, condamné à une prison perpétuelle [2], comme fauteur de
la révolte du Dauphin, depuis Louis XI.

XXVIII. Le parlement, composé de magistrats
versés dans la science des lois, vit de jour en jour
accroître sa puissance; ce corps imposant fut une
barrière qu'aucune injustice éclatante ne put franchir. Avec le sentiment d'une telle force, il se crut
appelé à présenter au Roi des remontrances respectueuses sur les édits et autres actes législatifs, toutes
les fois qu'il les jugeait contraires aux intérêts de la
nation. Les premières remontrances adressées au monarque [3], eurent lieu à l'occasion de la pragmatique
sanction promulguée par Charles VII, et par le clergé
assemblé à Bourges. Les magistrats des juridictions
inférieures unirent ensuite leurs efforts à ceux du
parlement pour achever d'anéantir le système féodal.
Ce régime, depuis Philippe de Valois, ne subsistait

---

[1] Depuis Charles VII.

[2] En 1453. Jean Colas, dont descend l'auteur de cet ouvrage,
était un des Juges. Du Tillet, des grands de France, édit. de
1606, *in-4.*°

[3] A Louis XI en 1461.

presque plus que de nom. La politique de Louis XI
lui porta le dernier coup. Les guerres d'Italie et la
campagne du Milanais achevèrent sous François Ier
d'épuiser le trésor royal. Ce prince autorisa alors la
vente des offices de magistrature et de finances.

Dans l'*Introduction aux Lettres inédites du chancelier
d'Aguesseau*, l'auteur[1] fait observer que François Ier,
par son ordonnance du mois d'octobre 1525, permit
les remontrances, ou plutôt autorisa un droit *d'avertissement et de vigilance*. Déjà, sous Charles VI, le parlement avait été sollicité par l'Université de Paris de
faire des remontrances au Roi sur la mauvaise administration des Finances; il n'osa toutefois mettre ce
conseil à exécution, et il se borna à énoncer que la
cour ne pouvait, en pareille matière, se porter
partie requérante.

Pour achever de faire connaître l'autorité parlementaire, il convient de citer quelques fragmens
d'une remontrance adressée à Louis XIII, alors mineur[2], par le premier président Verdun : « Philippe-
» le-Bel, qui le premier rendit votre parlement sé-
» dentaire, et Louis X, qui l'établit dans Paris, lui
» laissèrent les fonctions et prérogatives qu'il avait
» eues, à la suite des Rois leurs prédécesseurs ; c'est
» pourquoi il ne se trouve aucune institution parti-
» culière de votre parlement, ainsi que de vos autres
» cours souveraines, qui depuis ont été érigées.
» Votre parlement, né avec l'état, tient la place du

[1] M. Rives, introd. aux Lettres inédites de d'Aguesseau; Paris 1823, *in-4.°, p.* 59.

[2] Le 27 mars 1615.

» conseil des princes et barons, qui de toute an-
» cienneté étaient près les personnes des Rois.....
» Les princes et pairs de France y ont toujours eu
» séance et voix délibérative, et aussi depuis ce
» temps, y ont été vérifiées. Les lois, ordonnances,
» édits, créations d'offices, traités de paix, et autres
» plus importantes affaires du royaume, dont let-
» tres patentes lui sont envoyées, pour en toute
» liberté les mettre en délibération, en examiner
» le mérite, y apporter par conseil modification rai-
» sonnable, voire même que ce qui est accordé par
» nos Rois aux états-généraux, doit être vérifié en
» votre cour, où est le lieu de votre trône royal, et
» le lit de votre justice souveraine [1] ».

XXIX. L'histoire du parlement de Paris se lie à
toutes les époques mémorables de l'histoire de
France. On le voit sans cesse jouer un rôle important, pendant les troubles de la ligue. Pourquoi ne
peut-on pas toujours l'appeler avec Pasquier [2], *l'a-
lambic de l'ordre public?* l'esprit d'indépendance une
fois introduit dans un corps aussi puissant, l'a entraîné au-delà des bornes de ses véritables devoirs.

Les parlemens eurent l'attribution de l'enregistrement des édits de finances. Le sévère président
de Harlai refusa d'accorder à Henri IV, partant pour
le camp d'Amiens, l'argent nécessaire au service de
l'armée. Vainement ce bon Roi avait-il écrit à son
fidèle Sully « que sa marmite était renversée, son
» pourpoint percé au coude et ses chemises trouées »,

---

[1] Mercure de France, tome 4, p. 55.
[2] Recherches de la France, liv. 2, chap. 4.

et mandé au premier président : « on doit nourrir
» ceux qui défendent l'état ; qu'on me donne une
» armée, et je donnerai gaiement ma vie pour vous
» sauver et relever la France. » Harlai répondit :
« Les finances sont épuisées, nous sommes obligés
» d'écouter la justice, Dieu nous l'a baillée en
» mains [1]. ».

XXX. Depuis le règne de Louis XIV, les parlemens
se mirent fréquemment en opposition avec l'autorité
royale ; ces événemens politiques ont peu de rapport
avec la jurisprudence ; les parlemens prirent part
aussi aux querelles religieuses qui s'élevèrent à cette
époque. L'église de France, si pure, si éclairée, et
justement soumise au souverain pontife, méritait de
conserver les libertés qui lui avaient été concédées.
Elles étaient dignes du rang que ce royaume occupe dans le monde chrétien. Le grand Bossuet en
avait assigné l'étendue et les bornes [2]. Malheureusement pendant plus d'un siècle, ces troubles ne purent s'apaiser. On vit sans cesse aux prises l'autorité
ecclésiastique et la juridiction parlementaire. D'hum-
bles remontrances furent portées au pied du trône :
souvent la violence des partis s'attachait aux hommes
plutôt qu'à leurs doctrines. Ces querelles déplorables
disparurent à l'époque de la révolution, et elles sont
aujourd'hui heureusement apaisées.

XXXI. Malgré les actes de résistance des parlemens, les arrêts et délibérations de ces cours souveraines avaient fixé la jurisprudence des édits, or-

---

[1] Voltaire, hist. du Parlement de Paris, chap. 38.

[2] En 1682.

TOME I. c

donnances, coutumes et lois romaines suivies dans le royaume. Les archives royales ont conservé le dépôt de la réunion des édits et ordonnances. Leur collection est une mine féconde pour les législateurs d'aujourd'hui, et pour tous les jurisconsultes français.. Selon l'opinion du savant Ducange*, Pierre de Fontaine, bailli de Vermandois, chercha le premier, vers le milieu du XIII.e siècle, à rassembler les actes législatifs et les décisions judiciaires, depuis le commencement de la troisième race. Beaumanoir, bailli de Clermont en Beauvoisis, publia les coutumes de sa province. La Somme rurale de Bouteiller [3] est un coutumier général du droit civil et canonique observé de son temps. La *Bibliothèque historique de la France*, du P. Le Long, indique tous les ouvrages dont se sont enrichis notre droit et notre jurisprudence.

Depuis [4], Bourdot de Richebourg, avocat à Paris, a réuni toutes les coutumes en quatre volumes

---

* Ainsi, les Actes de Rymer ont consacré les monumens du droit politique des Anglais. Cette compilation commence au XII.e siècle, et remonte à Henri I.er, fils de Guillaume, duc de Normandie, conquérant de l'Angleterre. L'historien Rapin-Thoyras a donné un extrait des Actes de Rymer (en 1 vol. *in-4.º*; Amst., édit. de 1728); il suffit pour faire connaître que beaucoup de lois et de coutumes furent portées de France dans la Grande-Bretagne. L'ancien recueil, fait en 1250, et connu sous le nom d'*Assises de Jérusalem*, n'est autre que nos vieilles Coutumes transportées en Asie par Godefroy de Bouillon.

* Des éditions de l'histoire de S.t Louis, par Joinville, publiées par Ducange, 3.e partie, *p.* 77.

[3] Magistrat du Parlement de Paris en 1389.

[4] En 1724.

in-folio. C'est le seul coutumier exact et complet, et dont l'autorité soit reconnue dans tous les tribunaux. Un écrivain moderne¹ s'exprime ainsi sur la manière dont les coutumes furent rédigées : « Les » officiers de chaque sénéchaussée eurent ordre » d'assembler les trois états de leur ressort pour » convenir de leurs coutumes et les rédiger par écrit » dans un délai déterminé; ensuite le Roi nomma » des commissaires, qui, après avoir fait vérifier » leurs lettres au parlement, se rendirent sur les » lieux, y convoquèrent les états, et y prirent connaissance » de leur travail. S'il survint des oppositions, » ils les reçurent, sans néanmoins qu'elles » suspendissent l'exécution de la coutume, quand » elles ne furent qu'en petit nombre, ils proposèrent » eux-mêmes les changemens qu'ils jugèrent » convenables, et quand on se fut accordé, et qu'il » ne resta plus en discussion que quelques articles, » ils publièrent le corps des coutumes, et le déposèrent » signé d'un certain nombre de députés de » chaque état, avec leurs procès-verbaux, leurs décrets » et leurs réserves aux greffes royaux du territoire, » et puis à celui du parlement, avec défenses » de recourir à l'ancienne manière de constater les » coutumes, et d'en alléguer de différentes. »

Ainsi les coutumes étaient des règles fixes, nées des besoins particuliers de chaque province, appropriées à leurs mœurs et aux habitudes des familles. Les jurisconsultes s'empressèrent d'expliquer les dispositions de ces coutumes, conformément à la ju-

¹ Chabrit, Lois de la Monarchie, tome 2, p. 138.

risprudence des parlemens dans le ressort desquels
elles étaient établies. Au XVI.ᵉ siècle, les commen-
tateurs commencèrent à paraître. L'étude des livres
d'Aristote avait enfanté la scolastique, et l'érudition pédantesque des premiers glossateurs. Les meilleurs ouvrages sur les coutumes n'ont paru toutefois qu'au XVIII.ᵉ siècle. A cette époque, de nombreuses décisions judiciaires firent connaître le véritable esprit des coutumes. Pothier sur celle d'Orléans, Pallu sur celle de Touraine, Chabrol sur
celle d'Auvergne, d'Argentré sur celle de Bretagne, etc., nous ont laissé d'excellens ouvrages, cités
tous les jours comme point de doctrine.

XXXII. L'abolition des coutumes particulières,
et la réunion de nos lois civiles en un seul corps,
nous a enfin apporté le bienfait d'une législation
uniforme. L'illustre chancelier d'Aguesseau avait
conçu le vaste plan d'un Code civil; des obstacles in-
surmontables en empêchèrent l'exécution, un des
principaux était la multiplicité des juridictions. Les
Rois, investis par le droit de leur naissance d'un pouvoir absolu ¹, avaient laissé à chaque province le soin

---

¹ Le Roi ne tient ce pouvoir que de *Dieu et de l'épée*; maxime
ancienne consacrée dans les établissemens de S.t Louis, liv. 1.ᵉʳ,
chap. 76. Les Rois de la première race ne prenaient que la qualité d'*hommes illustres*. Pepin et Charlemagne furent les premiers
monarques qui se dirent Rois *par la grâce de Dieu*. Loysel (inst.
cout., chap. 1, n.º 2.) fait remarquer que ce fut par *modestie et
humilité* que ces Princes se qualifièrent ainsi; mais les Papes
Urbain II et Pascal II ayant excommunié Philippe I.ᵉʳ à cause
de son mariage avec Bertrade de Montfort, et ces Pontifes ayant
de plus élevé la prétention que leur consentement devait être requis pour le sacre et le couronnement de nos princes, les Rois de

de se régler par ses usages, et de choisir ses magistrats municipaux. De tels bienfaits accordés au peuple ont été la cause première de cet amour religieux
pour la dynastie auguste qui gouverne la France depuis tant de siècles. La reconnaissance, ce sentiment
si doux pour une nation généreuse et fière de ses
droits, attache plus fortement encore le citoyen au
chef de l'état. Nos monarques ont été moins les maîtres que les protecteurs de leurs sujets ; ils avaient
affranchi les communes ; les siéges de justice se gou-
vernaient par leur propre jurisprudence ; on ne pouvait donc établir un Code universel et un tribunal
régulateur du droit, chargé de maintenir la fixité
des doctrines. Le président Hénault, dans ses remarques sur l'Histoire de France[1], ne regardait point
comme praticable l'organisation d'un système de lois
uniformes pour tout le royaume ; chaque province
ayant, à cause de sa situation territoriale, un respect pour ses anciens usages et des mœurs particulières circonscrites dans ses limites.

XXXIII. Cependant Louis XIV voulut régler les
formes judiciaires dans toute l'étendue de ses états.
L'ordonnance de 1667 donna à la France un Code
de procédure civile. La mauvaise foi ne s'égara plus
dans le labyrinthe de la chicane, le temple de la
justice fut ouvert à tous les Français.

Sans la procédure, le droit recouvrait difficilement

France ne se sont plus dits Rois par la grâce de Dieu par piété
et par humilité seulement, mais encore pour marquer leur autorité souveraine, et leur indépendance des Papes.

[1] A la fin du règne de Louis XIV.

une juste application. Cette vaste science se réduirait à une vaine et subtile théorie, si l'on ne connaissait *l'art de procéder sur la réclamation que l'on fait du
secours de la justice* [1]. Avant la célèbre ordonnance de
Moulins [2], la procédure n'était aucunement réglée;
on avait été long-temps sans avoir de partie publique. Au XV.e siècle, les dépens avaient commencé à
être introduits, comme un moyen d'arrêter les plaideurs, et d'imposer un frein à la cupidité et à la mauvaise foi. En remontant à des temps plus reculés, la
procédure des causes civiles se faisait publiquement;
chaque partie était assistée de témoins (*records*),
appelés ainsi pour aider (*recordare*) la mémoire. La
formule usitée, *la cour met l'appellation et ce dont a été
appelé à néant*, remonte au XIII.e siècle [3], lorsqu'il
fut permis de *fausser* une sentence rendue par un
seigneur, et de la porter par appel à la cour du
Roi; si le *fausseur* se rendait appelant, on ne s'occupait plus du premier jugement, regardé alors comme
anéanti.

L'ordonnance de 1667 est digne du monarque qui
l'a publiée. Le plan de son exécution fut confié aux
magistrats les plus expérimentés de ce grand siècle.
Plus d'une fois, dans le cours de cet ouvrage, il sera
question du procès-verbal des conférences tenues
pour la rédaction de cette ordonnance. Cependant,

[1] Pigeau, de la proc. civ.

[2] Rendue en 1565.

[3] Esprit des Lois, liv. 28, chap. 33.

il ne faut point la regarder comme un Code de procédure entièrement complet[1].

Ce coup-d'œil sur les anciens monumens de notre
législation, va s'étendre à présent aux juridictions
inférieures.

XXXIV. Après la réunion des duchés et comtés
à la couronne, les baillifs et sénéchaux, qui rempla-
cèrent les ducs et les comtes, restèrent gens d'épée;
ils commirent des lieutenans de robe pour exercer
la justice en leur place. Le nom de baillifs leur avait
été donné pour être les défenseurs, conservateurs et
baillistres de la Justice. Selon Ménage, le mot *séné-
chal* vient du latin *senex* et du celtique *chal*, qui signifie vieux chevalier.

La vénalité des charges une fois établie, le Roi
retira alors aux baillis et sénéchaux le droit de nommer leurs lieutenans. Dans le même temps, les procureurs du Roi n'eurent plus le pouvoir de se donner
des substituts : ceux-ci reçurent des provisions à titre d'office, et cessèrent d'être des magistrats subs-
titués. Le titre de *conseiller du Roi* n'appartint d'abord
qu'aux lieutenans du prince, gouverneurs des provinces. Lors de la création des charges de lieutenans-
généraux qui succédèrent aux baillis dans l'intégralité de leurs fonctions judiciaires, ces nouveaux
magistrats furent décorés du titre de conseillers du
Roi. En 1551, les conseillers des présidiaux furent
institués avec le titre de *conseillers magistrats*; mais
les troubles de la guerre civile survinrent bientôt,

---

[1] Tout ce qui concerne la saisie-immobilière y est passé sous
silence, etc.

et les juges des juridictions inférieures obtinrent
facilement la qualification de conseillers du Roi.
Voici ce que dit Loyseau [1] : « Sous Henri II et ses
» successeurs, le titre de conseiller du Roi a été
» communiqué pour de l'argent et comme par im-
» pôt aux élus, et à d'autres petits financiers dont
» on a voulu parer les offices de ce titre, afin de les
» mieux vendre. Il en est arrivé comme des anneaux
» d'or, qui étaient autrefois l'enseigne de la no-
» blesse romaine, laquelle les jeta et les quitta par
» dépit d'un commun consentement, lorsque Fla-
» vius, affranchi d'Appius Clodius, fut fait édile cu-
» rule, et partant, fut rendu capable d'en porter;
» et tout ainsi que les anciennes dames de France
» quittèrent la ceinture d'or, anciennement leur
» marque et ornement, lorsqu'elles virent que les
» femmes impudiques affectaient d'en porter, mal-
» gré la défense du roi saint Louis, d'où est venu
» le proverbe : *bonne renommée vaut mieux que cein-*
» *ture dorée.* »

L'intérêt de la justice a toujours réclamé pour les
magistrats une situation de fortune indépendante.
Les juges n'avaient point d'émolumens, mais ils recevaient des épices. Ce dernier mode de salaire était-
il plus honorable qu'un traitement du prince? Nous
ne le croyons pas. L'origine des *espices* est fort ancienne; ce ne fut d'abord que quelques dragées, épiceries, ou confitures, dont celui qui avait gagné sa
cause faisait par courtoisie présent à son juge ou au

[1] Des Offices, liv. 1.er, chap. 7.

rapporteur : « Mais ensuite, dit Loyseau [1], les épices
» ou épiceries furent converties en or, ce qui se
» baillait par courtoisie et libéralité fut tourné en
» taxe et nécessité, et ce insensiblement.... car c'est
» chose certaine, que partout où l'argent trouve en-
» trée, quelque petite qu'elle soit, il s'en rend enfin
» le maître, et en chasse ou éloigne l'honneur et la
» vertu. »

XXXV. La juridiction des bailliages et présidiaux
est appelée par Jousse, justice *imparfaite et limitée* [2].
Les présidiaux, qui par l'édit d'Henri II (art. 2) ne
pouvaient étendre leur compétence souveraine au-
delà de 250 livres, eurent ensuite la faculté de juger
sans appel jusqu'à 500 livres. En 1771, leur attribution reçut une nouvelle extension jusqu'à la somme
de 4000 livres, réduite ensuite à 2000 livres par l'édit
de 1777. La puissance des juges est également bornée
à leur territoire : *judex non potest extrà territorium jus
dicere* [3]. Quelquefois un officier s'est trouvé à-la-fois
bailli de deux justices, mais il ne pouvait faire comparaître dans l'un de ces siéges les parties qui n'en
étaient point justiciables. Dans certaines villes du
royaume, les maires et échevins, consuls et capi-
touls, prenaient connaissance comme juges des affaires civiles, criminelles et de police. L'ordonnance
de Moulins, cette première loi organique de l'administration de la justice, leur ôta ces attributions, exclusivement réservées aux juges royaux et aux seigneurs.

[1] Des Offices, liv. 1.er, chap. 8.
[2] De l'Administration de la Justice, tome 1, p. 25.
[3] L. ult. ff. de Juridict.

XXXVI. Les baillis ou lieutenans de justice ne furent d'abord qu'administrateurs, et non possesseurs ou propriétaires de leur juridiction. Les charges conférées à vie par le Roi, donnaient aux titulaires une puissance publique, seulement pour eux-mêmes, et non comme une propriété transmissible à d'autres. Pour maintenir ces principes, après l'établissement de la vénalité des offices, on permit aux juges de *résigner* leurs charges, et non de les vendre. « Ainsi, dit Loyseau [1], on résigne les offices en fa- » veur des acheteurs, en les remettant au collateur, » à telle condition, qu'il est tenu de les conférer à » eux, et non à autre, et qu'il ne peut refuser d'ad- » mettre cette résignation. »

Il ne faut point confondre les charges judiciaires avec les seigneuries héréditaires, droits patrimoniaux inhérens aux fiefs [2]. Les rois donnèrent des terres aux hommes d'armes, et ceux-ci leur devaient en retour *aide et assistance* en temps de guerre. Ces conventions passèrent par succession aux nouveaux possesseurs des héritages qualifiés seigneuriaux. Les grands officiers de la couronne, pourvus de titres et d'éminentes dignités, ont cherché à les rendre héréditaires en les changeant en fiefs. Tel a été l'office de grand chambellan ou *grand chambrier*, possédé pendant plusieurs siècles par les ducs de Bourbon.

A l'exemple de ces princes, les maréchaux de France voulurent perpétuer ce titre puissant dans

[1] Des Offices, liv. 2, chap. 1.er
[2] Le mot Fief vient de *Fides*.

leurs familles, mais leurs efforts furent inutiles. Le parlement, en cette occasion, aida le Roi de toute son autorité. Un arrêt de cette cour consacra le principe, « que les offices de maréchaux de France » appartiennent à la couronne, comme domaine d'i- » celle, et l'exercice auxdits maréchaux pendant » leur vie, qui en font au Roi foi et hommage[1]. »

XXXVII. Un édit d'Henri IV[2] contraignit les magistrats à prendre des provisions de leurs charges en la grande chancellerie. Charles Paulet, secrétaire de la chambre du Roi, fut l'inventeur de ce mode d'assurer la survivance des offices. Il fallait remédier à l'épuisement des finances du trésor de l'état; chaque titulaire s'empressa d'acquitter la finance imposée sur sa charge, dont la quittance a depuis toujours été appelée *la paulette*. Loyseau s'exprime ainsi sur cet empressement général à venir payer la paulette[3].

« Au mois de janvier 1608, pendant les gelées, je » m'advisai, étant à Paris, d'aller un soir chez le » partisan du droit annuel des offices pour conférer » avec lui. Il était trop empressé, j'avais mal choisi » le temps. Je trouvai là dedans une grande troupe » d'officiers se pressant et poussant, à qui le premier » lui bâillerait son argent. Aucuns d'eux étaient en- » core bottés, venant de dehors, qui ne s'étaient » donnés loisir de se débotter. Je remarquai, qu'à » mesure qu'ils étaient expédiés, ils s'en allaient » tout droit chez un notaire assez proche, passer

---

[1] Du Tillet, 1.re part., des Rois de France; éd. 1618, p. 394.
[2] En 1604.
[3] Des Offices, liv. 2, chap. 10.

» leur procuration pour résigner, et me semblait
» qu'ils feignaient de marcher sur la glace, crainte
» de faire un faux pas, tant ils avaient peur de mou-
» rir en chemin. Puis, quand la nuit fut close, le
» partisan ayant fermé son registre, j'entendis un
» grand murmure de ceux qui restaient à dépêcher,
» faisant instance qu'on reçût leur argent, ne sa-
» chant, disaient-ils, s'ils ne mourraient point cette
» mesme nuit. Contemplant ces façons de faire, il
» me vint une pensée en l'esprit de dire en moi-
» mesme : bon Dieu! que ne sommes-nous aussi soi-
» gneux de sauver notre âme que notre office! »

XXXVIII. Dans tous les temps on a brigué les
places et les dignités de la magistrature. Les hon-
neurs et le pouvoir, voilà l'objet de l'ambition de
presque tous les hommes. Chez les Romains, plusieurs lois *de ambitu* ¹ eurent pour objet d'empêcher la corruption des citoyens dont on recher-
chait les suffrages. Selon Plutarque, ceux qui bri-
guaient les offices devaient se présenter aux assemblées publiques *déceints et sans sayes, afin qu'ils ne
pussent cacher sur eux l'argent, prix ordinaire des suffrages du menu peuple.* A l'époque brillante du siècle
d'Auguste, Horace s'exprimait ainsi :

> « *Aurea nunc verè sunt sæcula, plurimus auro*
> « *Vænit honos.* »

Tant qu'a duré l'Empire Romain, la vente des
charges ne fut jamais légalement autorisée. Les

---

¹ *Ab ambiendo, id est circumeundo populo.*

successeurs des officiers publics ne payoient point
de *finances* à leur entrée en exercice, mais ils of-
fraient des présens à l'empereur pour se concilier
sa bienveillance.

Le président Hénault rapporte une déclaration
de Louis XI ! portant : « Qu'il ne sera donné aucun
» office, s'il n'est vacant par mort, résignation ou
» forfaiture. » Cette ordonnance a été le principe
de la vénalité des charges de la magistrature.

On ne permit d'abord que la vente des charges
de finances. Charles VIII fit un règlement à cet
effet *. Son successeur, roi guerrier et père de son
peuple, désirait ardemment alléger le fardeau de
la guerre; mais il tenait à honneur de recouvrer le
duché de Milan. Les Vénitiens, pour remplir leur
trésor épuisé, avaient aliéné à prix d'argent toutes
les charges de leur république : Louis XII voulut
suivre cet exemple. Loyseau,³ excuse ainsi ce bon
roi : « Certes, si le mal n'eût pas passé plus avant,
» il était bien tolérable, même peut-être juste, eu
» égard à la nécessité des affaires; car ce bon prince
» pour épargner le pauvre peuple, jugea qu'il n'y
» avait pas de moyens plus aisés de subvenir à son
» besoin, que d'imposer ou pour mieux dire de
» laisser couler une taille insensible et impercep-
» tible, ou purement volontaire sur l'ambition des
» plus riches. »

Les charges de finances étaient encore les seules

¹ En 1467.
² En 1493.
³ Des Offices, liv. 3, chap. 1.

vénales. Sous François I.er, la vénalité publique de
tous les offices sans distinction fut tolérée; celles de
judicature furent mises en taxe *aux parties casuelles,*
en déguisant toutefois la vente sous la forme de
prêt. La *finance* ¹ payée, les acheteurs devinrent
propriétaires, et ils se démirent souvent à leur tour
d'une charge regardée par eux comme un patrimoine. Cet usage s'est perpétué jusqu'en 1789. Le
gouvernement ne s'était point borné à vendre les
charges judiciaires. Depuis François I.er les offices
de toute nature furent aliénés au profit de l'état :
alors on vit s'introduire de graves abus; l'intérêt
public en réclamait la réforme, mais des difficultés encore plus grandes s'opposaient à ce qu'elle
eût lieu. Les hommes d'état, chargés d'améliorer
l'administration du royaume, étaient pour la plupart pourvus de charges; auraient-ils eu le noble
courage de faire le sacrifice de leur autorité et
d'une partie de leur fortune? Peu d'hommes sont
des Molé et des d'Aguesseau. Un gouvernement tel
que celui de la France, ne pouvait plus réformer
les abus mêlés à tant de sages institutions. La révolution est venue et a tout détruit. Depuis la restauration, on jouit en France des douceurs de la
paix; mais aussi les besoins de ceux qui occupent
les places se sont multipliés; il est devenu, aujour-
d'hui, très-difficile de maintenir dans sa première
simplicité le mode d'administration des affaires publiques. D'après la Charte, le Roi a entre les mains

---

¹ *Finance* vient du vieux mot *finer*, c'est-à-dire, payer le denier. (DUCANGE.)

la libre disposition de toutes les places de la magistrature; quelques publicistes ont parlé de l'avantage de rétablir la vénalité des charges; cette grave
question n'a encore été que faiblement agitée; avant
de se dessaisir de leur autorité, les hommes placés
à la tête du gouvernement, n'en doutons point,
consulteront l'histoire.

XXXIX. Si la vénalité et l'hérédité des charges
ont fait entrer dans la magistrature quelques hommes
peu dignes d'être les interprètes des lois et les dispensateurs de la justice, il faut dire aussi que la
tradition des bonnes doctrines et la pratique des
plus nobles vertus s'étaient perpétuées dans beaucoup de familles patriciennes. La corruption de la
cour n'atteignit point ces magistrats sévères dans
leurs mœurs, et éminemment religieux. Les Molé,
les Lamoignon, les d'Ormesson, les d'Aguesseau,
les Malesherbes, les Barentin, etc., nous ont donné
de grands exemples à suivre. Ces modèles des plus
hautes vertus se sont illustrés par la supériorité de
leur génie et la gravité de leur éloquence. Il serait
impossible de rappeler ici tous les noms dignes
d'être cités, mais leurs souvenirs ne s'effaceront
point de la mémoire de leurs successeurs qui s'ef-
forcent de marcher sur leurs traces; et ces hommes
d'état appelés par nos rois à siéger dans leur conseil, ont contribué puissamment à la gloire et à la
prospérité de la France.

Les héritiers du trône de S.t Louis n'ont jamais
oublié non plus les sages préceptes de ce grand
roi : « Beau fils, disait en mourant Louis IX à son
» fils Philippe, la première chose que je t'enseigne

» et commande à garder, si es que de tout ton cœur
» et sur tout rien, tu aimes Dieu..... Maintiens les
» bonnes lois de ton royaume, abaisses et corriges
» les mauvaises; gardes-toi de trop grant convoi-
» tise, ne boutes pas sus trop grans tailles, ne
» subsides à ton peuple, si ce n'est par trop grant
» nécessité pour ton royaume défendre. »

(JOINVILLE.)

C'est pour ne point s'écarter de ces nobles maximes, que nos rois se sont entourés des premiers
magistrats, lors de la confection de ces ordonnances,
monumens impérissables de la législation française.

XL. Sous le règne de Louis XV, il s'est rencontré
deux hommes qui, par leur savoir, se sont placés
sans efforts au premier rang des jurisconsultes. Le
temps n'affaiblira jamais l'éclat des doctrines de
d'Aguesseau et de Pothier. L'un, chef de la magistrature, en a été l'ornement par son érudition, son
éloquence et ses vertus; l'autre, occupant un rang
moins élevé, consacra une longue vie à l'étude
constante des lois. Doué d'une modestie rare et
d'une simplicité toute naïve, à peine il osait s'a-
percevoir du mérite de ses ouvrages, cités déjà de
son vivant comme une autorité imposante. Leurs
noms seront sans cesse présens à la pensée de ceux
qui se livrent à l'étude de la jurisprudence, et la
ville d'Orléans s'énorgueillit d'avoir donné le jour
à Pothier, ce parfait modèle de tous les légistes, et
encore plus de tous les gens de bien.

---

¹ M. Boscheron-Desportes fils, premier avocat-général à la
Cour Royale d'Orléans, dans un Eloge de Pothier, a voué les

Aux grands jurisconsultes dont on vient de parler, on peut associer Domat. Comme eux, il plaçait avant tout les règles du for intérieur ; ses ouvrages portent le caractère d'une morale toute chrétienne. La profondeur des principes enseignés par Domat, la solidité de ses raisonnemens, la clarté avec laquelle il les développe, et ses réflexions judicieuses jettent une vive lumière sur les lois les plus obscures. Dans ses réflexions sur la nature et l'esprit des Lois, et dans le livre préliminaire des Lois civiles, ce docte écrivain a exposé toute la théorie du Code civil. Pothier, dans son Traité des Obligations, de la Communauté conjugale, du Contrat de mariage, de la Vente, du Mandat, etc., a réduit les préceptes de la législation à une analyse si simple et si méthodique, que les rédacteurs du Code civil, dans plusieurs parties de cet ouvrage, ont repro-

écrits et la personne de ce grand homme aux suffrages de la postérité. Ce discours académique a obtenu en 1823 la médaille d'or, prix décerné par la société royale des sciences, belles-lettres et arts d'Orléans. Il abonde en pensées justes et profondes, et décèle un talent pur, formé par le père de l'auteur, (M. Boscheron-Desportes, maître des requêtes, et président honoraire à Cour royale d'Orléans), magistrat et littérateur de l'ancienne et bonne école.

La Biographie universelle, historique, de M. Michaud (au mot POTHIER), contient un Précis entièrement neuf sur la vie et les ouvrages de ce savant jurisconsulte. Cet article plein de recherches, remarquable par un style pur et par quelques traits peu connus de la vie de Pothier, est sorti de la plume élégante de M. de la Place de Montevray, président à la Cour royale d'Orléans, et président de la société royale des sciences, belles-lettres et arts de la même ville.

duit, presque dans les mêmes termes, la doctrine
claire et précise de ce grand jurisconsulte [1].

XLI. Pothier succéda à Prévost de la Jannès [2],
professeur à l'Université d'Orléans. Cette école,
fondée par Clovis, fleurissait au temps de Grégoire
de Tours [3]. Vers la fin du VI.ᵉ siècle [4], le roi Gon-
tran fit son entrée solennelle à Orléans, entouré
d'hommes doctes qui, au rapport de Lemaire, prononcèrent des harangues en différentes langues.
Cette ville était alors le dépôt des sciences. L'empereur Charlemagne voulut que son fils Louis-le-Dé-
bonnaire y fût élevé et instruit. Le roi Robert, dont
Orléans fut le berceau, et où il reçut l'onction
sainte, affectionnait une université où il avait puisé
son goût pour les belles-lettres et la poésie [5]. Sous
le règne de S.t Louis, l'école d'Orléans était très-
nombreuse, et tellement célèbre, que bientôt les
papes lui accordèrent des priviléges. En 1312, Philippe-le-Bel les approuva, et les revêtit de la sanction royale. Il donna des lettres-patentes pour les
chaires de droit civil et canon, et se déclara le protecteur des docteurs et écoliers.

Philippe de Valois en réunissant à l'apanage de
son second fils la ville et le duché d'Orléans [6], main-

[1] Liv. 3, oblig., art. 1134 et suiv. de la Vente, art. 1582 et
suiv.

[2] En 1749.

[3] *Lib.* 8, *cap.* 1.

[4] En 588.

[5] Le roi Robert est auteur de plusieurs hymnes, de la prose
du jour de la Pentecôte, *Veni, Sancte Spiritus*, etc.

[6] En 1346.

tint les priviléges de l'université dans toute leur
étendue. Ils continuèrent à subsister, lors de la réunion du duché à la couronne, par l'avénement de
Louis XII [1]. Une ordonnance de ce prince obligea
les lieutenans-généraux des baillis et sénéchaux, et
les juges, à prendre le grade de docteur ou de licen-
cié dans une université fameuse, et celle d'Orléans
était au premier rang.

XLII. Au seizième siècle, les docteurs-régens de
cette école furent appelés à la réformation de la coutume. Plusieurs docteurs des autres universités, at-
tirés par la réputation de ceux d'Orléans, y vinrent
pour apprendre à enseigner. Il existait un ancien
statut du recteur Andreas Pistorio [2], d'après lequel
« aucun docteur d'autre université ne pourrait ve-
» nir professer à Orléans qu'il n'eût pris ses degrés
» en cette escole fameuse. »

Un arrêt du parlement du 1.er février 1502, confirma ce statut. Les degrés de docteur, dit Lemaire,
se donnaient facilement et sans peine aux autres
universités et non à Orléans. Elle a vu sortir de ses
rangs les personnages les plus illustres. Le pape
Clément V étudia et professa le droit canon et le
droit civil à l'université d'Orléans. Le pape Jean XXII,
plusieurs cardinaux, Pierre Salas, Théodore de Bèze,
Jean Calvin, Pierre de l'Estoile y prirent aussi leurs
degrés. Pyrrhus [3] d'Anglebermes, docteur régent,

---

[1] En 1498.

[2] Voir Lemaire, Antiq. d'Orléans, édit. in-f.º, p. 370.

[3] Ou *Pierre*, véritable nom de ce jurisconsulte, qu'il changea
en celui de Pyrrhus, suivant l'usage du temps. Voir (Biographie

dans un Panégyrique de sa ville natale, fait un éloge pompeux de son université.

« Les docteurs-régens, dit-il, qui professaient et
» enseignaient les lois romaines, étaient si doctes en
» l'éloquence, subtils et versés en la jurisprudence,
» que tous les dons de nature qui étaient épars en
» tous les célèbres jurisconsultes, du temps des
» empereurs Adrien et Alexandre, étaient restreints
» et réservés à eux seuls, vacquant depuis le matin
» jusqu'au soir, tant à leurs leçons publiques qu'aux
» répétitions particulières. Si bien qu'à présent
» même (en 1512) le premier magistrat de France,
» le chancelier du Prat, cardinal et archevêque de
» Sens, monseigneur Louis de Bourbon-Vendôme,
» évêque de Laon, étaient sortis de cette université
» fameuse. Orléans est la cité des lettres, la mère
» et la maîtresse du Droit et de la Justice »[1].

XLIII. Ces glorieux souvenirs de notre université nous rappellent encore quelques noms orléanais, qui appartiennent à des savans et jurisconsultes, l'honneur de la ville où ils ont reçu le jour.

On n'oubliera point Denys Pétau, que son érudition immense a placé au premier rang des hommes universels ; Henri et Raoul Fornier, Claude Colas de Malmusse, docteur-régent, auteur d'un traité sur la quarte-falcidie[2] ; Jacques Delalande, ce profond commentateur de la Coutume ; Guillaume Prousteau,

Orléanaise) une notice sur Danglebermes, par M. le président de la Place de Monteyray.

[1] Lemaire, in-f.°, p. 376.

[2] Il est au nombre des manuscrits de la bibliothèque d'Orléans.

fondateur de la bibliothèque; Prévost de la Jannès,
auteur des Principes de la Jurisprudence; Louis de
Guyenne, Antoine Breton, Pierre-Guillaume Guyot,
Daniel Jousse, ce digne ami de Pothier, dont le nom
ne se sépare plus des Ordonnances de Louis XIV;
Salomon, Moutié, Robert de Massy, et tant d'autres
dont les écrits ont répandu de nouvelles lumières sur
la science du droit. Tous ces hommes ont dû leur
célébrité et la considération dont ils ont joui de leur
vivant, à une vie laborieuse et retirée, employée
toute entière à l'exercice de la profession qu'ils
avaient embrassée. Les sources du droit leur étaient
devenues familières; les Cujas, les Dumoulin, les
Vinnius, et ces doctes interprètes qui ont tiré du
chaos les trésors de la législation romaine, les avaient
formés et nourris de leurs doctrines.

Orléans aurait-il donc perdu pour toujours cette
école célèbre, plus ancienne que l'université de
Paris, et dans tous les temps digne par la pureté
de ses principes de la faveur et de la protection de
nos rois, et des priviléges dont elle a joui pendant
plusieurs siècles? Cette ville fidèle, le boulevart de la
France en 1429, qui a donné le jour à tant d'hommes
savans et illustres, n'obtiendra-t-elle donc point la
juste demande qu'elle sollicite avec persévérance depuis l'époque glorieuse de 1814? Cette restauration
qu'Orléans doit espérer, parce qu'elle n'est que le
recouvrement de ce que la révolution lui a enlevé,
est l'objet constant de toutes les sollicitudes des habitans d'une cité éminemment chrétienne et roya-
liste.

XLIV. Ces réflexions sur les anciennes universités

nous conduisent à jeter un coup-d'œil sur l'établissement des principales juridictions qui existaient en
France avant 1789.

Les baillis appelés *baillis de notre Sire le Roi*, com-
missaires-généraux du prince dans les différentes
villes, étaient choisis autrefois parmi les grands-of-
ficiers du conseil royal. Une ordonnance de saint
Louis [1] enjoignit aux baillis de ne juger aucune
cause sans le conseil des juges, c'est-à-dire sans le
concours des consuls et des conseillers des villes.
Depuis Hugues Capet, il y avait à Orléans des juges
particuliers. La division du royaume en bailliages et
sénéchaussées commença à avoir lieu après les Croi-
sades ; alors les juges des provinces reçurent les
noms et qualités de baillis et sénéchaux; à eux seuls
appartint l'administration de la justice. Depuis
Charles VI, le nombre de ces siéges augmenta, et
sous le successeur de Louis XI, on connaissait déjà
quatre-vingt-trois bailliages et sénéchaussées.

Charles VI obligea les baillis à résider dans leurs
bailliages, et il leur fut adjoint des lieutenans-généraux. Ces officiers eurent des pouvoirs égaux aux
baillis et aux sénéchaux. Pendant quelque temps,
on les appela *vice-baillis*. En 1393, le Roi nomma à
Orléans, pour la première fois, un lieutenant-géné-
ral du bailliage [2]. Les ordonnances de Charles IX [3] et

---

[1] En 1254.

[2] Ce fut Guillaume Hautbois. Dans la liste des lieutenans-généraux dressée par M. Polluche, Guillaume Hautbois n'est placé
que le cinquième, mais il faut remarquer que les quatre magistrats qui le précèdent n'étaient encore appelés que vice-baillis.

[3] En 1566.

de Henri III ' fixèrent les importantes attributions
de ces magistrats. L'historien des antiquités d'Orléans dit à ce sujet : « L'honneur méritoire est tou-
» jours dû aux juges-magistrats, *qui communi utilitati*
» *serviunt, qui communia pro suis, sua pro communibus*
» *habent* » ². Par les ordonnances de Moulins et de
Blois, les baillis et sénéchaux de robe courte conservèrent leur entrée et présidence en leurs siéges,
mais ils n'eurent plus voix délibérative, et ne furent
plus que des chefs honoraires de la juridiction. Les
lieutenans-généraux, pourvus de leurs offices par
le Roi et reçus au Parlement, devinrent les véritables présidens des bailliages. Il fut défendu aux
baillis de robe courte *de s'entremettre aucunement du
fait de la justice*, et il leur fut enjoint seulement de
*prêter aide et secours à la justice pour l'exécution des sen-
tences et arrêts à eux commis en sûreté* ³.

Parmi les lieutenans-généraux du bailliage d'Orléans, Jean et Regnault de l'Estoile, les deux Pierre
de S.t-Mesnin, les deux Robert et Etienne de Fouille,
et Hervé Laurens ⁴, ont occupé avec distinction, au
XV.ᵉ siècle, la présidence du bailliage.

Dans le siècle suivant, on trouve les noms d'Aignan
de S.t-Mesnin, de Claude de Bongars, de Louis et
Gilles Alleaume. Dans le XVII.ᵉ, ces fonctions sont
remplies par deux Beauharnais. Enfin, dans le XVIII.ᵉ

---

¹ En 1579.

² Lemaire, édit. *in-f.º*, *p.* 248.

³ Ordonnance de Charles IX de 1570.

⁴ Dont la fille Marguerite épousa Nic. Colas, seigneur de la
Borde et des Francs.

siècle, trois générations successives du nom de Curault ont laissé leur mémoire en vénération dans les fastes de la magistrature orléanaise.

François Ier créa six conseillers au bailliage d'Orléans pour la décision de tous les procès civils et criminels. Ils jouirent des mêmes priviléges que les juges du châtelet de Paris; ils eurent aussi ceux de l'université dont ils étaient officiers. Ce titre leur fut donné à cause de leur occupation constante à maintenir les droits de cette illustre école.

XLV. Henri II [a] établit des juges présidiaux en chaque bailliage et sénéchaussée du royaume. Le 18 juin 1552, un conseiller au parlement de Paris, commissaire du Roi, installa le présidial d'Orléans, dont l'édit de création avait été vérifié au parlement les 5 février et 6 avril 1551. Douze conseillers, y compris les six déjà institués pour le bailliage, furent reçus et mis en exercice. Ces charges ont été ensuite affranchies de logement de soldats et gens de guerre et de tailles et subsides[3]. Les priviléges attribués à ces offices étaient peu de chose, l'honneur était grandement prisé dans ces temps où les plus importantes fonctions n'étaient point lucratives : les juges trouvaient le prix de leurs travaux dans la considération qu'on portait à leur dignité et à leurs personnes. L'unique ambition du fils était d'être admis un jour à remplacer son père. Les biens de la

[1] En 1537.
[2] En 1551.
[3] Edit de Henri IV du 15 mars 1598.

fortune et les faveurs du prince n'étaient point l'objet des désirs et des espérances de ces magistrats.

La réputation du bailliage et du présidial d'Orléans s'est conservée jusqu'à la destruction de l'ancienne magistrature. A l'époque de la révolution, les Pothier, les Jousse, les Le Thrône n'existaient plus, mais les successeurs et les contemporains de ces excellens magistrats les avaient sans cesse présens à la pensée. Leurs doctrines étaient constamment appliquées par des hommes dignes de leur succéder. MM. Curault, Boyetot, Alix, Leclerc-de-Douy, Seurrat de la Boulaye, Miron de Pont-le-Roy, Tassin de Villepion, Henri de Longuève, Robert, Loyré, Pétau, ont vu les derniers jours du présidial d'Orléans. Frappée par la révolution comme toutes les autres juridictions, cette institution respectable est tombée, et pendant plusieurs années, il n'en a subsisté aucune trace.

XLVI. La loi du 24 août 1790, en déclarant abolie pour toujours la vénalité des offices, statua que les juges élus par les justiciables eux-mêmes seraient salariés par l'état. Depuis la fatale journée du 6 octobre 1789, Louis XVI était dépouillé de ses droits et de son autorité. Ce malheureux prince, Roi encore de nom, mais privé du pouvoir de faire le bien, luttait contre le mal qu'on voulait faire; il crut que l'intérêt de son peuple exigeait qu'il sanctionnât la loi sur l'organisation judiciaire. Le gouvernement de la France avait déjà reçu une circonscription nouvelle; des juges de paix furent établis par canton; chaque district eut un tribunal de cinq juges, auprès duquel fut placé un officier, chargé des fonc-

tions du ministère public. Ces tribunaux jugèrent
souverainement et en dernier ressort, les affaires
personnelles et mobilières jusqu'à la somme de
1000 francs en principal, et les affaires réelles dont
l'objet serait de cinquante livres de revenu déterminé, soit en rentes, soit par prix de bail [1]. Cette
attribution de compétence est encore aujourd'hui
la même pour les tribunaux de première instance.

Les juges de district furent constitués juges d'appel, les uns à l'égard des autres. Si les parties ne
pouvaient s'accorder sur le choix d'un tribunal, l'appel devait se porter à l'un des sept tribunaux les plus
voisins. L'appelant et l'intimé pouvaient l'un et l'autre exclure péremptoirement trois des sept tribunaux composant le tableau [2].

La loi de 1790, en ordonnant de motiver toutes
les décisions judiciaires, consacra une innovation salutaire réclamée depuis long-temps par l'intérêt public. Il fut statué [3] que la rédaction des jugemens,
tant sur l'appel qu'en première instance, contien-
drait 1.º L'énonciation des noms et des qualités des
parties ; 2.º la position avec précision des questions
de fait et de droit ; 3.º le résultat des faits reconnus
ou constatés par l'instruction, et les motifs qui auront déterminé le jugement ; 4.º enfin le dispositif
du jugement.

La loi du 29 septembre 1791 établit un tribunal

---

[1] Loi du 24 août 1790, tit. 4, art. 4 et suiv.
[2] Même loi, tit. 5, art. 4 et suiv.
[3] Même loi, tit. 5, art. 15.

criminel dans chaque département. Les tribunaux de district étant trop multipliés, on reconnut bientôt la nécessité d'en diminuer le nombre.

XLVII. Au mois de juillet 1795 (5 fructidor an III[1]), après la chûte du gouvernement révolutionnaire, une nouvelle constitution fut donnée, et l'on s'occupa aussitôt de réorganiser la justice civile. Les tribunaux de district furent supprimés, et remplacés dans chaque département par un seul tribunal composé de vingt juges, de cinq suppléans, d'un commissaire du pouvoir exécutif, d'un substitut et d'un greffier. Les juges de district avaient été élus pour six ans, ceux de département ne reçurent de commission que pour cinq années. En révolution, cette courte période est un siècle. La loi organique de 1795 ne devait point durer long-temps; les tribunaux civils de département étaient à-la-fois juges de première instance et juges d'appel; ils se divisaient en sections; les appels étaient portés à l'un des trois départemens les plus voisins.

XLVIII. Le 18 brumaire an VIII (9 novembre 1799) un guerrier audacieux, et déjà enivré par la victoire, renverse le gouvernement et l'arrache aux

[1] Dans le cours de cet ouvrage, toutes les fois qu'il s'agira de l'ère républicaine, je rappellerai, autant qu'il me sera possible, l'ère vulgaire; celle-ci même sera placée la première, à moins qu'il ne s'agisse de lois ou décrets qui ne sont connus que par la date du calendrier républicain. Telles sont par exemple les lois du 17 nivose an II sur les successions, et celle du 11 brumaire an VII sur les hypothèques. Il y a des époques qui ne seront jamais connues que par les noms et les dates du temps auquel elles appartiennent.

factions qui se le disputaient. Il prend les rênes de
la république chancelante et s'en déclare le protecteur. La force militaire opéra ce grand changement.
Une nouvelle constitution ne tarda point à paraître.
Le titre V ' de cet acte législatif établit un tribunal
de première instance au chef-lieu de chaque arrondissement communal. La loi du 27 ventose an VIII
créa des tribunaux d'appel dans les villes où sié-
geaient les anciens parlemens et dans quelques autres villes de la France, et fixa l'étendue du territoire
de chaque ressort.

Le 10 juin 1800 (20 prairial an VIII) Orléans devint le siége d'un de ces tribunaux d'appel. Le préfet fut délégué par le gouvernement consulaire pour
installer les nouveaux juges. Les présidens des tribunaux criminels des départemens, compris dans le
ressort du tribunal d'appel, furent membres du
nouveau corps, investi souverainement du second et
dernier degré de juridiction.

Le sénatus-consulte du 28 floréal an XII (18 mai
1804), conféra à ces tribunaux la dénomination de
cour d'appel. Quelque temps auparavant (le 2 nivose an XI), un arrêté des consuls avait rétabli les
costumes des membres des tribunaux, des gens de
loi et des avoués, que le décret du 2 septembre 1790
avait supprimés. Le moment approchait où le chef
de la république allait *abdiquer* son titre modeste
de consul, et poser sur sa tête la couronne impé-
riale. Au nom des constitutions de la république, le
gouvernement monarchique fut rétabli. Bientôt on

' Vingt-trois frimaire an VIII (15 décembre 1799.)

vit disparaître la qualification de *citoyen*. De nouvelles dignités furent créées : pour consulter l'opinion nationale, on fit l'essai de ces distinctions ho-
norifiques sur des hommes qui depuis dix ans faisaient hautement profession des principes républi-
cains, et qui avaient juré haine à la royauté. Loin de
refuser ces titres, et de regarder leurs nouvelles dignités comme importunes, ils les reçurent avec reconnaissance, et firent preuve d'un dévouement sans
bornes pour le maître absolu qui les comblait de faveurs.

XLIX. Ce coup-d'œil historique sur les divers
changemens opérés dans l'ordre judiciaire, rend nécessaire de donner encore quelques détails sur les
tribunaux d'Orléans. Au mois d'octobre 1803 (22
vendémiaire an XII), M. Petit-Lafosse, président du
tribunal d'appel, fut nommé député au corps législatif, et provisoirement remplacé par M. de Chabrol-
Crouzol, alors auditeur au conseil d'état, aujour-
d'hui [1] ministre de la marine. L'arrivée de ce magistrat à Orléans, et son installation comme président
interimaire du tribunal d'appel, au mois de février
1804 (12 ventose an XII), doit véritablement faire
époque dans nos fastes judiciaires.

M. Sezeur, commissaire du gouvernement près
le tribunal, prononça un discours, où pour la première fois, il parla des avantages attachés à une naissance illustre, et à des services héréditaires. Les
formes républicaines subsistaient encore, nous les
retrouverons à peine dans le discours de M. Sezeur,

[1] En 1825.

dont voici quelques fragmens : « Les descendans de
» ces hommes célèbres, d'Aguesseau, Molé, Séguier...
» les héritiers du nom et des vertus de François de
» Paule, les illustres rejetons de la maison d'Ormes-
» son, naquirent tous pour le barreau; entrés dans
» le banc des gens du Roi, au châtelet de Paris, ils
» y développèrent les germes d'un talent qu'on
» pourrait dire inné. Parvenus aux premières places
» de la magistrature, ils se montrèrent non moins
» grands que leurs aïeux. Le citoyen que le gou-
» vernement investit aujourd'hui de la magistrature
» est aussi né pour le barreau. Petit-fils de ce juris-
» consulte profond auquel l'Auvergne doit le savant
» commentaire sur sa coutume.....; fils d'un magis-
» trat auquel la sénéchaussée de Riom a long-
» temps dû sa tranquillité, et que la confiance po-
» pulaire a appelé à siéger dans cette assemblée, qui
» sera à jamais célèbre par les grands talens qu'elle
» réunissait, et par les grandes choses qu'elle a opé-
» rées, le citoyen Chabrol apporte au palais un nom
» justement vénéré..... Il se montrera digne de ses
» ancêtres. »

Dans sa réponse, M. de Chabrol qualifia les membres du tribunal d'un nom qu'ils n'étaient plus ac-
coutumés à entendre *. Les souvenirs de la révolution s'effaçaient peu à peu; le nouveau président
annonça aux Orléanais que ces temps de calamités
allaient tout-à-fait disparaître; sa gravité, sa noblesse
et la dignité de ses expressions lui gagnèrent aussitôt

---

* Il adressa aux juges le nom de *Messieurs*, et non celui de
citoyens.

tous les cœurs. « Messieurs, dit ce magistrat, appelé
» d'aussi bonne heure [1] à recueillir le fruit des ser-
» vices de mes pères, j'aime à me reposer sur une
» idée consolante pour la magistrature, c'est que les
» droits des pères ne sont plus perdus pour leurs
» enfans. Une vaine et fausse théorie a voulu trop
» long-temps isoler le mérite; l'expérience plus
» puissante que les systèmes, a démontré que l'es-
» poir de se survivre à soi-même, d'exister encore
» pour sa famille, de ne pas mourir tout entier,
» était un mobile puissant d'émulation qu'il ne fal-
» lait pas ôter au mérite.... Le gouvernement a réa-
» lisé cette flatteuse espérance; des noms chers à la
» magistrature lui ont été rendus, les descendans
» des d'Aguesseau, des Séguier, des Domat repa-
» raissent avec honneur dans un état qu'ont illustré
» leurs pères. »

Après quelques éloges adressés aux membres du
tribunal d'appel, M. de Chabrol continue ainsi :
« Que ne devait-on pas espérer d'une ville qui a
» donné le jour aux Jousse, aux Pothier ?... L'esprit
» de ces jurisconsultes fameux s'y est constamment
» maintenu. La jurisprudence aime à considérer
» cette ville comme un de ses berceaux les plus
» chers; les saines doctrines y ont toujours régné,
» elles y ont été entretenues dans toute leur pureté
» par ceux qui, depuis Pothier, ont si dignement
» rempli la chaire qu'il avait occupée.

» Qu'il soit permis, Messieurs, à un habitant

---

[1] M. de Chabrol n'avait alors que 32 ans.

» adoptif de votre ville de partager votre admiration
» pour un homme qui vous inspire un si juste or-
» gueil; mais qu'il soit permis à un compatriote de
» Domat de faire entendre son nom dans une en-
» ceinte, où sans doute il n'est point étranger, et
» de pouvoir réunir dans un même éloge deux
» hommes que l'opinion a placés au même rang. Oui
» sans doute, les noms de Domat et de Pothier ne
» seront point séparés par ceux qui se livreront à
» l'étude de la jurisprudence; ils verront en eux
» des hommes qui survivront à tous les temps, à
» toutes les chances, à toutes les mutations, par la
» raison que leurs principes et leurs maximes sont
» de tous les temps et de tous les pays. Que dis-je
» leurs maximes? non, Messieurs, ces maximes n'é-
» taient point d'eux; quelque sanction que pût leur
» donner l'autorité de ces grands hommes, il leur
» manquerait encore celle du temps et de l'expé-
» rience; mais ils les avaient puisées dans les lois et
» les coutumes d'une nation, accoutumée depuis
» long-temps à voir, sous tous les rapports, les au-
» tres devenir ses tributaires: ils avaient pénétré
» dans la profondeur et la sagesse des Romains, ils
» s'étaient remplis de leur esprit, ils s'étaient nourris
» de leurs maximes; et ils avaient trouvé les vrais,
» les solides principes dans cette collection de lois
» auxquelles l'assentiment des nations avait donné
» le nom de raison écrite. C'est qu'en effet, Mes-
» sieurs, l'imagination et l'esprit de système ont
» beau se tourmenter dans un cercle d'abstraction,
» il faut toujours en revenir à la sagesse de nos
» pères. »

Ce beau discours fut pour l'ordre judiciaire le signal d'une véritable restauration.

M. de Chabrol présida avec une grande distinction la cour d'appel, jusqu'au mois de janvier 1809; à cette époque M. Petit-Lafosse sortit du corps législatif et reprit ses fonctions.

L. Au 1.er avril 1811, la cour d'appel reçut un surcroît d'attributions, et une augmentation de membres. La loi du 20 avril 1810 fixa sa juridiction et ne changea rien à la circonscription de son ressort. Divisée en plusieurs chambres, cette cour a reçu un nom auquel la restauration de 1814 a ajouté un nouveau lustre. Depuis cette organisation, les juges de ce tribunal supérieur sont honorés du titre de *conseillers de Sa Majesté*. Cette loi organique régit encore aujourd'hui l'ordre judiciaire. C'est particulièrement depuis 1811, que la jurisprudence des cours et des tribunaux a acquis de la fixité. Les cours souveraines composées des membres des tribunaux d'appel, et de plusieurs anciens magistrats des parlemens et bailliages, et augmentées en outre d'un corps de conseillers-auditeurs, presque tous sortis des nouvelles écoles de droit, se sont trouvées après quelques années en possession d'un grand nombre de décisions, dont le but a été le maintien des principes les plus purs et les plus judicieux, consacrés par l'application et la conférence constante des ordonnances, des coutumes anciennes, du Code civil et des lois intermédiaires.

LI. La publication du Code civil avait suivi l'institution des tribunaux d'appel. Depuis le *dix-huit brumaire*, et la victoire de Marengo, le gouverne-

ment avait acquis une nouvelle consistance, les factions étaient comprimées, et ne pouvaient plus s'em-
parer du pouvoir. La France puissante au-dehors se
livrait avec confiance au chef qu'une armée victorieuse avait placé à sa tête. Ce guerrier, comblé des
dons de la fortune, eût encore ajouté à sa gloire,
si, nouveau Monck, il avait remis sur le trône le souverain légitime; mais la providence en avait autrement ordonné. Le règne de Napoléon devait préparer la restauration de la monarchie, et le rétablissement de l'auguste dynastie des Bourbons ne devait
avoir lieu qu'après la destruction du gouvernement
despotique, pour effacer sans retour les maux de la
révolution, et prouver aux plus incrédules, que la
légitimité était le seul port ouvert aux Français après
tant de naufrages.

Pendant la durée du consulat, on crut qu'il était
temps de préparer l'émission d'un Code de lois approprié dans l'universalité de ses dispositions aux
besoins, comme aux droits de tous les citoyens. Le
tribunal de cassation, créé par la loi du 1.er décembre 1790, avait remplacé le conseil du Roi. Cette
haute juridiction, régulatrice de la jurisprudence,
s'était souvent exprimée sur la nécessité d'une législation uniforme pour toute la France, dès l'année 1794; ceux qui s'étaient emparés du pouvoir
s'adressèrent plus d'une fois aux assemblées législatives, et demandèrent un Code civil. Les directeurs
de la république n'ignoraient pas que leur autorité
ne pouvait se maintenir que par des lois fixes, et
que l'ordre public dépend de l'unité du pouvoir.
S'ils n'osaient point encore proclamer cette maxime,

ils crurent entrevoir la possibilité, en législation,
de tout rapporter à un centre commun. L'état d'a-
narchie où notre malheureuse patrie était plongée,
avait, depuis plusieurs années, fait éclore une foule
de lois et de décrets, la plupart informes et inco-
hérens entre eux. Mais les bonnes lois civiles ne
peuvent être que la conséquence d'un ordre politique stable et assuré. La faulx de la révolution avait
déjà moissonné une partie de ces républicains-légis-
lateurs, et ceux qui, comme Cambacérès, furent
chargés de présenter le projet d'un Code civil, ne
purent parvenir à le mettre à exécution.

Au mois d'avril 1801 (germinal an IX), le ministre de la justice, d'après les ordres du premier consul, adressa à tous les tribunaux d'appel le projet du
Code civil, rédigé par MM. Tronchet, Portalis, Bigot de Préameneu et Malleville. Ces Cours de justice
furent invitées à nommer une commission dans leur
sein pour examiner ce projet de loi, et faire sur ses
articles les observations qui leur paraîtraient convenables. Messieurs Petit-Lafosse, Moreau et Martin
furent les commissaires du tribunal d'appel d'Orléans. En juillet 1801 (4 messidor an IX) le Grand
juge exprima aux membres du tribunal qui lui
avaient envoyé leurs observations : « que l'ordre qui
» règne dans leur travail, et les réflexions judi-
» cieuses qu'il contient, leur assurait des droits à la
» reconnaissance publique. »

La discussion et l'examen du Code civil furent confiés, tant dans le tribunat que dans le corps législatif
et dans le conseil d'état, à des hommes d'un rare savoir et d'une expérience consommée. Ces disserta-

tions lumineuses rappelaient les belles conférences
des ordonnances de 1667 et de 1670. Les Tronchet,
les Portalis, les Bigot de Préameneu, les Treilhart,
les Malleville, et tant d'autres, comme s'ils se fussent
défiés de leurs propres forces, interrogeaient les
opinions de tout ce qu'il y avait en France de plus
éclairé. Les trésors du droit romain, nos coutumes,
nos ordonnances, les ouvrages immortels des Domat,
des Pothier, servirent d'élémens au Code civil, devenu aujourd'hui en quelque sorte la *raison écrite*
de toute l'Europe civilisée.

LII. Les cours d'appel furent ensuite consultées
sur les projets des Codes de procédure et de commerce. Le Code de procédure, uni dans tous ses
points avec le Code civil, ne fait réellement avec celui-ci qu'un corps de doctrine. La nouvelle organisation du gouvernement, et l'unité de la législation
enfin obtenue, imposaient la nécessité de simplifier
les formes judiciaires, et de leur faire subir des modifications utiles. M. Pigeau, dont le nom seul est
une autorité en cette matière, fut choisi pour contribuer, par ses lumières et son expérience, à l'é-
mission de ce nouveau Code. Quelquefois dans le
monde, on regarde la procédure comme l'art de la
chicane, et c'est une grave erreur. Les formalités
judiciaires ne sont point de vaines abstractions, et
les nullités qui résultent de l'inobservation de ces
règles strictes, ne sont point en opposition avec la
bonne foi et l'équité. La connaissance pratique des
affaires don   au palais une supériorité marquée à
celui qui s'oc   cupe avec assiduité, sur celui qui,
n'ayant étudié que la théorie du droit, est étranger

à la confection¹ de toutes les parties qui composent un dossier. Presque tous nos anciens magistrats commençaient leurs études chez un procureur, ce qui contribuait beaucoup à leur donner le coup-d'œil nécessaire pour saisir habilement le point contentieux d'un procès.

LIII. Quelque temps après la promulgation du Code de procédure, on vit successivement les Codes de commerce, d'instruction criminelle et pénal, compléter l'ensemble du système de notre nouvelle législation. Pendant les dix premières années qui suivirent l'établissement des tribunaux d'appel, les fonctions de juges furent très-difficiles à bien remplir. Il s'agissait d'interpréter les lois et les décrets publiés depuis 1789, et de les rapprocher des dispositions des coutumes et des ordonnances qui n'avaient point été abrogées. Les nouveaux Codes ne pouvaient s'appliquer d'ailleurs qu'aux affaires nées depuis leur publication; alors la jurisprudence du Code civil commença à s'établir. Vers cette époque, le gouvernement républicain disparut tout-à-fait. La France ne tarda point à s'apercevoir qu'elle s'était donné un maître, toutes les têtes furent courbées sous un sceptre de fer, et la force militaire s'empara de tous les pouvoirs. Le dictateur voulut que le Code civil portât son nom, et qu'il fût la loi universelle du grand empire. En 1810, Napoléon réorganisa l'ordre judiciaire, il chercha à lui donner dans l'opinion publique une partie de son ancien éclat. Les cours souveraines furent composées, non-seulement

¹ Au *dressé*, mot technique employé par les avoués.

des juges des tribunaux d'appel, mais encore de quelques anciens magistrats parlementaires, et de l'élite des nouveaux jurisconsultes; il ne leur manquait plus que l'inamovibilité; la politique du chef du gouvernement ne lui permit point toutefois de se dessaisir de la moindre portion de son autorité; il craignit de revêtir la nouvelle magistrature de toute l'indépendance nécessaire à la dignité et à l'impartialité de ses fonctions.

LIV. Comment en effet concevoir l'indépendance judiciaire, si celui qui est investi du droit de prononcer sur la vie et la fortune des citoyens est placé sous l'influence immédiate du pouvoir? non, sans doute, je ne veux point ici m'élever contre les dépositaires de l'autorité royale, mais l'homme puissant peut quelquefois abuser de la force qu'il a entre les mains, et le juge ne doit pas être exposé à en être la victime. Il importe que son caractère légal le mette hors des atteintes de l'envie et de la calomnie. Pénétré d'un profond respect pour le souverain dont il n'est que l'organe, le magistrat doit jouir de la liberté d'opiner librement, selon sa conscience et d'après les lumières de son esprit. Sera-t-il à l'abri de toute crainte, si ces opinions sont en opposition avec la volonté des agens du pouvoir? Dans l'adversité et dans les crises politiques, les juges doivent redoubler de courage, autrement, et pour me servir de l'expression de Montesquieu, ils ressembleraient à ces *pilotes qui sont malades pendant la tourmente.*

Le premier président Molé, aux temps de la fronde, se montra par son intrépidité supérieur aux plus grands hommes de cette époque. Le cardinal de Retz rapporte dans ses *Mémoires* le trait suivant : « Molé » se trouvant dans la salle du Palais, alors remplie » de gens de guerre, amenés les uns par le prince » de Condé, les autres par le coadjuteur, fut pris à » la barbe, qu'il portait à la gauloise, par un des » gardes du prince : mais ce garde fut incontinent » foudroyé par la fermeté intrépide du premier pré- » sident, qui lui fit prendre la fuite en lui disant : » tu es bien impudent, retire-toi au plus vite, ou » tu vas être pendu. Puis il dit aux huissiers qui le » précédaient : mes amis, faites faire place et mar- » chez hardiment, nous sommes les maîtres. »

LV. La sagesse de Louis XVIII, véritable régéné- rateur de nos libertés, a réparé tous les maux, a fermé toutes les plaies occasionnées par vingt-cinq années de troubles et de secousses politiques. Légis- lateur de son peuple, il a donné aux juges par lui institués, l'inamovibilité inhérente à leur caractère. La magistrature doit au monarque qui l'a régénérée la plus entière reconnaissance ; ainsi le Français qui aime véritablement la gloire et la prospérité de son pays, conservera pour les lois établies le respect le plus religieux ; s'il est appelé à siéger dans une de nos chambres parlementaires, il s'élevera avec fran- chise contre les abus, et plaidera hautement et sans crainte les intérêts de la nation ; mais son noble amour pour la liberté ne doit jamais lui faire oublier, que la puissance législative a ses bornes ; que l'ordre, la paix intérieure et la sécurité des citoyens n'exis- tent plus, dès que la voix du prince est méconnue, et que son bras est sans force et sans autorité.

LVI. Depuis que l'uniformité de notre législation
a fait disparaître la divergence des anciennes coutumes et des usages particuliers, les décisions judiciaires, et surtout celles des cours royales recueillies dans les journaux du palais, sont d'une
utilité réelle pour les magistrats et les jurisconsultes. Les questions qui y sont traitées se multiplient
à l'infini, il est vrai, comme les actions humaines qui
y ont donné naissance, mais aussi les procès dimi-
nuent, et deviendront moins fréquens encore, pour
le bonheur de l'humanité.

Quelques parties du droit civil sur lesquelles la
jurisprudence était incertaine, ne sont plus obscures : ainsi, depuis vingt années que le titre XVIII
du livre III du Code civil a succédé à la loi du 11
brumaire an VII, le régime hypothécaire présente
beaucoup moins de difficultés dans son application.
Cependant, cette matière est sujette à plus de controverse qu'aucune autre, en raison de sa nature,
des intérêts des créanciers et du débiteur, essentiel-
ment opposés, et qui se combattent sans cesse. Il
est de l'essence des lois d'être marquées au coin de
la faiblesse humaine; mais au moins, félicitons-nous
de voir les règles du droit extrêmement simplifiées.
Non sunt pejores laquei quàm laquei legum, disait le
chancelier Bâcon, et cette maxime est bien vraie.
L'auteur des Essais ne dirait plus aujourd'hui de notre législation : « par tant de règlemens, nous obs-
» curcissons et ensevelissons l'intelligence, et nous
» ne la découvrons plus qu'à la merci de tant de clô-
» tures et de barrières[1]. » Depuis quinze ans surtout,

[1] Essais de Montaigne, liv. 3, chap. 13.

les décisions de la cour de cassation et des autres cours et tribunaux ont mis à découvert presque tous les points de droit susceptibles d'être controversés. Les magistrats et les jurisconsultes ont puisé dans ces monumens judiciaires une véritable expérience.

LVII. Dans plusieurs cours royales on publie un recueil analytique des affaires jugées par elles. Occupé sans interruption depuis 1811 de la rédaction d'un travail de ce genre pour la cour d'Orléans, j'ai terminé les extraits d'environ 1800 affaires[1], et j'ai conçu l'idée de présenter la substance des questions de droit que j'ai analysées. Dans les causes importantes, j'ai donné plus d'étendue à la discussion, et indépendamment des notes prises à l'audience, et des mémoires des parties, j'ai cherché des moyens de solution dans les meilleurs auteurs, notamment dans Domat, Pothier, le Journal de la cour de cassation et celui du Palais, les ouvrages de MM. Merlin, Toullier, Grenier, Carré, etc. En entreprenant ce travail, j'ai peut-être plus consulté mon goût particulier pour le droit que mes propres forces, et sans doute des erreurs involontaires me seront échappées, malgré tous mes efforts pour les éviter.

LVIII. Je crois maintenant devoir donner quel-

---

[1] *Nota.* Ce journal forme onze volumes in-f.º manuscrits. Qu'il me soit permis de rendre hommage à l'obligeance de M. le baron Arthuis de Charnisay, premier président, qui m'a souvent encouragé à continuer avec persévérance le journal des affaires civiles, et qui m'a communiqué très-exactement les conclusions motivées, et la minute des arrêts dans chaque cause jugée. Les mêmes témoignages de ma gratitude s'adressent à Messieurs les Présidens de chambre.

ques explications sur le titre de cet ouvrage. Il m'a paru n'en pouvoir avoir d'autre que celui-ci : *Jurisprudence de la Cour royale d'Orléans*. Dira-t-on que c'est le renfermer dans les limites de son ressort? Je ne pense pas que la jurisprudence d'une cour souveraine ne puisse pas être étendue à tout le royaume, surtout quand presque tous les arrêts ont acquis l'autorité de la chose jugée, ou que la cour de cassation, par un rejet du pourvoi, a sanctionné ceux qui lui ont été déférés. Le petit nombre des arrêts cassés, est également énoncé dans cet ouvrage, ainsi que les motifs de la cour suprême, et quelquefois même on y trouve la dernière décision rendue par suite du renvoi devant une autre cour royale.

Les monumens judiciaires d'une cour d'appel ne peuvent contenir l'universalité des matières contentieuses; c'est pourquoi les nombreux volumes publiés par MM. Sirey et Denevers, l'édition nouvelle du *Journal du Palais*, dont la direction est confiée à M. Reynaud, et la rédaction principale à M. Bourgois, avocat à Paris; enfin, la *Jurisprudence universelle du royaume*, par M. Dalloz, embrassent un plan plus vaste que le mien; quoiqu'un titre pompeux puisse faciliter le succès d'un livre, je n'ai voulu en donner un autre à cet ouvrage que celui qui lui appartient réellement. Tout autre titre n'aurait pas rempli mon but, qui est de faire hommage à la cour d'Orléans de ses propres travaux, et je ne m'en regarde en quelque sorte que comme l'éditeur.

La situation de cette cour royale est une des plus belles du royaume. Le territoire de son ressort occupe le bassin de la Loire et toute la Touraine.

Beaucoup de causes importantes sont nées dans ces
riches provinces, fertiles et commerçantes. La proximité de la capitale, et la confiance accordée par la
cour de cassation à celle d'Orléans, ont souvent attribué aux magistrats de cette ville, la connaissance
de procès célèbres dont la solution définitive appartient désormais à leur jurisprudence. Les journaux
ont retenti souvent de ces causes fameuses dans les
annales du palais, et renvoyées devant la justice souveraine d'Orléans, après avoir déjà parcouru plusieurs autres juridictions.

Ainsi, en conservant au livre que je publie un titre de *localité*, le seul qui lui convienne réellement,
j'ajouterai qu'on y trouvera un grand nombre de
questions de droit résolues définitivement, ce qui
me fait espérer que, si ce recueil peut être utile, il
ne sera point resserré dans les limites du ressort
de la cour royale d'Orléans.

LIX. La nature de cet ouvrage embrasse le droit
privé qui régit tous les citoyens dans leurs personnes
et dans leurs biens. Après avoir posé un principe, et
fait connaître en même temps la solution qu'il doit
avoir pour conséquence, j'ai cru devoir présenter
les moyens principaux sur lesquels s'est établie la
controverse. Pour faire disparaître l'aridité qui semble être le partage de ce genre de travail, outre les
motifs les plus importans qui ont fondé l'opinion des
juges, j'ai cru quelquefois pouvoir aller plus loin,
et citer un trait saillant du ministère public, et des
orateurs du barreau. Je saisis avec empressement
cette occasion de témoigner ma reconnaissance aux
magistrats et aux jurisconsultes mes collègues et mes

émules, qui ont facilité mes travaux; les uns ont dirigé mes premiers pas dans la carrière, les autres ont bien voulu me prêter un bienveillant secours; tous ont excité mon émulation, et m'ont appris à aimer une science qu'ils cultivent avec honneur et succès.

Pourquoi faut-il que des expressions de regrets doivent se mêler ici aux tributs de ma reconnaissance? Peu de temps s'est écoulé, depuis qu'une maladie cruelle a enlevé à de nombreux amis un magistrat modèle de toutes les vertus, unies à de vrais talens [1]. La vie entière de cet homme de bien a été une pratique constante de tous les devoirs de son état. La mort l'a moissonné à la fleur de l'âge, mais il est sorti de la vie avec des jours pleins : *ex vitâ exiit, plenus dierum.*

LX. Achevons de faire connaître le plan de cet ouvrage. Chaque article est précédé d'un exposé de la matière. Cette sorte de préface est un sommaire historique de l'objet sur lequel la controverse s'est exercée; elle embrasse aussi les variations successives qui l'ont précédé. Quelques principes généraux préparent la transition du droit ancien au droit nouveau par la loi intermédiaire, et pour faire disparaître l'aridité d'un livre de cette nature, si la mémoire me rappelle quelques traits anecdotiques, ou quelques pensées judicieuses, je m'empresse de les rapporter. J'indique également la source d'où les citations sont tirées : quant à celles puisées dans

[1] M. Ch. Deschamps-Guerrbrant, mort le 13 mai 1825, à l'âge de 42 ans.

les lois romaines, je ne me suis point borné à en donner la traduction, mais j'en ai transcrit le texte avec fidélité; et s'il m'est permis d'appuyer ce que je viens de dire par une autorité recommandable, je rappellerai cette pensée ingénieuse du P. Bouhours[1] :
« Toute la délicatesse des pensées et des expressions
» des auteurs se perd, quand on veut les mettre dans
» une autre langue; à peu près comme ces essences
» exquises, dont le parfum subtil s'évapore, quand
» on le verse d'un vase dans un autre. »

LXI. Il faut maintenant dire quelques mots de l'ordre adopté pour la classification des matières. J'ai pensé que la disposition la plus convenable à suivre était l'ordre alphabétique, seul mode véritablement facile pour les recherches; autrement, j'eusse été obligé de me conformer au plan des divers traités de droits[2].

L'analyse des arrêts se serait donc trouvée placée suivant la série des titres du Code civil : mais la jurisprudence de la cour royale s'étend aussi aux points de procédure, qui se rattachent presque toujours aux questions purement de droit civil; un nouveau classement eût alors été nécessaire. Cette seconde division, d'après le Code de procédure, aurait nui à l'unité et à la précision du plan dont je ne voulais pas m'écarter. Ainsi, les arrêts relatifs aux successions[3], sont également du domaine du livre second de la 2.e partie du Code de procédure civile.

---

[1] Pensée 195.
[2] Par exemple, de celui de M. Toullier.
[3] Liv. 3, tit. 1 du Code civil.

Ce qui concerne le droit commercial fait encore partie de ce recueil. Les décisions des cours souveraines sur ces matières sont d'une grande importance. Les sentences consulaires émanent de négocians estimables, ceux-ci apportent dans l'exercice des fonctions honorables qui leur sont confiées, un jugement sain et des connaissances acquises, résultat d'une longue habitude des affaires auxquelles ils se sont constamment livrés. Cette magistrature *d'exception* est véritablement un tribunal de père de famille : aussi les formalités de la procédure ne sont-elles pas autant rigoureuses qu'en juridiction ordinaire.

Cependant le droit le moins sévère a des règles qu'on ne peut enfreindre. Souvent les juges-consuls, animés, sans doute, par un esprit d'équité et dans des vues honorables, se regardent tout-à-fait comme d'amiables compositeurs, ils méconnaissent leur compétence, et les applications des lois sur lesquelles ils fondent leurs décisions ne sont plus régulières. La cour royale, saisie de l'appel de ces sentences, est instituée pour le maintien des principes, et pour prévenir les écarts d'une fausse jurisprudence.

LXII. Je n'ai pas cru devoir me renfermer exclusivement dans les limites du droit civil. Le journal sur lequel j'ai fait mes extraits, contient des analyses d'affaires criminelles et correctionnelles ; la solution des questions qui en découlent, m'a paru importante à conserver.

Enfin, il s'est encore rencontré des espèces nullement applicables à nos codes ; les unes appartiennent à la législation transitoire, les autres se réfèrent aux lois administratives; une troisième série de procès rend nécessaire l'examen des anciennes coutumes et ordonnances, ou des lois particulières de Finances et d'administration publique, dont l'application et la surveillance sont laissées aux tribunaux. Il eût été fort difficile de décider avec précision dans quelle partie de nos Codes il convenait de classer les causes de cette nature, et quand même j'eusse réussi à faire ce rapprochement suivant l'ordre le plus naturel, le lecteur n'aurait pu trouver sans peine les décisions de la cour sur ses affaires mixtes, et qui pour la plupart ont entr'elles peu d'analogie.

Ces raisons m'ont déterminé à placer toutes les matières, sans exception, dans l'ordre alphabétique; elles forment une série de quatre-vingt-neuf arti-cles dont plusieurs se subdivisent en paragraphes. Le préliminaire historique de chaque article est plus ou moins étendu, suivant l'importance du sujet. Quel-quefois j'y ai inséré des fragmens épisodiques : ainsi le sommaire de l'article *Mariage* est suivi de l'his-toire des cérémonies nuptiales des anciens Romains. Après l'exposé, sont placées par ordre de date, les différentes affaires qui s'y rapportent. Les questions résolues sont présentées sans aucun détail sur les personnes qui figurent au procès. Le texte des arrêts est cité fidèlement, dégagé toutefois de ce qui tient aux *qualités* des parties. Il suffit d'indiquer leur nom au bas de la décision particulière à l'espèce, et les noms des avocats plaidans. Dans certaines causes, j'ai nommé le magistrat sous la présidence duquel l'ar-rêt a été rendu, et celui qui a porté la parole, comme organe du ministère public. Toujours j'ai eu soin de désigner le tribunal d'où est sorti le jugement soumis au second degré de juridiction, et par les lettres *c* et *i*, j'indique si la cour a confirmé ou infirmé la sentence. Dans les renvois de cassation, les mêmes observations sont énoncées.

LXIII. Ces explications suffisent pour faire connaître le plan de cet ouvrage. On voit que je n'ai point voulu me renfermer exclusivement dans les formes didactiques des recueils de cette nature. Voici l'expression franche de ma pensée, telle que je l'ai conçue : en offrant à la cour l'hommage de sa propre doctrine, j'ai désiré que la lecture de ce livre ne fût pas uniquement restreinte aux hommes de loi. Pourquoi les gens du monde ne liraient-ils pas aussi un livre de *droit* ?

La science du droit s'est répandue partout, et son application usuelle n'est plus un secret pour personne. Les journaux de Paris et même ceux des départemens, contiennent sans cesse des articles de jurisprudence et de législation. Que de gens se plaisent à raisonner sur des matières abstraites ! et dans les salons ne décide-t-on pas tous les jours telle et telle cause auxquelles le nom des parties imprime une sorte d'éclat, avant même que les juges aient eu le temps de se former une opinion sage et raisonnée sur la nature et l'espèce particulière du procès ? Si donc, me suis-je dit, je puis parvenir à fixer l'attention par des observations qui ne seront pas toujours purement scientifiques, et par des exposés qui contiennent en abrégé quelques détails historiques sur les divers articles de la matière, mon livre, malgré l'austérité de son titre, pourra peut-être ne pas être étranger à ceux qui ne sont point jurisconsultes.

LXIV. Je terminerai cette Introduction [1] par quelques réflexions sur l'éloquence du barreau. Les talens oratoires ne sont pas plus rares qu'autrefois : les jeunes gens sortis de nos écoles se livrent à d'utiles exercices. La liberté de la presse, cette franche amie de la vérité, alimente le feu sacré de l'émulation ; mais aujourd'hui les sciences et les lettres ont fait tant de progrès, que le don de la parole est peu de chose, sans une connaissance approfondie du droit et de la jurisprudence ; autrement on ne peut obtenir qu'une réputation passagère. Le talent d'écrire est également nécessaire à l'orateur. Un style plein de force et d'élévation est le meilleur moyen de persuader ; et, comme l'a dit Longin, « l'orateur doit » cacher les figures dont il se sert par l'éclat même » des pensées. »

LXV. Cicéron, ce beau génie de l'ancienne Rome, a tracé ainsi le portrait de l'orateur [2] : « Celui qui

---

[1] Une introduction n'est pas une *préface*. L'introduction doit préparer à la lecture du livre, mais elle n'est point resserrée dans les limites de l'exposition du sujet.

[2] « *Est enim et scientia comprehenda rerum plurimarum, sine* » *quâ verborum volubilitas inanis, atque irridenda est, et ipsa* » *oratio conformanda, non solùm elatione sed etiam constructione* » *verborum, et omnes animorum motus quos hominum generi na-* » *tura tribuit, penitùs pernoscendi, quod omnis vis ratioque dicendi* » *in eorum qui audiunt, mentibus aut sedandis aut excitandis ex-* » *primenda est. Accedat eòdem oportet lepos quidam, facetiæque,* » *et eruditio libero digna, celeritasque et brevitas et respondendi* » *et lacescendi, subtili venustate atque urbanitate conjuncta. Te-* » *nenda præterea est omnis antiquitas ; exemplorumque vis, neque*

» aspire à être appelé de ce nom, doit avoir fait une
» étude approfondie des passions multipliées que
» la nature a mises dans le cœur humain, de la
» force que l'orateur emploie pour les apaiser ou
» les exciter dans l'âme de ses auditeurs. Ajoutez
» à ces moyens l'agrément et les charmes du style,
» la science du monde, la vivacité et la briéveté
» dans l'attaque et la défense, unies à l'adresse et
» à l'urbanité. Il faut aussi posséder l'histoire pour
» puiser des exemples, et être versé dans la juris-
» prudence. Que ne dirai-je pas encore de l'action?

» legum aut juris civilis scientia, negligenda est. Nam quid ego de
» actione ipsa plura dicam? quæ motu corporis, quæ gestu, quæ
» vultu, quæ vocis conformatione ac veritate moderanda est; quæ
» sola per se ipsa quanta sit, histrionum levis ars et scæna declarat,
» in quà cùm omnes in oris atque vocis moderatione elaborant, quis
» ignorat quàm paucis sint fuerintque, quos animo æquo spectare
» possimus? Quid dicam de thesauro rerum omnium memoriâ,
» quæ nisi custos, inventis cogitatisque rebus et verbis adhibea-
» tur, intelligimus omnia, etiamsi præclarissima fuerint, in oratore
» peritura. Quamobrem mirari desinamus quæ causa sit eloquen-
» tium paucitatis, cùm ex iis rebus universis eloquentia constet,
» quibus in singulis elaborare permagnum est..... quid enim est aut
» tam admirabile, quàm ex infinitâ multitudine hominum existere
» unum qui id quod omnibus à naturâ sit datum, vel solus, vel
» cum paucis facere possit? Aut tam jucundum cognitu atque au-
» ditu, quàm sapientibus sententiis gravibusque verbis ornata ora-
» tio et polita? Aut tam potens, tamque magnificum quàm populo
» motus, judicum religiones, senatûs gravitatem unius oratione
» converti? quid porrò tam regium, tam liberale, tam munificum,
» quàm opem ferre supplicibus, excitare afflictos, dare salutem,
» liberare periculis, retinere homines in civitate? Quid autem tam
» necessarium quàm tenere semper arma, quibus vel tectus ipse
» esse possis, vel provocare improbos, vel te ulcisci lacessitûs. »

(Cic. de Orat., lib. 1.)

» elle suppose les mouvemens du corps, le geste,
» le jeu de la physionomie, la voix et les inflexions
» variées dont l'art théâtral nous fait sentir l'impor-
» tance. Que dirai-je de la mémoire, dépositaire
» des trésors de l'esprit? Gardienne de nos pensées,
» de nos découvertes, de nos expressions, que se-
» raient sans elle les talens les plus distingués de
» l'orateur? Cessons donc de nous étonner qu'il y
» ait si peu d'hommes éloquens, puisque l'éloquence
» exige une universalité de connaissances dont cha-
» cune demande un très-grand travail..... Est-il
» rien de plus imposant que d'apaiser les séditions,
» de commander à la conscience des juges, de dicter
» les décrets du sénat? Quoi de plus sublime, de
» plus généreux, de plus noble, que de protéger
» les faibles, de consoler les malheureux, de sauver
» l'innocence, d'écarter les dangers dont elle est
» menacée, de maintenir l'ordre dans l'Etat? Quoi
» de plus utile que d'avoir des armes pour se dé-
» fendre contre nos ennemis, pour attaquer les mé-
» chans, pour venger un outrage? »

Ces préceptes, donnés dans les derniers jours de
la république romaine, à l'époque de l'aurore du
siècle auquel Auguste donna son nom, sont encore
aujourd'hui les plus propres à former un parfait
orateur. A combien d'études constantes et appro-
fondies doivent se livrer ceux qui ambitionnent le
titre de jurisconsultes! Les trésors de la science
leur assurent des avantages inappréciables et que
rien ne peut ravir.

LXVI. Qu'elles sont douces les consolations que
procure le goût du travail! Le vrai bonheur pour le

légiste et le littérateur n'existe que dans le calme de la méditation et le silence du cabinet. La jurisprudence et les belles-lettres sont sœurs; elles se prêtent un mutuel appui. Nos grands magistrats ne se sont élevés si haut que par l'amour de la science et de leur état. Appliquons-leur encore les paroles du prince des orateurs, de cet excellent modèle des hommes versés dans le droit politique et privé :

« *Studia adolescentiam alunt, senectutem oblectant, se-*
» *cundas res ornant, adversis perfugium ac solatium præ-*
» *bent, delectant domi, pernoctant nobiscum, peregri-*
» *nantur, rusticantur, etc.* [1] »

J'ai cherché à suivre de loin ces nobles exemples. Le travail que je livre au public a d'abord été entrepris pour mon instruction particulière. Plus tard j'ai conçu le projet de faire connaître la doctrine de la compagnie à laquelle j'appartiens. La haute sagesse qui la distingue protégera mon ouvrage, et mon but sera atteint, si les décisions judiciaires que j'ai recueillies peuvent être utiles. Je termine en exprimant un vœu bien cher à mon cœur; puisse-t-on appliquer à la Cour Royale d'Orléans cette maxime de Dumoulin, qu'il désirait voir inscrire sur le fronton du temple de la Justice : « UN MÉCHANT Y DEVIEN-
» DRA BON PAR LA SAINTETÉ DU LIEU. »

[1] *Cic. pro Archia poeta.*

TABLE

DES ARTICLES

CONTENUS

DANS LE TOME PREMIER.

—

FIN DE LA TABLE DU TOME PREMIER.

ABRÉVIATIONS.

—

La lettre c *indique la confirmation d'un jugement.*
La lettre i *indique l'infirmation d'un jugement.*
Celles *c. c.* Code civil.

     c. pr. ou *pr.* seul, Code de procédure.

     c. com., Code de commerce.

     c. inst. crim., Code d'instruction criminelle.

     c. p., Code pénal.

     f. n. r. signifient *fin de non-recevoir.*

—

JURISPRUDENCE
De la Cour Royale
D'ORLÉANS.

●◆●○●◆●○●◆●○●◆●○●◆●○●◆●○●◆●○●◆●○●◆●○●◆●○●◆●

ABS.

ARTICLE PREMIER.

ABSENT.

—

Cʼᴇsᴛ une obligation de droit naturel de prendre soin des affaires de celui qui est depuis quelque temps hors de son domicile, quand on ignore le lieu où il s'est retiré. « Idque utilitatis causâ » receptum est, ne absentium qui subitâ festina- » tione coacti, nulli demandatâ negotiorum suo- » rum administratione peregrè profecti essent, » deserentur negotia. » (ɪɴsᴛ. ʟɪʙ. 3. ᴛɪᴛ. 28, §. 1.

Personne n'est tenu de gérer les affaires d'au- trui, à moins d'être tuteur, curateur, administra- teur nommé des biens d'un absent, ou mandataire choisi par la partie elle-même. Il serait même

Tᴏᴍᴇ ɪ.   1

souvent préjudiciable aux intérêts de l'absent, que ses héritiers présomptifs, placés au premier rang des parties intéressées, s'occupassent de la gestion des affaires de celui qui est éloigné de son domicile et dont on n'a point de nouvelles, sans y être autorisés. Pour remédier à ces graves inconvéniens, le législateur a toujours exigé l'intervention de la justice, et le représentant de la personne présumée absente est nommé par le tribunal du lieu où l'absent avait son domicile.

Le titre IV du livre premier du Code civil est la meilleure loi qui ait été faite sur l'absence. L'ordonnance de 1667, titre 2, articles 8 et 9, fixait le mode de procéder contre les absens hors du royaume ; mais ces articles renfermaient dans la même cathégorie *les condamnés au bannissement et aux galères à temps, les absens pour cause de faillite, etc.* Cette procédure manquait de précision et ne pouvait satisfaire ceux qu'elle concernait.

L'usage de donner un curateur aux absens pour défendre aux actions formées contre eux est fort ancien, et a précédé l'ordonnance de 1667. Lors de la révolution française, on voulut s'occuper d'une loi spéciale sur l'absence ; mais les intérêts du gouvernement qui cherchait à s'établir sur les ruines de la monarchie, occupèrent les législateurs exclusivement aux intérêts privés de leurs concitoyens.

La loi du 11 ventôse an II eut pour objet de favoriser les militaires absens qualifiés *défenseurs de la patrie,* titre pompeux que la plupart de nos soldats n'avaient point ambitionné.

D'autres lois aux dates des 16 fructidor an II et 16 fructidor an V, établirent de nouvelles formalités conservatrices des droits des militaires absens, pour les cas où il s'agirait d'une succescession à eux échue, ou d'un partage dans lequel ils seraient intéressés. Mais ce ne fut qu'au 25 mars 1803, que la promulgation d'une véritable loi sur l'absence a comblé la lacune de notre législation, et a fixé invariablement les intérêts de l'absent, et ceux de ses héritiers et ayant-cause.

Dans le sens légal de la jurisprudence, l'absent est celui qui ne donne plus de ses nouvelles et dont l'existence est incertaine. Cependant nos Codes emploient quelquefois le mot *absent* pour désigner celui qui ne se trouve point momentanément au lieu de sa résidence, et qui fait défaut aux mandemens de la justice.

L'article 942 du Code de procédure civile va même encore plus loin, en donnant le nom d'absens aux intéressés à une succession qui demeurent à une distance de cinq myriamètres du lieu où elle a été ouverte.

Nous ne traiterons dans cet article que des questions relatives aux personnes présumées ou déclarées absentes.

1. L'ENVOI en possession provisoire des biens d'un absent forme en faveur de ceux qui l'ont obtenu un titre d'administration qui leur confère le droit de faire valoir, du chef de l'absent, toutes les exceptions utiles à la conservation de ses droits de propriété. De ce que l'article 125 du Code civil ne donne à la possession provisoire que le nom *de dépôt*, il ne s'ensuit point qu'il doive être pris dans une acception stricte et rigoureuse; car le dépôt est essentiellement gratuit; (art. 1917 du Code civil.) et la loi attribue aux envoyés en possession provisoire une grande partie des revenus des biens dont ils ont *le dépôt*. Le titre d'administrateur des biens de l'absent peut quelquefois s'étendre jusqu'au droit d'aliéner les valeurs mobilières. (Raisonnement *à contrario* tiré de l'article 128 *c. c.*)

Houdebine contre Bourgogne.   Appel de Vendôme. i.

M.⁻⁻ Baudry et Dinocheau, avoc. plaid.   Arrêt du 25 juillet 1811.

———————

2. DANS le cas d'absence d'un héritier, lorsque le curateur admis à le représenter a figuré au partage en cette qualité, et que l'on vient ensuite à apprendre que l'absent a quitté le corps militaire où il servait, et que des doutes s'élèvent sur son existence, les autres héritiers peuvent demander incidemment la rectification des qualités, parce que l'admission préalable du curateur suppose l'existence de l'absent.

L'article 135 du Code civil impose à celui qui réclame un droit échu à un individu dont l'existence est douteuse, de prouver qu'il existe. *Actoris est probare*. Si les héritiers présomptifs de l'absent obtiennent l'envoi en possession de ses biens, ce n'est que dans l'intérêt de l'absent.

V.ᵉ Bigot et autres, c. Boucault et Rimbault.   Appel d'Orléans. i.

M.⁻⁻ Johanet, Moreau et Baudry, av. pl.   Arrêt du 23 août 1811.

———————

3. LE mandat judiciaire conféré pour la gestion de la fortune d'un individu présumé absent, donne au mandataire le droit de recevoir un capital mobilier, sans qu'il soit nécessaire de

recourir à l'autorisation de la justice à chaque acte de la gestion. On soutenait l'opinion contraire en disant : La loi n'autorise de s'immiscer dans les affaires de l'absent que dans le cas de nécessité. Le mandat donné en vertu de l'article 112 du Code civil est spécial pour l'affaire actuellement née ; il ne peut être assimilé à une procuration générale qu'aurait laissée l'absent. On ne supposera point que le législateur qui a exigé caution des envoyés en possession provisoire (article 120, c. c.), ait voulu abandonner la fortune d'un individu non présent aux dilapidations d'un mandataire cupide. Le tribunal n'accorde que le pouvoir strictement nécessaire pour la cause qui a forcé de recourir à lui. Dans le cas de présomption d'absence, on ne donne point à ce mandataire le nom de curateur, sans doute pour ne pas étendre ses pouvoirs au-delà de ce que la nécessité lui impose. Ces argumens ont été combattus avec avantage de la manière suivante : les notaires ne représentent plus les absens sur la seule réquisition d'une partie intéressée, ainsi que le prescrivait l'article 7 de la section 2 du titre 1er. de la loi du 6 octobre 1791 ; un jugement confie au notaire la qualité de mandataire (article 112, c. c.) ; sa gestion s'étend aux comptes, liquidations et partages (article 113, id.). Il a donc une capacité réelle pour recevoir le remboursement d'une somme mobilière.

François Breton c. Piedallu.   Appel de Blois. c.

M.** Baudry et Moreau, avoc. plaid.   Arrêt du 18 février 1814.

---

4. Les dispositions du Code civil au titre de l'absence régissent les militaires absens comme les autres citoyens français. La loi du 11 ventose an II, relative uniquement aux successions des militaires dont on n'a point de nouvelles, et dont l'existence n'est pas déniée, n'est point applicable.

La loi du 6 brumaire an V avait réglé le mode de conserver les propriétés des militaires absens, et représentés par des mandataires. Ces priviléges devaient cesser après la conclusion de la paix générale. La loi du 21 décembre 1814 a prorogé ce délai jusqu'au 1er. avril 1815.

Vincent et Germain Chauvot c. Al. Chauvot.   Ap. de Pithiviers. i.

M.** Moreau et Baudry, av. plaid.   Arrêt du 11 avril 1815.

Nota. C'est pour remédier à cette sorte de lacune sur la législation concernant les militaires absens, depuis que la loi de ventôse an II (1794), faite à une époque de troubles et d'anarchie était tombée en désuétude, que le gouvernement du Roi sentit la nécessité d'une nouvelle loi sur la matière. Elle fut rendue le 13 janvier 1817. Son but à été d'abréger les délais et de diminuer les formalités qui précèdent l'envoi en possession provisoire.

---

5. QUAND une enquête est ordonnée pour constater l'absence d'un militaire, en conformité de la loi du 13 janvier 1817, elle doit être faite devant un juge-commissaire, suivant les règles du Code de procédure civile, et non sommairement à l'audience. L'article 4 de cette loi autorisant le tribunal à ordonner les enquêtes prescrites par l'article 116 du Code civil, et l'article 7 de ladite loi de 1809, prononçant que s'il y a lieu à enquêtes, elles seront mises sous les yeux des juges; ces dispositions ne pourraient être exécutées, si les enquêtes étaient faites à l'audience.

Le procureur-génal c. de Bernardon.   Appel de Vendôme. i.

M.ʳ Brossard, conseil.-audit., rapporteur.   Arrêt du 26 fév. 1818.

---

6. AUSSITÔT le jugement de déclaration d'absence, les envoyés en possession provisoire peuvent administrer les biens immeubles de celui dont ils sont les héritiers présomptifs, sans qu'ils aient encore fourni la caution exigée pour sûreté de leur administration. Dans l'espèce, un administrateur provisoire avait été nommé pour gérer les biens de celui dont on n'avait point de nouvelles, mais dont l'absence n'était point encore déclarée. Il soutenait que son mandat ne pouvait cesser que du jour où les envoyés en possession provisoire fourniraient la caution requise par l'article 120 du Code civil. Il lui importait, ajoutait-il, de ne point se dessaisir de son administration entre les mains d'individus insolvables, car si l'absent reparaissait, il pourrait inquiéter un mandataire qui aurait imprudemment abandonné ses fonctions, et le poursuivre en dommages-intérêts.

On répondit: la charge de donner caution n'est rigoureusement

établie que pour la conservation des meubles et des créances mobilières dont peut disposer l'envoyé en possession provisoire. Cet
envoi en possession, n'étant qu'un dépôt qui rend les administrateurs comptables de leur gestion, il n'y a point d'inconvénient
à ce que ceux-ci entrent en exercice du moment de leur nomination: ils ne peuvent aliéner les objets qui tiennent au fond im-
mobilier, et leurs fonctions commencent réellement ayant qu'ils
aient pu présenter la caution exigée et dont le tribunal doit apprécier le mérite.

Argy c. Leconte, Hardouin, Clause.   Appel de Vendôme. c.

M.es Moreau, père et fils, Johanet,   Arrêt du 29 novembre
Baudry, Légier, Jallon fils, av. plaid.   1820.

---

7. LA loi du 13 janvier 1817 qui modifie les dispositions du
Code civil à l'égard des militaires absens est exclusive de la présomption de décès, et peut sur ce point se combiner avec la loi
du 11 ventose an II, rendue en faveur des défenseurs de la
patrie.

La gravité de cette question nécessite quelques développemens
sur les raisons qui l'ont fait ainsi résoudre.

Un individu en partant pour l'armée laisse une procuration
générale à l'effet de recueillir même les successions qui pourraient lui échoir. Le mandataire agit en vertu de son mandat,
et intervient à un partage définitif de succession dans lequel le
mandant est intéressé, et dont l'ouverture a eu lieu depuis qu'il a
quitté le sol de la France. Cependant, conformément à la loi de
1817, on constate que l'absent a été perdu en Allemagne, dès
avant l'ouverture de la succession partagée. Ses cohéritiers demandent la nullité d'un partage fait avec un mandataire qui n'a-
vait plus qualité pour agir. Il faut, disent-ils, justifier l'existence
d'un individu pour l'admettre au partage d'une succession. Les
articles 135 et 136 du Code civil ne sont que la reproduction des
anciens principes. Invoquera-t-on le bénéfice de cette loi de l'an II,
faite à une époque d'anarchie pour favoriser toute la jeunesse
française qu'on envoyait aux armées? mais cette loi, en donnant un curateur aux militaires qui n'avaient point laissé de procuration, n'a jamais eu pour effet de faire recueillir des biens
à celui qui n'aurait plus existé au moment de l'ouverture d'une

succession. L'envoi en possession ne peut comprendre les biens d'une succession ouverte depuis la disparition de celui à qui elle était dévolue. L'article 120 du Code civil ne parle que des biens appartenant à l'absent au jour de sa disparition. C'est pourquoi plusieurs jurisconsultes ont pensé qu'il y avait lieu après la déclaration d'absence à *répéter* le lot attribué par un partage, parce qu'on ne peut point trouver l'intention de donner dans les copartageans, ni la capacité de recevoir dans le *mort présumé.* Sans aller aussi loin, M. de Malleville pense que si le mandataire d'un individu non présent recueille en son nom une succession à lui échue depuis son éloignement, mais avant la déclaration d'absence, et qu'ensuite on n'ait plus de ses nouvelles, il est évident qu'on lui aura mal-à-propos adjugé une succession, puisque d'après l'article 120 déjà cité, il est réputé mort depuis le jour de sa disparition ou de ses dernières nouvelles. L'hérédité sera donc ultérieurement restituée à ceux qui en ont été privés.

Ces raisonnemens furent combattus de la manière suivante : l'article 135 du Code civil est une faculté attribuée aux héritiers ; ils n'en ont point usé, puisqu'ils ont traité avec le fondé de pouvoir, ce qui était reconnaître l'existence du mandat : la capacité de l'absent a été reconnue, du consentement de ses cohéritiers ; il a été saisi d'une partie de la succession par son mandataire, il a concouru à la vente des meubles et immeubles : il est devenu l'obligé des créanciers de la succession ; ses propres créanciers ont acquis des droits sur les biens qu'il a recueillis. C'est à ceux qui ont reconnu ses droits à prouver qu'ils ont traité avec un homme mort au moment de l'ouverture de la succession : *ei incumbit probatio qui dicit* (l. 2, ff. *de Probat.*). Un absent n'est aux yeux de la loi présumé ni mort, ni vivant. La présomption de mort n'est admise qu'après cent années révolues, depuis la naissance de l'absent. La restitution d'une succession échue à l'absent depuis sa disparition, et avant la déclaration d'absence pour laquelle se prononce M. de Malleville, a été l'objet d'une grave discussion au conseil d'état. M. Locré en rend compte au tome 11, page 297 de son ouvrage. « Pour décider cette question, dit-il, il fallait déterminer à quelle époque l'absent devait être présumé mort, et parce qu'il fallait supposer certain que la déclaration d'absence faisait réputer l'absent *mort*, et qu'il avait été reconnu que la vie et la mort de l'enfant sont également incertain jusqu'à cent ans après sa naissance, le conseil d'état crut ne pas devoir modifier un principe aussi simple et aussi naturel, et la proposition n'eût pas de suite ».

Dans l'espèce, la radiation du contrôle de l'armée du militaire absent n'a pu être qu'une légère présomption de mort, qui n'aurait eu d'effet que si les héritiers venaient à apporter la preuve du décès de l'absent avant l'ouverture de la succession qui a été partagée. Les envoyés en possession des biens d'un absent ne sont que des dépositaires tenus de lui remettre ses biens s'il venait à reparaître. Enfin, une déclaration d'absence n'est réellement qu'une présomption de douter de l'existence, mais non une présomption de mort capable de renverser un partage régulier.

(M.ᵉ DELAPLACE, PRÉSIDENT.)

Beaumont c. les héritiers Chassinat. Appel de Pithiviers. c.

M.ᵉˢ Baudry et Légier, avoc. plaid. Arrêt du 17 janvier 1821.

---

8. LES légataires ont qualité pour demander la déclaration d'absence d'un testateur. La loi, en investissant de ce droit les parties intéressées, s'exprime d'une manière générale, et quelque puisse être l'étendue de l'intérêt des héritiers présomptifs d'un absent, il ne peut être exclusif de celui à qui l'absent a laissé un legs par testament. (Sur l'article 112 c. c.)

Mariés Boulet c. Asselin. Appel de Gien. c.

M.ᵉˢ Légier et Johanet, avoc. plaid. Arrêt du 21 mars 1822.

9. L'ENFANT naturel absent dont la qualité est contestée, ne peut être légalement représenté par un notaire nommé à cet effet par le tribunal, conformément à l'article 113 du Code civil, jusqu'à ce que la qualité de cet enfant naturel soit légalement établie.

Un tribunal qui, malgré ces principes, nomme un représentant des droits que peut réclamer l'enfant naturel, entache son jugement d'une nullité radicale et d'ordre public, sur laquelle la Cour saisie de l'appel peut statuer d'office, même sans conclusions préalables du ministère public.

Héritiers Dubois c. Bourrelier et Bourassin. Appel de Gien. i.

M.ᵉˢ Moreau, Baudry et Légier, avoc. plaid. Arrêt du 2 mai 1822.

ARTICLE SECOND.

APPEL.

—

CETTE action de recourir à un juge supérieur pour faire réformer la sentence d'un tribunal inférieur, était inconnue en France dans les premiers temps de la monarchie. Montesquieu en donne ainsi la raison : « Une nation guerrière uniquement gouvernée par le point d'honneur,..... prenait contre les juges les voies qu'elle aurait pu employer contre les parties. L'appel était un défi à un combat par armes, qui devait se terminer par le sang, et non une invitation à une querelle de plume qu'on ne connut qu'après ». (ESPRIT DES LOIS, LIV. 28, CH. 27.) L'appel de *défaute* de droit s'introduisit avec le système féodal. Montesquieu a tiré cette matière de l'obscurité et du cahos (LIV. *id.* CHAP. 28.). On traduisait le seigneur devant son suzerain, pour avoir évité, différé, ou refusé de rendre la justice, le Code civil (article 4) a en quelque sorte reproduit la *défaute* de droit.

Cet article comprendra dans un premier paragraphe les *fins de non-recevoir* contre l'appel, et dans un second *les nullités* d'appel.

L'exception par laquelle on repousse une demande, une action, sans entrer dans la discussion du fond, est *une fin de non-recevoir* [*], et non une nullité qui suppose, au contraire, l'examen de cette demande à laquelle un vice dans son contexte est reproché. Quelquefois l'application de la loi qui consacre la nullité ou la fin de non-recevoir étant la même, la nuance est délicate à apercevoir.

Il n'est point de question plus fréquemment agitée devant les Cours, que celles relatives aux fins de non-recevoir, et aux nullités d'appel. Nos recueils de jurisprudence contiennent des volumes de dissertations sur cette matière, et elles ne sont point épuisées. Il s'agit presque toujours de faits particuliers aux espèces qu'il faut apprécier avec un soin extrême. Nous allons toutefois essayer de rapprocher des principes généraux du droit les nombreux arrêts de la Cour, dont nous allons donner l'analyse.

Quant à la fin de non-recevoir résultant d'une action intentée pour une somme inférieure à mille francs, *voyez* au mot *Dernier ressort.*

---

[*] Le mot *fin*, dans le langage du droit, signifie le but et l'objet des prétentions des parties.　　　　　　(DENIZART.)

PARAGRAPHE PREMIER.

FINS DE NON-RECEVOIR CONTRE L'APPEL.

—

10. En matière de commerce, un jugement qui ordonne que les parties présenteront leurs comptes, quand ces comptes doivent avoir pour résultat de prouver par laquelle des parties les droits de douane sur les sels ont été acquittés, est un jugement préparatoire contre lequel l'appel n'est point recevable.

(Articles 451 et 452 c. pr.)

Pelletier et le Houx c. les syndics Moreau.   Appel de Tours.
(Trib. de Commerce.)

M.es Dinochau et Moreau, avoc. plaid.   Arrêt du 28 mai 1812.

———

11. Un jugement interlocutoire qui ordonne une vérification de faits qui préjugent le fonds du procès, quoique non exécutoire par provision est susceptible d'être attaqué par appel avant la huitaine de son obtention. Il convient de remarquer qu'avant le Code de procédure civile, on comprenait sous la dénomination de *préparatoires*, les jugemens interlocutoires, proprement dits ; car la loi du 3 brumaire an II, avant d'établir (article 6) « qu'on ne pourrait appeler d'aucun jugement préparatoire pendant le cours de l'instruction », avait dit : « un jugement préparatoire est celui par lequel est ordonné, soit une visite d'experts, soit une preuve par témoins ». (Sur les art. 449, 451, 452 c. pr.)

Blaudin c. Beauregard.   Appel de Chinon.
M.es Moreau et Johanet, avoc. plaid.   Arrêt du 12 juin 1812.

———

12. Une partie qui n'a point figuré à un premier jugement qui est le principe d'un jugement postérieur qui a prononcé des condamnations contr'elle, peut joindre à l'appel du second jugement l'appel du premier.

Le Throne c. Mariés Bouin.   Appel d'Orléans.
M.es Moreau   avoc. plaid.   Arrêt du 28 janvier 1813.

13. En matière de séparation de corps, l'époux qui l'a obtenue et qui a fait afficher le jugement dans l'auditoire du tribunal, en conformité de l'article 880 du Code de procédure civile, est encore recevable à se porter incidemment appelant du jugement, relativement à des faits écartés par le jugement comme non prouvés. Cette exécution du jugement n'élève point de fin de non-recevoir contre l'appel incident, qui en tout état de cause, peut être interjeté par l'intimé. (443, *c. pr.*)

D.* V......, née G...., c. son mari.   Appel de Vendôme.

M.** Dinochau et Moreau, avoc. plaid.   Arrêt du 6 février 1813.

---

14. Quand un jugement joint une demande incidente à une demande principale, et que le défendeur conclut sur le fond de celle-ci, sans opposer aucun moyen contre la demande incidente; il n'est plus recevable à exciper en cour d'appel, que la demande incidente prenant le caractère d'action principale, elle devait être précédée du préliminaire de conciliation. (Sur les art. 173, 464 *c. pr. combinés.*)

Gaudry c. Haussenard.   Appel de Montargis.

M.** Baudry et Johanet, avoc. plaid.   Arrêt du 12 février 1813.

---

15. Le débiteur qui consent l'exécution d'un jugement qui ordonne la vente des meubles saisis sur lui, en demandant par écrit, *que cette vente se fasse dans sa maison et non sur la place publique, sans préjudicier toutefois à l'appel qu'il pouvait avoir droit d'interjeter;* élève, malgré cette réserve, une fin de non-recevoir contre l'appel du jugement qui ordonne la vente des meubles. Cette réserve, jointe à un consentement formel, doit être considérée comme non écrite. Les déchéances prononcées au Code de procédure ne sont plus comminatoires. (1029, *c. pr.*)

Blondeau c. Buffault.   Appel de Romorantin.

M.** Moreau et Baudry, avoc. plaid.   Arrêt du 19 mars 1813.

---

16. Quand au moment d'un arrêt de *qualités posées*, l'intimé fait des réserves sur les moyens qu'il peut avoir à proposer contre

l'appel, il conserve la plénitude de ses droits, et on ne peut lui opposer de fin de non-recevoir, résultant de ce qu'il a pris des conclusions sur le fond.

Nota. Cette décision est contraire à un arrêt de la cour de cassation du 10 janvier 1810, qui porte en substance, « que l'intimé ne peut, après avoir, lors des qualités posées, conclu à la confirmation du jugement de première instance, sans avoir d'ailleurs fourni de défenses autres que ses conclusions, proposer une nullité d'appel. (Sur l'art. 173 *c. pr.*)

David c. le Roy-Boulard.   Appel d'Orléans. (trib. de com.)

M.es Moreau et Grouard, avoc. pl.   Arrêt du 20 mai 1813.

---

17. Des réserves et protestations faites par un débiteur contre un procès verbal de saisie-exécution, et non contre un jugement antérieur qui a autorisé les poursuites, ne peuvent couvrir la fin de non-recevoir qui s'élève contre l'appel de ce jugement, et résultant du paiement des dépenses; ce qui est un acquiescement au premier jugement, principe de l'action dont la litispendance est portée devant la Cour. (Sur l'art. 173 *c. pr.*)

(M.r LE PR.er PRÉSIDENT PETIT-LAFOSSE, PRÉSIDENT.)

Le Mersant c. Bobières.   Appel d'Orléans.

M.es Légier et Baudry, avoc. plaid.   Arrêt du 31 juillet 1813.

Nota. Cet arrêt, déféré à la cour de cassation, a été cassé le 15 juillet 1818 pour cause d'excès de pouvoir, et sur le principal motif, « que c'était dans l'intérêt de l'avoué et non de la dame Merçant, que l'exécutoire relatif aux dépens avait été obtenu; attendu que Bobières n'avait payé qu'après des réserves faites pour éviter la saisie de ses meubles; ainsi la dame Merçant n'avait aucun intérêt à ce que l'exécution d'un jugement qui n'était point rendu à son profit fût volontaire ou forcée, et la cour d'Orléans, en créant une fin de non-recevoir arbitraire, a contrevenu aux dispositions de l'article 443 du Code de procédure ».

---

18. Dans l'ancienne jurisprudence, on nommait *désertion d'appel* le silence gardé par ceux qui avaient appelé d'une sen-

tence, et qui négligeaient de relever leur appel dans le temps prescrit par l'ordonnance; alors les juges d'appel statuaient sur la demande en désertion. Le système de notre législation actuelle n'admet plus ce mode de procéder. Une fin de non-recevoir re-pousse l'appel interjeté de nouveau d'une sentence rendue sous l'empire de l'ancien droit, contre laquelle un premier appel avait été formé, et qui s'est trouvé périmé pour n'avoir point été suivi dans les délais impartis par la loi.

(PRÉSIDENCE DE M. LE BARON PETIT-LAFOSSE.)

Gaudichon c. les héritiers Belleville.   Appel de Gien. c.

M.es Moreau et Baudry, avoc. plaid,   Arrêt du 10 9.bre 1813.

------

19. LA signification d'un jugement faite seulement à l'un des deux associés pour l'exécution d'un marché, fait courir le délai de l'appel, à l'égard de l'autre. L'article 69, n°. 6, du Code de procédure est applicable aux sociétés formées par un seul acte de commerce. En vain, disait-on, chacune des parties à laquelle l'acte d'appel est signifié a un intérêt personnel ..... s le jugement, elle doit donc recevoir une copie séparée; on répondit victorieu-sement : la décision d'un procès est un objet pour lequel les par-ties ont un seul et même intérêt, un seul acte d'appel a donc dû suffire.

Latour et Labrousse c. Nabon.   Appel de Loches.

Arrêt du 16 décembre 1813.

------

20. UN jugement qui ordonne un compulsoire n'est que prépa-ratoire, et l'appel n'en est pas recevable. Cette mesure préalable étant purement d'instruction, et n'ayant d'autre but que de met-tre la cause en état d'être jugée, car en ordonnant cet avant faire droit, les juges ne s'obligent point pour cela à se décider au fond, conformément au résultat du compulsoire. (Sur l'art. 452 c. p.)

Le Comte c. Templier.   Appel de Blois.

M.es Baudry et Moreau, avoc. plaid.   Arrêt du 17 déc. 1813.

21. Un jugement qui ordonne une nomination d'experts, en énonçant seulement dans le dispositif, *que le tribunal donne acte aux parties de ce qu'elles nomment tels et tels pour experts*, n'est point susceptible d'appel. Ces expressions conçues au présent ne laissent aucun doute sur le fait d'une nomination actuelle, et ne peuvent se référer à celle que les parties auraient pu faire antérieurement. La désignation contradictoire des personnes auxquelles l'expertise est confiée, faite après réglement des bases de la contestation, est un acquiescement véritable à la chose jugée.

Enfans Hervet c. veuve Hervet.   Appel de Vendôme.

M.ᵉˢ Moreau et Baudry, avoc. plaid.   Arrêt du 11 mars 1814.

---

22. La faculté d'opposition à un jugement par défaut rendu contre une partie qui n'a pas d'avoué, tant que cette faculté existe, et quand bien même elle ne serait point réitérée dans la huitaine, est exclusive de tout appel. (art. 162 et 443 *c. pr.* combinés.) Un jugement par défaut de cette nature, étant aux termes de l'article 158 du Code de procédure, susceptible d'être attaqué par voie d'opposition jusqu'à son exécution.

(PRÉSIDENCE DE M. PETIT-LAFOSSE.)

Veuve Signolet c. Boucaire.   Appel de Chinon.

M.ᵉˢ Johanet et Baudry, avoc. pl.   Arrêt du 25 mars 1814.

Nota. Je crois devoir rapporter un arrêt de la cour d'appel d'Orléans du 21 janvier 1808, qui a statué en sens contraire. Voici l'espèce : une partie condamnée par défaut, et qui n'avait point constitué d'avoué, avait répondu au commandement fait en vertu du jugement par défaut, qu'elle voulait se pourvoir par appel, et avait signé sa réponse. La Cour jugea qu'il n'y avait point de fin de non-recevoir à lui opposer contre l'appel, résultant de ce que la voie de l'opposition n'était point épuisée ; attendu que la réponse au commandement était de nature à suspendre l'exécution du jugement.

(PRÉSIDENCE DE M. CHABROL-CROUSSOL., PREMIER PRÉSIDENT.)

Alluard, v.ᵉ Bousaingault, c. Auger.

M.ᵉˢ Bureau du Colombier, Moreau, Johanet et Baudry, avocats plaidans.

23. En matière d'incompétence, et lorsqu'il s'agit d'affaires de commerce, si la Cour saisie de l'appel d'un jugement par défaut a rejeté ce déclinatoire, on ne peut demander l'ajournement de la cause au fond, en se fondant sur ce qu'on est encore dans les délais de l'opposition. l'Appel sur la compétence a couvert toute fin de non-recevoir, et l'examen du fond doit toujours suivre immédiatement le rejet de l'exception.

Imbault c. le Brun.   Appel d'Orléans. (trib. de com.)

M.es Johanet et Baudry, avoc. plaid.   Arrêt du 27 avril 1814.

---

24. Le mari qui repousse la demande d'une pension réclamée par sa femme, d'après les conventions portées en son contrat de mariage, par une demande incidente tendante à ce que son épouse vienne habiter le domicile conjugal, ne forme qu'une défense à l'action principale contre lui intentée. Cette exception légitime fondée sur les grands principes de la morale publique, émane essentiellement du contrat de mariage. Les deux demandes principales et incidentes sont connexes, et on doit y statuer par un seul et même jugement. (Sur l'art. 464 c. pr.)

(PRÉSIDENCE DE M. PETIT-LAFOSSE.)

(M. MIRON DE L'ESPINAY, SUBSTITUT DU PROCUREUR-GÉNÉRAL.)

Boudet c. la f.e Boudet.   Appel de Vendôme. i.

M.es Moreau et Baudry, avoc. plaid.   Arrêt du 15 juin 1814.

---

25. Des protestations et réserves faites contre un jugement dont les bases ont été adoptées antérieurement, ne peuvent détruire la fin de non-recevoir résultant de l'exécution de ce jugement, et l'appel en est proscrit.

Colineau c. Plouzeau et Lenoir.   Appel de Chinon.

M.es Moreau et Johanet, avoc. plaid.   Arrêt du 29 juin 1814.

Nota. Un arrêt de la cour de cassation du 3 juin 1818, a cassé celui que nous venons de rapporter, d'après le motif que bien que les bases du jugement eussent été adoptées, les réserves avaient pour but de se défendre d'une condamnation sur un chef, elles éloignaient donc toute fin de non-recevoir, dont l'application, d'après l'exception de la chose jugée, avait privé les parties du double degré de juridiction, et violé par suite les dispositions de l'article 443 du Code de procédure.

---

26. L'APPEL d'un jugement interlocutoire qui ordonne la preuve de faits articulés par l'appelant lui-même, ne lui faisant aucun grief, n'est pas recevable, et celui-ci doit en supporter les dépens qui sont la peine du plaideur téméraire.

Torterue c. Delaporte.   Appel de Chinon.

Mes Moreau et Johanet, avoc. plaid.   Arrêt du 30 juin 1814.

---

27. QUAND un jugement a statué sur plusieurs chefs de demande distincts et séparés : par exemple, une *revendication d'arbres, un rétablissement de chemins interceptés, une nullité de bail,* etc., celui qui acquiesce pleinement à un ou plusieurs chefs, et qui appelle des autres, ne peut être déchu de son appel. En vain allègue-t-on que n'ayant fait aucune protestation, ni réserves, l'acquiescement à un chef rend l'appel non recevable, quant aux autres. C'est une erreur, quand les points de la contestation sont distincts, l'appel peut en être interjeté séparément.

(PRÉSIDENCE DE M. PETIT-LAFOSSE.)

Treeul c. Desvignes.   Appel de Vendôme.

Mes Baudry et Moreau, avoc. plaid.   Arrêt du 28 juillet 1814.

---

28. QUAND un jugement n'est point exécutoire par provision, le paiement des dépens taxés, quoiqu'avec réserves de se pourvoir par appel, n'en est pas moins de la part de l'appelant un acte d'acquiescement qui élève contre lui une fin de non-recevoir répulsive de l'appel.

Ve Dupont de Veillèle c. Jousselin.   Appel de Blois.

Mes Baudry et Ferrière, avoc. plaid.   Arrêt du 26 août 1814.

29. QUAND on oppose à un demandeur principal l'exception tirée du défaut de qualité, c'est une défense à l'action principale, et non une nouvelle demande, et elle peut être opposée en tout état de cause, même sur l'appel. (Sur l'article 464, c. pr.)

Veuve Guinier c. la veuve Beaubé,　　Appel de Chinon.

M.ʳˢ Baudry et Ferrière, avoc. plaid,　Arrêt du 29 mars 1815.

———————

30. ON peut se porter appelant et seulement contre une partie d'un jugement interlocutoire intervenu entre cette partie et un tiers en cause, dans les dispositions que l'appelant regarde comme préjudiciables à ses droits. Si le jugement a été rendu p défaut contre le tiers en cause, celui qui en a obtenu le b   ce, ne peut opposer à l'appelant la fin de non-recevoir, résultant de ce que le défaillant serait encore dans les délais de l'opposition, car l'appelant est étranger aux conséquences que cette opposition pourrait produire, si elle était formée.

Tauchon c. Neveu.　　　　　　Appel de Chinon.

M.ᵉ Johanet, avoc. plaid.　　　Arrêt du 29 nov. 1815.

———————

31. DES conclusions subsidiaires prises en première instance, doivent être regardées comme un acquiescement au jugement qui a statué sur les conclusions principales; elles élèvent en conséquence une fin de non-recevoir contre l'appel.

C'est un principe élémentaire, qu'en appel on conclut subsidiairement parce qu'on plaide à toutes fins, et que l'arrêt épuise tous les degrés de juridiction; mais en première instance, le second degré est ouvert à celui qui a succombé sur sa demande principale. Lorsque le défendeur oppose une exception aux conclusions du demandeur, et qu'elle est rejetée, il arrive souvent qu'il fait défaut sur le fond. C'est ce qui arrive tous les jours dans les tribunaux de commerce, relativement aux déclinatoires sur incompétence.

Desbiron et Boulard c. la f.ᵉ Pothier,　　Appel de Montargis.

M.ʳˢ Baudry et Johanet, avoc. plaid,　　Arrêt du 9 déc. 1815.

32. De ce principe, que la copie de la signification d'un jugement tient lieu de l'original à la partie qui la reçoit, il résulte
que le défaut de désignation de *la date* dans la copie, indiquant
avenir pour plaider, peut être suppléé par la contexture de la
requête d'opposition, qui place nécessairement la date de la signification de l'opposition en *original et copie* dans la huitaine
du jugement prononcé. (Sur les articles 61, 157, 443 c. pr.)

Exemple : le 10 mai 1814, jugement par défaut; le 9 janvier
1815, requête d'opposition, avenir donné au 16 janvier 1814;
cette dernière date n'est plus qu'une erreur de clerc, on ne peut
voir que 1815.

Tiercelin et Rousseau c. Pingot.	Appel de Montargis.
Mes Moreau et Baudry, avoc. plaid.	Arrêt du 11 mai 1816.

33. Les trois mois pour interjeter appel ne doivent point se
compter rigoureusement, en y comprenant le jour de la signification du jugement et celui de l'appel, d'après l'adage : *dies termini non computatur in termino.* On doit d'ailleurs compter les
mois tels qu'ils sont établis par le calendrier grégorien. En matière de commerce seulement, les usances sont de trente jours.
(Art. 132, c. com.)

Gaston de Montigny c. Ragoyer.	Appel de Vendôme.
Mes Moreau et Baudry, avoc. plaid.	Arrêt du 24 mai 1816.

34. L'exécution du jugement par l'intimé ne le rend point
non-recevable à interjeter un appel incident, quand il fonde cet
appel sur une erreur dont il apporte la preuve. Par exemple : s'il
s'agit d'une quittance trouvée depuis l'appel par l'intimé, dont le
résultat doit l'affranchir d'une condamnation du montant porté
dans la quittance.

Tremault c. Montigny.	Appel de Vendôme.
Mes Moreau et Johanet, avoc. plaid.	Arrêt du 13 juillet 1816.

35. L'état d'une cause est absolument fixé par les termes de

l'acte d'appel, et on ne peut suppléer à l'insuffisance des termes par l'intention présumée des parties. (Sur l'article 456, *pr.*)

Cornu et Moireau c. les héritiers Chéron.   Appel d'Orléans.

M.es Moreau, Baudry et Légier, avoc. plaid.   Arrêt du 7 nov. 1816.

---

36. Le préalable nécessaire pour faire courir tout délai d'appel est la signification du jugement à la partie. Cette règle ne souffre aucune exception, et s'applique aux jugemens par défaut comme à ceux contradictoires ; autrement on consacrerait dans la loi une exception qui n'existe point, et qui est contre l'esprit dans lequel elle a été rédigée. C'est dans ce sens qu'ont été rendus par la cour de cassation deux arrêts en date des 18 décembre 1815 et 24 avril 1816. (Sur les art. 147 et 443, *pr. civ.*, combinés.)

Desvaux c. Deslandes.   Appel de Montargis.

M.es Moreau et Baudry, avoc. plaid.   Arrêt du 30 janvier 1817.

---

37. Un jugement par défaut est valablement signifié, quand la signification est faite à celui qui l'a obtenu au domicile convenu par les parties, dès le commencement de l'instance, pour tous les actes qui interviendront. Dans l'espèce, il s'agissait d'une séparation de corps prononcée contre le défendeur défaillant. Celui-ci, dès le principe de l'instance, avait signifié à son adversaire, qu'il reconnaîtrait comme faites à domicile réel, toutes significations faites au domicile de son avoué. L'art. 147 du Code de procédure contient, il est vrai, une disposition qui paraît impérative, en ordonnant la signification d'un jugement de condamnation par défaut, quand il y a avoué en cause, à la *partie à personne ou domicile;* cependant l'article 111 du Code civil est une règle générale qui rend exécutoires et valables les conventions des parties qui se sont elles-mêmes volontairement et librement choisies un domicile.

(PRÉSIDENCE DE M. LE BARON ARTHUIS DE CHARNISAI.)

F.e Grajon c. Grajon son mari.   Appel d'Orléans.

M.es Légier et Paillet, avoc. plaid.   Arrêt du 13 juin 1817.

38. L'APPEL d'un jugement consulaire peut être interjeté le même jour du jugement, soit qu'il soit contradictoire, soit qu'il soit rendu par défaut. Le dernier membre de l'article 645 du Code de commerce s'applique à ces deux espèces de jugement.

Villeret c. Dominiq. Vaslin.   Appel de Tours. (trib. de com.)
M.es Moreau et Baudry, avoc. plaid.   Arrêt du 4 juillet 1817.

---

39. UNE commune autorisée à intenter toutes actions judiciaires, et à les suivre jusqu'à jugement définitif, est par cela même autorisée à plaider en appel, et jusqu'à ce que les dispositions judiciaires soient devenues inattaquables. Pour l'opinion contraire, on disait: les établissemens publics sont assimilés aux mineurs; un tuteur ne peut appeler d'un jugement rendu en première instance, sans autorisation du conseil de famille; il doit en être de même d'une administration municipale. Quand un jugement définitif est rendu, l'instance est consommée, et il faut une nouvelle autorisation pour introduire une action sur l'appel qui est une seconde instance. La Cour rejeta ces moyens, en considérant que la procédure devant la cour d'appel n'était réellement que l'exercice de la même action, que l'on conduit graduellement dans deux degrés de juridiction.

(PRÉSIDENCE DE M. DE LA PLACE.)

Normand et autres c. le maire de la ville   Appel de Tours. c.
de Tours.

M.es Johanet et Baudry, avoc. plaid.   Arrêt du 6 mai 1818.

---

40. QUAND en matière de commerce, un jugement rejette un déclinatoire, et ordonne ensuite qu'il sera plaidé au fond, si le jugement sur le fond rendu par défaut n'est point attaqué par opposition, mais qu'antérieurement à son émission, il y ait eu appel du premier relativement à l'exception d'incompétence, on ne peut opposer contre cet appel la fin de non-recevoir tirée de ce que le second jugement n'ayant point été attaqué, le premier dont est appel, a le caractère de la chose jugée. L'appelant ne reconnaissant point la juridiction des premiers juges, n'a pu former opposition à un second jugement qu'ils ont rendu; l'incompétence et le fond sont toujours divisibles; ainsi l'appel de ce ju-

gement est recevable. Une question de compétence devant toujours se décider avant toute autre.

Gaumier c. Carré.   Appel d'Orléans, (trib. de com.) i.
M.ᵉˢ Pailliet et Baudry, avoc. plaid.   Arrêt du 24 juin 1818.

---

41. Il est de principe que les causes doivent se juger sur l'appel dans la situation où elles ont été placées en première instance; c'est aux magistrats à apprécier si l'action a changé de nature. Ainsi, si une demande originaire a pour objet l'exercice d'une servitude, et qu'après sa décision, l'appel se réfère à une question de dommages-intérêts, résultant de l'abus de cette servitude, cet appel n'est point recevable, le premier degré de juridiction n'ayant point été épuisé sur cette demande.

V.ᵉ Gaillard c. Dutemple.   Appel d'Orléans.
M.ᵉˢ Johanet et Moreau, avoc. plaid.   Arrêt du 25 juillet 1818.

---

42. Un jugement qui statue sur le mérite d'offres réelles, et de moyens de libérations présentés par un débiteur pour arrêter l'adjudication définitive de ses immeubles saisis immobilièrement, rentre, quant au délai pour en interjeter appel, dans la classe des affaires ordinaires. On ne doit donc point considérer ce jugement comme ayant été rendu sur des nullités proposées contre une saisie, dont l'appel ne serait plus recevable après l'expiration du délai de huitaine depuis sa prononciation.

(PRÉSIDENCE DE M. LE BARON ARTHUIS DE CHARNISAI.)

Pillette-Huard c. Salmon, Presle et Fougère.   Appel de Montargis.
M.ᵉˢ Louis (de Paris), Johanet, Baudry   Arrêt du 20 janvier 1819.
     et Légier, avoc. plaid.

---

43. Quand les syndics d'une faillite intentent une action sur laquelle une décision en première instance est intervenue, on ne peut plus, lors de l'appel, leur opposer une fin de non-recevoir résultant de ce qu'ils ne rapportent point en tête de leur demande l'autorisation du commissaire de la faillite (art. 528, c. com.) Ces moyens n'ayant point été proposés devant les premiers juges, on doit les considérer comme se référant à la demande princi-

pale; donc ils ne sont réellement qu'une défense (article 464 ,
c. pr.).

Syndics de Lunier-Belier c. Chevot.   Appel de Tours. c.
M.es Légier et Moreau, avoc. plaid.   Arrêt du 18 mars 1819.

---

44. La fin de non-recevoir tirée de ce qu'une affaire a été
jugée en dernier ressort, étant d'ordre public, peut être proposée pour la première fois sur l'appel.

Laurent c. Chaumeron.   Appel de Montargis.
M.es Johanet et Moreau, avoc. plaid.   Arrêt du 25 mars 1819.

---

45. La fin de non-recevoir opposée à une demande et tirée du
défaut de qualité, est une exception péremptoire qui peut être
présentée en tout état de cause. Elle a pour but de faire anéantir
l'action par le défaut de capacité du demandeur, ce qui porte
sur la substance même du procès. L'article 186 du Code de procédure civile ne se référant qu'aux exceptions dilatoires, reçoit
l'application du principe, *inclusio unius est exclusio alterius.*

Courtandeau et Bichon c. Grison.   Appel de Romorantin. i.
M.es Légier et Pailliet, avoc. plaid.   Arrêt du 19 mai 1819.

---

46. L'article 436 du Code de procédure civile qui porte,
qu'en matière de commerce, l'opposition à un jugement par défaut n'est plus recevable après la huitaine du jour de la signification, a été modifié par l'article 643 du Code de commerce, qui
dispose que la jurisprudence ordinaire à l'égard des jugemens
par défaut sera suivie en matière consulaire.

Saintoin c. Besnard.   Appel de Montargis (trib. de com.)
M.es Daudry et Légier, avoc. plaid.   Arrêt du 28 mai 1819.

---

47. En matière de commerce, lorsque pour statuer sur une
revendication de marchandises, les juges ordonnent, avant faire
droit, un examen par un commissaire de police, comme officier
de police judiciaire, des papiers qui peuvent se trouver dans les
ballots de marchandises réclamées, on ne peut appeler de cette

disposition, qui ne préjudicie nullement aux droits des défendeurs. Car cette mesure ne les dépouille pas de la présomption légale du fait de possession de leurs marchandises. Cette décision est purement *préparatoire*, et non *interlocutoire*. Elle n'a d'autre but que d'éclairer la religion des magistrats, sans rien préjuger sur le fond de la contestation.

(PRÉSIDENCE DE M. LOYRÉ.)

Tiron-Lahaye c. Vincent Hermitte.   Appel de Tours, (tr. de com.)
M.es Baudry et Moreau, avoc. plaid.   Arrêt du 30 août 1819.

---

48. La femme qui plaide, tant pour elle que pour ses enfans mineurs dont elle est la tutrice, si elle n'est intervenue dans les actes de la procédure qu'en son nom personnel, ne peut être relevée du retard qu'elle a apporté à interjeter son appel, après les trois mois de la signification du jugement. Comme tutrice de ses enfans mineurs, les droits de ceux-ci restent entiers et leur mère ne peut leur porter aucun préjudice. (Sur l'art. 444, *pr.*)

Pélicier c. la v.e Birault.   Appel de Montargis.
M.es Baudry et Moreau fils, avoc. plaid.   Arrêt du 10 février 1820.

---

49. Un tribunal de première instance saisi de l'appel d'un jugement de juge de paix, et qui pour la première fois supplée à un point de contestation omis par le juge de paix, doit néanmoins être regardé comme ayant à l'égard des parties, épuisé les deux degrés de juridiction, ainsi l'appel de ce jugement n'est plus recevable.

(M. COLAS DE LA NOUE, DOYEN DES CONS.ers, PRÉS. L'AUDIENCE.)

D.lle Lenoir c. Lerat et Haly.   Appel de Gien.
M.es Johanet et Moreau, avoc. plaid.   Arrêt du 16 août 1820.

---

50. Quand il s'agit d'un acte de vente déclaré nul, on peut incidemment demander les fruits et revenus qui dépendent de l'immeuble, comme accessoires de la demande principale, et dans ce cas, ils ne doivent être accordés que depuis le jugement d'annulation de la vente. (Sur l'art. 464, *pr.*)

Anceau c. Rousse.   Appel de Montargis.
M.es Moreau et Baudry, avoc. plaid.   Arrêt du 31 janvier 1822.

51. LA négligence de l'appelant à fournir ses griefs dans la huitaine de la constitution d'avoué par l'intimé, ne peut établir de déchéance contre lui. (Sur l'art. 462, *pr.*)

(M. MARCHAND DE VERRIÈRES, CONSEILLER-RAPPORTEUR.)

Pagot père c. les héritiers Pothier.   Appel d'Orléans.

Arrêt du 1.er mai 1822.

---

52. L'APPEL d'un jugement rendu sur une demande aux fins de réception de caution, peut être interjeté avant la huitaine. Les jugemens intervenus sur les réceptions de caution, étant de leur nature exécutoires, nonobstant appel. (Art. 449, 521, *pr. combinés.*)

Barbot contre les héritiers Delanouc.   Appel de Pithiviers.

Mes Baudry et Légier, avoc. plaid.   Arrêt du 29 août 1822.

---

53. QUAND un jugement interlocutoire a été exécuté, l'appel n'en est plus recevable. Si les interlocutoires ne lient point les juges, ils lient les parties, quand ils ont été rendus contradictoirement avec elles. (Sur les art. 443 et 451, *pr.*)

Guillormeau c. Sauvage.   Appel de Vendôme.

Mes Moreau et Légier, avoc. plaid.   Arrêt du 13 décembre 1822.

---

54. LE tuteur peut poursuivre l'appel d'un jugement sans autorisation du conseil de famille; car il ne s'agit que de suivre une action déjà instante, et non d'en introduire une nouvelle. (Art. 464, *pr. non applicable.*)

Charbonneau et v.^e Princé c. Rabelliau et sa f.^e   Appel de Chinon.

Mes Moreau et Baudry, avoc. plaid.   Arrêt du 22 janvier 1823.

---

55. UN jugement qui accorde à un tuteur en retard de présenter ses comptes de tutelle, un sursis pour lui faciliter le moyen de fournir ses soutenemens à l'appui, quoiqu'il condamne le tuteur au paiement des frais occasionnés par sa négligence, n'en est pas moins un jugement préparatoire dont le but est de mettre le procès en état de recevoir le jugement définitif. Rien n'étant

dont préjugé sur le fonds ; l'appel n'en est pas recevable. (Art. 452, pr.)

Beauchêne c. Aubry. Appel de Blois.
Mes Moreau et Dupuis, avoc. plaid. Arrêt du 12 février 1823.

---

56. Lors d'un jugement qui statue sur une question d'incompétence, qu'on veut faire résulter, de ce qu'un arrêt ayant, par voie de confirmation, autorisé l'exécuteur testamentaire à faire apposer les scellés, le tribunal n'a pu rester saisi du fonds de la cause.

Si l'exception d'incompétence est rejetée, le jugement qui intervient a prononcé sur un point définitif, et l'appel en est recevable. (Sur les art. 451, 452, c, pr.)

(M. COLAS DE LA NOUE, DOYEN DES CONS.^{ers}, PRÉS. L'AUDIENCE.)

Delamothe-Jamet c. Archambault. Appel de Chinon.
Mes Baudry et Moreau, avoc. plaid. Arrêt du 5 mars 1824.

---

57. Lorsqu'un jugement sur une dénonciation du procureur du Roi formée en raison d'infraction à la loi organique du notariat, ordonne la signification des conclusions du procureur du Roi partie demanderesse; attendu que, dans l'espèce de la cause les formes ordinaires de la justice doivent être suivies, comme en toute autre matière, ce jugement, n'ayant trait qu'à l'instruction de la cause, ne préjuge rien sur le fonds du procès; on doit donc le regarder comme préparatoire, et l'appel n'en est recevable qu'avec celui du jugement définitif. (Art. 451, pr.)

(M. COLAS DE LA NOUE, PRÉSIDENT L'AUDIENCE.)

(M. GARREAU DE LABARRE, CONSEILLER-AUDITEUR, RAPPORTEUR.)

Le Procureur du Roi de Loches c. Rossignol. Appel de Loches.
M. DESCHAMPS, avocat-général. Arrêt du 30 juin 1824.

---

58. Le paiement des frais est un acte d'acquiescement à un jugement non exécutoire par provision. En vain allègue-t-on que ce paiement a eu pour but d'éviter les poursuites, et qu'il

n'en donne pas moins à la partie qui l'a effectué le terme de trois mois pour se décider à interjeter appel. Cette argumentation n'est que spécieuse, et n'empêche point l'effet péremptoire de la fin de non-recevoir.

Gauthier c. Gagnaison.   Appel de Blois.

Mrs Moreau et Légier, avoc. plaid.   Arrêt du 27 août 1824.

PARAGRAPHE SECOND.

NULLITÉS D'APPEL.

59. UN appel est nul, quand il est signifié par un seul exploit et collectivement à deux personnes qui procèdent comme cohéritières contre un débiteur d'une succession qui leur est dévolue, et lorsqu'elles sont représentées par un même avoué. Dans l'espèce, le débiteur avait en première instance, par un seul acte de procédure formé contre les deux héritiers poursuivans, fait opposition à leurs poursuites; il soutenait sur l'appel que les adversaires ayant un même intérêt, la signification unique et collective de son acte d'appel était régulière. La Cour, au contraire, d'après la disposition rigoureuse de l'article 456 du Code de procédure, décida que la succession ayant divisé les droits des créanciers, l'appel devait être signifié à la personne de chacun d'eux.

(M. PETIT-LAFOSSE, PRÉSIDENT.)

D.lles Bordier, sœurs, c. Besnard.   Appel d'Orléans.

Mes Baudry et Ferrière, avoc. plaid.   Arrêt du 19 août 1812.

60. INTERJETER un appel, non à la requête d'un individu, mais en son nom est plaider par procureur, ce qui est proscrit en France. Cette maxime de droit est très-ancienne. Le prince seul plaide par procureur, c'est-à-dire, le Roi seul ne doit jamais paraître en nom dans les qualités d'un procès. Ainsi un ap-

pel interjeté de la manière sus-énoncée est radicalement nul.
M. Merlin (REPERT., *verbo* Plaider par procureur) fait observer,
« Que les actes de procédure dans lesquels figure un procureur
fondé, doivent être considérés comme non-avenus. Cependant
un jugement en dernier ressort qui les tiendrait pour valables,
ne pourrait pas être cassé, parce que la maxime, nul ne plaide
par procureur n'est fondée que sur un usage, et que la violation
d'un usage ne suffit point pour opérer la cassation d'un jugement ». (Voir aussi un arrêt de la cour de cassation, du 22 brumaire an XII, rapporté au mot *Prescription*, n°, 5, Questions de
droit de M. Merlin.)

(PRÉSIDENCE DE M PETIT-LAFOSSE.)

Héritiers Pelleville c. Gaudichon.   Appel de Gien.
M.es Baudry et Moreau, avoc. plaid,   Arrêt du 10 nov. 1813.

---

61. Un acte d'appel qui énonce seulement *assignation à comparaître après vacation*, est valable. Cette formule indique suffisamment la première audience après les vacances. Sur cet article
456 du Code de procédure, M. Carré est d'une opinion contraire,
par la raison que l'acte d'appel doit être assimilé aux exploits
d'ajournement. (Art. 61, n°, 4, *pr.*)

Jullien fils c. Jullien père.   Appel d'Orléans.
M.es Baudry et Grouard, avoc. plaid,   Arrêt du 2 déc. 1813.

---

62. Un acte d'appel qui constitue pour avoué un individu qui
n'a plus le droit d'exercer ce ministère près la Cour, est nul,
quoique l'ignorance du constituant soit réelle. Si donc s'aperce-
vant de son erreur, l'appelant fait une constitution régulière,
elle n'est point valable, si elle est tardive et libellée après les
délais de la loi. (Art. 61 et 443, *pr. combinés*.)

(PRÉSIDENCE DE M. PETIT-LAFOSSE.)

Latour et Labrousse c. Nabon.   Appel de Loches.
M.es Moreau et Baudry, avoc. plaid.   Arrêt du 16 déc. 1813.

---

63. Un jugement rendu sur délibéré par d'autres juges que
ceux qui ont assisté et coopéré au jugement qui a ordonné un dé-

libéré, ne peut plus être argué de nullité, quand ce moyen de
nullité n'est point renfermé dans l'acte d'appel, lequel ne contient d'ailleurs aucunes réserves à cet égard. Les actes d'appel,
quoiqu'ils soient extra-judiciaires, sont rangés dans la catégorie des actes de procédure, contre lesquels toute nullité est
couverte, si elle n'est proposée avant toute défense. (Art. 173,
c. pr.)

Argy-Châtillon c. Antigna et les syndics　　　Appel d'Orléans. (trib.
　　　　　　Boitel.　　　　　　　　　　　　　de comm.)

M.** Moreau, Johanet, Maigreau (de Blois),　Arrêt du 22 déc. 1813,
　　　avoc. plaid.

---

64. L'APPEL d'un jugement déclaratif de faillite, et qui prononce la contrainte par corps contre le négociant failli, est nul,
s'il est seulement signifié au domicile élu. On ne peut appliquer
les règles exceptionnelles relatives à la contrainte par corps,
(article 780, pr.), et aux saisies exécutions (article 584,
idem,) (Sur l'art. 456, c, p.)

Reuilly-Ricard c. Marseille.　　Appel de Romorantin. (trib. de com.)
M.** Baudry et Moreau, avoc. plaid.　　Arrêt du 29 janvier 1814.

---

65. EN matière de saisie-immobilière, la signification de l'appel d'un jugement qui a statué sur des nullités de procédure est
nulle, si elle est seulement faite au domicile élu. La procédure
de saisie-immobilière dont la marche est tracée d'une manière
toute spéciale, ne fait point exception à l'article 456 du Code de
procédure. L'article 734 du même Code, il est vrai, déroge aux
règles ordinaires des délais prescrits pour interjeter appel,
mais cet article garde le silence sur le mode de notification
de l'acte d'appel, ce qui censure implicitement l'application du
principe général. On ne trouve d'exception formelle que pour
les saisies-exécutions (art. 584, id.), et si le législateur eût eu
l'intention d'étendre cette dérogation aux cas prévus par l'article 734, il l'eût clairement exprimé.

Boucard c. Brung.　　　　　　　Appel de Loches.
M.** Moreau et Légier, avoc. plaid.　　Arrêt du 28 juillet 1814.

66. La mention faite dans une copie d'acte d'appel que le domicile de l'intimé est dans *telle paroisse*, au lieu de dire dans *telle commune*, n'est point une fausse énonciation, lorsqu'il est constant qu'il n'y a dans la commune qu'une paroisse du nom indiqué, les deux mots paroisse et commune ayant vulgairement la même signification. (Sur les art. 61, n°. 1, et 456, *c. pr.*)

Tiffoine c. Malbrau.   Appel de Chinon.
M.es Moreau et Baudry, avoc. plaid.   Arrêt du 10 mai 1815.

---

67. L'acte d'appel d'un jugement dont les dispositions s'appliquent au mari et à la femme, peut n'être signé que de la femme, s'il contient d'ailleurs l'énonciation que le mari a également interjeté appel.

S.r et d.me de Montigny c. Ragoyer.   Appel de Vendôme.
M.es Moreau et Baudry, avoc. plaid.   Arrêt du 24 mai 1816.

---

68. L'intimé qui propose une fin de non-recevoir contre l'appel, couvre par cela même toute nullité dont l'acte d'appel pourrait être infecté, et il ne peut plus la proposer valablement devant la Cour. (Sur l'art. 173, *pr.*)

Héritiers Lalleau c. Guérineau.   Appel de Tours.
M.es Jobanet et Moreau, avoc. plaid.   Arrêt du 30 mai 1817.

---

69. Le créancier qui a fait une saisie-exécution contre laquelle une demande en revendication du mobilier a été formée, et qui n'a point précisé, soit en audience de référé, soit devant le tribunal, les nullités par lui invoquées pour repousser l'opposition à la vente et la demande en revendication, nullités qui d'ailleurs sont toutes dans l'intérêt des parties, élève par le défaut de précision de ces moyens, une fin de non-recevoir contre lui, et il ne peut exciper de ces exceptions pour la première fois sur l'appel. (Sur l'art. 173, *c. pr.*)

Femme Harand c. de Villas.   Appel d'Orléans.
M.es Légier et Baudry, avoc. plaid.   Arrêt du 26 déc. 1817.

70. Le délai de trois mois imparti pour interjeter appel, ne peut être étendu au-delà, en raison des distances. La cour de cassation a consacré cette doctrine par un arrêt du 22 janvier 1813, qui annule un arrêt de la cour d'appel de Turin. Il faut, dit la cour de cassation, appliquer la première partie de l'article 1033 du Code de procédure, en ne comptant point au nombre des jours qui font courir le délai d'appel, le jour de la signification, ni celui de l'échéance; mais la seconde partie du même article n'est point applicable. L'article 443 du même Code a fixé le terme de l'appel d'une manière trop positive pour qu'il puisse être augmenté. En recherchant l'esprit de la seconde partie de l'article 1033, on voit que la loi a augmenté les délais pour les citations, dans le cas où une partie sommée de comparaître, doit obéir à la sommation, et se mettre en règle à l'aide de certains actes de procédure. Ajoutons que les dispositions de cet article, quoiqu'insérées sous le titre de *dispositions générales*, sont uniquement relatives aux ajournemens sur comparutions, aux citations, sommations et autres actes de même nature. L'acte d'appel ne place l'appelant dans aucun de ces cas, et toutes les fois, qu'en raison de la matière, le législateur a voulu étendre le délai des distances, il l'a formellement exprimé. (Voir les articles 730, 763, *c. pr.*) Or il est de principe que l'exception confirme la règle.

Fradet c. Guyard.   Appel d'Orléans.
Mes Moreau et Légier, avoc. plaid.   Arrêt du 22 mai 1818.

71. Lorsqu'une partie a un conseil judiciaire, l'acte d'appel, pour être valable, doit être signifié, non-seulement à la partie, mais au conseil judiciaire, et quoique celui-ci ne soit qu'un auxiliaire, et non une partie en cause distincte et séparée, comme celui qui est pourvu d'un conseil ne peut sans son assistance procéder en jugement (art. 513, *c. c.*), le conseil doit être assigné sur l'appel comme partie vraiment nécessaire. (Art. 61, *c. pr.*)

Durand et Riou c. Paul Rousseau.   Appel de Montargis, i.
Mes Moreau et Baudry, avoc. plaid.   Arrêt du 9 juillet 1818.

72. En matière de saisie immobilière, un acte d'appel, comme tout autre acte de la procédure, peut être régulièrement fait au

domicile élu pour la poursuite. L'article 111 du Code civil qui dispose que toutes les demandes et *poursuites* relatives à un *acte* peuvent être faites au domicile convenu, et devant le juge de ce domicile, s'applique à la saisie-immobilière, comme à tous autres actes de poursuites. On objectait qu'un appel n'est qu'une voie légale pour faire tomber un jugement, et que le Code de procédure postérieur au Code civil est spécial pour la matière; on répondit victorieusement, qu'il résultait de la combinaison des articles 673 et 734, *pr.*, que tous les actes (sans exception) pouvant être faits au domicile élu pour leur exécution, il n'y avait aucune raison d'en exclure l'acte d'appel.

Vincent et sa f.e c. Louis Répentigny, Cerione. Appel de Montargis. M.es Moreau, Baudry et Légier, avoc. plaid. Arrêt du 23 juin 1819.

---

73. En matière d'ordre hypothécaire, l'acte d'appel peut être interjeté au domicile élu par l'inscription. En vain allègue-t-on que l'art. 763 du Code de procédure, postérieur à l'art. 2156 du Code civil, veut que l'appel soit interjeté dans les dix jours, sauf le délai des distances avec signification au domicile réel, ou à la personne de l'intimé, et que cet acte n'est plus une dépendance de l'instance première, mais une instance nouvelle. On répond avec avantage : que l'article 2156 du Code civil est spécial, et que les actes de procédure en cause d'appel doivent suivre la même marche qu'en première instance. L'article 763 du Code de procédure n'a point dérogé à l'article précité: il n'est relatif qu'aux délais dans lesquels l'appel peut être interjeté en matière d'ordre. Enfin, par ces mots : « les actions auxquelles les inscriptions peuvent donner lieu contre les créanciers, seront intentées devant le tribunal compétent, par exploits faits à personne, ou au dernier domicile élu sur le registre du conservateur »; on doit en tirer la conséquence, que les actes de procédure, en cause d'appel, doivent suivre la même marche qu'en première instance.

H.ers Gréen de S.t-Marceau c. Dandin. Appel de Montargis. M.es Johanet et Baudry, avoc. plaid. Arrêt du 19 nov. 1819.

---

74. 1. Quand des moyens de nullité sont présentés en première instance, comme défenses à la demande principale, et que les

moyens, au fond, ne sont opposés qu'en second ordre et subsidiairement aux moyens de nullité; on ne peut point dire qu'il ait
été défendu à la demande principale, cumulativement par les
moyens de nullité et par ceux du fond. Dès lors, il n'y a aucune
contravention à l'article 173 du Code de procédure.

2. Si deux personnes prennent à titre d'officiosité, et sans
avoir un intérêt individuel, une inscription pour deux absens,
et qu'elles se chargent collectivement d'un seul et même mandat;
elles peuvent être valablement assignées sur l'appel, *par une
seule et même copie*, au domicile par eux élu, sans qu'on
puisse, en raison de ce fait, leur opposer aucun moyen de
nullité.

(PRÉSIDENCE DE M. LE BARON ARTHUIS DE CHARNISAI.)

H.ers Baudot-Guillory c. la f.e Lesœur.   Appel de Pithiviers.
M.es Légier et Baudry, avoc. plaid.   Arrêt du 22 déc. 1819.

---

75. LES dispositions de la loi relatives à la signification de
l'acte d'appel, quelque générales qu'elles soient, ne sont point
d'ordre public : introduites dans l'intérêt particulier des justiciables, les parties peuvent y déroger. (Sur l'article 456, *pr.*)

H.ers Repentigny c. Desmarchais et Jolly.   Appel de Montargis.
M.es Moreau et Baudry, avoc. plaid.   Arrêt du 7 juin 1820.

---

76. UN exploit d'appel portant que la copie a été remise *à la
personne de l'épouse du cité ainsi déclarée*, lorsqu'il est prouvé
que celui-ci n'a jamais été marié, est valable néanmoins, si
cette fausse déclaration ne provient point de la faute de l'officier
ministériel, celui-ci n'étant garant que de ses faits personnels,
et non des fausses indications qu'on lui donne. (Sur les art. 61,
n°. 2, et 456, *c. pr.*)

Marchand aîné c. Bruneau.   Appel d'Orléans.
M.es Légier et Johanet, avoc. plaid. Arrêt du 23 août 1820.

---

77. UN acte d'appel signifié par une même copie à deux époux
séparés de biens par contrat de mariage, lorsque la femme est
partie en cause, est nul. Pour combattre cette décision, on faisait

remarquer qu'il fallait distinguer entre le cas d'exclusion de communauté par contrat de mariage, et celui d'une séparation de biens judiciaire. Dans cette dernière hypothèse, les intérêts de la femme sont tout-à-fait distincts; mais dans la première (et c'est l'espèce du procès), les deux époux agissent collectivement et ne peuvent avoir qu'un même domicile. Cette distinction est plus spécieuse que solide. La cour de cassation a décidé dans un arrêt solennel rendu en 1808, que toutes les fois qu'une femme est séparée de biens, toute action concernant ses propriétés doit être dirigée contre elle-même par un exploit séparé de celui qui est envoyé à son mari.

(PRÉSIDENCE DE M. DE LA PLACE.)

Broutin du Pavillon c. Barbé de Luz.　　　Appel d'Orléans.
Mes Légier et Palliet, avoc. plaid.　Arrêt du 16 février 1821.

78. NE point indiquer dans un exploit d'appel, la rue et le numéro de l'intimé, quand il demeure à Paris, et qu'il ne présente pas dans sa personne une notoriété qui mette l'acte à l'abri de toute méprise, est faire un exploit nul. (Sur l'art. 61, *pr.*, n°. 2.)

Guérin, v.° Rochecot, c. Detenre et la f.^e Detenre.　Appel de Chinon.
Mes Johanet, Baudry et Légier, avoc pl.　Arrêt du 29 mars 1821.

79. UN acte d'appel étant assujéti à toutes les formalités prescrites pour la validité des exploits, est nul, s'il ne contient point le nom de l'avoué constitué. (Sur les articles 61, n°. 1, et 456, *pr.*)

Leblanc c. Lecler.　　　　Appel de Chinon.
Mes Baudry et Lairtuillier, avoc. plaid.　Arrêt du 7 mai 1821.

80. EN matière de saisie-revendication exercée sur les meubles d'un locataire, l'appel du jugement qui a statué sur la validité des poursuites, peut être signifié au domicile de l'avoué de première instance, comme domicile élu; l'article 584 du Code de procédure civile est applicable aux saisies-revendications comme aux saisies-exécutions.

Duchemin et Deslon c. Langevin.　　　Appel de Montargis.
Mes Johanet, Baudry et Légier, avoc. plaid.　Arrêt du 14 juin 1821.

81. QUAND il s'agit de l'exercice des actions personnelles et mobilières d'une femme, et que l'exploit d'appel n'est signifié qu'au mari, cet acte, quoiqu'irrégulier, n'est point nul; le mari seul administrateur des biens personnels de sa femme, commune en biens, ayant qualité pour exercer lesdites actions. (Sur l'art. 1428, *c. civ.*, combiné avec l'art. 61, n°. 2, *c. pr.*)

Daguet et Marion c. Blanchard.   Appel de Chinon.
Mrs Moreau et Vilneau, avoc. plaid.   Arrêt du 23 février 1822.

---

82. LE domicile élu par un commandement ne se prolonge point au-delà de la date du jugement qui a statué sur sa validité. Ainsi, l'acte d'appel signifié seulement au domicile d'avoué élu par le commandement, est nul. (456, *c. pr.*)

Radault c. De France.   Appel de Loches.
Mrs Moreau et Gaudry, avoc. plaid.   Arrêt du 17 janvier 1823.

---

83. UN acte d'appel signifié au domicile d'un notaire nommé en justice pour représenter des héritiers absens, dont le domicile n'est point connu, est valable. La dénonciation de cet appel au domicile de ceux des héritiers qui sont en France, avec assignation aux fins de l'appel, et en déclaration d'arrêt commun, équivaut à leur égard à un appel direct. (Sur l'art. 456, *pr.*)

Héritiers Pajot c. Moreau.   Appel de Pithiviers.
Mrs Légier et Baudry, avoc. plaid.   Arrêt du 20 mars 1824.

---

84. UN acte d'appel signifié à un mineur dans la personne de son tuteur est valable, quand l'appelant apprenant que le mineur est sorti de la tutelle par son mariage, réitère aux époux la signification de cet acte d'appel, et toute la procédure intervenue avec assignation en reprise d'instance.

S.^r et d.^e Bidet c. h.^{ers} Pinsard.   Appel d'Orléans.
Mrs Moreau, Baudry et Galisset, av. pl.   Arrêt du 31 mars 1824.

---

85. LA femme séparée de biens qui procède en son nom avec l'autorisation de son mari, doit être assignée sur l'appel par une

copie séparée de celle remise à son mari. On combattait cette doctrine en disant, qu'il ne s'agissait point à l'égard du mari d'un intérêt distinct de celui de son épouse, mais d'une simple déférence relative à la puissance maritale, et qu'on ne pouvait ainsi attacher la peine de nullité à l'inobservation d'un envoi de copie laissée à la femme; on répondit avec avantage : le mari est tenu de donner son assistance à sa femme pour procéder en justice (art. 215, *c. civ.*). Les expressions prohibitives de cet article équivalent à la peine de nullité; la qualité du mari est donc entièrement distincte de celle de son épouse, et chaque partie citée en justice doit être assignée par une copie individuelle de l'exploit. (Sur les art. 68 et 456, *pr. combinés.*)

(PRÉS. DE M. LE BARON ARTHUIS DE CHARNISAI, PR.ᵉʳ PRÉSIDENT.)

(M. DESPORTES, AVOCAT-GÉNÉRAL.)

De la Tour-d'Auvergne c. la comtesse de Clermont-Tonnerre.	Appel de Paris. Renvoi de cassation.
M.ᵉˢ Baudry et Légier, avoc. plaid.	Arrêt du 7 juillet 1824.

---

86. QUAND un appel est signifié au domicile élu chez un notaire pour l'exécution d'un acte de vente qui a été l'objet du procès; cet appel n'étant que le renouvellement au second degré d'une demande introductive d'instance, qui a été régulièrement formée au domicile élu, le vœu de l'article 456 est suffisamment rempli.

Rouilly et Barruet c. Paris et h.ᵉʳˢ Courlevaux.	Appel d'Orléans.
M.ᵉˢ Baudry et Légier, avoc. plaid.	Arrêt du 24 juillet 1824.

---

87. LE délai pour interjeter appel se supputant de quantième a quantième, on ne peut jamais ajouter de jours en raison des distances. L'application de la maxime, *dies termini non computatur in termino*, n'en exclut pas moins celle de l'article 1033 du Code de procédure civile. (Sur l'art. 443, *pr.*)

Marieau c. Avenet.	Appel de Loches.
M.ᵉˢ Moreau et Persin, avoc. plaid.	Arrêt du 10 août 1824.

---

88. LORSQUE dans un jugement rendu en matière d'ordre, des époux ne sont point désignés comme étant séparés de biens, quoi-

que la femme procède réellement sous le bénéfice de cette séparation, l'appel est nul, s'il est signifié aux deux époux par une
seule copie. En vain, dit-on, que le jugement ne fait point connaître la qualité dans laquelle l'épouse procède, cette qualité ne
peut être méconnue, quand elle résulte d'actes antérieurs au jugement attaqué. De plus, dans l'espèce, la copie de l'acte d'appel
portait les mots, *laissée à sa personne*, ce qui n'indiquait aucunement auquel du mari ou de la femme la copie avait été remise.
(Sur l'art. 456, *pr.*)

Mariés Petard c. Rocher et autres.   Appel de Blois.
Mes Légier et Baudry, avoc. plaid.   Arrêt du 16 août 1824.

---

89. Les jugemens rendus sur délibération du conseil de famille sont susceptibles d'être attaqués par la voie de l'appel. (Art.
889, *c. pr.*) La loi ne trace point, il est vrai, la marche à suivre
sur l'appel de ces jugemens, mais seulement en première instance (articles 885, 886, *c. pr.*), d'où il faut conclure que ce
mode de procéder doit être suivi dans les deux degrés de juridiction.

Le ministère public ne peut être intimé que comme partie
jointe, et non comme partie principale. Cependant si cette procédure est irrégulière, elle n'entraîne point pour cela la nullité
de l'appel.

(PRÉSIDENCE DE M. LE BARON ARTHUIS DE CHARNISAI.)

(M. BOSCHERON-DESPORTES, AVOCAT-GÉNÉRAL.)

Héritiers Rapine c. le Procureur-général.   Appel de Montargis.
Me Gaudry, avoc. plaid.   Arrêt du 2 février 1825.

ARR.

ARTICLE TROISIÈME.

ARRÊT.

—

Dès les premiers temps de la monarchie, les jugemens des Cours de justice ont été qualifiés *arrêts*.
Jusqu'au règne de François Ier., les arrêts du parlement étaient rendus en latin, mais ils étaient
loin, quant au style, de celui de Cicéron. L'édit
de 1539, article 3, a produit une innovation vraiment heureuse et utile, en ordonnant qu'à l'avenir
« Tous arrêts seraient prononcés, enregistrés et
délivrés aux parties en langage maternel français,
et non autrement. »

Sous Philippe-le-Bel, Jean de Montluc a fait le
premier recueil des arrêts du parlement. Cette
collection, dit Denisart (verb. Arrêt), conservée
dans le dépôt des archives de la cour, est connue
sous le nom d'*Olim*.

Un arrêt est un bénéfice pour celui qui l'a obtenu, dont on ne peut le priver. Les juges ne peuvent rien changer à l'arrêt prononcé. Ce principe
sage est tout entier dans la loi romaine : « *Judex si-*
mul atque sententiam dixit, judex esse desinit, ... semel
enim seu benè, seu malè, officio functus est. (L. 55, ff.
de re judic.)

Autrefois les Cours souveraines rendaient en assemblées de chambres, des arrêts de réglemens, *sous le bon plaisir du Roi.* Ils avaient force de loi dans l'étendue du ressort du parlement. La loi du 24 août 1790, litre 2, article 13, a supprimé ces attributions législatives. Le Code civil, article 5, a renouvelé cette disposition, et l'a consacrée d'une manière absolue.

Le mot Arrêt, banni pendant quelques années de la langue judiciaire, a été rétabli par l'article 134 du senatus-consulte du 28 floréal an XII, pour *qualifier les jugemens des cours de justice.*

La jurisprudence des arrêts est une jurisprudence de raison, et le meilleur interprète des lois. Quand il y a une suite de décisions uniforme sur la même espèce, on peut alors, avec confiance, citer ces arrêts comme autorités.

90. QUAND un arrêt est déclaré avoir été rendu en audience solennelle, chambres civile et correctionnelle réunies, il est nul, si la réunion des deux chambres indiquées ne présente pas au moins le concours de douze juges, dont sept appartiennent à la chambre civile, et cinq à celle des appels de police correctionnelle. Lorsque la loi parle d'une ou de plusieurs chambres de la cour Royale, le mot *Chambre* est un mot collectif qui renferme le nombre de juges nécessaires pour que cette chambre puisse juger; et si la chambre, au moment de sa convocation, ne peut disposer du nombre suffisant de magistrats pour sa composition, on doit, pour la compléter légalement, en adjoindre d'autres pris dans une chambre non convoquée.

Dans les Cours où il n'y a qu'une chambre civile, il est néanmoins toujours facile de juger en audience solennelle, sans l'adjonction de la chambre des appels de police correctionnelle, s'il n'est pas possible de la composer de cinq membres, en remplaçant ceux qui sont empêchés, par un ou plusieurs magistrats de la chambre d'accusation. La chambre civile seule se constitue en audience solennelle, et l'audience est tenue en robes rouges. Si à cette chambre se joignaient moins de cinq juges de la chambre des appels de police correctionnelle, cette adjonction ne formerait point une chambre, mais une augmentation arbitraire de quelques juges, ce que la loi ne peut jamais permettre. (Sur l'art. 22 du décret du 30 mars 1808.)

Cette jurisprudence est celle d'un arrêt de la cour de cassation du 19 août 1822, qui a déclaré nul un arrêt de la cour royale d'Orléans, au nombre de neuf juges, avec l'énonciation des chambres civile et d'appel de police correctionnelle réunies, dans un procès entre les sieurs Petit du Mottet et Chocat, jugé le 5 novembre 1817.

———

91. Lorsqu'une demande en règlement de compte est portée à un tribunal de première instance, si la contestation se rattache à une interprétation d'arrêt, les juges doivent avant faire droit, renvoyer les parties devant la Cour qui a prononcé, et non déclarer la demande *non-recevable*; cette fin de non-recevoir étant un déni de justice. (Sur les articles 4 du *c. c.*, et 472, *pr.* combinés.)

Pinsard c. Chevereau.   Appel d'Orléans, i.
M.es Johanet et Moreau fils, avoc. plaid. Arrêt du 10 août 1820.

———

●▪●

AVO.

ARTICLE QUATRIÈME.

AVOCATS.

—

La profession d'avocat est une des plus honorables
qu'un homme puisse exercer. Tous les jours de la
vie de ceux qui s'y livrent avec zèle et désintéressement, peuvent être marqués par des services rendus
à la société. L'avocat est un patron ; son ministère
de protection appartient aux opprimés et aux malheureux qui souffrent. Pour remplir dignement un
office aussi étendu, l'avocat doit être, avant tout,
homme de bien. Ses études sont immenses : c'est
avec raison qu'on a donné à la partie la plus importante du corps de droit, le nom de *Pandectes*. La
réunion des lois embrasse toutes sortes de matières,
et suppose les connaissances les plus vastes à celui
qui les explique et qui les interprète. Honneur au
jurisconsulte qu'on peut appeler *vir probus dicendi
peritus*. Cet homme de bien se place au-dessus de
l'envie que ses rivaux lui portent. Partout on rend
hommage à ses talens et à la pureté de ses vues. Sans
doute, il est aujourd'hui difficile de se faire une réputation dans une carrière où tant d'hommes justement célèbres occupent les premiers rangs, mais

l'émulation ne peut avoir de limites lorsqu'elle prend sa source dans l'amour de la justice, et dans la pratique des vertus sociales. La noblesse des sentimens des jeunes légistes honore également les anciens avocats qui leur servent en tous points de modèles. Les nouveaux athlètes qui combattent souvent dans la lice avec leurs devanciers, me permettront-ils de leur donner un conseil, qui n'est de ma part qu'un tribut à la haute considération que j'ai toujours eue pour l'honorable profession qu'ils exercent? Il vaut mieux, je pense, acquérir une réputation d'une manière un peu lente, que de l'obtenir promptement à l'aide d'une élocution facile, dont on ne se sert que pour appuyer de vains sophismes. Les mauvaises causes font plus de tort aux jeunes avocats qu'ils ne le croient. Le public est un bon juge; s'il est un instant séduit par le prestige de l'éloquence, il n'est pas long-temps dupe de son erreur, et l'orateur a perdu sa confiance. Au contraire, qu'elle est belle, et surtout qu'elle est solide, cette réputation acquise par une noble franchise qui repousse avec indignation tout langage qui ne serait pas celui de la vérité! Que l'avocat use largement de sa liberté et de son indépendance, caractères distinctifs de sa profession, pour ne rien dire que de vrai, pour ne point s'écarter du profond respect dû aux lois; sa conscience est son guide, sa règle invariable de conduite; qu'il n'oublie donc jamais ce qu'elle lui commande, et ce qu'elle lui défend.

Les lettres de Camus, ouvrage complet sur la matière, font aimer cette profession honorable, qui a été celle des plus grands hommes d'état de l'antiquité, et qui a fait la gloire de Cicéron, l'un des plus beaux génies de l'ancienne Rome.

La révolution française avait détruit l'ordre des avocats; rien ne pouvait plus rester debout au milieu de tant de ruines. En 1804, les avocats eurent la faculté de reprendre leurs titres; leur caractère fut reconnu et les écoles de droit recréées. La loi du 22 ventose an XII prescrivit, article 31, la formule du serment que les avocats et avoués seraient tenus de prêter avant d'entrer en fonction; mais ce ne fut qu'en 1810, époque de la loi réorganique des cours et tribunaux, qu'on sentit la nécessité de replacer l'ordre des avocats sur ses anciennes bases, et de régler la discipline de cette corporation. Nous allons faire connaître plusieurs arrêts qui consacrent la jurisprudence de la matière.

92. Un avocat stagiaire éliminé du stage par une décision du conseil de discipline, peut se pourvoir par appel contre cet arrêté devant toutes les chambres de la Cour. Le sort de celui qui exerce la profession d'avocat, et qui aspire à être placé sur le tableau après l'expiration des trois années de stage, ne peut dépendre irrévocablement de la volonté d'un conseil qui pourrait ainsi exclure pour toujours un stagiaire de la carrière qu'il a embrassée.

(PRÉSIDENCE DE M. LE BARON PETIT-LAFOSSE.)

(M. SEZEUR, PROCUREUR-GÉNÉRAL.)

M.ᵉ Grouard c. le procureur-général.

Arrêt du 15 février 1814.

Appel d'une décision du conseil de discipline de l'ordre des avocats de la Cour d'Orléans.

93. Un avocat qui a rempli anciennement des fonctions de magistrature, et qui depuis a conservé le titre d'avocat, ne peut

être admis à siéger en remplacement d'un juge, s'il n'a prêté serment comme avocat, et s'il n'est pas porté sur le tableau. (Sur l'art. 49 de la loi du 30 mars 1808.)

(M. COLAS DE LA NOUE, PRÉSIDANT L'AUDIENCE.)

Bastard c. Bodin-Roux et Chevalier. Appel de Chinon. i.
Mes Johanet et Moreau, avoc. plaid. Arrêt du 14 juillet 1820.

───────

94. EN matière civile, le père de la partie en cause ne peut plaider pour son fils ou sa fille. L'article 85 du Code de procédure, qui donne aux parties assistées de leurs avoués la faculté de se défendre elles-mêmes, ne peut s'étendre au-delà.

Sabine de Milly (f.^e Méreaux) et son père Appel de Vendôme. i.
c. le procureur-général. Arrêt du 13 juin 1821.

───────

95. L'ARTICLE 41 du décret du 14 décembre 1810, qui prescrit à la Cour de désigner en matière civile, *s'il y a lieu*, un défenseur à la partie qui n'en trouve point, n'a point été abrogé par la loi sur le serment des avocats,

(M. DESCHAMPS, AVOCAT-GÉNÉRAL.)

Lemoyne-Montbrun c. le procureur- Appel d'Orléans.
général. Arrêt du 8 déc. 1821.

───────

96. L'AVOCAT qui veut obtenir la dispense de se rendre en personne à la cour royale pour y prêter le serment prescrit par la loi, doit présenter une requête contenant les causes alléguées pour justifier sa demande, et y joindre les pièces à l'appui. Il ne peut, en conséquence, charger un de ses confrères de faire valoir à l'audience ses *motifs* d'excuse. Cette manière de procéder n'est pas recevable. (Sur les articles 12, 13 et 14 du décret du 14 décembre 1810.)

(M. LE BARON ARTHUIS DE CHARNISAI, PREMIER PRÉSIDENT.)

(M. BOSCHERON-DESPORTES, AVOCAT-GÉNÉRAL.)

Me Péan (de Chinon) c. le procureur-général.
Me Légier, avoc. plaid. Arrêt du 23 janvier 1824.

97. Un avocat stagiaire peut être appelé à siéger en remplacement d'un juge. Pour combattre cette décision, on disait que n'étant point inscrit sur le tableau de l'ordre, un avocat stagiaire était incapable de participer, même éventuellement, à l'administration de la justice. Cette objection fut repoussée par le texte même de l'article 118 du Code de procédure civile. En se servant du mot *avocats*, la loi comprend d'une manière générale tous les avocats attachés au barreau dans l'ordre auquel ils lui appartiennent. Où le législateur n'a point distingué, il n'y a point de distinction à faire : on ne peut restreindre un droit, et créer une incapacité qui ne résulte point des termes formels de la loi.

(M. COLAS DE LA NOUE, PRÉSIDANT L'AUDIENCE.)

(M. DESPORTES, AVOCAT-GÉNÉRAL.)

De Lamotte-Jamet c. Archambault.   Appel de Chinon. i.
Mes Daudry et Moreau, avoc. plaid.   Arrêt du 10 mars 1824.

●•••

AVO.

ARTICLE CINQUIÈME.

AVOUÉS. *

———

Au livre III des Pandectes, titre premier *de pos-*
tulando, on voit quelles étaient chez les Romains
les fonctions des avocats et des procureurs. Ces ré-
publicains attachaient une grande importance aux
charges civiles de cette nature : « *Postulare est de-*
siderium suum, vel amici, in jura apud eum qui juris-
dictioni præest exponere, vel alterius desiderio contra-
dicere. » (Liv. I, ff., §. 2, Hit.) Ce ne fut qu'au XIVe.
siècle que les avocats ne purent en même temps
exercer comme procureur *ad lites*. Des lettres-patentes de Philippe-de-Valois, du mois de février
1327, leur interdirent de cumuler ces deux professions.

La loi du 29 janvier 1791 supprima les offices des
procureurs, et leur substitua des *officiers ministé-*
riels ou *avoués*, dont la fonction, est-il dit, article 3,
sera exclusivement de représenter les parties, de
faire les actes de forme pour la régularité de la pro-

---

* Procureurs, — officiers ministériels, — agréés près les tribunaux
de commerce.

cédure, et de mettre l'affaire en état. En 1793, on détruisit les avoués à leur tour; les parties eurent seulement la faculté de se faire représenter par des fondés de pouvoir. Cette époque est dans nos annales l'interrègne de la justice. En 1800 (le 27 ventose an VIII,) les avoués furent rétablis. La loi du 22 ventose an XII, article 26, exigea ensuite de ces officiers qu'ils eussent suivi un cours de procédure aux écoles de droit, et subi un examen devant les professeurs.

Aujourd'hui, une grande partie des avoués sont licenciés et même ont été reçus avocats. Tenus d'occuper pour leurs parties jusqu'à révocation (article 75, *c. pr.*), le ministère obligé des avoués ne leur permet point de jouir comme les avocats de la plénitude de leur *liberté* et de leur *indépendance*. Qu'on ne s'étonne point de nous entendre prononcer ces mots, dont on a fait un si étrange abus; l'indépendance que nous proclamons n'est autre, selon d'Aguesseau, que la dépendance de la vertu. Les avoués ont toutefois un avantage inappréciable pour l'homme honnête et délicat; dépositaires de la confiance de leurs cliens, il leur est souvent facile d'éteindre un procès à sa naissance, en représentant à ceux qui vont entrer dans l'arène, les conséquences funestes d'une contestation, préjudiciable à leurs intérêts et à leur réputation. Il se rencontre, je le sais, de ces plaideurs infatigables, dont le caractère opiniâtre se refuse à tout arrangement, mais cela n'arrive point ordinairement. Dans beaucoup d'occasions, les avoués tiennent entre leurs mains les moyens d'éviter les procès, et avec le louable désir d'être utiles à ceux qui leur ont confié leurs intérêts, leurs cabinets peuvent devenir des bureaux de conciliation; associés aux nobles fonctions judiciaires, l'estime publique attend ces officiers ministériels, et elle devient leur plus douce récompense.

---

98. Le mode de constitution d'avoué étant prescrit par *acte d'avoué à avoué*, toute constitution verbale et présumée ne peut être admise. Un avoué ne peut prendre de conclusions qu'après signification à avoué. Quand il ne s'agit point d'une demande à bref délai, l'avoué ne peut se contenter de signifier un acte d'occuper, et de demander à l'audience acte de sa constitution à la charge de réitérer. (Art. 76, pr.)

Jullien fils c. Jullien père.   Appel d'Orléans. c.
Mes Grouard et Baudry, avoc. plaid.   Arrêt du 2 déc. 1813.

---

99. Un agréé dont le ministère est usité près les tribunaux de commerce, n'est qu'un fondé de pouvoir, un mandataire. Il ne peut, dans le sens des dispositions du Code de procédure civile, être assimilé aux avoués institués près les cours et tribunaux; il n'est pas tenu des mêmes obligations, et il ne peut offrir les mêmes garanties aux parties qui l'emploient. (Sur l'article 414, pr.)

Liger-Poissac, Vignat, c. Hubert-   Appel d'Orléans. (trib. de
      Piédor.   com.) i.
Mes Baudry et Légier, avoc. plaid.   Arrêt du 16 déc. 1820.

---

100. Quand on a été représenté par un agréé devant un tribunal de commerce, on ne peut rejeter ou dénier ce qu'il a fait dans l'intérêt de son client, en alléguant que cet agréé n'a point été revêtu d'un mandat spécial. C'est à la partie à intenter une action en désaveu, si elle veut être admise à critiquer les actes faits par l'agréé. Cette jurisprudence n'a point été adoptée sans une grande controverse; l'article 421 du Code de procédure civile contient une disposition impérative, « les parties étant te-

TOME 1.   4

nues de comparaître en personne, ou par le ministère d'un fondé de procuration spéciale, mais cet article n'est point applicable par analogie aux agréés; et si ceux-ci n'ont point le caractère d'avoués, ils n'en sont pas moins des officiers ministériels accrédités près les tribunaux consulaires, quoique leur nom ne paraisse pas dans les articles des Codes de procédure et de commerce relatifs à la procédure des affaires de commerce.

Chaillou c. Reiss.   Appel d'Orléans. (trib. de comm.) c.
M.es Johanet et Grouard , avoc. plaid.   Arrêt du 3 déc. 1813.

---

101. QUAND un avoué est appelé en remplacement d'un juge pour concourir à un jugement, si ce jugement n'énonce point que l'avoué soit monté à l'audience à défaut des avocats attachés au barreau, et des avoués plus anciens que lui dans l'ordre du tableau, le jugement est frappé d'une nullité radicale et d'ordre public.

(Loi du 22 ventose an XII, art. 30, décret du 30 mars 1808, art. 49.)

Quarré c. Balland.   Appel de Loches. i.
M.es Légier et Gaudry, avoc. plaid.   Arrêt du 14 fév. 1803.

---

102. S'IL est vrai de dire qu'un agréé, exerçant près un tribunal de commerce, n'est qu'un mandataire, et non un officier ministériel, on ne doit point toutefois regarder un jugement consulaire rendu par défaut contre une partie représentée par un agréé, comme une sentence de défaut faute de comparaître dans le sens des articles 156 du Code de procédure, et 643 du Code de commerce: car le défaut dont nous parlons est prononcé contre une partie valablement représentée et qui ne veut point défendre; et dans ce cas, le jugement doit être attaqué par opposition dans la huitaine de sa signification. (Art. 157, c. pr.)

(M. LE BARON ARTHUIS DE CHARNISAI, PR.er PRÉS., PRÉSIDENT.)

(Renvoi de cassation.)

La masse des créanciers Fumagalli (de Milan)   Appel de Paris. i.
  c. Beddarides, Athenas et autres.
M.es Moreau, Baudry, Légier, Jallon,   Arrêt du 5 mars 1813.
  la Fontaine et Trouillebert (de
  Paris) avoc. plaid.

BAI.

ARTICLE SIXIÈME.

BAIL.

—

Sous le mot *bail*, nous comprendrons tout ce qui concerne le louage, soit *des choses*, soit *d'ouvrage* (art. 1708, c. c.). « *Si rem aliquam utendam, sive fruendam tibi aliquis dederit.* » (§. 2, *Inst. de loc. et cond.*) « *Quoties faciendum aliquid datur, locatio est.* » (L. 21, §. 1, ff. *locat.*)

Pothier a traité la matière du louage d'après les règles du for intérieur et du for extérieur. La doctrine de ce grand jurisconsulte a toujours été avant tout un tribut qu'il acquittait à sa conscience. Les ouvrages de Pothier sont devenus classiques; les éditions nombreuses qui en ont été faites depuis quelques années, les ont placés entre les mains des jeunes légistes qui fréquentent nos écoles. Les leçons de Pothier (car ses divers traités ne sont que la reproduction approfondie de ce qu'il enseignait), ne sont donc point perdues aujourd'hui pour la jeunesse studieuse.

Ce docte professeur faisait de la morale évangélique l'objet principal de ses leçons. Les ouvrages qu'il publiait ensuite étaient empreints des mêmes

principes et d'une doctrine aussi pure. Il ne sera
point déplacé de citer ce que dit Pothier au n°. 26 de
l'ouvrage sur la matière qui nous occupe; il s'agit du
louage des masques et des habits de bal : « Contrat
valable dans le for extérieur....., mais commerce
deshonnête et illicite dans le for de la conscience.....
On ne doit donc absoudre les marchands de ces
sortes de choses, qu'en leur faisant promettre de renoncer à ce commerce, et d'employer en aumônes
les gains qu'ils y ont faits. » Regardera-t-on cette
morale comme étant plus sévère aujourd'hui qu'elle
ne l'était il y a cinquante ans ? Si les temps ont
changé, les hommes sont-ils devenus meilleurs ? Il
appartenait à Pothier de s'exprimer en canoniste, il
était encore plus rigide pour lui-même que pour
ses disciples. Ses contemporains, ses confrères se
plaisaient à rendre hommage à ses vertus comme à
son érudition : qu'on me pardonne de rapporter ici
quelques lignes tracées par la main d'un magistrat
qui s'honorait d'avoir été le collègue de celui qu'il
nommait son maître. En tête du *Traité du droit de
propriété*, j'ai trouvé cette note écrite de la main
de M. Seurrat de la Boulaye *, conseiller au bail-
lage et présidial d'Orléans : « Aux connaissances
les plus profondes sur le droit civil et coutumier,
M. Pothier joignait celles de l'homme de lettres, savant canoniste, il était encore habile théologien,
mais ce qui relève infiniment ces grandes qualités,
il était parfait chrétien. Dieu l'avait rempli des dons
les plus rares. Son humilité était aussi grande que

---

* Aïeul maternel de l'auteur de cet ouvrage.

son savoir, sa douceur admirable, sa foi égalait celle des patriarches, son espérance celle des prophètes, sa charité celle des apôtres. Quelle confusion pour moi d'être ce que je suis, et d'avoir été son disciple ! »

Notre législation actuelle, peu différente de celle qui nous régissait avant le Code civil, est puisée toute entière aux sources des lois romaines, véritable raison écrite pour toute la matière des conventions. « *Locatio consensu contrahitur,..... locatio et conductio proxima est emptioni et venditioni; iisdem juris regulis consistit; nam ut emptio et vinditio ita contrahitur; si de pretio convenerit, sic locatio et conductio contrahi intelligitur, si de mercede convenerit.* » (.INST. l. 2, ff, cod. tit., *Loc. et cond.*)

Le Code civil a apporté deux changemens notables à l'ancienne jurisprudence, en abolissant les lois 3 et 9 au Code (lib. 14, tit. 65.); la première connue sous le nom de loi *œde*, d'après laquelle le bailleur pouvait faire résoudre le bail malgré le locataire, avant l'expiration du terme, quand il venait occuper lui-même sa maison. « *Si propriis œdibus dominus necessarium esse probaverit.* » La seconde, appelée loi *emptorem*, qui déclarait résolu le bail d'un immeuble par la seule volonté de l'acquéreur du fonds, quand le contrat de vente n'imposait point l'obligation expresse d'exécuter le bail. « *Emptorem quidem fundi necesse non est stare colono, cui prior dominus locavit, in eâ lege emit.* » Le motif de cette loi était fondé sur ce que l'acquéreur ne succédait qu'à titre singulier, et ne devait point, comme le successeur à titre universel, être tenu des engage-

mens personnels de son vendeur. Cette distinction
ne reposait que sur une vaine subtilité, car le vendeur, en chargeant l'acquéreur du bail, pouvait
empêcher l'effet de cette loi. « *Verum si probetur aliquo pacto consensisse ut in eâdem conductione maneat,
quamvis sine scripto bonæ fidei judicio ei quod placuit
parere cogetur.* » Il fallait cependant indemniser le
locataire en l'expulsant; alors à combien de difficultés l'application de cette loi ne donnait-elle pas
lieu? le droit du locataire n'était, disait-on, qu'un
droit de créance personnelle. Le bailleur propriétaire de la chose possédait par son locataire, et
l'acquéreur, au contraire, était saisi de la propriété
toute entière et sans restriction. Ces raisonnemens
n'étaient que spécieux et ont dû disparaître devant
le principe, qu'on ne peut transmettre à autrui
plus de droits qu'on en a soi-même. Le vendeur
qui a fait un bail, s'est dessaisi de sa chose; il en a
garanti la jouissance au preneur; ainsi, il ne peut
céder à un tiers cette même propriété que conformément à l'obligation qu'il a contractée avec le
preneur.

---

103. Une quittance donnée à l'avance à un locataire et pro-
duite par lui, le libère envers le nouvel acquéreur, sans préjudicier toutefois à l'action en garantie que l'acquéreur peut avoir
à exercer contre son vendeur; surtout si celui-ci a à s'imputer la
fausse énonciation par lui faite personnellement au contrat de
vente, relativement aux loyers payés à l'avance par son locataire.
(Sur les art. 1625, 1627, 1628, c. c.)

(M. PETIT-LAFOSSE, PREMIER PRÉSIDENT.)

Chenantais c. Berge.   Appel de Tours. ;.
M.ᵉˢ Baudry et Moreau, avoc. plaid.   Arrêt du 18 nov. 1812.

104. LE propriétaire d'héritage a le droit d'intenter l'action à fins de délaissement contre celui qui s'est emparé de la jouissance sans son consentement, parce qu'il ne peut connaître que celui qui jouit réellement et actuellement de sa propriété. Ce n'est que sur l'exhibition du titre qui autorise la jouissance du fermier, que celui-ci, sans droit pour défendre à une action qui touche au fonds, peut appeler en cause celui qui lui a consenti le bail : la validité d'un bail se trouvant subordonnée à la qualité reconnue de celui qui l'a passé comme propriétaire. (Sur l'article 1727, c. c.)

(PRÉSIDENCE DE M. HAUTEFEVILLE, CONSEILLER.)

Hébert c. Mauduit.   Appel de Montargis. c.

M.es Moreau et Johanet, avoc. plaid.   Arrêté du 14 janv. 1813.

105. LE propriétaire d'un bien rural qui fait un bail par anticipation, en fixant l'époque de l'entrée en jouissance à une date éloignée, et qui vend ensuite le domaine, sans faire mention dans l'acte de vente du bail qu'il a passé auparavant, fait un acte qui peut être annulé sur la demande de l'acquéreur, comme préjudiciant à ses droits. Voici les principaux motifs de cette décision : on ne peut opposer l'article 1743 du Code civil qui établit que l'acquéreur ne peut *expulser* le fermier qui a un bail dont la date est certaine. Car il résulte du mot *expulser*, expression bien différente de celles employées dans les articles 1741 et 1742, que le législateur n'a entendu comprendre dans l'article 1743, que les baux commencés à l'époque de la vente. On n'expulse d'un lieu que celui qui y est déjà. Cette jurisprudence se fortifie par les articles 1745, 1746, 1748 et 1749, qui, pour le règlement des indemnités dues aux fermiers ou locataires dans le cas de leur expulsion, ne prennent en considération que le temps restant à expirer de leur jouissance.

D.lle Boisseau c. Bayardeau.   Appel de Tours. c.

M.es Grouard et Moreau, avoc. plaid.   Arrêt du 25 mars 1813.

106. UN bail de 27 ans d'une terre en nature de vignes, n'empêche point le preneur de changer la nature de la culture pendant le cours du bail (par exemple, d'arracher entièrement la vigne et de planter le terrain en nature d'arbres d'agrément), pourvu

qu'il rende le domaine en culture de vignes à l'expiration de sa jouissance. C'est aux tribunaux à apprécier la nécessité des changemens apportés par le preneur à la nature de sa jouissance, et les présomptions qui résultent suivant les circonstances du mode de jouissance, suivant la destination donnée à la chose louée par le bail; de manière à ce que l'intérêt personnel du preneur puisse ne point blesser l'intérêt légitime que le bailleur a naturellement de se faire rendre une terre en bon état de produit. (Sur les articles 1728, 1729, c. c.)

Dubois c. la veuve Védy,   Appel d'Orléans. i.
M.es Moreau,   avoc. plaid.   Arrêt du 23 juin 1814.

107. L'HÉRITIER du bailleur a qualité pour donner congé au preneur, tant en son nom que comme se portant fort pour ses cohéritiers mineurs. L'exécution d'une obligation indivisible, pouvant être poursuivie en entier par chacun des cohéritiers du créancier.

Pothier, au n°. 326 du *Traité des obligations*, explique dissertement ce principe. Il démontre que, quoique chaque héritier du créancier, d'une obligation indivisible (tel est un bail), ne soit pas créancier du tout (*totaliter*); s'il a le droit de demander toute la chose, c'est que n'étant pas susceptible de division, elle ne peut être demandée pour partie. (Art. 1224, c. c.)

(PRÉSIDENCE DE M. PETIT-LAFOSSE.)
Héritiers Catandeau c. Granger.   Appel de Vendôme. c.
M.es Johannet et Baudry, avoc. plaid.   Arrêt du 15 déc. 1814.

108. QUAND l'autorité administrative oblige un propriétaire à louer sa chose pour raison d'utilité publique (dans l'espèce, une salle de spectacle), quoique les parties soient respectivement placées dans une situation forcée, quant à l'application des principes du contrat de louage, les dispositions du Code civil relatives à ce contrat, n'en sont pas moins applicables, puisqu'il a existé entre les contractans, par suite de mesure de police et de nécessité reconnue, les mêmes obligations qui auraient eu lieu, en vertu de conventions volontaires. L'article 1719 du Code civil obligeant le bailleur, sans distinguer s'il est volontaire ou forcé

à l'entretien de la chose louée ou occupée, et à la maintenir en état de service pour l'usage auquel elle est destinée, le bailleur ne peut être tenu à faire que les réparations nécessaires qui ne sont point locatives.

Les frais de l'expertise nécessaire à l'évaluation des réparations, sont toujours à la charge du locataire, quoiqu'il ne puisse remplir ses obligations, sans une appréciation préalable. (Combinaison des articles 1719, 1720, 1731, c. c.)

(PRÉSIDENCE DE M. LE BARON ARTHUIS DE CHARNISAI.)

Le Brun c. Ferréol.   Appel d'Orléons c. et i.

M.es Baudry et Légier, avoc. plaid.   Arrêt du 1.er mai 1816.

109. Un fermier ne peut demander au propriétaire de la ferme, l'exécution d'une clause exhorbitante du droit commun, stipulée lors d'un premier bail avec un précédent propriétaire, mais non textuellement reproduite dans les baux qui l'ont suivi; d'après le principe que la condition d'un contractant ne peut être changée sans son consentement par le fait et la volonté d'autrui; « *Non debet alteri per alterum iniqua conditio inferri*. » (l. 74, ff. *de regulis juris*.) La loi *œde* (Cod, *lib. xiv, tit. 65*.) enlevait au preneur toute action contre le nouvel acquéreur qui pouvait l'expulser, sauf son recours contre le bailleur. Pothier (n°. 329 et suiv., *Traité du contrat de louage*.) traite les questions les plus importantes qui pouvaient résulter de l'application de cette loi. La loi 9 au Code au même titre, connue sous le nom de la loi *emptorem*, abrogée par l'article 1734 du Code civil, est une innovation heureuse en faveur des fermiers; mais l'action personnelle du premier contre le bailleur subsiste toujours. Ainsi le silence du fermier ne peut lui être opposé comme un acquiescement à l'exercice de ses droits, antérieurement acquis contre son bailleur. (Art. 1165, c. c., applicable aux baux à ferme.)

(PRÉSIDENCE DE M. LE BARON ARTHUIS DE CHARNISAI.)

Métayer-Collineau, veuve Pallu, c. héritiers Appel de Chinon. i.
                     Sanglier.

M.es Johanet, Moreau, Baudry et Légier,   Arrêt du 19 août 1816.
        avoc. plaid,

110. Des paiemens de loyers faits par anticipation sont valables, et libèrent le locataire vis-à-vis l'acquéreur de l'immeuble, devenu adjudicataire à la barre d'un tribunal. La connaissance qui lui a été donnée du cahier des charges, l'oblige de se conformer aux clauses du bail, et à tout ce qui en a été la conséquence. L'article 1743 du Code civil, avons-nous déjà dit, a abrogé la loi *emptorem* (l. 9, au Code, lib. XIV, tit. 65.), mais on ajoutait : un débiteur peut frauder les créanciers hypothécaires, dès qu'il voit qu'il lui est possible de toucher par anticipation la majeure partie des loyers de ses maisons affectées hypothécairement. Cette facilité d'aliéner d'avance les revenus d'un domaine, est un moyen d'éloigner les adjudicataires d'un immeuble saisi. Cependant dès la dénonciation de la saisie, les fruits de l'héritage sont immobilisés pour être distribués aux créanciers (art. 689, c. pr.); les droits hypothécaires sont conservés aux créanciers dans quelques mains que passe l'immeuble. (Art. 2166, c. c.) Ces argumens sont d'une grande force, je l'avoue, mais dans l'espèce, ils n'ont pu entraîner la décision de la cause; car les créanciers n'avaient point critiqué les baux faits par leur débiteur, et l'adjudicataire s'est trouvé lié par les clauses du cahier des charges.

(PRÉSIDENCE DE M. LE BARON ARTHUIS DE CHARNISAI.)

Bellanger c. Chaloppin.　　　　　　Appel d'Orléans. c.
M.es Johanet et Baudry, avoc. plaid.　　　Arrêt du 13 déc. 1816.

---

111. Quand un fermier a, d'après son bail, le droit de couper *des broussailles*, on entend par ce mot, les mauvais bois qui croissent peu, les haies, les buissons, les ronces, les épines, les bruyères, les serpolets, les genêts, les joncs marins, etc., et non aucun des bois d'essence forestière pouvant former futaie ou taillis. Cette distinction est fondée sur la définition même des mots ronces et broussailles, suivant le Dictionnaire de l'académie: *Tiges rampantes, mauvais bois qui profitent peu.*

Comte de Grandeffe c. Lours.　　　　　Appel de Pithiviers. c.
M.es Moreau et Baudry, avoc. plaid.　　Arrêt du 27 nov. 1817.

112. CELUI qui loue une maison pour en faire une auberge, a le droit d'obtenir la résolution du bail, si le locataire sous-loue seulement une partie de l'hôtel pour une habitation particulière. C'est porter un préjudice réel à la nature de l'immeuble que de changer la destination que lui a donnée le propriétaire; et du moment que les voyageurs sont privés d'une partie des apparte-mens d'une auberge, ce fait seul déprécie la valeur de l'immeu-ble. Pothier va encore plus loin, il pense que si l'auberge était donnée à loyer, sans aucune mention dans le contrat qu'elle est destinée à rester auberge, on ne pourrait toutefois l'exploiter autrement qu'elle ne l'a été jusqu'au moment du bail. Cependant la profession du locataire, connue pour ne point être aubergiste, à l'époque du bail, doit faire suivre une autre règle, quand rien n'a été déterminé par les parties. Ainsi, dit cet auteur (*Traité du louage*, n°. 23,) : « Si j'ai loué ma maison à un serrurier, connu pour tel dans la ville, quoique ma maison n'ait toujours été occupée que comme maison bourgeoise, je suis censé la lui avoir louée pour tout ce qu'exige sa profession, et je ne pourrai pas l'empêcher d'y établir une forge. » (Sur l'article 1717, c. c.)

Dame Lesourd c. Egron.   Appel de Chinon, c.
M.es Moreau et Baudry, avoc. plaid.   Arrêt du 24 avril 1818.

113. UN acte dérogatoire à une clause de bail, en ce qu'il contient remise par le bailleur d'une partie de son fermage, ne peut être rangé dans la classe des actes synallagmatiques, et il n'est pas nécessaire pour sa validité qu'il soit fait double. Il n'y a dans un acte de cette nature ni condition, ni cession, ni obliga-tion quelconque respective par suite d'un arrangement entre un fermier et son propriétaire.

Ce mode d'éteindre une créance est purement gratuit, et ne contient aucune disposition bilatérale. (Art. 1325, 1326, c. c., non applicables.)

Farneau c. veuve Desbois.   Appel d'Orléans, c.
M.es Baudry et Légier, avoc. plaid.   Arrêt du 25 avril 1818.

114. QUAND un étang fait l'objet d'un bail, et que le preneur a reçu la faculté de le mettre à sec et d'en défricher le terrain;

si l'étang est mis en culture, le fermier n'est tenu, à l'expiration
de sa jouissance, qu'à laisser le terrain libre à la disposition du
bailleur, et cette nouvelle culture ne peut être assujétie à celle
ordinaire des terres qui se divisent en saisons. C'est une erreur
de croire que l'étang mis en culture doit être entièrement assimilé aux terres labourables, et qu'en *emblavant* l'étang en totalité, on commet une surcharge. Le preneur use seulement d'une
faculté accordée par son bail et dans les termes mêmes de ce
contrat. (Art. 1774, *c. c.*, non applicable.)

Brucy c. Léger.   Appel de Montargis, i.
Mes Moreau et Baudry, avoc. plaid.   Arrêt du 29 avril 1818.

---

115. Le créancier qui assigne un fermier en déclaration affirmative des sommes qu'il peut devoir comme fermier, ne peut
être censé avoir renoncé au droit qu'il a ultérieurement exercé
de provoquer l'annulation du bail pour cause de fraude ou de
simulation. Les baux, comme tous les actes faits en fraude des
créanciers, peuvent être attaqués par ceux-ci, quand ils leur
portent un préjudice réel. (1167, *c. c.*) Aux magistrats appartient l'examen et l'appréciation des présomptions de fraude et
de simulation. (1353, *c. c.*) Ces principes ne sont susceptibles
de controverse que dans leur application. La maxime de Dumoulin, *inter cognatos fraus facile præsumitur*, a encore aujourd'hui
toute sa force. Les clauses insolites (*clausulæ insolitæ*), lorsque
plusieurs sont de nature à éloigner les acquéreurs, ou au moins à
réduire l'acquisition au plus vil prix, sont encore un moyen de
prouver la fraude et la simulation. Cacher l'existence d'un bail,
lors d'une revente de l'immeuble, vient ajouter aux présomptions
et dénote la fraude.

(M. LE BARON ARTHUIS DE CHARNISAI, PRÉSIDENT.)

(M. DESCHAMPS, AVOCAT-GÉNÉRAL.)

Dupont c. Grandin fils.   Appel de Montargis. c.
Mes Moreau et Baudry, avoc. plaid.   Arrêt du 4 juin 1818.

---

116. L'ARTICLE 1766 du Code civil étant facultatif, il appartient
aux tribunaux d'apprécier le dommage qui a pu résulter pour le
propriétaire de l'inexécution des conditions d'un bail. Ainsi, un

fermier s'écarte, dans sa manière de cultiver, des usages locaux; il ne tient aucun compte des observations que lui fait le propriétaire à cet égard; mais si le bail est de vingt-sept ans, la longue durée de cette location permet de déroger aux règles rigoureuses du droit commun, et l'irrégularité de la culture ne constitue point de griefs suffisans pour prononcer la résolution du contrat.

Lours c. de Grandesse.   Appel de Pithiviers, c.
M.** Baudry et Moreau, avoc. plaid.   Arrêt du 6 nov. 1818.

———————

117. L'INDEMNITÉ à laquelle un fermier a droit pour les cas fortuits *extraordinaires*, tels sont les ravages de la guerre, doit se régler, quand il n'y a pas de stipulations contraires, d'après l'article 1769 du Code civil, relatif aux cas fortuits ordinaires; c'est-à-dire, que le preneur ne peut réclamer aucune indemnité, à moins que par suite de ces événemens qu'on n'a pu prévoir, la moitié au moins de sa récolte lui ait été enlevée. L'article 1769 n'est que la reproduction de la loi romaine, qui n'accordait de remise au fermier que lorsque le dommage avait été considérable : « *Modicum dammum æquo animo ferre debet colonus, cui immodicum lucrum non aufertur.* » (l, 25, §. 6, ff., *Loc.*) Les réquisitions de guerre faites pendant l'occupation militaire de 1815, doivent être regardées, disait-on dans l'espèce, comme une contribution en nature qui frappe sur l'immeuble. C'est dans la vue de la conservation de la propriété que les fermiers ont été tenus de subvenir à ces réquisitions, et quoiqu'elles aient été faites au nom du fermier, elles sont une charge de l'immeuble. Si ces argumens sont vrais, il l'est également de dire, que l'existence entière du fermier et de sa famille, a dépendu peut-être de son exactitude à payer ces charges extraordinaires, et qui ne pouvaient point être prévues lors de son bail. Pothier (*Traité du louage*, n°. 157, et suiv.), en laissant aux juges le soin de décider, si le dommage a été de nature à faire obtenir aux fermiers une indemnité, penche pour l'adoption de cette opinion de Bruneman (*ad. leg.* 15, ff. locat.), « Qu'il faut que la valeur de ce qui reste, soit au dessous de la valeur du prix de la ferme.» C'est dans cet esprit qu'a été rédigé l'art. 1769, *c. c.*

Donnet c. veuve Moreau.   Appel de Gien, i.
M.** Baudry et Légier, avoc. plaid.   Arrêt du 14 janvier 1819.

118. Le preneur qui *sous-loue*, quand cette faculté lui est interdite par son bail, commet une infraction aux clauses par lui souscrites, qui entraîne pour conséquence la résolution du bail. La condition résolutoire étant toujours sous-entendue dans les contrats synallagmatiques. Les tribunaux saisis de cette action en résolution, ne peuvent, dans ce cas, surseoir à prononcer sur le fond et ordonner une mesure interlocutoire. (Sur les art. 1184, 1717, 1766, *c. c.*, combinés.)

Charrier c. Lejeune.   Appel de Pithiviers, i.
M.es Baudry et Légier, avoc. plaid,   Arrêt du 19 mars 1819.

---

119. De ce que les créanciers hypothécaires ont le droit de saisir et arrêter les loyers et fermages des baux qui ont une date certaine (art. 691, *c. pr.*); ils n'en sont pas moins en droit (s'ils n'usent point du moyen de la saisie) de demander la résolution du bail, en présentant à l'appui de leur action des présomptions graves de dol et de fraude. (Sur les articles 1167, 1353, *c. c.*)

Landry c. le Graverend.   Appel de Montargis, c.
M.es Gaudry et Baudry, avoc. plaid,   Arrêt du 9 août 1820.

---

120. On peut sur la demande d'une des parties, par appel incident, subordonner la résolution d'un bail à une condition déterminée; telle que celle de faire à un immeuble des réparations dans un délai imparti par la Cour, et dans le cas où la condition ne serait pas remplie, la résolution s'opère *ipso facto*, et par l'effet de l'arrêt qui prononce cette résolution conditionnelle. (Art. 1184 et 1654, *c. c.*, applicables par analogie.)

Goujon père et fils c. Héron et Pallisseau.   Appel de Loches, i.
M.es Moreau et Pailliet, avoc. plaid,   Arrêt du 1.er août 1822.

---

121. L'adjudicataire d'un immeuble a le droit de demander au locataire ou au fermier la grosse du bail authentique en vertu duquel il jouit. En vain celui-ci oppose-t-il que, jusqu'à ce que l'adjudicataire ait acquitté le prix de son adjudication, il ne peut être tenu de se dessaisir de cette grosse; c'est au preneur à

en acquitter les frais, mais son refus ne peut donner lieu à la résiliation du bail;

Hureau c. D.lle Payard. Appel d'Orléans, c.
Mes Johanet et Vilneau, avoc. plaid. Arrêt du 27 déc. 1822.

---

122. De ce principe, *nemo cogi potest esse ad factum*, il n'en résulte point qu'on ne peut ordonner à un propriétaire de couper pour le compte de son fermier les arbres que celui-ci refuse d'exploiter à son profit, et qu'il est autorisé à abattre dans un délai déterminé. Cette opération peut être faite par voie d'exécution judiciaire, après que le fermier, mis en demeure, a laissé écouler l'époque fixée par le jugement.

Courtin c. Boulet. Appel de Romorantin,
Mes Moreau et Gaudry, avoc. plaid. Arrêt du 25 juillet 1823.

---

123. L'article 1766 du Code civil, en spécifiant les causes de résiliation d'un bail à ferme, par les expressions, « s'il n'exécute pas les clauses du bail, et qu'il en résulte un dommage pour le bailleur, » entend que la résolution ne peut être prononcée, que lorsque le dommage est réellement constaté. En vain, le fermier abandonnerait-il l'habitation, et transporterait-il ailleurs ses bestiaux et ses empaillemens, il faut encore que les experts chargés de vérifier si ces faits sont exacts, déterminent dans leur rapport le dommage qui peut en être résulté pour le propriétaire, quand surtout, comme dans l'espèce, le fermier n'occupait plus par lui-même, mais avait sous-loué la ferme.

Pinguet c. Logette. Appel de Montargis, i.
Mes Légier et Persin, avoc. plaid. Arrêt du 26 janvier 1825.

BIL.

ARTICLE SEPTIÈME.

BILLET A ORDRE.

C'est à l'ordonnance de 1673 que le commerce est redevable du précieux avantage qu'il retire des billets à ordre. L'article 30 du titre V, pour abolir l'usage des cessions et transports en matière de billets de change, en raison des inconvéniens qui en résultaient, statua dans les termes suivans : « Ces billets, quoique payables à un particulier y nommé ne seront pas réputés appartenir à un autre, encore qu'il y ait eu un transport signifié, s'ils ne sont payables au porteur ou *à son ordre*, ces mots tenant lieu de transport et cession. » Depuis cette célèbre ordonnance, l'usage des billets à ordre s'est étendu à toutes les branches de commerce.

Le Code de commerce a amélioré les dispositions de l'ordonnance de 1673, en assujétissant au protèt le billet à ordre, comme la lettre de change, (Article 187, c. com.), le porteur d'un billet à ordre, faute de paiement à son échéance, n'était tenu que de faire une sommation au débiteur; ce qui s'appelait *faire ses diligences*. (Ordonn. de 1673, tit. V, art. 32.) Pour avoir une connaissance exacte des changemens survenus sur la matière, nous indi-

querons la lecture du rapport fait au corps législatif, le 14 septembre 1807, par M. le baron Del-
pierre, aujourd'hui président à la cour des comptes.
Ce magistrat fait ressortir avec une précision remarquable tous les avantages de la nouvelle législation
consulaire, relative au billet à ordre. (Ce discours
est rapporté au Répertoire, *verbo*, billet à ordre,
§. 1er.)

---

124. QUAND un billet à ordre est souscrit par un mari et par
sa femme, et que le tribunal de commerce a condamné solidairement les époux à en acquitter le montant, et a ordonné l'exécution provisoire; on ne peut accorder un sursis à la femme jusqu'à la liquidation des droits qu'elle peut avoir à exercer contre
son mari. (Sur les art. 157 et 187, *c. com.*)

Gaudry c. Mignon, f°. Marcel, (défaillante) Appel d'Orléans,
(trib. de comm.) i.

M.° Baudry, avoc. plaid.   Arrêt du 4 déc. 1811.

---

125. DES billets à ordre restés sans poursuite pendant cinq
ans, ne sont pas prescrits, quand dans l'intervalle, et depuis
leur échéance, ils ont été inscrits au bilan de la faillite du débiteur; cette reconnaissance de la dette a interrompu la prescription. (Art. 189, *c. com.*) La prescription de cinq années établie
par cet article, est le complément de la lacune de la législation
ancienne sur ce point. L'article 21 du titre v de l'ordonnance de
1673, en fixant à cinq ans la prescription en fait de lettres et
billets de change, avait gardé le silence *sur les billets à ordre ;*
il fallait en conséquence suivre la prescription trentenaire, ce
qui entravait la rapidité de la marche des affaires commerciales.

On doit néanmoins faire observer que l'article 189 précité, ne
comprend point les billets à ordre souscrits par des individus
non commerçans, pour des causes étrangères aux opérations de
commerce, de change, de banque ou de courtage.

Petit fils c. Pigeon.   Appel de Loches,
(Jugeant consulairement.) c.

M.es Baudry et Moreau, avoc. plaid.   Arrêt du 22 mai 1817.

126. Lorsqu'un billet à ordre n'exprime point dans son contexte, la valeur fournie, mais que des circonstances particulières qui viennent se rattacher à son ensemble, font présumer quelle est cette valeur fournie, ce billet est valable. (Sur l'article 188, *c. com.*)

Daudé c. Mainfrais.   Appel de Montargis. c.
Mes Johanet et Moreau fils, avoc. plaid.   Arrêt du 27 juin 1817.

---

127. Le créancier d'un billet à ordre qui lui a été transmis par la voie de l'endossement, peut exiger du souscripteur la caution qu'il paiera à l'échéance, si celui à l'ordre duquel le billet a été souscrit est tombé en état de faillite. C'est une erreur de prétendre que la caution ne peut être exigée par le dernier endosseur, que de l'endosseur qui le précède et non du souscripteur; car alors le billet étant exigible par la faillite de celui au profit duquel le billet a été fait; l'un des endosseurs serait tenu d'en payer le montant, et d'attendre l'échéance pour recourir au souscripteur, ce qui serait injuste. (Sur l'art. 488, *c. com.*)

Heurtaux c. Touchard.   Appel de Tours. i.
Mes Moreau et Baudry, avoc. plaid.   Arrêt du 25 juillet 1818.

---

128. Un billet à ordre payable à un ou plusieurs mois de date, est payable à la date qui, dans le mois fixé pour l'échéance, correspond à celle du jour où le billet a été souscrit. Le mois devant se calculer de quantième à quantième, à l'exception de l'usance, qui n'admet qu'un intervalle de trente jours entre sa date et son échéance. Ce serait une erreur d'établir une exception pour le dernier jour du mois, quand il se termine au vingt-huitième, comme celui de février. Un billet à ordre souscrit le 28 février, à six mois, est payable le 28 août, et non le 31, fin d'août; en conséquence le protêt faute de paiement fait le 29 août est régulier. (Sur les art. 129, 132, 187, *c. com.*)

(PRÉSIDENCE DE M. LE BARON ARTHUIS DE CHARNISAI.)

(Renvoi de cassation.)

Jauge et Robin c. Nabon, le trésor royal.   Appel de Paris,
     (trib. de comm.) i.
Mes Moreau, Baudry, Légier, avoc. plaid.   Arrêt du 3 mars 1819.

129. L'ENDOSSEUR d'un billet à ordre est un codébiteur solidaire, et non une simple caution; et lorsqu'il paie le tiers porteur, il a une action directe et personnelle contre le tireur et chacun des endosseurs à son choix, sans qu'il ait besoin d'être subrogé aux droits des créanciers. (Art. 159, 187, c, com., 1251, c. c.)

(M. COLAS DE LA NOUE, PRÉSIDANT L'AUDIENCE.)

Cotte c. Robin.　　　　　　　　　Appel de Blois. c.
M.es Moreau et Baudry, avoc. plaid.　　Arrêt du 18 juin 1823.

———————

130. D'APRÈS le principe que l'*aval* est une garantie fournie par un tiers sur la lettre de change même, ou par acte séparé (art. 142 , c. com.) Il faut pour qu'il y ait aval, un débiteur qui souscrive la lettre de change ou le billet à ordre au profit de son créancier, et un tiers qui garantisse l'obligation. Ainsi, si un billet à ordre est souscrit pour une *veuve et fils aîné*, à l'ordre de son fils aîné, qui le transmet à un tiers par la voie de l'endossement, cette transmission ne peut être regardée comme un aval, ni en avoir les effets; ainsi l'endosseur ne peut être passible de la contrainte par corps.

(PRÉSIDENCE DE M. DELAPLACE.)

Fouché (ex-avoué) c. Hubert.　Appel d'Orléans. (trib. de com.) t.
M.es Légier et Baudry, avoc. plaid,　　Arrêt du 6 déc. 1824.

●●|●|●|●|●|●|●|●|●|●|●|●|●|●|●|●|●|●|●|●|●|●|●|●|●|●|●|●|●|●|●|●|●|●|●|●|●|●|●|●|●|●|●|●●

CES.

ARTICLE HUITIÈME.

CESSION.

—

PARAGRAPHE PREMIER.

BÉNÉFICE DE CESSION OU ABANDON DE BIENS.

—

Les lois romaines nous ont apporté le contrat appelé cession de biens. Par la loi Julia, ce bénéfice était accordé aux citoyens Romains, afin, dit Pothier, qu'ils pussent éviter l'ignominie de la prescription de leurs biens. Cette faculté prit dans la suite une grande extension. « *Bonis cedi non tantùm in jure, sed etiam extrà jus potest, et sufficit et per mutuum vel per epistolam id declarare.* » (liv. 9, ff., de Cessionib. bon.)

Pothier, dans ses Pandectes (n°. 8, *Hoc titulo.*), expose ainsi le dernier état de la législation romaine : « *Novellâ* 135, *Justinianus constituit, ut debitor qui fatali aliquo casu ad egestatem reductus esset, necesse non haberet bonis cedere; quia hæc cessio aliquid habet ignominiæ, sed sufficeret, si jurare se solvendo non esse; et hoc casu tribuit tantùm facultatem creditoribus bona ejus, si quâ fuerint, occupandi et hujus debitoris debitores conveniendi.* »

On conçoit que l'introduction de ce droit dans notre législation a dû être suivie de grands abus. C'est pour y remédier, que Louis XII, dans son ordonnance du mois de juin 1510 (rapporté au RECUEIL DE JOUSSE, tom. I, p. 3.), dit, article 70 : « Nul ne sera reçu dorénavant à faire la cession de biens par procureur, ains se fera en personne en jugement à l'audience, desceints et la tête nue. » La loi du 24 août 1790 a aboli l'usage des lettres de chancellerie; aujourd'hui la demande se porte directement au juge du domicile du débiteur. (Art. 899, *c. pr.*)

---

131. UN acte d'abandon de biens sans aucune stipulation d'argent, à la charge par le cessionnaire de nourrir le cédant pendant toute sa vie, et de partager avec lui par moitié les fruits du bien abandonné, n'est point un contrat de rente viagère qui donne au cédant seulement le droit de poursuivre par voie de saisie, le paiement des arrérages, mais une convention qui impose à chacun des contractans des obligations réciproques, et qui contient implicitement la condition résolutoire pour le cas où l'une des parties ne satisfait point à son engagement. (Article 1184, *c. c.*)

Poitevin c. Champigny.   Appel de Chinon. c.
Mes Pailliet et Moreau, avoc. plaid.   Arrêt du 20 août 1817.

---

132. LA loi, en accordant le bénéfice de *cession judiciaire* au débiteur *malheureux et de bonne foi,* n'exclut que ceux qui sont compris dans les dispositions exceptionnelles de l'article 575 du Code de commerce : tel est le banqueroutier frauduleux, etc. En conséquence, le banqueroutier simple condamné correctionnellement, n'est point exclu de la cession de biens judiciaire, appelée par les jurisconsultes bénéfice misérable, *beneficium miserabile.*

L'imprudence conduit un failli à la banqueroute simple, mais jamais la fraude et la mauvaise foi. (Sur les art. 1268, 1270, c. c., 575, c. com.)

Petit c. Pigeon.   Appel de Loches, c.
Mes Légier et Moreau, avoc. plaid.   Arrêt du 21 août 1818.

Nota. Déjà la Cour avait eu à s'occuper de la question de savoir s'il fallait être déclaré banqueroutier frauduleux pour être exclu du bénéfice de cession. Dans une cause entre un sieur Chaussard contre un sieur Marteau, où intervint seulement un arrêt interlocutoire le 26 juin 1818, M. l'avocat général Deschamps pensa, que l'émission d'un bilan frauduleux était une cause d'indignité qui pouvait avec avantage être opposée au demandeur, et quoique les tribunaux criminels fussent seuls juges des banqueroutes frauduleuses, l'article 1268 du Code civil, privant du bénéfice de cession les débiteurs de mauvaise foi, les tribunaux civils, sans attendre un arrêt de cour d'assises, avaient le droit d'apprécier si l'individu failli qui est sous le poids d'un bilan, est ou non de bonne foi.

----

133. LE commerçant qui n'est ni stellionataire, ni banqueroutier frauduleux, ni placé dans aucune des exceptions de l'article 575 du Code de commerce, doit être admis au bénéfice de cession de biens, s'il le demande. La maxime *fraus non præsumitur* est applicable. Le débiteur n'a rien à prouver; il est présumé être malheureux et de bonne foi, du moment qu'il expose que telle est sa position. (Sur l'art. 1268, c. c.)

Femme Métais c. Chambon.   Appel de Pithiviers. c.
Mes Baudry et Johanet fils, avoc. plaid.   Arrêt du 24 août 1824.

PARAGRAPHE SECOND.

CESSION DE DROITS (LITIGIEUX).

Nous ne ferons ici mention d'aucune autre espèce
de cession de droits, que de ceux appelés litigieux,
c'est-à-dire, qu'on ne peut exercer, sans avoir
couru la chance d'un procès. L'article 1699 du Code
civil sur lequel repose la jurisprudence relative au
mode de cession des droits litigieux, n'est lui-même
que la reproduction de la loi romaine *per diversam*,
ab Anastasio (au Code, tit. *Mand.*). « Celui qui a pris
cession de droits litigieux (dit Bretonnier, QUEST. DE
DROIT, tom. 1, p. 237.), ne peut demander au débiteur que la somme qu'il a effectivement payée,
avec les intérêts de l'argent qu'il a déboursé. »

---

134. On peut, d'après les circonstances et les différens actes
de la cause, rechercher si une créance présente un droit litigieux; l'article 1700 du Code civil, relatif au caractère du litige,
ne renfermant point une disposition limitative. Ainsi, si la quotité d'une créance et sa garantie reposent sur une sentence par
défaut rendue sous l'empire de l'ordonnance de 1667, susceptible
d'être attaquée par voie d'appel pendant dix et vingt ans (article 17, tit. 27.), à défaut de signification à personne ou domicile
dans les formes voulues par l'article 3, titre 2 de cette ordonnance; si l'appel de la sentence peut être annulé pour défaut de
désignation suffisante du domicile, la créance cédée conserve le
caractère litigieux. (Application combinée des art. 1699 et 1700,
c. c.)

(PRÉSIDENCE DE M. LE BARON ARTHUIS DE CHARNISAI.)

Besserve c. Langlumé.   Appel de Pithiviers, 1.
M.es Moreau et Baudry, avoc. plaid,   Arrêt du 12 mars 1818.

Nota. La cour de cassation, par arrêt du 5 juillet 1819, a cassé l'arrêt sus-énoncé, attendu que l'objet direct de l'art. 1700 du Code civil a été de ne laisser aucune incertitude sur ce que la loi entend par droits litigieux, et de faire cesser la diversité d'interprétations que présentait notre ancienne jurisprudence sur les circonstances qui constituaient spécialement un droit litigieux, « *lite pendente, actiones quæ in judicium deductæ sunt, minime transferre liceat.* » (l. 2, Cod. *de litigiosis.*)

L'article 1700 du Code civil étant caractéristique et limitatif du litige.

----

135. La condition résolutoire toujours sous-entendue dans les contrats synallagmatiques pour le cas où l'une des parties ne satisfait point à son engagement, embrasse tous les actes bilatéraux, quand aucune disposition particulière à l'espèce ne vient faire exception à ce principe applicable à une vente d'immeubles, comme à un transport de droits ou de créances. (Article 1184, c. c.)

Veuve Vigoureux c. Monnot.   Appel d'Orléans. c.
M.es Baudry et Légier, avoc. plaid.   Arrêt du 19 août 1818.

ARTICLE NEUVIÈME.

CHOSE JUGÉE.

—

DE toutes les fins de non-recevoir, la plus insurmontable est, sans contredit, celle qui résulte
de la chose jugée. L'article 1351 du Code civil a pris
soin d'en donner une définition précise. L'article 5,
titre 27, de l'ordonnance de 1667 avait statué :
« Que les sentences et jugemens qui doivent passer
en force de chose jugée, sont ceux rendus en dernier ressort, et dont il n'y a appel, ou dont l'appel
n'est pas recevable, soit que les parties y aient formellement acquiescé, ou qu'elles n'en aient interjeté appel dans le temps, ou que l'appel ait été déclaré péri. » Jousse explique disertement, dans
son Commentaire, ces différens caractères imprimés
par la loi à la chose jugée. Nous devons le dire, toutefois, il n'y a point de matière plus susceptible de
controverse que l'exception de la chose jugée; il est
vrai que l'application du principe dépend toujours
des circonstances particulières de la cause; aussi
nous nous étendrons peu sur les différens arrêts
intervenus sur l'autorité de la chose jugée, mise au
nombre des présomptions établies par la loi pour
obtenir la preuve des obligations.

136. UNE sommation aux fins de délaisser un héritage, faite à celui qui le possède indûment, n'est point seulement un acte conservatoire, mais un acte principal introductif d'instance; et quand cette sommation a été le principe de deux jugemens par défaut qui n'ont point été attaqués dans les délais de la loi, elle leur imprime le caractère attribué à l'autorité de la chose jugée. (Sur l'art. 1351, c. c.)

Darblay c. Gibier et Boissier. Appel d'Orléans. c.
M.es Savin et Pailliet, avoc. plaid. Arrêt du 20 déc. 1815.

137. UN créancier peut exercer les droits de son débiteur: c'est un principe consacré par l'article 1166 du Code civil. Cependant s'il vient sous le nom de son débiteur reproduire une instance déjà jugée, et fondée sur la même cause, on doit le repousser par l'exception de la chose jugée. En vain le demandeur dit-il qu'il a un compte à exiger de son débiteur et que son action ne tend point au même résultat, que la première action portée devant le tribunal. Ces argumens s'évanouissent devant les dispositions formelles de l'article 1351 du Code civil.

D.lle Dubuisson c. Argy. Appel de Blois. c.
M.es Baudry et Johanet, avoc. plaid. Arrêt du 25 mars 1819.

138. QUAND un jugement reconnaissant l'insuffisance d'un compte de tutelle, en ordonne un second, et que le tuteur, tout en faisant des protestations et réserves contre le dernier compte ordonné, produit des pièces et des soutenemens à l'appui du nouveau compte présenté par lui, cet acte élève contre le tuteur une fin de non-recevoir qui a les caractères d'un acquiescement au jugement qui a ordonné le nouveau compte à produire, et qui se trouve ainsi à son égard avoir l'autorité de la chose jugée. En vain pour repousser cette fin de non-recevoir, le tuteur vient-il dire que dès sa comparution en bureau de paix, il a invoqué l'existence d'un premier compte, d'une sentence arbitrale qui en aurait fixé le reliquat, et du paiement effectué de ce reliquat; et, enfin que par ses défenses et ses conclusions prises en première instance, il a soutenu le même système. La décision du tribunal frappant sur un moyen préremptoire, c'est-à-dire,

sur la nécessité de rendre un nouveau compte, le tuteur devait en appeler, s'il pensait qu'elle lui portât préjudice. Son silence à cet égard a rendu cette disposition judiciaire inattaquable, et lui a imprimé tous les caractères de la chose jugée.

(PRÉSIDENCE DE M. LE BARON ARTHUIS DE CHARNISAI.)

(Renvoi de cassation.)

Delimelle c. Belleuvre et Muller.   Appel d'Angers. c.
M.es Moreau, Légier et Johanot, av. pl.   Arrêt du 5 mai 1819.

139. QUAND un arrêt a été cassé sur l'admission d'un des chefs du pourvoi en cassation, qui toutefois en a rejeté plusieurs autres, on ne peut, devant la Cour à laquelle l'affaire est renvoyée, débattre de nouveau les questions relatives aux autres chefs du pourvoi, qui ont été rejetés. Ils ont à cet égard acquis l'autorité de la chose jugée. (Art. 1351, c. c.)

(PRÉSIDENCE DE M. ARTHUIS DE CHARNISAI.)

(M. DESCHAMPS AVOC. GÉNÉRAL.)

(Renvoi de cassation,)

La Commune de Traucault c. Guérin.   Appel de Nogent-sur-Seine.
M.es Moreau et Légier, avoc. plaid.   Arrêt du 9 mai 1821.

COM.

COM.

ARTICE DIXIÈME.

COMMANDEMENT.

——

LE titre 33 de l'ordonnance de 1667 prescrit les formalités requises dans les saisies-exécutions, et néanmoins garde le silence le plus complet sur celles à observer dans les commandemens, qui sont les premiers actes de la poursuite. Jousse fait observer que, d'après l'article 74 de l'ordonnance de 1539, outre les formalités intrinsèques de la saisie-exécution, elle doit être précédée d'un commandement, à peine de nullité. Le jurisconsulte commentateur cite sur ce point Papon, au liv. XVIII, tit. V, n°. 25 de ses arrêts. Cependant la jurisprudence n'était point uniforme, ni même parfaitement fixée sur le délai qui devait se trouver entre le commandement et la saisie. Le Code de procédure civile a réglé invariablement les formalités du commandement. Cet acte extra-judiciaire, qui souvent est un signal d'effroi pour les débiteurs, est aussi un avertissement salutaire qui les met à l'abri de toute surprise.

———————

140. UN commandement est un acte d'exécution. Ainsi le pro-

tocole, *Louis par la grâce de Dieu*, etc., est nécessaire pour que le commandement soit exécutoire, autrement il est sans effet contre celui à qui il s'adresse. (Ordonnance du Roi du 30 août 1815.)

Blondel c. Razey.   Appel de Pithiviers, i.
M.es Sevin et Moreau, avoc. plaid.   Arrêt du 11 janvier 1816.

---

141. Le commandement fait par le créancier pour les sommes qui lui sont dues et les intérêts échus, avec réserves pour les intérêts qui continuent à courir, est régulier. On ne peut exiger du créancier qu'il fasse un nouveau commandement pour ses réserves. Pour conserver les intérêts courans et dont la quotité ne peut être encore connue, il n'y a que des réserves à faire.

Chevard c. Aubron.   Appel de Pithiviers, c.
M.es Moreau et Légier, avoc. plaid.   Arrêt du 29 août 1816.

---

142. Un commandement fait à un clerc d'avoué au domicile de ses père et mère, et non en la demeure de l'avoué chez lequel le clerc réside, est valable. La qualité de clerc d'avoué ne change point le domicile légal de celui qui exerce cette profession, mais établit seulement une résidence temporaire : ainsi toutes poursuites en saisies-immobilières dirigées contre lui, sont régulières au lieu où a été fait le commandement. (Art. 106, c. c., combiné avec l'art. 673, pr.)

Béchard c. Quirot.   Appel de Gien, c.
M.es Baudry et Légier, avoc. plaid.   Arrêt du 18 août 1821.

---

143. Celui qui, au moyen d'une cession faite par une femme autorisée de son mari est devenu propriétaire d'une créance, ne peut en faire valablement la rétrocession, s'il ne produit pas la procuration en vertu de laquelle le transport a été fait, il en résulte pour conséquence, que le nouveau cessionnaire ne peut faire un commandement au débiteur, s'il ne justifie point qu'il est porteur de la procuration qui a transmis la créance dans les mains de son auteur.

Riffault père c. Argy-Guillot.   Appel de Blois, c.
M.es Baudry et Légier, avoc. plaid.   Arrêt du 30 nov. 1821.

ARTICLE ONZIÈME.

COMMISSIONNAIRE.

Il ne sera question dans cet article que de la jurisprudence relative à l'application du titre VI du livre 1er, du Code de commerce. Ce titre, en renvoyant au Code civil, liv. III, tit. XIII, pour connaître les devoirs et les droits du commissionnaire qui agit au nom d'un commettant, a développé les règles particulières du mandat en matière de commerce. L'ordonnance de 1673 n'avait dit qu'un mot des commissionnaires, titre XII, article V. Jousse pense qu'on doit regarder les banquiers qui font les affaires des commerçans, moyennant certain profit ou certaine commission, comme de véritables commissionnaires. Le Code de commerce a encore sur ce point fait cesser toute l'incertitude de notre ancienne jurisprudence.

144. QUAND un commissionnaire doit tenir compte à un voiturier par eau d'une vente d'une certaine quantité de sels, sous la seule déduction du droit de douane, on doit entendre par ces mots, les *droits de tout le chargement* dont le commissionnaire est responsable envers l'administration des douanes. Cette règle ne tient aucun compte aux voituriers de rivière des avaries qu'ils font constater, à l'effet d'obtenir une réduction sur les droits à payer.

Cette disposition peut, au premier aperçu, paraître injuste ; mais quand on saura que pour se soustraire au paiement des

droits, un marinier, après avoir vendu une partie de son chargement en route et en fraude de la douane, coulerait à fonds
l'autre partie restante dans ses bateaux, et ferait constater l'ava-
rie par des témoins, qui viendraient affirmer qu'ils ont vu les
sels périr, et que la conséquence de ces dépositions serait d'obtenir une exemption de droits, on conçoit qu'un commissionnaire pourrait ainsi opérer, à son gré, la ruine de son commettant, et porter un préjudice notable aux intérêts du fisc. Sans
doute, la fraude ne se présume point, mais il faut laisser celui
à qui elle peut profiter, libre d'invoquer à son gré un événement
de force majeure, sans qu'il y ait moyen de lui prouver, qu'il a
frauduleusement donné naissance à cet événement, la décision
que nous venons de faire connaître conforme au réglement de
l'administration des douanes, toute sévère qu'elle puisse paraître, n'en est pas moins conforme à la justice.

Jause c. Luzet,   Appel d'Orléans. (Trib. de comm.) c.
Mes Légier et Moreau, avoc. plaid.   Arrêt du 29 janv. 1818.

---

145. En matière de commerce, le commissionnaire ne peut
être contraint d'indiquer à celui qui traite avec lui le nom de son
commettant. La profession de commissionnaire reposant sur la
confiance qu'il inspire, s'il agit pour le compte d'autrui, il traite en
son nom, et son intérêt particulier s'oppose à ce qu'il fasse connaître ceux dont il est le mandataire, et qu'on peut en quelque
sorte regarder comme ses cliens.

Fontaine c. Ribard,   Appel d'Orléans. (Trib. de com.)
Mes Johanet et Moreau, avoc. plaid.   Arrêt du 10 nov. 1819.

---

146. Le commissionnaire qui reçoit des marchandises avec
charge de les faire tenir à un tiers à qui elles sont adressées, ne
peut être regardé comme le mandataire de l'expéditeur. En vain,
dit-on, la lettre de voiture forme un contrat entre l'expéditeur,
le commissionnaire et le voiturier. Le commissionnaire dont
parle l'article 101 du Code de commerce, n'est rien à celui chez
qui la marchandise arrive, mais il est celui par l'entremise
duquel on a traité.

P. P. Billard c. Perusson.   Appel de Tours. (Trib. de com.) c.
Mes Légier et Rigollot, avoc. plaid.   Arrêt du 30 avril 1824.

ARTICLE DOUZIÈME.

COMMUNAUTÉ CONJUGALE.

LA communauté conjugale n'est point une société ordinaire ; chaque associé n'ayant pas un droit égal relatif à l'administration des biens qui la composent. Le mari, comme chef, peut seul en disposer à son gré. Cette communauté est donc plutôt *in habitu quàm in actu.* De là la maxime de Dumoulin, qu'on cite tous les jours au palais : *Uxor non est propriè socia, sed speratur fore.*

Dans le ressort de la cour royale d'Orléans, le régime de presque tous les contrats de mariage est celui de la communauté ; il est ordinaire à *tous les pays coutumiers*, ceux où le droit romain se pratiquait et qu'on désignait sous le nom de pays de droit écrit, ne connaissent le contrat de mariage que *sous le régime dotal;* telle est la puissance de l'usage et la force de l'habitude.

Il est à remarquer que plus l'on se rapproche des latitudes méridionales et de l'orient, moins on voit la femme jouir des avantages de sa liberté. Dans les climats tempérés, les femmes ont toujours eu plus d'énergie; la loi salique n'existe point dans les monarchies du nord.

Le droit de communauté a été accordé à l'épouse en considération de son travail, et du soin qu'elle

apporté par son activité et son industrie à améliorer
les affaires de son mari, qui sont aussi les siennes.
Cette définition du mariage : « *Viri et mulieris con-
junctio, individuam vitæ consuetudinem continens.* »
(INST., §. 1, *de patriâ potest.*), élève l'épouse et lui
fait partager avec celui à qui elle a uni son sort,
tous les événemens d'une vie commune; et cependant les Romains, de qui nous empruntons cette
définition, n'admettaient jamais la femme au bénéfice de la société conjugale.

Il faut aller rechercher l'origine de ce droit de
communauté chez les peuples barbares. Le titre 29
de la loi des Ripuaires, et le titre 8 de la loi des
Saxons, accordaient à la femme une partie des acquêts faits pendant le mariage. Le savant M. Merlin,
au *Répertoire* (*verbo* communauté) fait remarquer
« que les coutumes de Bourgogne, rédigées en 1459,
sont les premières où il soit parlé de la communauté de biens, dont *elles donnent moitié à la femme...*
Cet usage, ajoute M. Merlin, adopté dans les coutumes qui ont été rédigées par la suite, pourrait
bien avoir été introduit en France par les Anglais,
qui, comme l'on sait, sont Saxons d'origine, et qui
s'étaient emparés sous Charles VI, d'une partie du
royaume.

Pothier a développé tous les principes et toutes les
règles de la jurisprudence suivis dans les pays coutumiers, et notamment dans le ressort des coutumes de Paris et d'Orléans. Son ouvrage *ex professo*,
à la fois élémentaire et profond, a servi de boussole,
nous ne craignons point de le dire, aux rédacteurs
du Code civil. Notre immortel Pothier, en cette

matière comme en celle des obligations, de la vente
et du contrat de mariage, s'est placé au premier
rang de nos législateurs. Ce docte jurisconsulte, pénétré des obligations et des devoirs qui naissent de
l'état de mariage, a approfondi toutes les questions
qui en découlent, d'après les règles de la conscience
et celles du for extérieur. Son traité de la communauté suit immédiatement celui de la puissance du
mari sur la personne de la femme; nous ne pouvons
nous empêcher d'en faire remarquer cette conséquence : si l'épouse a des droits à faire valoir comme
associée et commune en biens, elle a, avant tout,
des devoirs à remplir. Ces principes sont consacrés aux articles 213 et 214 du Code civil.

---

147. L'HÉRITIER qui a renoncé à la communauté qui a existé
entre sa mère et son beau-père, ne peut être admis à révoquer
cette renonciation, en alléguant qu'il n'a point connu tous les
propres de sa mère vendus au cours de la communauté, lorsqu'il
a reçu et accepté l'abandon à lui fait d'un immeuble acheté par
son beau-père, comme remploi des propres aliénés. (Art. 1492 et
1493, c. c.)

Nota. Pothier (au N°. 550, *Traité de la communauté*) fait observer que la coutume de Paris avait omis de s'expliquer, article 237, sur le droit des héritiers de la femme, de renoncer à la
communauté; que celle d'Orléans répara cette omission, et que
la jurisprudence a établi ce droit commun à toutes les coutumes
qui ne s'en sont point expliquées.

Minier c. mariés Pichard.   Appel de Chinon. i.
M.es Johanet et Moreau, avoc. plaid.   Arrêt du 19 février 1813.

148. UNE action en récompense de *mi-deniers* *, pour des améliorations faites à un immeuble propre d'un des conjoints, se réduisant à une somme de deniers, est nécessairement mobilière, et l'époux créancier n'a pas le droit de réclamer aucune portion, soit dans l'immeuble propre de son conjoint, augmenté par les améliorations, soit dans l'objet même de ces améliorations.

La nature d'une action se détermine par le résultat qu'elle doit avoir. Ainsi, celle dont l'objet est le recouvrement d'une somme mobilière, n'est en droit qu'une action purement mobilière. (Sur l'art. 1437, c. c.)

Pallu, dans son *Commentaire sur la coutume de Touraine*, article 247, pense, au contraire, que des améliorations faites à un immeuble, donne lieu à une action immobilière. Il rapporte un arrêt relatif à des impenses considérables faites au château de Richelieu par la duchesse de Richelieu, au cours de sa communauté conjugale, et qui a consacré cette jurisprudence. Vaslin est d'une opinion différente. L'action en remploi, dit-il, est une action mobilière qui doit se confondre dans la communauté.

(M. LE BARON PETIT-LAFOSSE, PREMIER PRÉSIDENT.)

Héritiers Patrin c. Poirier.   Appel de Chinon. 1.
M.** Johannet et Baudry, avoc. plaid.   Arrêt du 13 janvier 1814.

---

149. DANS la Bretagne, et au cours de l'ancien droit coutumier, la femme qui acceptait la communauté n'était pas tenue des dettes d'icelles au-delà de son émolument. C'est dans ce sens qu'on doit entendre l'article 435 de la Coutume de Bretagne, dont voici le texte : « Si la femme prend aux meubles de la communauté, elle contribuera aux dettes à la raison qu'elle est fondée à prendre ès-dits meubles. » De même que la femme communière peut être directement convenue par les créanciers, elle peut pareillement agir contre les débiteurs. Le résultat de ces actions respectives ne peut donc avoir plus d'étendue que n'en comporte la contribution à laquelle la femme est soumise; et si

* Ce mot désigne l'action à exercer par un des conjoints ou par ses héritiers, en répétition de la moitié d'une somme commune qui a servi intégralement à l'amélioration d'un immeuble propre à l'un d'eux.

la femme pouvait être tenue des dettes de la communauté dans une proportion différente de celle que la coutume lui attribue dans les meubles, ce serait donner à l'article 435 plus d'étendue qu'il n'en peut avoir.

Cette jurisprudence était celle de la coutume de Paris, art. 122, et celle de la coutume d'Orléans, art. 187. Pothier, au N°. 733 de son *Traité de la Communauté*, s'exprime ainsi : « A l'égard des autres dettes de la communauté que la femme n'a pas elle-même contractées, et dont elle n'est tenue qu'en sa qualité de commune, après la dissolution de la communauté qu'elle a acceptée, elle n'en est débitrice que pour moitié envers les créanciers. La femme n'est même débitrice de cette moitié que jusqu'à concurrence de ce qu'elle a eu des biens de la communauté. »

Ces principes étaient généralement adoptés dans les pays coutumiers. Nous n'entrons dans ces développemens, que parce que la Cour d'Orléans, saisie d'une affaire renvoyée par la cour de cassation, a rendu une décision en sens opposé à celle cour suprême qui avoit cassé un arrêt de la cour de Paris, confirmatif d'un jugement du tribunal de la Seine. La cour de cassation avait déclaré que l'article 435 de la Coutume de Bretagne avait été violé, attendu que la femme qui accepte la communauté doit, sans restriction, moitié des dettes indéfiniment; l'article 432 de cette coutume, qui l'oblige à opter, ne lui accordant point de restitution. Cette doctrine était enseignée par Poullin du Parc et d'Argentré, dans leurs *Commentaires sur la Coutume de Bretagne*.

Ces jurisconsultes regardaient la femme comme étant tenue des dettes de la communauté sur ses biens personnels.

La décision de la Cour d'Orléans, que nous avons fait connaître, est contraire à ce mode d'interprétation des dispositions de la coutume.

(PRÉSIDENCE DE M. LE BARON PETIT-LAFOSSE, PR.ʳ PRÉSIDENT.)

(M. ROUSSEAU, AVOCAT-GÉNÉRAL.)

(Renvoi de Cassation.)

Chardel c. la dame Desnunots.　　　　Appel de Paris. c.
M.ʳˢ Johanet et Baudry, avoc. plaid.　　Arrêt du 4 mars 1814.

———————

150. L'OBLIGATION imposée à la femme par les anciens principes et par les dispositions de la coutume d'Orléans, de renon-

cer à la communauté par acte authentique, n'a été établi que dans l'intérêt des tiers; et tout acte qui intervient entre époux, comme conséquence d'une renonciation préexistante, est lui-même un acte de renonciation qui lie les époux d'une manière irrévocable, lorsque toutefois il n'existe contre cet acte aucune cause légale de rescision. (Sur les articles 1453 et 1456, c. c.)

F.oise Poissonnet, f.e Chapiotin c. Chapiotin.   Appel d'Orléans. c. M.es Johanet et Moreau, avoc. plaid.   Arrêt du 10 août 1814.

151. UNE renonciation faite à la communauté par l'épouse qui a obtenu sa séparation de biens à l'audience du tribunal où cette séparation a été prononcée, et dont il lui a été donné acte, est valable, et équivaut, quant à ses effets, à une renonciation opérée par acte devant notaire.

F.e Bosson (avant f.e Denevers) c. Pétard.   Appel de Blois. c. M.es Moreau et Légier, avoc. plaid.   Arrêt du 10 nov. 1814.

152. LA femme commune, qui après la dissolution de la communauté a payé au-delà de son émolument, ne peut être passible de rapporter à la communauté le montant d'un cautionnement versé dans la caisse d'amortissement au profit de feu son mari, par un tiers bailleur de fonds. L'inventaire fait après le décès du mari, prouvant que le cautionnement n'est point tombé dans la communauté, il ne peut faire partie de l'actif, et les créanciers de cette communauté n'y doivent avoir aucun droit. (1401, c. c.)

(PRÉSIDENCE DE M. LE BARON PETIT-LAFOSSE.)

D.e Pétau-Grandcour c. h.ers Lejeune.   Appel d'Orléans. i. M.es Baudry et Ferrière, avoc. plaid.   Arrêt du 28 déc. 1814.

153. LES clauses insérées dans un contrat de mariage, quoique de droit étroit, quand elles sont susceptibles d'interprétation, doivent se décider d'après les règles générales sur les conventions; ainsi, la seule exclusion d'une somme quelconque de la mise en communauté suffit pour en autoriser la reprise, sans qu'il soit besoin d'une stipulation formelle à cet égard.

S'il est vrai de dire qu'une convention de reprises doit être étroitement renfermée dans les termes dans lesquels elle est conçue, les enfans ont la faculté de l'exercer, quand la stipulation en est faite, d'après l'axiome : *qui sibi paciscitur, sibi he-redique suo paciscitur*; lorsque surtout cette stipulation résulte du seul sens raisonnable qu'on puisse donner à l'acte, sans lequel la clause de reprises ne pourrait avoir aucun effet. Voir Pothier (*Traité de la Communauté*, n°. 384 et 399.) (Sur les art. 1157, 1492, 1495 et 1496, *c. c.* combinés.)

D.lle Villeminot c. son père. Appel de Tours, i.

M.es Johanet et Baudry, avoc. pl. Arrêt du 15 nov. 1815.

---

154. Après la mort de l'un des époux, le défaut d'inventaire ne fait pas toujours perdre à l'époux survivant la jouissance des revenus de ses enfans mineurs. En d'autres termes, l'article 1442 du Code civil n'est point tellement la conséquence de l'article 384 du même Code qui accorde au survivant des époux la jouissance du revenu de ses enfans jusqu'à l'âge de dix-huit ans, qu'il faille appliquer la disposition rigoureuse de l'article 1442, à ceux qui justiciables en 1803 de l'article 384, lors de la promulgation du titre de la tutelle, ne pouvaient être régis par le titre du contrat de mariage promulgué le 10 février 1804. L'article 384 n'obligeait point à faire inventaire dans le délai d'une année : raisonner par argument, en invoquant l'article 1442, serait donner à la loi un caractère de rétroactivité qu'elle ne peut avoir.

De Bonnestat c. d.e Maslier de Bonnestat. Appel de Gien, c.

M.es Baudry et Moreau, avoc. plaid. Arrêt du 8 déc. 1815.

---

155. Lorsque pour parvenir au partage d'une communauté conjugale, il a été ordonné en justice, que la vente d'un immeuble aurait lieu par licitation, le mari ne peut s'opposer à cette adjudication, en donnant pour motifs, qu'il n'a point encore été procédé à la liquidation des droits des parties dans leur communauté. La vente ordonnée est dans l'intérêt des époux, parce que ni l'un ni l'autre ne peut prendre pour base de la liquidation de ses droits dans l'immeuble, le prix de l'estimation qui en a été faite à dire d'experts.

F.e Poissonnet c. Chapiotin son mari. Appel d'Orléans, c.

M.es Moreau et Ferrière, avoc. plaid. Arrêt du 4 juin 1817.

156. L'USAGE et les principes accordent aux jugemens de séparation de biens, un effet rétroactif, d'après lequel la dissolution de la communauté remonte au jour de la demande en séparation. Ainsi la femme qui renonce à la communauté, après l'exploit de demande en séparation de biens, mais avant que le jugement ait été rendu, est également faite en temps utile. (Sur l'art. 874, c. pr.)

F.* Détenre c. Besson, Prince, etc.   Appel de Chinon. i.
M.** Moreau, Baudry et Légier, av. pl.   Arrêt du 12 nov. 1817.

---

157. L'AMEUBLISSEMENT indéterminé fait par un époux dans un contrat de mariage d'une partie de ses immeubles, est un avantage indirect au profit de l'épouse. D'après l'article 2 de la loi du 5 brumaire an II, qui régissait les parties, à l'époque du mariage, cet avantage indirect ne pourrait avoir un effet plein et entier, que dans le cas où le mari serait mort sans enfans. Mais si le mari est décédé ayant un enfant, cet avantage doit se réduire à l'usufruit de la moitié des biens qui sont l'objet de l'ameublissement.

Fille Thiercelin c. Cath. Vasson, f. Thiercelin.   Appel d'Orléans. c.
M.** Légier et Pailliet, avoc. plaid.   Arrêt du 16 avril 1818.

---

158. LA femme qui, en matière de commerce, a été solidairement avec son mari condamnée par corps au paiement d'une somme due par la communauté conjugale, ne peut plus après le décès de son mari, exciper de sa renonciation à la communauté pour s'affranchir de cette condamnation consulaire. Quoique le jugement ait été rendu au cours de la communauté, elle ne peut dire qu'il soit à son égard : *res inter alios judicata*. La solidarité prononcée entraîne la nécessité de reconnaître que cette femme avait le caractère de marchande publique, et qu'elle est personnellement obligée. (Art. 220, c. c.)

Le Moyne c. la v.* Besnault.   Appel de Pithiviers. c.
M.** Moreau et Légier, avoc. plaid.   Arrêt du 3 juin 1818.

---

159. LES héritiers de la femme commune qui veulent jouir de la faculté de renoncer à la communauté, ne sont pas déchus de ce

bénéfice, pour n'avoir point fait inventaire dans les trois mois du décès de la femme. C'est ainsi qu'on doit entendre la combinaison des articles 1461, 1462, 1463 et 1466 du Code civil.

Cette jurisprudence est contraire à l'opinion de M. Delvincourt. Ce jurisconsulte pense que l'article 1466 du Code civil, relatif aux héritiers de la femme, renvoyant aux articles qui déterminent le mode de la renonciation de celle-ci, il ne doit y avoir aucune distinction entr'elle et ses héritiers. La cour a statué, au contraire, que ces expressions de l'article 1466 du Code civil : « Les héritiers de la femme peuvent renoncer à la communauté dans les délais et dans les formes que la loi prescrit à la femme survivante » ne veulent point dire, *sous les conditions prescrites à la femme*, mais en se conformant à la procédure de la matière. (Argumens des art. 1466 et 1456, *c. c. combinés.*)

(PRÉSIDENCE DE M. LE BARON ARTHUIS DE CHARNISAY.)
Mariés Joubert c. Maffray.   Appel de Chinon. c.
M.ᵉˢ Moreau et Baudry, avoc. plaid.   Arrêt du 4 juin 1818.

160. Un mari chef de la communauté conjugale ne peut exercer seul les actions immobilières de son épouse. Cet argument, tiré de la règle des contraires, s'applique à l'article 1428 du Code civil. Pothier en donne cette raison : « la communauté étant composée de tous les biens mobiliers de chacun des conjoints, et le mari, en sa qualité de chef, étant seul *seigneur* des biens de la communauté, tant qu'elle dure, il est seigneur pour le total des actions mobilières de sa femme. » (*Traité de la communauté*, nᵒ. 473.) Le mari a le droit de défendre seul aux actions mobilières et possessoires dirigées contre son épouse, ce qui exclut tout droit aux actions immobilières.

Courtandeau et Dichon c. Grison,   Appel de Romorantin. i.
M.ᵉˢ Légier et Pailliet, avoc. plaid.   Arrêt du 19 mai 1819.

161. 1. Le carrelage des appartemens d'une maison propre à la femme, est une réparation usufructuaire et de simple entretien, et doit être ainsi portée à la charge de la communauté. (Art. 1409, *c. c.*, nᵒ. 4.)

2. La femme qui habite une maison appartenant à son mari, par ordonnance du juge, qui lui a déterminé cette habitation, au

cours de son instance en séparation de corps, n'est point tenue
d'en acquitter le loyer à son mari.

F.e de Buhours-d'Argy c. son mari.   Appel de Tours. c.
M.es Moreau et Baudry, avoc. plaid.   Arrêt du 2 juin 1819.

162. UNE rente donnée par des époux au cours de la communauté, en échange contre un immeuble, est purement mobilière.
Cet échange ne peut imprimer à la rente le caractère d'un propre
de la femme, lorsqu'au surplus, l'acte ne porte aucune stipulation de remploi; l'immeuble doit en conséquence être considéré
comme un conquêt de la communauté. (Combinaison des articles
529 et 1401, c. c.)

D.lle Brucy c. Delor et Chevalier.   Appel de Montargis. c.
M.es Johanet, Moreau et Légier, av. pl.   Arrêt du 16 déc. 1819.

163. DES partages entre héritiers ne constituent point des titres d'acquisition, mais de simples actes déterminant la part de
chaque successible. Ainsi une acquisition faite pendant le mariage
à titre de licitation de la portion d'un immeuble dont l'un des
époux était propriétaire par indivis, ne forme point un conquêt.
Ces principes sont consacrés par l'article 1408 du Code civil.
(Voir la *Coutume d'Orléans*, art. 15, 16 et 113, et celle de Paris
art. 80.)

Les partages et licitations entre cohéritiers ne donnaient lieu
à aucun droit de vente, ni profit au seigneur féodal. Cette jurisprudence de notre ancien droit coutumier a été une dérogation
au droit romain, qui regardait les partages comme des actes non
déclaratifs, mais *attributifs* de propriété.

Pothier (*Traité de la communauté*, n°. 140) fait observer
« que les Romains regardaient un partage comme une espèce de
» contrat d'échange par lequel chaque cohéritier échangeait la
» part qu'il avait avant le partage dans les héritages tombés
» dans les lots de ses cohéritiers contre celles que les cohéritiers
» avaient avant le partage dans ceux tombés dans le sien. » Au
contraire, ajoute-t-il, suivant le droit français, « la part que cha-
» que héritier a dans les biens de la succession avant le partage,
» est une part indéterminée; c'est le partage qui la détermine
» aux effets tombés au lot de cet héritier. »

D'après cette doctrine, si un cohéritier reçoit en partage un immeuble qui excède sa part héréditaire, il est chargé d'un retour en deniers à ses cohéritiers; mais néanmoins l'immeuble lui reste entièrement propre, et si le partage a eu lieu au cours de la communauté conjugale, l'immeuble n'en est pas moins propre de communauté, sauf la récompense due à la communauté de la somme qui en a été tirée pour payer le retour dont le lot était chargé envers les autres héritiers.

Dans l'espèce, la Cour a eu à examiner si l'article 80 de la Coutume de Châteauneuf en Thimerais, sous l'empire de laquelle ont procédé les parties en cause, est une exception, et a fait tomber dans la communauté les biens licités entre cohéritiers pendant le mariage, d'après la teneur de cet article : « les retraits » adjugés aux conjoints par mariage, sont réputés acquérement, » et demeurera au survivant d'iceux conjoints par moitié. »

Ainsi, disait-on, un propre obtenu par retrait qui n'est qu'un remboursement, est un acquêt commun entre époux, et l'héritier qui obtient une partie du bien par licitation, est censé, d'après l'esprit de cette coutume (articles 80 et 109 combinés), la tenir du cohéritier et non du défunt, car une aliénation, par suite d'un partage suppose un possesseur intermédiaire.

On repoussa cet argument en faisant observer, que l'art. 109 de la Coutume de Châteauneuf en Thimerais, ne se réfère qu'aux donations et contrats faits entre vifs, et que l'article 80 ne forme une exception que pour l'adjudication d'un héritage par retrait, ce qui laisse subsister les dispositions du droit commun pour toute autre voie d'acquisition pendant le mariage. (Sur l'article 1408, c. c.)

(M. LE BARON ARTHUIS DE CHARNISAY, PREMIER PRÉSIDENT.)

Barbé de Luz c. les héritiers de la dame de Gravelle, f.° Barbé.	Appel d'Orléans. c.
M.°° Légier et Pailliet, avoc. plaid.	Arrêt du 27 mai 1820.

---

164. 1. LA femme mariée en minorité sous l'empire de la coutume d'Orléans, peut se faire restituer contre la mise en communauté excédant le tiers des biens meubles qu'elle possédait au jour de son mariage; le mari toutefois n'a pas droit au même bénéfice, car ne pouvant ignorer la minorité de celle avec laquelle il a contracté, il doit être présumé s'être volontairement

exposé à cette inégalité de mise. Cependant, disait-on, l'apport de l'un des époux a été déterminé par l'apport de l'autre, et si l'on opère la réduction de l'un de ces apports, il y a justice et nécessité de réduire également l'apport de l'autre. L'inégalité des apports est une exception et la réductibilité de l'apport des mineurs une pure faculté à laquelle la femme peut renoncer ; enfin la coutume ne contient à cet égard rien de textuel.

Pothier (au n°. 103 du *Traité de la Communauté*) combat ces argumens d'une manière victorieuse. Il cite des arrêts rapportés par Louet (lettre M, n°. 20), qui ont jugé que l'apport fait en biens meubles par le contrat de mariage d'un mineur à une communauté conventionnelle, est réductible au tiers de l'universalité des biens de ce mineur, et qu'il est restitué de plein droit contre le consentement, quoique formel, qu'il avait donné à cet apport excessif. *Minoribus in his quæ vel ignoraverunt, vel prætermiserunt innumeris auctoritatibus constat esse solutum.* (l. 8, Cod. de in integris restit.)

Néanmoins ce privilége de la minorité accordé à la femme, ne peut s'étendre aux biens meubles à elle ultérieurement échus depuis le mariage : de même qu'ils ne font pas partie de son patrimoine primitif, on ne peut les exclure de la quotité susceptible d'être mise en communauté, sans altérer la mesure de cette quotité permise par cette jurisprudence. Étendre ainsi le privilége des mineurs, serait contraire à la nature des réserves de propres qui sont de droit étroit. (Application analogue de l'article 1401, c. c.)

2. Quand un contrat de mariage établit un ameublissement indéterminé, l'effet d'une pareille clause étant de donner à la communauté, lors du partage, le droit d'y faire entrer jusqu'à due concurrence, quelques-uns des biens affectés à l'ameublissement, ceux qui ont péri ou qui se sont détériorés dans l'intervalle, l'ont été pour le propriétaire et non pour le compte de la communauté ; ainsi les rentes remboursées en assignats doivent être représentées en valeurs réduites suivant l'échelle de dépréciation, autrement il en résulterait une imputation désavantageuse sur la mise en communauté.

(PRÉS. DE M. LE BARON ARTHUIS DE CHARNISAI, PR.ER PRÉSIDENT.)

(M. BARBOT-DUPLESSIS, CONSEILLER-RAPPORTEUR.)

F.es Poissonnet-Chapiotin c. Chapiotin.   Appel d'Orléans, c. et i.
M.es Légier et Moreau, avoc. plaid.   Arrêt du 30 août 1820.

165. Le mari peut disposer des effets de la communauté, même après un jugement interlocutoire rendu en faveur de son épouse, demanderesse en séparation de corps. Cette action de la femme ne peut porter atteinte aux droits du mari; les seuls droits ouverts à la femme depuis l'interlocutoire sont l'apposition des scellés et l'inventaire. En vain, dit-on, le mari répond de la valeur des objets inventoriés comme gardien judiciaire, et il est même contraignable par corps. (Art. 270, c. c.) Cette rigueur de la loi ne lui interdit point le droit de vendre les effets inventoriés, car il reste toujours administrateur de ce qui compose une communauté non encore dissoute et en vendant le mobilier, il ne sort pas des bornes de son administration. (Sur l'art. 1428, c. c.)

L........e, E. L...... son épouse.　　　　Appel d'Orléans, c.
M.ᵉˢ Johanet et Baudry, avoc. plaid.　　Arrêt du 10 nov. 1820.

166. Lorsque dans un contrat de mariage le mobilier est réservé propre, on ne peut entendre par cette clause, que la garde-robe de l'époux décédé, lors de la liquidation de la communauté, sera également sujet à reprise. En vain, dit-on, cette garde-robe formant une partie du mobilier, ne peut tomber dans la masse commune, parce qu'elle provient de l'économie et de l'industrie particulière de l'époux à qui elle appartient, et qu'alors une enquête de commune renommée est le seul moyen a employer pour en fixer la valeur. Ces raisonnemens plus spécieux que solides ne tendraient à rien moins qu'à aller au-delà des conventions matrimoniales, quand les époux veulent excepter la garde-robe du premier mourant de la masse commune, ils le déclarent en termes exprès. Le mot mobilier ne doit point être pris ici dans une acception aussi stricte.

Collet c. Baschet-Compain.　　　　Appel d'Orléans. c.
M.ᵉˢ Baudry et Moreau, avoc. plaid.　　Arrêt du 13 déc. 1820.

167. Le mari ne peut être condamné que comme chef de la communauté, relativement à une dette tombée à la charge de la communauté, et non personnellement et solidairement avec sa femme au paiement de cette dette. (Sur l'art. 1410 du c. c.)

Foucher c. la veuve Fournier.　　　　Appel de Chinon. i.
M.ᵉˢ Moreau et Légier, avoc. plaid.　　Arrêt du 8 août 1821.

168. Lonsque deux époux se sont fait donation réciproque de toutes les sommes mobilières qu'ils laisseront à leur décès, et que, dans un article précédent du même acte, il y a une réserve stipulée propre d'une partie de la somme apportée en dot, on doit en conclure que la donation réciproque des sommes mobilières ne frappe que sur celle mise en communauté, le surplus est réservé propre. La jurisprudence ancienne et le Code civil, qui n'est à cet égard que la reproduction des mêmes principes, dispose que dans une constitution dotale on peut immobiliser une somme d'argent, et en faire la réserve comme d'un propre. Les clauses d'un contrat de mariage ne doivent point être prises isolément, mais elles s'interprètent les unes par les autres. (Combinaison des art. 1401, 1500 et 529, c. c.)

Héritiers Delanoue c. Barbot. Appel de Pithiviers. c.
Mes Légier et Baudry, avoc. plaid. Arrêt du 10 avril 1822.

---

169. Quand un inventaire dissolutif de communauté a été dressé en 1793 sous l'empire du papier-monnaie, la présomption légale est que les objets qui y sont décrits ont été estimés valeur d'assignats, et que lors de la liquidation postérieure de cette communauté il y a lieu à réduction en numéraire.

Quand la dot d'une femme a été constituée en 1793 dans le département d'Indre et Loire, c'est le tableau de dépréciation établi pour ce département, qui seul doit faire la base des réductions à opérer.

Femme Quarré c. son mari. Appel de Loches.
M. Pernot, conseiller-rapporteur. Arrêt du 31 mai 1823.

---

170. L'énonciation faite par le souscripteur d'un billet, que la femme, en qualité de prêteur, a déclaré que cette somme ne dépend point de sa communauté conjugale, mais qu'elle est sa propriété exclusive, ne suffit point pour dispenser cette femme, lors de la dissolution de sa communauté, de justifier l'origine de la créance qu'elle prétend faire valoir; d'après le motif qu'une femme, sous quelque régime qu'elle ait contracté mariage, ne peut réclamer que ce qu'elle prouve lui appartenir personnellement.

F. Dupré, f.^e Malleve c. la ve N.^{se} Carnis. Appel d'Orléans. i.
Mes Moreau et La Fontaine, avoc. plaid. Arrêt du 1.er août 1823.

171. Après la dissolution de la communauté résultant d'une séparation de corps entre époux, tout reste indéterminé entre eux jusqu'à l'événement de la liquidation définitive; les époux n'ayant point le caractère de débiteurs vis à vis l'un de l'autre. Ainsi on ne peut dire, que la communauté doive être libérée de ses dettes envers la succession du mari, lors du décès de celui-ci, jusqu'à concurrence du montant des sommes reçues par le mari, et qu'il devait employer en sa qualité de liquidateur de la communauté à en éteindre les dettes.

(PRÉS. DE M. LE BARON ARTHUIS DE CHARNISAI, PR.er PRÉSIDENT.)

(Renvoi de cassation.)

H.ers Cochu c. la dame Belon, v.e Cochu. Appel de Paris, c. M.es Légier et Moreau, avoc. plaid. Arrêt du 17 mars 1824.

ARTICLE TREIZIÈME.

COMPTES (RÉGLEMENT DE).

Les associés ne peuvent se séparer sans régler *les comptes* de leur association. Les mandataires sont tenus, par leur qualité, de présenter l'état de recette et de dépense des choses confiées à leur administration. Les séquestres et gardiens judiciaires ont des obligations à remplir qui leur sont tracées par la loi, et dont ils ne peuvent s'écarter. Les officiers qui reçoivent les deniers royaux sont des comptables tenus de rendre leurs comptes à la Cour spécialement établie à cet effet, et dont les attributions s'étendent par tout le royaume. Quoique les receveurs particuliers des contributions soient directement comptables envers les receveurs généraux, ils ne le sont pas moins envers le trésor royal; car ils peuvent être poursuivis devant les tribunaux criminels, s'ils sont rétentionnaires de deniers publics, sur la simple dénonciation faite au garde des sceaux par le ministre des finances. Cette règle législative résulte d'une décision du conseil d'état, en date du 19 février 1807.

La jurisprudence de cet article comprendra peu d'arrêts que nous avons cru devoir citer. Dans les procès relatifs aux réglemens de comptes, les magistrats sont presque toujours appréciateurs des points de fait particuliers à l'espèce.

Le Code de procédure au titre des redditions de comptes (art. 527 et suiv.), ne parle que des comptables commis par justice, et des règles à observer pour la présentation et l'apurement de ces sortes de comptes.

Quant aux comptes de toute autre nature, il n'y a point de formule à suivre; ainsi presque toutes les difficultés qui surviennent, doivent se résoudre suivant les règles des conventions, en recherchant l'intention des parties qui ont contracté.

---

172. Un acte sous seing privé, qui contient règlement de compte, et qui est signé par le débiteur, n'est point synallagmatique, et il n'est pas nécessaire, pour sa validité, qu'il soit fait en autant d'originaux qu'il y a de parties. (Art. 1335, c. c., non applicable.)

Grelet c. Chauffour.   Appel d'Orléans. c.
M.ᵉˢ Moreau et Pailliet, avoc. plaid. Arrêt du 19 juin 1816.

---

173. Lorsque deux personnes font une convention d'où il résulte que l'une d'elles consent à ce que l'autre dispose à son profit d'une quantité déterminée d'objets de récolte, que celui qui se reconnaît débiteur, dit être déposée dans un lieu indiqué, ce consentement n'établit point de la part du créancier la reconnaissance que la quantité énoncée dans l'acte, existait réellement au lieu indiqué, ce qui ne suffit point pour le réputer comptable.

Tremault de la Blotinière c. de Montigny. Appel de Vendôme. c.
M.ᵉˢ Moreau et Johanet, avoc. plaid. Arrêt du 13 juillet 1816.

---

174. Le notaire tenu de rendre un compte comme sequestre, et qui, par sa conduite particulière et dans son intérêt privé,

donne lieu à une mauvaise contestation avec les héritiers du débiteur dont le bien est mis en séquestre, en doit supporter personnellement les dépens. (Sur les art. 1957 et 1958, c. c.)

Héritiers Pougin c. Mauduit et Trélat. Appel de Montargis. c.
M.es Moreau et Légier, avoc. plaid. Arrêt du 16 mai 1822.

175. QUAND, par suite de contestations entre le vendeur et l'acquéreur d'un immeuble, les juges ordonnent un compte entre les parties, et commettent un notaire pour le recevoir, cette disposition n'est pas nulle, comme n'ayant pas été confiée à un membre du tribunal. L'article 550 du Code de procédure civile qui ordonne de commettre un juge, ne concerne que les comptables en justice, et ne se réfère pas aux règlemens à faire entre les parties des répétitions qu'elles pouvaient avoir à exercer respectivement, et pour lesquelles un commissaire peut être choisi hors du tribunal.

Delamotte-Jamet c. Pilhut. Appel de Chinon. i.
M.es Moreau et Baudry, avoc. plaid. Arrêt du 30 mai 1822.

176. UN notaire dépositaire du produit d'une vente mobilière est tenu de rendre compte de toutes les sommes qu'il n'a point été autorisé à verser, conformément aux décisions judiciaires, et suivant le procès-verbal de distribution. En conséquence, il ne peut disposer d'aucunes sommes au préjudice des oppositions qui ont été faites, à moins que ce ne soit pour obtenir le recouvrement des frais de vente par lui avancés.

Cet officier public n'a aucun caractère pour apprécier la nature des priviléges qui s'attachent aux droits des créanciers opposans. Tels sont ceux des gardiens et des avoués qui ont figuré dans les instances qui ont précédé le compte à rendre, et qui sont appelés à recevoir ce qui peut leur être dû sur le prix de la vente.

Deloinces c. Trélat. Appel de Montargis. c.
M.es Moreau et Baudry, avoc. plaid. Arrêt du 24 mars 1824.

•=•)•

CON.

ARTICLE QUATORZIÈME.

CONTRAINTE PAR CORPS.

—

LA contrainte par corps est une disposition exorbitante du droit commun. Les poursuites ordinaires d'un créancier ne peuvent s'étendre jusqu'à la liberté individuelle de son débiteur. Cette mesure ne doit donc être prise qu'avec beaucoup de réserve et dans certains cas. Suivant la législation romaine, le débiteur sous le poids d'un jugement pouvait être emprisonné après la discussion de tous ses biens. La loi première au Code (*qui bonis cedere possunt*) s'exprime ainsi : « *Qui bonis cesserint, nisi solidum creditor receperit, non sunt liberati. In eo enim tantum modo beneficium eis prodest ne judicati detrahantur in carcerem.* »

La célèbre ordonnance de Moulins (art. 48) avait permis au créancier de faire emprisonner son débiteur après quatre mois de retard depuis l'échéance, afin, disait cette loi, « de faire cesser les subter- « fuges, délais et tergiversations des débiteurs. » La sagesse de Louis XIV abrogea cette voie rigoureuse pour les dettes purement civiles. (Voir ORDON. 1667, tit. 34, art. :.) Le Code civil, liv. 3, tit. 16, en établissant un chapitre particulier sur cette matière, a laissé néanmoins subsister une partie des dispositions de la loi spéciale du 15 germinal an VI, sur la contrainte par corps.

---

177. Le pouvoir spécial dont l'huissier chargé d'une exécution de contrainte par corps doit être muni, est nul, s'il n'est pas revêtu de la formalité de l'enregistrement. (Sur l'art. 780 du *c. pr.*)

La Boissière c. Forest, père et fils.　　Appel de Tours. i.
Mes Dinochau et Baudry, avoc. plaid.　Arrêt du 4 nov. 1812.

---

178. La femme marchande publique qui a souscrit un billet à l'ordre d'un individu non négociant, est néanmoins passible de la contrainte par corps, en raison de cet effet de commerce. L'article 1, §. 2, de la loi du 15 germinal an VI, qui prononce la contrainte par corps pour tout marchand ou négociant souscripteur de billets à ordre, n'importe au profit de qui ils sont faits, s'applique à tous les marchands, hommes ou femmes sans exception. Les expressions de la loi sont générales, et la disposition exceptionnelle de l'article 3 qui porte que les femmes ne peuvent être passibles de la contrainte par corps, ne s'applique point aux engagemens souscrits pour cause de commerce.

Pilté et Montpinson c. v.^e David.　　Appel d'Orléans. com. c.
Mes Johanet et Légier, avoc. plaid.　Appel du 13 mars 1816.

---

179. D'après un arrêté du ministre des finances, l'administration des domaines, quoiqu'investie du pouvoir de décerner la contrainte par corps contre les comptables, ne peut user utilement de ce bénéfice qu'après un jugement; autrement cette administration ferait un acte arbitraire et se rendrait justice à son gré. L'arrêté du 28 brumaire an XIV se réfère implicitement à l'art. 2067, *c. c.*

(M. BROSSARD, CONSEILLER-AUDITEUR, RAPPORTEUR.)

　　　Benoit　　　　　　Appel de Pithiviers. c.
c. la Régie des domaines.　　Arrêt du 26 juillet 1816.

180. LE souscripteur d'un billet à ordre ne peut éviter la contrainte par corps, en alléguant qu'il n'est point marchand, et que la loi du 15 germinal an VI ne saurait l'atteindre. Les tribunaux de commerce ont dans ce cas le droit de la prononcer. (Art. 637, c. com., appliqué par analogie.)

Thuilot c. du Mont.   Appel de Montargis. com. c.
M.e Baudry, avoc. plaid.   Arrêt du 27 mars 1817.

181. LE délai accordé au souscripteur d'un billet à ordre pour en acquitter le montant, à la charge par lui de fournir une caution, n'est point une renonciation au droit du créancier d'exercer la contrainte par corps, prononcée contre celui qui souscrit des billets à ordre, quoiqu'il ne fasse point du commerce sa profession habituelle.

Doyen c. du Mont.   Appel de Montargis. com. c.
M.e Baudry, avoc. plaid.   Arrêt du 28 mars 1817.

182. UN billet à ordre souscrit par suite d'une transaction opérée pour régler les comptes d'une société de commerce, entraîne contre le souscripteur la contrainte par corps en cas de non-paiement. En vain le débiteur a-t-il pris la qualité de propriétaire, et vient-il alléguer que la transaction a opéré une novation, et qu'ainsi il ne peut plus être sous le poids d'une condamnation consulaire. La cause du billet à ordre est la société, et la contrainte par corps doit être maintenue.

Desopines c. Guespin.   Appel de Chinon, (Jugeant com.) c.
M.es Johanet et Moreau, avoc. plaid.   Arrêt du 24 avril 1817.

183. LE fait seul de la signature d'une lettre de change suffit pour en rendre le signataire passif de la contrainte par corps, quand même il ne serait pas négociant. Il n'y a d'exception à cette règle que lorsque la lettre de change n'est plus réputée que simple promesse dans les termes de l'article 112 du Code de commerce. Les articles 636 et 637 du même Code ne sont que la confirmation des dispositions du n°. 4 de l'art. 1 de la loi du 15 germinal an VI.

Boucard c. Touchard.   Appel de Tours. com. c.
M.es Légier et Baudry, avoc. plaid.   Arrêt du 26 juin 1818.

184. Les dispositions légales sur la contrainte par corps, applicables de marchand à marchand, ne s'étendent point d'associés à associés, et si elle peut être prononcée contre des individus engagés à l'occasion d'opérations commerciales faites en société, l'exercice de ce droit rigoureux n'est point attribué à un associé contre son associé. (Art. 637, c. com., non applicable.)

Bruneau c. Château.   Appel de Chinon. c.
M.es Johanet et Légier, avoc. plaid.   Arrêt du 22 juillet 1818.

185. Une transaction passée par suite d'un jugement consulaire qui prononce la contrainte par corps, ne forme point une novation à la dette primitive, et ne détruit pas les effets rigoureux du jugement.

En vain invoque-t-on les nouveaux délais accordés par la transaction, et qui ont réellement changé le mode de paiement à faire; ce changement ne porte aucun des caractères de la novation. (Art. 1272 et 1273, c. c.) Pour établir la renonciation à la contrainte par corps, il aurait fallu une stipulation expresse. C'est une erreur de faire résulter la novation de la réduction de la somme portée au jugement qui a prononcé la contrainte par corps. Les clauses d'une transaction accordant des délais, et réservant aux créanciers la faculté de ne remettre au débiteur le jugement consulaire et les pièces du procès qu'après le paiement intégral de la dette, prouvent, au contraire, que les parties contractantes n'ont point eu l'intention d'opérer une novation. (Sur l'art. 2048, c. c.)

(PRÉSIDENCE DE M. LE BARON ARTHUIS DE CHARNISAI.)

(Renvoi de cassation.)

Savare c. Lemonnier.   Appel de Paris. c.
M.es Baudry et Johanet, avoc. plaid.   Arrêt du 5 février 1819.

186. Un bon de sols au porteur, émis en circulation par un boulanger, quoiqu'il ne porte aucune cause commerciale, est un acte de commerce, et les poursuites faites en raison du non-paiement de cet effet, peuvent entraîner la contrainte par corps. (Art. 632 et 638, c. com. combinés.)

Marcassin c. Prieur-Recapé.   Appel d'Orléans. com. c.
M.es Johanet et Baudry, avoc. plaid.   Arrêt du 28 février 1822.

187. Un traité fait entre deux personnes, dont l'une seulement est négociant, peut bien être regardé comme un acte de commerce; mais l'inexécution de l'une des parties à remplir ses engagemens, n'entraîne point l'application de la contrainte par corps, parce que la convention n'a pas eu lieu de marchand à marchand.

(Rejet de l'article 1er., §. 1er. de la loi du 15 germinal an VI.)

Suard, père et fils, c. Grandin.   Appel de Montargis. com. i.
M.es Baudry et Légier, avoc. plaid.   Arrêt du 14 avril 1823.

---

188. Le créancier recommandataire déchu du bénéfice de la contrainte par corps, contre le souscripteur d'un billet à ordre, faute de consignation des alimens, n'a point perdu pour cela le droit de recommandation contre l'endosseur. L'article 804 du Code de procédure civile a modifié la prohibition de la loi du 15 germinal an VI. Cet article, dont les dispositions sont purement *ordinatoires*, ne règle que la forme de procéder. Il n'est point, comme l'article 2070, Code civil, exclusif aux matières de commerce, et quant à son application, il doit embrasser les affaires civiles et consulaires. (Voir M. Pardessus, *Traité du contrat et des lettres de change*, tom. 2, n°. 633.)

(PRÉSIDENCE DE M. COLAS DE LA NOUL, DOYEN DES CONS.ers)

Cotte c. Robin.   Appel de Blois, c.
M.es Moreau et Baudry, avoc. plaid.   Arrêt du 18 juin 1823.

●●▪●▪●▪●▪●●▪●●▪●●▪●▪●▪●▪●●▪●▪●●▪●▪●●▪●▪●▪●●▪●▪●●▪●▪●▪●●▪●●▪●▪●▪●

ARTICLE QUINZIÈME.

CONTRAT DE MARIAGE.

A l'article de la communauté, nous avons exposé la jurisprudence des contrats de mariage régis d'après le système presque toujours suivi dans nos pays de droit coutumier. Les questions comprises sous le mot *contrat de mariage*, seront peu nombreuses, et on devra les regarder comme la conséquence de celles que nous avons précédemment discutées. Aux articles *donation et douaire, hypothèque légale, légitimité, nullités de mariage et séparations conjugales;* nous completterons ce qui concerne cette matière relative aux conséquences et aux obligations qui naissent du lien du mariage.

L'ouvrage du célèbre Pothier est sur le contrat de mariage le traité le plus complet et le plus intéressant que nous ait laissé aucun jurisconsulte français. L'auteur a approfondi toutes les législations, et a tracé les règles à suivre, en ne séparant jamais les obligations du droit des devoirs du for intérieur.

Les dissertations les plus savantes, répandues dans les nombreux écrits des pères de l'église, dans saint Augustin, saint Thomas d'Aquin, etc., ont été reproduites dans le livre dont nous parlons, non plus

sous les formes *de disputes*, c'est-à-dire, de discussions scolastiques, où la controverse brillait autrefois de tout son éclat (je pourrais dire également
s'enveloppait de toute son obscurité); mais les raisons de décider sont toujours présentées par Pothier
avec cette lucidité qui lui est propre. Il ne sépare
point le contrat civil du sacrement, et quoiqu'il
écrivit dans un temps où les prêtres étaient les
seuls officiers civils, qui reçussent et consacrassent
les mariages des catholiques français, ce docte jurisconsulte professe sans réticence le droit « que les
princes séculiers ont de faire des lois pour le mariage de leurs sujets, soit pour l'interdire à certaines personnes, soit pour régler les formalités
qu'ils jugeront à propos de faire observer pour le
contracter valablement. » Traité du contrat de
mariage, n°. 11.) L'auteur cite à l'appui de cette
doctrine les autorités des Théologiens qui l'ont toujours enseignée dans les écoles : c'était même celle
du jésuite Sanchez, dont voici un fragment : « *Abs-
que dubio dicendum est, posse principem secularem, ex
genere et naturâ suæ potestatis, matrimonii impedimenta
dirimentia fidelibus sibi subditis ex justâ causâ indi-
care... nec obstat principis secularis potestati, matrimonium esse sacramentum, quia ejus naturâ contractus
est civilis.* » (*de Matrim.*, lib. 7, *Disput.*, 3, n°. 2.)

Le mariage, sous le rapport du droit, n'est plus
aujourd'hui qu'un contrat civil. Cependant on réclame de toutes parts une disposition législative à
l'effet d'obliger les catholiques de recevoir la bénédiction nuptiale. On s'étonne qu'un français qui
se dit catholique, puisse se dispenser de se confor-

mer aux lois de l'église. L'autorité des conciles ne
permet point de reconnaître comme chrétiens nés
d'un véritable mariage des enfans issus d'un père
et d'une mère qui n'ont point reçu le sacrement
institué à cet effet. Que la loi statue également sur
le mode à suivre pour ceux d'une communion différente, rien ne sera plus juste; mais la Charte, en
proclamant la liberté des cultes, n'a point voulu
protéger également ceux qui ne reconnaissent aucune religion. L'admission de l'existence de l'athéisme
est impossible à supposer. Tous les gouvernemens
civilisés ont un intérêt puissant à proscrire une législation qu'on pourrait soupçonner d'être athée.
Toutefois, loin de faire ici le procès aux rédacteurs
du Code civil, louons leur prudence; ils ne pouvaient s'occuper du mariage sous d'autres rapports
que sous celui du contrat civil. La France, en 1803,
commençait à recouvrer sa tranquillité intérieure,
l'ordre succédait à l'anarchie. L'église de France venait d'être reconnue dans un concordat organique
déclaré loi de l'État.

Cependant, il y aurait eu de graves inconvéniens,
à cause des mariages contractés depuis dix ans par
beaucoup de personnes engagées dans les ordres sacrés et religieux, à flétrir même sous le rapport mo-
ral ces unions malheureusement formées et si diffi-
ciles à rompre. Aujourd'hui le même danger n'existe
plus; espérons de la haute sagesse du Roi, de voir
bientôt proposer une loi dont le but comblera la
lacune de notre législation, sur *l'acte légal du mariage*, et les chambres s'empresseront de l'adopter.

189. Le douaire étant un gain de survie, bien qu'il soit éventuel et seulement ouvert après la dissolution de la communauté, il est acquis du moment du mariage, et doit être régi par les lois existantes à cette époque. Ainsi, la femme mariée avant la mise en activité du Code de commerce, ne perd point son douaire, après la faillite de son mari, arrivée en 1811. (Combinaison de l'art. 60 de l'Édit de 1673 avec l'art. 557, *c. com.*)

(M. PETIT-LAFOSSE, PREMIER PRÉSIDENT.)

F.e Marcel c, les syndics de la faillite Marcel. Appel d'Orléans. c. M.es Dinochau et Baudry, avoc. plaid. Arrêt du 5 août 1812.

─────────

190. Le mari a le droit de refuser à sa femme la provision alimentaire que celle-ci lui demande, d'après une clause de son contrat de mariage, quand elle ne veut point venir habiter le domicile conjugal ; l'exécution des conventions civiles du mariage étant subordonnée à l'obligation étroite imposée à une épouse non séparée de corps, de venir habiter avec son mari. Comment d'ailleurs une femme pourrait-elle réclamer une pension, qui ne peut lui être payée qu'au domicile de son mari ? La loi civile est fondée ici sur les grands principes de la morale publique.

On objectait : la demande en pension alimentaire est indépendante de celle formée par le mari, en exécution de l'article 214 du Code civil ; ces deux actions n'étant point connexes, doivent être disjointes. L'une est fondée sur l'ordre public, l'autre repose sur une clause d'un contrat civil, leur source n'en est donc point commune.

On répondit avec avantage : la défense du mari à la demande intentée par son épouse, n'est qu'une exception légitime qui émane essentiellement du contrat de mariage, dont la femme réclame l'exécution; d'où il suit que cette défense constitue une véritable fin de non-recevoir, et non une action principale.

(PRÉSIDENCE DE M. LE BARON PETIT-LAFOSSE, PR.er PRÉSIDENT.)

(M. MIRON DE L'ESPINAY, SUBSTITUT DU PROCUREUR-GÉNÉRAL.)

Boudet c. son épouse. Appel de Vendôme. i:
M.es Moreau et Baudry, avoc. plaid. Arrêt du 15 juin 1814.

191. Lorsque dans un contrat de mariage passé sous le régime de la communauté, il est stipulé, qu'au cas de décès de l'époux sans enfans, la femme survivante sera libre d'admettre ou d'exclure les héritiers de l'époux au partage de la communauté, et qu'en cas d'exclusion, elle leur paiera une somme déterminée à titre de forfait, cette clause n'imposant point à l'épouse aucun délai, passé lequel elle dût être privée du droit d'option, si les héritiers du mari ne mettent point la veuve en demeure, lors de la dissolution de la communauté, et qu'elle-même ne fasse inventaire que plus de deux ans après le décès de son époux, elle n'encourt point toutefois la déchéance du bénéfice de la clause de forfait. C'est aux héritiers à s'imputer de n'avoir pas, en temps opportun, fait les diligences qui pouvaient faire cesser un état de choses regardé par eux comme nuisible à leurs intérêts. Le droit de provoquer l'inventaire appartient à la veuve comme aux héritiers du mari. *Vigilantibus jura subveniunt.*

V.e Leclerc c. les héritiers Courtois.   Appel de Pithiviers. i.
M.es Moreau et Légier, avoc. plaid.   Arrêt du 24 déc. 1817.

---

192. Lorsque dans un contrat de mariage l'apport de la femme est fixé à une somme déterminée, *valeur*, est-il dit, *en meubles et effets*, ces expressions sont suffisantes pour justifier que le mari en a été réellement et valablement saisi, sans qu'il soit besoin de justifier par la quittance du mari l'apport qui lui a été fait.

Saulnier-Cérisier c. Regnier.   Appel de Tours. c.
M.es Moreau et Johanet, avoc. plaid.   Arrêt du 15 juillet 1818.

---

193. Un acte qualifié dédit * pour une somme déterminée en cas de non-accomplissement d'un mariage est nul, comme répugnant aux bonnes mœurs, et contraire à la liberté du mariage. En vain, dit-on, c'est une obligation de ne pas faire, qui se résout en dommages-intérêts. La nature d'une pareille stipulation n'en est pas moins immorale, en ce que, par la crainte d'un énorme sacrifice, elle peut forcer tant la volonté paternelle, que

* Rétractation d'une parole ou d'une obligation : *A pactione discessio, dictorum revocatio.*

celle de celui qui, dans l'excès de sa passion, s'est aussi indis-
crètement engagé.

Il paraît que les peines pécuniaires portées contre ceux qui
n'exécutaient point les promesses de mariage, remontent aux
temps les plus anciens. On trouve cette jurisprudence dans Aulugelle. (4e. noct. att.) La loi salique réformée et rédigée par
Charlemagne en 798 (au chapitre 70, *de eo qui filiam alienam
quæsierit, et si retraxerit*) fixe la peine du dédit à 2500 deniers
ou 62 sols et demi, dans les termes suivans: « *Si quis filiam
alienam ad conjugium quæsierit, præsentibus suis et puellæ pa-
rentibus, et postea se retraxerit, et eam accipere noluerit, bis
mille quingenta denariis, qui faciunt solidos sexaginta duos cum
dimidio culpabilis judicetur.* »

Plus tard on voit dans les établissemens de Saint-Louis (première partie, chap. 134.) qu'on donnait souvent des arrhes pour
sûreté des promesses de mariage. Cet usage n'existe plus, et de
pareilles conventions ne sont point obligatoires. Le seul cas où
elles pourraient donner lieu à des dommages-intérêts serait, si
celui qui se plaint de l'inexécution du mariage, a fait des dépenses ou un long voyage en raison de cette promesse : alors on
peut accorder des dommages et intérêts relatifs à la perte éprouvée; car cette perte n'est pas seulement de *lucro captando*, mais
de *damno vitando*, c'est l'opinion de M. Merlin. (Voir *Répert.*,
verbo dédit.)

(Application de l'art. 1133, *c. c.*)

H.ers Champigny c. Pallu et Chenoveau.   Appel de Chinon, c.
M.es Moreau, Légier et Baudry, av. pl.   Arrêt du 4 août 1819.

•••

CHAPITRE SEIZIÈME.

CONTRIBUTIONS INDIRECTES.

—

La loi du 5 ventose an XII a établi ce mode d'impôts sous le nom de *droits-réunis*. Le décret du 1er.
germinal an XIII a fixé la marche à suivre dans les
instances intentées par la régie, ainsi que la procédure relative au mode de recouvrement des amendes
prononcées contre les contrevenans. La loi du 20
avril 1806 a compris sous la dénomination de droits
réunis les impôts sur le tabac, sur les boissons, sur
les cartes à jouer, sur les voitures, sur le sel, ainsi
que le droit de garantie des matières d'or et d'argent.
La loi du 24 avril 1816 sur les finances, contient des
dispositions spéciales sur les règles à observer devant les tribunaux pour décider les procès qui concernent la régie *des contributions indirectes*. Ce nom
définit d'une manière claire et précise le genre de
ces contributions. La loi n'atteint qu'*indirectement* les
individus qui consomment les produits du sol, mais
cette consommation est forcée et provoquée par les
besoins du pauvre comme du riche, et sous quelques
noms que cet impôt se présente *, il n'en est pas

---

* Si cet impôt a malheureusement été naturalisé en France, il a
souvent changé de noms; autrefois on l'appelait *aides*, *gabelles*,
droit de gros, etc.; ensuite *droits réunis*; aujourd'hui *contributions
indirectes*. Les dénominations ont varié toutefois : *mutató nomine*, *de
te.... narratur*.

moins très-onéreux, surtout pour la classe du peuple qui ne pourvoit à sa subsistance que par le travail de ses mains, et qui fait prospérer cette branche de recette de notre budjet, en consommant la plus grande partie des productions de notre territoire.

---

194. 1. Il est de principe que les nullités et les déchéances doivent être restreintes au droit le plus étroit, et au texte précis de la loi qui a voulu les établir. Ainsi, l'article 28 de la loi du 1er. germinal an XIII, qui stipule : « qu'en matière de régie de droits réunis, l'assignation aux fins de condamnation sera donnée dans la huitaine, *au plus tard*, de la date du procès-verbal » ne prononçant ni la nullité des assignations qui pourraient être faites postérieurement, ni la déchéance de l'action, les tribunaux ne peuvent décider qu'elles sont acquises à la partie qui les réclame. Les expressions, *dans la huitaine au plus tard*, doivent être considérées comme applicables à la régularité du service de l'administration, et non à l'intérêt des prévenus de contravention. (Voir l'article 32 de la même loi pour les délais d'appel.)

2. L'affirmation des procès-verbaux des employés de l'administration qui doit être faite dans les trois jours *devant le juge de paix*, doit s'entendre, non du juge de paix du domicile du saisi, mais de celui du lieu où la saisie a été faite. (Sur les art. 25 et 26 de la même loi.)

(PRÉSIDENCE DE M. DE LA PLACE, PRÉSIDENT.)

(M. GAULLIER DE LA GRANDIÈRE, SUBSTITUT.)

La Régie des contr. ind. c. Ligneau-Monnet.   Appel d'Orléans. i. M.e Baudry, avoc. plaid.   Arrêt du 3 janvier 1818.

---

195. QUAND les procès-verbaux des employés de la régie sont annulés pour vices de forme, ils ne peuvent être valablement suppléés par l'apport des registres de ces employés, *dits portatifs.* C'est pour donner à la constatation des faits un plus grand degré de garantie, et principalement en faveur des prévenus, que la

peine de nullité est attachée à l'omission de certaines formalités imposées aux agens de l'administration. Attribuer à des actes qui n'en sont point susceptibles, le pouvoir de remplacer des procès-verbaux légalement annulés, serait méconnaître le véritable esprit de la législation. Si par l'article 24 de la loi du 24 avril 1816 sur les finances, la foi est accordée aux registres portatifs des employés destinés à inscrire les actes par eux faits dans le cours de leurs exercices, cela ne doit s'entendre que du cas où ces registres peuvent venir à l'appui, ou servir d'éclaircissemens à des procès-verbaux réguliers; mais seuls, ils sont toujours insuffisans pour constater une contravention.

(PRÉSIDENCE DE M. DE LA PLACE, PRÉSIDENT.)

Ratouis   Appel d'Orléans, c.
c. la Régie des contributions indirectes.   Arrêt du 16 mai 1818.

---

196. LES employés de l'administration des contributions indirectes qui, au lieu *d'affirmer* leur procès-verbal sincère et véritable devant le juge de paix compétent, *assurent* seulement qu'il est sincère et véritable, ne remplissent point le vœu de la loi, et font un acte nul. L'affirmation est l'acte d'assurer avec serment la vérité d'un fait. Le mot affirmer est sacramentel et ne peut être remplacé par aucun autre équivalent; à moins que dans le cas où l'expression de la loi n'est point employée, celle qui lui est substituée ne contienne la mention expresse que l'assurance de la vérité des faits contenus au procès-verbal aurait été faite avec serment. (Interprétation de la loi du 24 avril 1816.)

(PRÉSIDENCE DE M. DE LA PLACE, PRÉSIDENT.)

Desnoues-Bataille c. la Régie des contr. ind.   Appel d'Orléans. c.
M.es Baudry et Légier, avoc. plaid.   Arrêt du 30 mai 1818.

---

197. LE débitant de vin qui a déclaré cesser son débit, est tenu, pendant les trois mois qui suivent, non seulement de se soumettre aux visites et aux exercices des commis, mais encore de produire aux employés de la régie les quittances des droits qui ont dû être acquittés. (Sur l'article 67 de la loi du 28 avril 1816.)

La Régie des contributions indirectes   Appel d'Orléans. i.
c. Cythère.   Arrêt du 12 nov. 1820.

•••

COR.

ARTICLE DIX-SEPTIÈME.

CORRECTIONNEL (AFFAIRES DE POLICE CORRECTIONNELLE).

—

LE mot *correctionnel* se trouve écrit pour la première fois dans le Code pénal de 1791. Auparavant on ne connaissait dans notre législation que le *grand* et le *petit* criminel. Il est à remarquer que le Code pénal de 1810, en donnant le nom de *délit* à l'infraction que les lois punissent de peines correctionnelles, a fait disparaître le vague de ce sentencieux article du Code du 3 brumaire an IV : « *faire* ce que défendent, ne *pas faire* ce qu'ordonnent les lois qui ont pour objet le maintien de l'ordre social et la tranquillité publique, est un délit. » Cette définition, toute de théorie, peut convenir à un publiciste, ou à un jurisconsulte, qui en déduira les conséquences; mais elle est trop générale dans son application à la jurisprudence, et la distinction établie en l'article 1er. de notre Code pénal actuel, entre la *contravention, le délit et le crime*, est très-exacte et très-judicieuse.

Les affaires de la compétence de nos tribunaux correctionnels embrassent dans certains cas une plus grande étendue que celles portées autrefois aux bailliages, jugeant au petit criminel. Tels sont les délits forestiers attribués par le Code de 1791 aux tribunaux de simple police, et qui, depuis l'abrogation de cette loi, sont devenus de la juridiction correctionnelle. Les contraventions en matière de contributions indirectes, etc., ont aussi la même compétence. Depuis l'organisation judiciaire de 1811, les cours d'appel ont réuni sous leur juridiction souveraine et en dernier ressort, toutes les matières civiles, criminelles et de police correctionnelle.

---

198. 1. Le garde champêtre *, qui parcourt le territoire de sa commune, est toujours dans ses fonctions : ainsi, s'il se rend passible d'un délit, il est directement justiciable de la cour royale. (Art. 483 *c. inst. cr.* et 198 du *c. pén.*)

2. La loi du 30 avril 1790, qui déclare le délit de chasse prescrit, quand il n'est point, pendant le mois, suivi de poursuites, ne peut être invoquée par le garde champêtre prévenu de ce délit, lorsqu'un nouveau délit relatif à un port d'armes sans permission, vient se joindre au premier. Les articles 1 et 3 du décret du 4 mai 1812, fixent à cet égard le dernier état de la législation.

Le Procureur-général c. Delvac,   Arrêt du 13 déc. 1815, garde champêtre de la commune d'Huisson (Blois).

---

* Officier de police judiciaire, (Code d'instr. crim., art. 9.) préposé à la surveillance des propriétés rurales de toute espèce. Déjà désignés dans la loi du 22 avril 1790 sur la chasse, les gardes champêtres ont été établis par la loi du 28 septembre 1791. D'autres lois s'occupèrent ensuite d'assurer leur établissement dans toutes les communes. Les lois du 20 messidor an III, du 28 pluviôse an VIII, art. 9, et du 27 ventôse de la même année, le décret du 11 juin 1806 ; enfin les dispositions du Code d'instruction criminelle ont complété la législation sur les gardes champêtres et forestiers. (Voyez le Code d'instruction criminelle, liv. 1.er, ch. 3, art. 16 et suivans.)

199. 1. Les ordonnances de prévention rendues par les tribunaux de première instance, en chambre du conseil, en matière criminelle et de police correctionnelle, quoique souveraines, quand elles n'ont point été attaquées dans les vingt-quatre heures par la voie de l'opposition, ne sont qu'indicatives et non attributives de juridiction. Ainsi, les qualifications qu'elles donnent aux faits, ne lient en aucune manière les tribunaux auxquels elles en renvoient la connaissance. En conséquence, les nouveaux juges saisis par ces ordonnances de prévention, doivent se déclarer incompétens, dès qu'ils sont assurés que les faits dont la connaissance leur est renvoyée, sont passibles de peines, dont l'application excède les pouvoirs qui leur sont déférés par la loi. (Sur les art. 134 et 135, *c. inst. crim.*)

2. Un magistrat compromis, lors d'un délit ou d'un crime auquel il a pu participer dans l'exercice de ses fonctions, mais qui n'est point encore sous le poids d'aucune prévention légale, ne peut intervertir l'ordre de la justice, en entraînant devant la cour royale les autres prévenus d'un délit qualifié connexe; le tribunal de première instance continue à être compétent pour l'instruction. (Art. 479 et 483, *c. inst. crim. combinés.*)

La continuation et le jugement d'une instruction ne peuvent plus être commis aux magistrats qui déjà ont statué sur l'affaire par voie de police correctionnelle; la Cour ayant infirmé ce jugement, et ayant renvoyé l'affaire pour être instruite de nouveau, ces juges ne sont plus compétens pour se prononcer sur le rapport du magistrat instructeur; car ils pourraient se trouver dans le cas de rétracter une opinion qu'ils auraient d'abord émise.

(PRÉSIDENCE DE M. DE LA PLACE, PRÉSIDENT.)

(M. DESCHAMPS, AVOCAT-GÉNÉRAL.)

Mél. Pinaudier, Begenne, Lecomte, c. le Procureur-général.	Appel de Blois. i.
M.es Moreau et Meslier, avoc. plaid.	Arrêt du 15 déc. 1817.

200. Les procès intentés par la régie des contributions indirectes pour contraventions aux lois et règlemens, ne sont point de la compétence des tribunaux de simple police, mais de la juridiction des tribunaux correctionnels. Ils sont saisis de la connaissance des contraventions en matière de finance, non en vertu

de l'article 179 du Code d'instruction criminelle, qui règle la compétence des divers genres de délits, mais en exécution de l'article 90 de la loi du 5 ventose an XII, spéciale à la matière, et qui n'a point été abrogée. Ainsi, la prescription relative aux poursuites pour infraction aux lois sur les contributions indirectes, doit être déterminée par la législation générale sur les contraventions, et par conséquent, cette action est prescrite, si elle est intentée plus d'un an après la rédaction du procès-verbal de saisie. (Sur l'art. 640, *c. inst. crim.*)

(PRÉSIDENCE DE M. DE LA PLACE, PRÉSIDENT.)

(M. GAULLIER DE LA GRANDIÈRE, SUBSTITUT.)

La Régie des contr. ind. c. Ligneau-Monnet. Appel d'Orléans. i.
M.ᵉ Baudry, avoc. plaid.   Arrêt du 3 janvier 1818.

---

201. ON ne doit point ranger dans la classe des remèdes secrets un médicament indiqué dans un ouvrage qui se vend publiquement, et dont la publication n'a jamais été entravée par les agens de l'autorité judiciaire ou administrative, lorsque toutefois la composition de ce remède n'est point connue, aucune loi ne peut empêcher un individu de céder aux personnes de sa connaissance un spécifique médicinal qu'il regarde comme bienfaisant et utile à l'humanité, lorsqu'il le vend en bouteilles ou paquets cachetés et qu'il ne prend aucun soin de le diviser luimême en doses ou portions.

(Rejet de l'application de l'article 36 de la loi du 21 germinal an XI.)

(M. GAULLIER DE LA GRANDIÈRE, SUBSTITUT.)

L'abbé Ménard et la d.lle Côté   Appel d'Orléans. c.
    c. le Procureur-général.
M.ᵉ Pailliet, avoc. plaid.   Arrêt du 18 mai 1819.

---

202. LE ministère public qui reconnaît seulement au moment de l'audience, que les témoins qui lui avaient été indiqués, et tous assignés à sa requête, avaient des relations de parenté avec le prévenu, et qu'il en résultait une défiance nécessaire sur l'exactitude de leurs dépositions, peut, dans l'intérêt public, de-

mander un délai pour parvenir au complément de sa preuve. (Art. 154 et 189, *c. inst. crim. combinés.*)

Le Procureur-général c. la f.e Baudrin. Appel d'Orléans.
Arrêt du 11 nov. 1820.

---

203. LE mot *classe* de citoyens énoncé dans l'article 10 de la loi du 17 mars 1822, répressive des écrits séditieux, ne signifie point littéralement *une classe privilégiée de Français*, qui ne peut plus exister depuis la promulgation de la Charte constitutionnelle. On doit entendre par le mot *classe* une collection d'individus. En conséquence, celui qui, d'après un écrit publié, a voué au mépris et à l'animadversion des citoyens la noblesse française, est passible des peines portées à l'article 10 de la loi sus-énoncée. La noblesse, quoiqu'elle ne forme plus un ordre particulier et privilégié dans l'état, étant reconnue, et la succession héréditaire des nobles étant consacrée par la Charte constitutionnelle.

(PRÉS. DE M. LE BARON ARTHUIS DE CHARNISAI, PR.er PRÉSIDENT.)

(M. DESCHAMPS, AVOCAT-GÉNÉRAL.)

Le Proc.-gén. c. Drouin de Varannes. Appel de Chinon. i.
M. Drouin plaide lui-même sa cause. Arrêt du 7 août 1822.

---

204. LA loi du 21 octobre 1814, qui oblige les libraires à se pourvoir d'un brevet, et qui a statué que les contrevenans à cette disposition seraient poursuivis devant les tribunaux de police correctionnelle, a abrogé dans tous ses effets et dans toutes ses conséquences la loi de 1791, qui, en proclamant la liberté absolue de toutes les professions, sans excepter le commerce de librairie, avait rendu inapplicable le règlement de 1723, qui jusqu'à l'époque de la loi de 1791 avait régi l'importante matière de la librairie.

Aujourd'hui, le règlement de 1723 est applicable aux contraventions imputées aux libraires, à l'égard des dispositions pénales non contraires à notre législation actuelle. (Sur l'art. 4 du règlement de 1723.)

(PRÉSIDENCE DE M. BOSCHERON-DESPORTES, PRÉSIDENT.)

(Renvoi de cassation.)

Le Proc.-gén. c. Lelièvre. Appel de Paris. (Tr. de pol. corr.) c.
Arrêt du 7 déc. 1822.

205. Pour qu'il y ait lieu à l'application d'une peine contre un prévenu qui a déjà subi une condamnation pour un délit postérieur à celui pour lequel il est aujourd'hui traduit en justice, et qu'on puisse regarder comme connexes les deux délits, il faut que le premier ait fait la matière d'un débat, et que le prévenu en ait été convaincu. Autrement, si à raison du premier fait il n'a subi qu'une condamnation *par contumace*, et que la peine qui a été prononcée contre l'accusé à l'égard du second délit, n'ait pas été le maximum de la loi pénale, cet accusé peut de nouveau être poursuivi après cette première condamnation, pourvu qu'en cas de conviction de culpabilité, il lui soit tenu compte dans son application de celle qu'il a déjà subie, et que la durée de ces deux condamnations n'excède point le maximum de la loi.

La cour d'Orléans a consacré ces principes dans une affaire renvoyée par la cour de cassation, qui avait annulé un arrêt confirmatif d'un jugement du tribunal correctionnel de Paris, lequel avait renvoyé de la plainte dirigée par le ministère public une fille ayant déjà subi une condamnation de quinze mois d'emprisonnement pour vol simple, et qui avait, quelques mois auparavant, été condamnée en dix années de réclusion, par contumace, par la cour d'assises de la Seine, pour vol commis dans une auberge où elle était reçue. On reconnut que cet arrêt rendu contre un accusé d'un nom différent, était réellement applicable à l'individu, depuis condamné correctionnellement; et qui lors du vol d'auberge avait pris un nom supposé.

La loi du 25 juin 1824, article 2, n'ayant plus qualifié que *délits* les vols dans les hôtelleries, le prévenu devait jouir sans doute du bénéfice de cette loi, et ne plus être condamné que correctionnellement : mais c'était une erreur de dire qu'il ne pouvait plus y avoir lieu à condamnation, vu la première en 15 mois d'emprisonnement, prononcée pour un délit postérieur *et connexe* avec celui pour la répression duquel une plainte était aujourd'hui intentée. La condamnation par contumace n'a point été le résultat d'un examen, d'un débat relatif à un accusé, elle a frappé d'ailleurs sur un individu désigné par un nom différent. Le prévenu ne peut donc se plaindre que l'on vienne aggraver sa position : on ne l'aggraverait réellement qu'autant qu'on lui infligerait une peine, qui réunie avec la première excéderait le maximum de celle prononcée par la loi. (Combinaison des art. 386, nᵒ. 4 et 401, *c. pénal*, avec les art. 365 et 379, *c. inst. crim.*, et l'art. 2 de la loi du 25 juin 1824.)

(PRÉSIDENCE DE M. DE LA PLACE, PRÉSIDENT.)

(Renvoi de cassation.)

Le procureur-général c. Julie Bouchot.   Appel de Paris, i.
                                           Arrêt du 4 déc. 1824.

---

206. 1. LA disposition de l'article 75 de la loi du 22 frimaire an VIII, qui exige une autorisation du conseil d'état, préalable à la poursuite des agens du gouvernement, ne s'applique qu'aux cas où ils sont poursuivis pour des faits relatifs à leurs fonctions. Ainsi, s'il s'agit d'un délit de chasse, sans permis de port d'armes, commis par un garde forestier, non sur un terrain soumis à sa surveillance, mais sur une propriété particulière, il n'est point nécessaire pour la validité de la poursuite, qu'une autorisation préalable soit accordée, le prévenu peut être valablement assigné à la requête du ministère public.

2. Les procès-verbaux de gendarmes constatant un délit de chasse, ne sont point soumis, comme ceux des gardes forestiers ou champêtres, à l'affirmation devant le maire du lieu où le délit constaté a été commis; par la raison que ces procès-verbaux ne font pas pleine foi en justice, mais peuvent être débattus avec admission de la preuve contraire.

(PRÉSIDENCE DE M. DE LA PLACE, PRÉSIDENT.)

(M. LAISNÉ DE Sᵗᵉ MARIE, SUBSTITUT.)

Le proc.-gén. et l'administration forestière   Appel de Gien. c.
                    c. Charlin.   Arrêt du 26 fév. 1825.

---

207. 1. LES ordonnances de prévention rendues par les chambres du conseil des tribunaux de première instance en matière criminelle ou de police correctionnelle, sont indicatives et non attributives de juridiction. Ces ordonnances qui deviennent des jugemens définitifs, tant qu'elles n'ont point été attaquées dans les vingt-quatre heures par la voie de l'opposition, n'ayant d'autre effet que de saisir le tribunal auquel elles renvoyent : cet effet est rempli, et l'exécution d'une ordonnance de cette nature est épuisée, dès que le tribunal a été saisi de la connaissance de l'af-

faire qui lui a été renvoyée. Alors les tribunaux correctionnels, ainsi légalement saisis, ne sont point liés par ces ordonnances; car ils sont obligés, avant tout, d'examiner la nature de l'affaire qui leur est soumise, et qu'ils doivent renvoyer devant le juge compétent, toutes les fois qu'il résulte, soit de nouveaux débats, soit d'un examen plus approfondi de l'instruction, que les faits imputés au prévenu sont, au cas où la preuve en serait acquise, passibles de peines dont l'application excède les pouvoirs qui leur sont déférés.

2. Les règles qui fixent la compétence étant d'ordre public, les nullités qui en découlent peuvent être proposées en tout état de cause, et par conséquent sur l'appel. Rien à cet égard ne peut arrêter l'action du ministère public. Ces nullités, même lorsqu'on n'en a point excipé, peuvent et doivent être suppléées d'office par le juge. Ces règles, applicables à toutes matières, le sont plus spécialement encore en cas de banqueroute, puisque l'art. 591 du Code de commerce impose au ministère public l'obligation d'interjeter appel de tout jugement de police correctionnelle, lorsque dans le cours de l'instruction il aura reconnu que la prévention de banqueroute simple peut être convertie en prévention de banqueroute frauduleuse.

Dans l'espèce, il est résulté de l'instruction plusieurs faits dénoncés par les syndics d'une faillite qui offrent le caractère constitutif de la banqueroute frauduleuse, et auxquels on peut appliquer les articles 594 et 595 du Code de commerce. La Cour, chambre des appels de police correctionnelle, se déclara incompétente, annula le jugement, et renvoya la cause devant le juge d'instruction d'un tribunal de son ressort, autre que celui où l'affaire avait déjà été portée. (Le renvoi fut ordonné à Blois.)

(PRÉSIDENCE DE M. DE LA PLACE, PRÉSIDENT.)

(M. PHIL. ARTHUIS DE CHARNISAI, SUBSTITUT.)

Foucher-Séguinard c. le proc.-gén.   Appel d'Orléans. i.
M.e Rigollot, avoc.   Arrêt du 22 mars 1825.

ARTICLE DIX-HUITIÈME.

CRIMINEL (AFFAIRES CRIMINELLES).

TOUTE justice émane du Roi, la souveraine puissance réside en France dans la majesté royale, au Roi seul appartient la punition des crimes. Tels ont été les anciens principes sur lesquels notre monarchie s'est appuyée pendant une longue suite de siècles : ce pouvoir, toutefois, n'était jamais arbitraire ; il se conformait à l'autorité de la loi. Aujourd'hui que la forme de notre gouvernement a consacré la division des pouvoirs, les jugemens criminels émanent du Roi, en ce sens qu'ils sont rendus en son nom ; la loi seule frappe et punit, et dirige les magistrats dans la poursuite et le jugement des affaires criminelles. Le Roi a conservé pour lui seul la plus belle prérogative de sa puissance, le droit de faire grâce. Ce noble attribut de la majesté royale est inhérent à la personne sacrée du monarque ; les malheureux ne tournent jamais en vain leurs regards vers le prince, dont la bonté est inépuisable.

Vers le milieu du dix-huitième siècle, le marquis de Beccaria publia son livre des délits et des peines. Cet ouvrage ayant fait ressortir les formes vicieuses.

de l'ancienne procédure criminelle, les philosophes proclamèrent aussitôt Beccaria le défenseur du genre humain ; dans leur admiration immodérée ils répétèrent à l'envi qu'il avait fait abolir la torture. On doit s'empresser d'affirmer que l'âme sensible et généreuse du vertueux Louis XVI, n'eut jamais besoin de recevoir aucune impulsion étrangère pour publier une ordonnance si chère à son cœur, et qui devait le faire appeler le plus humain des rois.

Les lois romaines s'étaient ainsi exprimées sur la Question : « *Quæstio res est fragilis, periculosa, et quæ veritatem fallat. Nam plerique patientiâ, sive duritiâ tormentorum ita tormenta contemnunt, ut exprimi eis veritas nullo modo possit ; alii tantâ sunt impatientiâ, ut quo vis mentiri, quàm pati tormentis velint.* » (l. 1, §. 23, ff. de *quæstion.*) Rapprochons de cette pensée le langage naïf de l'auteur du livre de la Sagesse : « Que dirons-nous de l'invention des gênes, qui est plutôt un essai de patience que de vérité ? N'est-ce pas une grande injustice et cruauté de tourmenter et rompre un homme de la faute duquel on doute encore ? Pour ne le tuer sans occasion, on lui fait pis que le tuer, s'il est innocent, et supporte la peine, quelle raison lui est faite du tourment injuste ? il sera absous, grand merci, mais quand ? c'est le moins mal que la faiblesse humaine ait pu inventer. » (Charron, liv. 1er., ch. 4, §. 7.)

Beccaria, entraîné par un sentiment de philantropie, a avancé plus d'un paradoxe, et s'est érigé en protecteur des accusés, sous le prétexte de défendre l'innocence. Dans son §. 16e. sur la *Peine de mort*, cité tant de fois par ses admirateurs, l'auteur soutient que ce supplice n'est autorisé *par aucun droit.* Cependant, comme s'il eût prévu les conséquences fâcheuses d'un pareil principe, il s'empressa d'ajouter : « que ce n'est que dans l'état ordinaire de la société, que la mort d'un citoyen n'est ni utile, ni nécessaire..... Je dis, dans l'état ordinaire, car la mort d'un citoyen peut être nécessaire en un cas, et c'est lorsque privé de sa liberté, il a encore des relations et une puissance qui peuvent troubler la tranquillité de la nature ; quand son existence peut produire une révolution dans la forme du gouvernement établi. »

Le Code criminel du 29 septembre 1791 a opéré une innovation heureuse, et depuis long-temps désirée, en donnant un conseil aux accusés. Lors de la discussion au conseil du Roi, de l'ordonnance du mois d'août 1670, le premier président de Lamoignon, un des commissaires député du parlement, pour l'examen des articles, combattit fortement l'article 8 du titre 14, qui interdisait aux accusés, de quelque qualité qu'ils fussent, de répondre autrement que par leur bouche, sans le ministère de conseil qui ne pourra leur être donné, même après la confrontation. » Cette opinion fut combattue par le conseiller-d'état Pussort, dont tous les raisonnemens aboutissent à dire que les conseils ne tendraient qu'à favoriser l'impunité, et que les avocats, féconds en ouverture pour former des conflits de juridiction, inventeraient des subtilités pour faire trouver des nullités dans les procédures, et pour faire naître un grand nombre d'incidens. L'avocat général Talon appuya la proposition du premier

président : néanmoins l'article fut adopté avec ce
seul amendement : « On pourra nommer un défenseur dans les cas de péculat, concussion, banqueroute frauduleuse, vol de commis ou associés en affaires de finances, ou banque, fausseté de pièces,
supposition de part, et autres crimes où il s'agira de
l'état des personnes. »

Ce même Guillaume de Lamoignon, qui dans le
conseil du Roi, présidé par le chancelier, plaidait
si noblement la cause de l'humanité, fit à Louis XIV,
tenant un lit de justice, cette belle réponse : le maître des cérémonies Saintrot se présentant pour sa-
luer le parlement après les évêques, le premier président lui dit : *Saintrot, la Cour ne reçoit point vos
civilités : je l'appelle M. Saintrot,* reprit le Roi. *Sire,*
répondit le magistrat, *votre bonté peut dispenser quelquefois votre Majesté de parler en maître ; mais votre
Parlement doit toujours vous faire parler en Roi.* Paroles
sublimes qui renferment toute la dignité de la magistrature.

---

208. Sur la demande en communication d'une procédure criminelle par un individu mis hors de prévention, le tribunal peut
prononcer par voie d'ordonnance en chambre du conseil ; la loi
n'ayant dans ce cas déterminé aucune forme précise de procéder.
(Interprétation de l'art. 128 du *c. d'inst. crim.*)

Le tribunal ne peut refuser au prévenu de crime, mis en liberté, faute de charges suffisantes, copie de la plainte ou de la
dénonciation faite par un citoyen contre lui, mais on ne doit
point lui faire connaître les autres pièces qui ont servi à l'instruction ; la procédure étant secrète jusqu'à l'interrogatoire devant le président de la cour d'assises. (Combinaison des art. 66,
246, 248, 302, 305 et 358, *c. inst. crim.*)

Il résulte de la conférence des articles 66 et 358 du Code d'instruction criminelle, que toute plainte ou dénonciation peut don-

ner lieu à une action en dommages-intérêts du chef de la partie dénoncée; mais celle-ci, pour jouir de la faveur de la loi, a-t-elle la faculté d'exiger la communication et la copie de cette dé-nonciation?

Cette question grave a été traitée par M. Russeau (alors premier avocat général) dans l'intérêt de l'ordre public. L'opinion profondément raisonnée de ce magistrat, a beaucoup servi à dé-terminer la décision de la Cour, conforme à ces conclusions, et devenue point fixe de jurisprudence.

« Il est nécessaire, dit Monsieur l'avocat-général, de parcourir rapidement les législations successives. L'ordonnance de 1670 n'autorisant point la publicité des débats en matière cri-minelle, nul doute qu'on aurait dû, sous l'empire de cette loi, refuser la lecture même, à plus forte raison copie de la procé-dure. La loi du 29 septembre 1791 sur l'établissement du jury, a changé cet ancien système. C'est dans l'esprit de cette nou-velle procédure criminelle qu'a été rédigé le Code des délits et des peines, de brumaire an IV. La loi du 7 pluviose an IX a voulu que les témoins, jusqu'à l'acte d'accusation, fussent tou-jours entendus secrètement; cette modification a dû interdire de délivrer aux accusés copie des témoignages; parce qu'aux débats seulement, tout devait paraître au grand jour. Le Code d'ins-truction criminelle de 1810 interdit au prévenu d'assister aux dépositions avant l'ouverture des débats de la cour d'assises, afin qu'il ne puisse circonvenir les témoins, soit à l'aide de ses complices, soit par toute autre voie. Mais, dit-on, l'article 373 du Code pénal punit celui qui a fait une dénonciation calom-nieuse; on doit donc une copie de la plainte ou de la dénoncia-tion à la partie inculpée. Cela est vrai; c'est la voie ouverte par la justice contre le dénonciateur. Le prévenu a droit de faire usage du *piveau* de la poursuite, c'est-à-dire de la plainte dont on donne lecture à chaque témoin, avant d'entendre leurs dépo-sitions séparément; mais on ne doit point lui donner copie des déclarations écrites des témoins. Ceux-ci ne sont que des réfé-rendaires appelés à déposer sans haine et sans crainte, mais qui ne viennent point de leur propre mouvement. Leur témoignage est contraint, puisqu'on prononce des peines contre eux, quand ils n'obéissent pas à la citation. Du moment que des charges suf-fisantes pour motiver une mise en jugement ne s'élèvent point contre le prévenu, celui-ci est sans droit pour rechercher dans le

secret du greffe des déclarations qui ne sont plus rien. L'action
de la calomnie ne peut s'entendre que d'un fait public. Ainsi,
aux débats, le faux témoin est un calomniateur. L'ordonnance
d'acquittement émanée d'une chambre jugeant le mérite d'une
prévention, est d'ailleurs essentiellement provisoire, car, s'il
survient de nouvelles charges, on peut dès le lendemain recommencer la procédure. Raison de plus pour garder le secret des
dépositions orales devant le juge d'instruction. Enfin, l'article
42 du tarif du 18 juin 1811, ne comprend point dans les droits
dus pour expéditions d'actes et de pièces, les déclarations des
témoins, ce qui complette la preuve de l'intention du législateur,
que l'information demeure secrète. »

(M. LE BARON ARTHUIS DE CHARNISAI, PREMIER PRÉSIDENT.)

Le procureur-général c. Ferret.   Appel de Chinen c. et i.
M. Pailliet, avoc. plaid.   Arrêt du 2 juillet 1817.

---

209. LE crime de fabrication d'un faux billet en matière de
commerce, est un crime séparé et distinct de celui de l'usage de
la pièce fausse. Dans l'acception grammaticale, le faux est l'alté-
ration, la falsification ou la suppression d'une vérité quelconque.
Pour qu'il y ait criminalité, il faut qu'il ait été commis en parfaite connaissance de la vérité et de la fausseté que l'on y subs-
titue. Ainsi, quoiqu'un individu, d'après la déclaration du jury,
n'ait point fait usage de la pièce fausse par lui fabriquée, et qu'il
n'ait point tenté d'en faire usage, il n'en doit pas moins être puni
de la peine portée en l'article 147 du Code pénal. Du moment
que les jurés ont déclaré l'accusé coupable de la fabrication d'une
pièce fausse, l'intention criminelle renfermée dans le mot *cou-*
pable établit implicitement la résolution affirmative de la *fabri-*
cation criminelle du faux.

(M. COLAS DE LA NOUE, PRÉSIDENT DE LA COUR D'ASSISES.)

(M. RUSSEAU, AVOCAT-GÉNÉRAL.)

Le proc.-gén. c. Jacq. Rocher.   Cour d'assises du Loiret
Arrêt du 12 avril 1821.   (Orléans).

---

210. LA fabrication d'un faux certificat auquel est joint une
fausse légalisation d'un officier municipal, ne constitue que le
délit prévu par l'article 161 du Code pénal; d'après le principe

que l'accessoire doit toujours suivre le principal; la fausse légalisation et la fausse signature apposées par l'accusé devant nécessairement se rattacher au faux certificat qui, dans le cas dont il s'agit, est l'objet principal du délit.

(M. DUGAIGNEAU DE CHAMPVALLÉES, PRÉSIDENT.)

(M. DESCHAMPS, AVOCAT-GÉNÉRAL.)

(Renvoi de cassation.) — Cour d'assises de Melun.

Le proc.-gén. c. Barraband.   Arrêt de la cour d'assises du dép. du
M.ᵉ Jallon, avoc. plaid.   Loiret (Orléans), du 21 fév. 1823.

---

211. QUAND un vol est commis par un voiturier sur la voiture confiée à sa conduite, à l'aide de la rupture et du brisement d'une caisse ou d'un baril qui renfermait la marchandise volée, ce vol n'est point pour cela accompagné de la circonstance aggravante de l'effraction intérieure, qui selon l'article 396 du Code pénal ne peut exister qu'après l'introduction préalable du voleur dans les maisons, cours, enclos ou dépendances.

(M. COLAS DE LA NOUE, PRÉSIDENT.)

Coutadeur et Legrand c. le   Cour d'assises du dép. du Loiret
  procureur-général.   (Orléans).
M.ᵉˢ Persin et Pailliet, avoc. plaid.   Arrêt du 16 janv. 1824.

---

212. LORSQU'UNE affaire criminelle est portée devant la chambre des mises en accusation, les juges doivent, avant tout, examiner s'il existe contre le prévenu des preuves ou des indices suffisans d'un fait qualifié crime par la loi. En conséquence, c'est sur les faits et circonstances établis dans la procédure écrite qu'ils doivent se décider, indépendamment de tous actes et jugemens intervenus en matière civile. Ainsi, si un agent de change est accusé d'avoir fait faillite, ce qui, en raison de son office d'agent de change, le rend passible d'une peine afflictive et infamante, et si la faillite paraît aux magistrats de la chambre des mises en accusation résulter des pièces de l'instruction qui constatent la retraite du débiteur, la suspension de ses paiemens, la cessation de ses fonctions, et enfin un traité fait par lui avec ses créanciers, qui lui accordent une remise sur le montant de ses dettes; en vain ce prévenu viendrait-il invoquer une sentence

consulaire intervenue depuis la plainte, qui déclare que les créanciers sont satisfaits, ce jugement civil ne peut, en aucune manière, arrêter l'action publique dirigée par le procureur-général au nom de la société. (Sur les art. 3 et 4, *c. inst. crim.*, 404 et 437, *c. com.*)

(M. LOYRÉ, PRÉSIDENT.)

(Renvoi de cassation.)

Le procureur-général c. D..... Arrêt du 23 février 1824.	Cour royale de Paris, chambre des mises en accusation. i. Chambre des mises en accusation. Orléans.

---

213. QUAND une circonstance aggravante a été écartée par l'arrêt d'accusation, mais qu'elle vient de nouveau ressortir des débats du procès porté à la cour d'assises, qui néanmoins n'ont offert sur ce point rien de plus que les premiers faits présentés à la chambre des mises en accusation; on ne peut invoquer l'exception de la chose jugée, en alléguant que cette circonstance n'est pas nouvelle, et que déjà elle a été soumise à la chambre des mises en accusation. L'article 338 du Code d'instruction criminelle laisse aux cours d'assises une liberté entière de poser toute question relative à une circonstance aggravante résultant des débats, et il ne peut s'élever aucune fin de non-recevoir contre ce droit.

(M. COLAS DE LA NOUE, PRÉSIDENT DE LA COUR D'ASSISES.)

Anne Houx c. le procureur-général. M.ᵉ Faucheux, avoc. plaid.	Cour d'assises du département d'Indre et Loire (Tours). Arrêt du 27 mars 1824.

---

214. LORSQU'UN acte d'accusation présente un fait de vol domestique, tel que linge, habillement, etc., et qu'il résulte des débats que l'accusé peut avoir en outre soustrait frauduleusement une somme d'argent appartenant à un individu qui se trouvait dans la maison du maître de l'accusé; cette question constitue un fait nouveau, et ne doit pas être adressée au jury; car ce n'est plus un autre objet volé au maître, mais une soustraction frauduleuse faite dans la même maison à une autre personne; il faut donc une instruction et une mise en accusation

sur ce fait, pour que la question en puisse être présentée aux jurés.

(M. COLAS DE LA NOUE, PRÉSIDENT DE LA COUR D'ASSISES.)

Claire Crosnier   Cour d'assises du département d'Indre
c. le procureur-général.   et Loire (Tours).
M.ᵉ Verger, avoc. plaid.   Arrêt du 29 mars 1824.

---

215. QUAND une question d'homicide involontaire est posée au jury, conformément à l'article 319 du Code d'instruction criminelle, si les jurés la résolvent négativement, quant à la première partie de cet article, mais affirmativement quant à la seconde; en d'autres termes, s'ils décident que *l'accusé a été la cause involontaire de la mort de l'individu*, sans dire que cette cause involontaire provient de *l'imprudence*, *de l'inattention ou de la négligence*, *etc.* Ce fait, tel qu'il est énoncé, n'en est pas moins susceptible d'être puni correctionnellement. La cause d'un homicide involontaire est en elle-même un délit dont la répression est confiée à la loi pénale.

(M. COLAS DE LA NOUE, PRÉSIDENT.)

Jeanne Desmée c. le pr.-gén.   Assises d'Indre et Loire (Tours).
M.ᵉ Jullien, avoc. plaid.   Arrêt du 24 juin 1825.

DÉF.

ARTICLE DIX-NEUVIÈME.

DÉFAUT (JUGEMENT PAR).

———

C'est à l'expérience, ce guide si sûr en matière de procédure, qu'on doit le perfectionnement de notre législation *sur les jugemens par défaut.* Chez les Romains on obtenait un édit de péremption contre le défaillant, et on ne pouvait faire prononcer la déchéance que dix jours après l'édit. On voit au ff., lib. 5, tit. 1; *de judiciis, et ubiquisque agere vel conveniri debeat*, leg. 68, 69, 70, 71, 72, 73, tous les détails de cette procédure. « *Et post edictum peremp-*
» *torium impetratum, cùm dies ejus supervenerit, tunc*
» *absens citari debet, et sive responderit, sive non res-*
» *ponderit, agetur causa et pronunciabitur, non utique*
» *secundùm præsentem, sed interdum, vel absens, si bo-*
» *nam causam habuerit, vincet.* »

En France, avant l'édit de 1539, les défaillans étaient toujours condamnés sans vérification. Depuis, il fallut un examen préalable de la justice de la demande, pour la consacrer contre le défendeur absent. L'ordonnance de 1667, tit. v, a subi des modifications sages, consacrées par notre Code de procédure, entr'autres celle-ci : le défaut obtenu contre une partie qui n'a pas constitué avoué, doit être signifié par un huissier commis par le juge, précaution sage qui empêche cette prévarication, qu'on appelait anciennement *souffler la copie*.

---

216. Les formalités relatives à l'exécution des jugemens par défaut étant dans l'intérêt exclusif du défaillant, celui-ci peut toujours invoquer en sa faveur, ou abandonner le moyen de péremption qui lui est offert par la loi. (Art. 159, *pr.*)

Bobières c. Barbier.   Appel d'Orléans, i.
Mes Moreau et Dinochau, avoc. plaid.   Arrêt du 12 déc. 1811.

---

217. La loi n'attache au jugement par défaut l'effet d'une exécution suffisante pour former obstacle à toute opposition, qu'aux différens cas qu'elle précise : soit la vente des meubles saisis, soit l'emprisonnement ou la recommandation de la partie condamnée, soit la notification d'une saisie-immobilière, etc. La distinction établie par l'article 159 du Code de procédure, entre la vente du mobilier et la notification d'une saisie-immobilière, prouve que le législateur a voulu que l'exécution fût établie par l'une ou l'autre de ces voies. Il suit de là qu'un procès-verbal de carence, qui rend bien impossible la vente d'un mobilier qui n'existe point, n'est qu'un commencement d'exécution, et non un moyen d'exécuter un jugement par défaut, puisqu'il laisse d'autres voies à la disposition du créancier. (Voir n°s. 224 et 230 où le contraire a été jugé.)

Riou et Durand   Appel de Gien. c.
c. Etienne et Paul Rousseau.
Mes Dinochau et Johanet, avoc. plaid.   Arrêt du 26 août 1812.

---

218. Un procès-verbal de Carence n'est pas mis au nombre des moyens par lesquels un jugement par défaut est réputé exécuté. (Voir n°s. 224 et 230.)

La Boissière c. Forest, père et fils.   Appel de Tours. i.
Mes Dinochau et Baudry, avoc. plaid.   Audience du 4 nov. 1812.

219. Un commandement non suivi de la vente des meubles, n'est point un acte d'exécution d'un jugement par défaut. (159, *pr.*)

V.ᵉ Signolet c. Boucaire,   Appel de Chinon, c.
M.ᵉˢ Johanet et Baudry, avoc. plaid,   Audience du 28 mars 1814.

---

220. Un commandement et une saisie-exécution non suivie de vente, ne sont point des actes d'exécution d'un jugement par défaut, rendu contre une partie qui n'a point d'avoué. Ainsi ce jugement est susceptible d'être attaqué par voie d'opposition. Les poursuites dont il vient d'être parlé ne sont que des actes préparatoires, tendant à l'exécution du jugement. (Art. 158 et 159, *pr.*)

Paillard c. son épouse, née Girard.   Appel de Montargis, i.
M.ᵉˢ Baudry et Johanet, avoc. plaid.   Arrêt du 7 juillet 1814.

---

221. Un jugement d'ordre, quoiqu'il statue sur des intérêts distincts entre chacun des créanciers colloqués, ne renferme toutefois qu'un seul objet sous le rapport de l'ordre qu'il établit entre les collocations, auquel ordre la masse des créanciers a un intérêt commun.

Ainsi, si un jugement a été rendu par défaut, après un premier jugement prononcé aussi par défaut, le second jugement n'est plus susceptible d'être attaqué par la voie d'opposition. Cette disposition est générale et s'applique à la partie contre laquelle le premier défaut joint a été obtenu, aussi bien qu'à celle avec qui la jonction a été ordonnée. (153, *c. pr.*)

Chauvelin c. les mariés Giraudeau.   Appel de Chinon, c.
M.ᵉˢ Baudry et Johanet, avoc. plaid.   Arrêt du 29 août 1814.

---

222. Celui qui obtient un jugement par défaut à un tribunal de commerce, est tenu, dans les délais de six mois depuis son obtention, de faire un acte d'exécution de ce jugement contre les syndics de la faillite de son débiteur, soit en exerçant contre celui-ci la contrainte par corps prononcée par le jugement, soit en procédant dans les délais de la loi à la saisie des immeubles

de ce débiteur. En vain, dit-on, le failli étant dessaisi de l'administration de ses biens, le créancier ne peut faire autre chose, que de se présenter devant le juge commissaire pour faire vérifier ses créances. Ces allégations disparaissent devant l'article 494 du Code de commerce, qui dispose que toute action civile intentée avant la faillite, sera suivie contre les agens et les syndics. (Sur les art. 156 et 159, *pr.*, 494, *c. com.*)

Vergnaud c. Yvonnet.   Appel d'Orléans. (Trib. de com.)
Mes Baudry et Légier, avoc. plaid,   Arrêt du 9 juillet 1817.

---

223. Un jugement par défaut rendu contre une partie qui n'a pas d'avoué, et signifié à la partie elle-même, ne peut être réputé non avenu, quand il n'a pas été exécuté dans les six mois. Si le défaillant forme une opposition régulière à la signification susdite, il ne peut plus être reçu à dire qu'il n'a pas eu connaissance des dispositions du jugement, et le délai d'appel commence à courir après la huitaine qui suit l'opposition. (Art. 156, 159, 443, *pr.*)

Beaubois c. Dejoux et Petit.   Appel de Romorantin. i.
Mes Baudry et Pailliet, avoc. plaid.   Arrêt du 22 juin 1820.

---

224. Un procès-verbal de carence est un acte d'exécution de jugement par défaut, dans le sens des articles 156 et 159 du Code de procédure civile, puisqu'il constate qu'on ne peut aller au-delà.

Nota. La cour avait jugé en sens inverse (n.ºs 217 et 218). Depuis la jurisprudence s'est fixée, en décidant qu'il fallait définitivement mettre le procès-verbal de carence au nombre des actes d'exécution d'un jugement par défaut.

Hubert c. Coupeau.   Appel de Chinon. c.
Mes Moreau et Baudry, avoc. plaid.   Arrêt du 1.er déc. 1820.

---

225. L'obligation imposée au défaillant de revenir par opposition dans la huitaine au jugement rendu contre lui, ne peut s'appliquer qu'à la personne qui a été assistée d'un avoué; on ne peut l'étendre aux sentences consulaires obtenues contre une

partie représentée par un agréé ou un mandataire. Les dispositions de l'article 156 du Code de procédure sont générales, et comprennent tous les jugemens émanés des tribunaux près lesquels la loi n'a point établi d'avoués.

Liger-Poissac c. Hubert Piédor.   Appel d'Orléans. (Trib. de
                                        commerce.) i.
M.es Légier et Baudry, avoc. plaid.   Arrêt du 16 déc. 1820.

---

226. La vente d'objets mobiliers hors du domicile du débiteur, n'est pas une exécution de jugement par défaut. Que veut la loi dans les articles 158 et 159 du Code de procédure? que le défaillant ait connaissance des condamnations portées contre lui. L'article 159 ne parle que *de meubles*, mais par ce mot, on doit entendre les meubles à l'usage ordinaire, et non les objets d'un commerce qui ne peuvent plus être qualifiés du nom d'objets mobiliers. (Art. 533, 534 et 535, c. c.) Ce n'est point ici une distinction sophistique : le mot meuble, quoique générique, ne peut, dans le sens de l'article 159 du Code de procédure, s'appliquer à tous les objets qui ne sont point rangés dans la classe des immeubles.

Tribert c. Gentien.   Appel du trib. de com. d'Orléans.
M.es Baudry et Moreau, avoc. plaid.   Arrêt du 5 janvier 1821.

---

227. Quand sur l'opposition à un jugement par défaut, un second jugement par défaut est rendu, ce jugement n'est plus susceptible d'opposition. En vain ne s'est-on pas servi du mot *débouté* * ; cette formule n'est point sacramentelle, et il n'y a plus que la voie d'appel à prendre pour obtenir la réformation de la sentence. (Sur les articles 165 et 455, pr.)

Lepot c. Oudin.   Appel de Tours. c.
M.es Baudry et Légier, avoc. plaid.   Arrêt du 26 juin 1822.

---

228. L'opposition à un jugement par défaut ne peut être ad-

---

* On ne doit jamais confondre les *défauts* avec les *congés* applicables aux demandeurs seulement. Les Romains appelaient un congé *Eremodicium*, id est, *desertio litis contestatæ.*

mise qu'autant qu'elle est formée par requête d'avoué à avoué, et non par un simple acte extra-judiciaire. (Art. 160, *pr.*)

(M. COLAS DE LA NOUE, DOYEN DES CONSEILLERS, PRÉSIDENT.)

Nicolas Chambon c. L. Métais,	Appel de Pithiviers. c.
M.ᵉ Baudry, avoc., et M.ᵉ Marchand, avoué.	Arrêt du 14 novembre 1822.

---

229. Le créancier porteur d'un jugement par défaut rendu par un tribunal de commerce contre l'endosseur d'un billet à ordre protesté, s'il signifie ce jugement, et fait commandement sans aller au-delà, on ne peut lui opposer la fin de non-recevoir résultant de la non-exécution du jugement, aux termes de l'article 159 du Code de procédure civile, lorsque c'est la fuite du débiteur de son domicile, et non la négligence du créancier poursuivant, qui a rendu impraticable l'exécution complète du jugement par défaut.

(PRÉSIDENCE DE M. COLAS DE LA NOUE.)

Cotte c. Robin.	Appel de Blois. c.
M.ᵉˢ Moreau et Baudry, avoc. plaid.	Arrêt du 18 juin 1823.

---

230. Un procès-verbal de carence est un mode d'exécution d'un jugement par défaut rendu contre une partie qui n'a pas d'avoué. Il équivaut à une saisie-exécution. En vain le débiteur possède-t-il des immeubles, et allègue-t-on que le créancier doit en effectuer la saisie. Cette objection ne peut renverser la jurisprudence qui a irrévocablement placé le procès-verbal de carence au nombre des voies d'exécution renfermées dans l'article 159, procédure, et changé la disposition de deux arrêts antérieurs rapportés aux Nᵒˢ. 217 et 218. La loi, d'ailleurs n'oblige le poursuivant qu'à l'exécution du jugement par défaut; il n'a point à rechercher si le débiteur est propriétaire d'immeubles, et commencer une nouvelle procédure.

F.ᵉ Déniau, née Delaboissière, c. son mari.	Appel de Blois. c.
M.ᵉˢ Baudry et Légier, avoc. plaid.	Arrêt du 28 juillet 1824.

---

231. Lors d'une opposition à un jugement ou à un arrêt par

défaut, il n'est pas nécessaire, pour qu'elle soit valable, qu'elle soit faite à la charge d'être *réitérée par une requête* libellée dans la forme ordinaire des requêtes. (Art, 162, *pr.*) Le but de cet article est rempli, quand la réitération est faite par des conclusions motivées. Le motif de la loi étant de donner à l'opposition la publicité nécessaire pour qu'elle soit bien connue de la partie à qui on l'adresse.

D.lle Laurent c. Dutertre   Appel de Blois. c.

M.es Vilneau et Rigollot, avoc. plaid.   Arrêt du 24 déc. 1821.

•••

DÉP.

ARTICLE VINGTIÈME.

DÉPENS. *

MONTESQUIEU ** rapporte qu'on ne connaissait point autrefois en France le mode de condamnation aux dépens. « Le seigneur, ayant les profits » principaux, faisait aussi les principales dépenses, » soit pour assembler ses pairs, soit pour les met- » tre en état de procéder au jugement..... Mais » quand, par le fréquent usage des appels d'un tri- » bunal à un autre, les parties furent sans cesse » transportées hors du lieu de leur séjour, quand » l'art nouveau de la procédure multiplia et éter- » nisa les procès, quand la demande fut ruineuse et » la défense tranquille, que les raisons se perdi- » rent dans un volume de paroles et d'écrits,.... » il fallut bien arrêter les plaideurs par la crainte » des dépens. » L'ordonnance de Charles IV, en 1324, ordonna aux juges séculiers de condamner aux dépens la partie qui succomberait. Ces dispo- sitions étaient fondées sur le droit romain. Le titre

* Frais de Justice, *Voyez* TAXE.

** Esprit des Lois, liv. 28, chap. 35.

XVI du livre 4 des Institutes, *de pœna temerè litigan-*
tium, §. 1, statue ainsi : « *Ita introductum est ut im-*
» *probus litigator et damnum et impensas litis inferre*
» *adversario suo cogatur.* »

L'ordonnance de 1667, titre 31, art. 1, oblige les
juges de condamner aux dépens la partie qui suc-
combe, en leur défendant d'employer l'ancienne
formule, *hors de cour, sans dépens* *.

L'auteur du *Répertoire* fait observer (*verbo* dépens)
que la disposition de l'ordonnance n'ôtait point aux
juges la faculté de compenser les dépens, lorsque
la raison et l'équité l'exigeaient, comme lorsque les
deux parties sont également de mauvaise foi l'une et
l'autre. L'article 131 du Code de procédure renferme une disposition plus sage ; car, des juges peu-
vent-ils énoncer dans un monument judiciaire, que les
deux plaideurs dont ils viennent de juger le procès,
ont combattu l'un et l'autre avec les armes de l'im-
posture et de la mauvaise foi ? la compensation n'est
plus permise qu'entre proches parens, ou si les
parties succombent respectivement sur quelques
chefs.

---

232. Un héritier bénéficiaire, en sa qualité d'administrateur,
a le droit d'exercer des poursuites contre tous les débiteurs de
la succession ; mais, s'il agit par voie de commandement au lieu
de demander un compte, il élève une contestation imprudente
dont il doit supporter les frais en son nom personnel, car il

* Formule dont se sert La Fontaine dans sa fable de l'*Huître et*
les Plaideurs :

« Ce repas fait, il dit d'un ton de président,
« Tenez, la cour vous donne à chacun une écaille,
« *Sans dépens*, et qu'en paix chacun chez soi s'en aille. »

commet une faute grave dans l'administration dont il est chargé.
(Sur l'art. 804, *c. c.*)

V.° Haudnroy, Gallard, c. Schreglé.　　Appel d'Orléans, c.
M.°° Moreau et Pailliet, avoc. plaid.　　Arrêt du 14 mars 1816.

---

233. Celui qui forme une demande en radiation d'hypothèque, le lendemain du jour où une action en délivrance de legs
est formée contre lui à un autre tribunal, si la jonction de ces
deux demandes est ordonnée, il ne doit pas toutefois supporter
les dépens de l'instance, attendu qu'il lui a été impossible, en
raison du délai des distances, de connaître la demande en délivrance de legs. (Art. 1031, *pr.*, non applicable.)

Le Grand c. v.° et h.°°° Farineau.　　Appel de Pithiviers, i.
M.°° Johanet et Baudry, avoc. plaid.　　Arrêt du 24 juillet 1816.

---

234. Une instance intentée avant le 1er. janvier 1807, époque
de la mise en activité du Code de procédure civile, donnant lieu
à l'application des anciennes lois et ordonnances sur la matière,
si un jugement par défaut obtenu après l'émission du Code de
procédure est le résultat d'une action introduite avant l'époque
du 1er. janvier 1807, les dépens sur l'opposition doivent être re-
fondus au désir de l'ordonnance de 1667, pour les faire supporter
au défaillant. (Sur l'art. 1041, *pr.*)

(PRÉSIDENCE DE M. LE BARON ARTHUIS DE CHARNISAI.)

Cornu c. demoiselle Hardy.　　Appel d'Orléans, i.
M.° Moreau, avoc. plaid.　　Arrêt du 18 déc. 1816.
Cornu plaidant pour lui-même.

---

235. Celui qui, en bureau de paix, reconnaît qu'il est en
possession d'une portion de terrain appartenant à son voisin,
qui l'a assigné en bornage et arpentage; s'il offre en conséquence
à restituer cet excédant, et que, les offres n'étant pas acceptées,
une instance s'engage, en vain le demandeur accepte-t-il ultérieurement les offres qui lui sont faites, son refus primitif ayant
causé le procès, il doit en supporter les frais. (Sur l'art. 130, *pr.*)

Jouasneau c. Dumasnil.　　Appel de Pithiviers, c.
M.°° Moreau et Baudry, avoc. plaid.　　Arrêt du 29 mars 1817.

236. L'ARTICLE 6 du décret du 16 février 1807 dispose, qu'il ne pourra être interjeté appel d'un jugement ou exécutoire en matière de dépens, que lorsqu'il y aura appel de quelques dispositions sur le fond. Souvent, pour éluder ce principe de droit, on forme un appel qui est bientôt abandonné quant aux chefs principaux mis en avant, pour ne plus discuter que la question de dépens. C'est aux magistrats à apprécier néanmoins, s'ils doivent réformer la condamnation de dépens; ils sont toujours compétens pour statuer sur leur distribution.

Girouard c. demoiselle Dupont.   Appel de Blois, c.
Mes Baudry et Moreau, avoc. plaid.   Arrêt du 24 avril 1818.

237. QUAND un ordre est ouvert mal à propos par celui auquel une inscription a été indûment délivrée par le conservateur, il doit être condamné à supporter les frais de cette mauvaise procédure, et les restituer à ceux qui en ont fait les avances, conformément à l'action appelée *condictio indebiti.*

Herpin c. Julienne.   Appel de Chinon, c.
Mes Baudry et Johanet, avoc. plaid.   Arrêt du 17 juillet 1818.

238. LE principe consacré sous l'empire de l'ordonnance de 1667, touchant la refusion et le paiement des dépens d'un jugement par défaut contre lequel on voulait se pourvoir, est entièrement abrogé par le Code de procédure. Cette disposition pénale, prononcée par un jugement, est illégale et nulle. (Titre VIII, liv. 2, c. pr.)

Mayaud c. Pierre.   Appel de Tours. (Commerce.) i.
Mes Moreau et Pailliet, avoc. plaid.   Arrêt du 30 juillet 1819.

239. L'INTIMÉ qui, *subsidiairement,* forme un appel incident dans le cas où quelques chefs de l'appel principal seraient accueillis, n'en interjette pas moins un véritable appel incident sur lequel la cour doit prononcer. Il n'appartient point aux parties de pouvoir donner valablement à leurs conclusions un caractère conditionnel. Ainsi, si le jugement est confirmé, et qu'il ne soit pas besoin de statuer sur cet appel *subsidiaire,* celui qui l'a interjeté n'en doit pas moins supporter les dépens.

(PRÉSIDENCE DE M. DE LA PLACE.)

V.^e et h.^{ers} Reculé c. Bourguignon.   Appel d'Orléans, c.
Mes Légier et Baudry, avoc. plaid.   Arrêt du 21 mai 1824.

240. QUAND sur l'appel d'un jugement qui ordonne une expertise, l'intimé demande au moment du *posé des qualités*, qu'il soit nommé par la cour trois, et non un expert, cette réformation peut être accordée sans prendre la voie d'infirmation, et sans faire supporter aucuns dépens à l'intimé, par la raison que l'appel avait pour but de faire réformer la mesure interlocutoire ordonnée par les premiers juges, et ne portait point sur le mode de sa prononciation.

Larue père et fils c. Bizot.   Appel de Gien. c.

M.ᵉˢ Légier et Moreau, avoc. plaid.   Arrêt du 24 août 1824.

----

241. EN matière civile, la condamnation aux dépens est personnelle pour chacune des parties en cause, conformément à la quotité qui a été prononcée. Admettre la solidarité à cet égard, est une erreur et une contravention à la loi. (Sur les art. 138 et 131, *c. pr.*)

(PRÉSIDENCE DE M. LE BARON ARTHUIS DE CHARNISAI.)

(M. DE S.ᵗᵉ MARIE, SUBSTITUT.)

(Renvoi de cassation.)

Bonvallet c. Houdaille et Lebrun.   Appel d'Avallon. i.

M.ᵉˢ Légier, Vilneau et Johanet, av. pl.   Arrêt du 21 avril 1825.

DER.

ARTICLE VINGT-UNIÈME.

DERNIER RESSORT.

—

Avant que le parlement de Paris eut été rendu sédentaire sous Philippe-le-Bel, les baillis et sénéchaux étaient juges souverains pour les affaires civiles et criminelles. Ils ne renvoyaient au Roi que celles qui leur paraissaient trop importantes, et le monarque en donnait avis à son parlement.

Lors de la création des présidiaux, on s'occupa de fixer la compétence des juridictions. L'édit de Henri II, du mois de juin 1551, établit que les sièges présidiaux jugeraient sans appel toute matière civile qui n'excèderait pas 250 liv. tournois. On déterminait la valeur du principal des rentes constituées au denier 25, et on jugeait ainsi en dernier ressort ce qui ne surpassait point la valeur de 10 liv. de rente annuelle [*]. Quelques sièges inférieurs étendirent leur juridiction souveraine jusqu'à 500 liv. Les juges-consuls de Lyon jouissaient de ce privilége. Les objets immobiliers, et par con-

---

[*] Voir l'Introduction à la Jurisprudence de la Cour Royale d'Orléans, n.° 35.

séquent les rentes, alors rangées dans cette catégorie, étaient évaluées d'après le revenu qu'elles produisaient. Quant aux rentes viagères, on établissait la valeur du capital, eu égard à l'âge de la personne sur la tête de laquelle elles reposaient.

La loi du 24 août 1790 sur l'organisation judiciaire, a fixé le *quantum* des attributions souveraines des juges de district, maintenant juges de première instance. C'est encore l'article v du titre iv de cette loi, qui est la règle de compétence de nos tribunaux actuels. Le Code de procédure n'a aucune disposition sur ce point. Le Code de commerce, art. 639, a consacré cette législation pour les affaires consulaires.

----

242. QUAND un immeuble est vendu au-dessous de mille francs avec pacte de rachat, et que, par l'effet de ce contrat, le vendeur rentre dans son bien, on ne peut dire lors d'une contestation qui s'élève à cause de l'exercice du réméré, que le prix stipulé n'est que provisoire, et qu'on doit apprécier la valeur réelle de l'héritage supérieure à mille francs, pour déterminer le taux de la juridiction. Du moment que la demande principale introductive d'instance en nullité du contrat, est inférieure à mille francs, le jugement est rendu en dernier ressort. (Application de l'article 5 du titre iv de la loi du 24 août 1790.)

Guillet c. les syndics Archambault.   Appel de Chinon.
M. Moreau et Johanet, avoc. plaid.   Arrêt du 29 juillet 1812.

----

243. LORSQU'ON revendique un terrain évidemment d'une valeur intrinsèque inférieure à mille francs, pour déterminer la fin de non-recevoir du dernier ressort, il ne faut point uniquement s'arrêter à cette valeur, mais à celle que peut avoir le terrain d'après sa situation, et les domaines auxquels il se joint, et

dans lesquels il peut être enclavé. Cette indétermination d'une valeur précise repousse l'exception du dernier ressort.

Croquet de Béligny c. Carignon.   Appel de Montargis, c.

Mes Johanet et Baudry, avoc. plaid.   Arrêt du 13 août 1812.

---

244. Lorsqu'une sommation est faite à un négociant devant un tribunal de commerce de livrer une certaine quantité de marchandises d'une valeur au-dessus de mille francs, sinon de payer à titre de dommages-intérêts une somme moindre de mille francs, si le tribunal ordonne avant faire droit la preuve du marché, cette disposition interlocutoire est susceptible d'être attaquée par la voie de l'appel, car la demande en dommages-intérêts tient à l'examen préalable d'un acte dont la valeur surpasse le taux du dernier ressort.

Baulu c. Chenu.   Appel d'Orléans. (Trib. de commerce.)
Arrêt du 1.er avril 1814.

---

245. Quoique ce soit la quotité de la demande introductive d'instance qui détermine la compétence de la juridiction en dernier ressort, les parties pouvant toujours restreindre leur demande jusqu'au jugement définitif, si elles usent de cette faculté, on ne peut plus invoquer l'action principale à l'appui de la fin de non-recevoir, et si la demande réduite est au-dessous de mille francs, l'appel n'en est pas recevable.

Morinet c. Leblanc.   Appel de Loches.

Mes Moreau et Baudry, avoc. plaid.   Arrêt du 22 août 1814.

---

246. En principe général, la compétence du dernier ressort doit se déterminer par les conclusions de la demande originaire; cependant s'il s'agit de statuer sur la validité d'une opposition à une saisie-exécution faite pour une somme inférieure à mille francs, et si cette opposition est fondée sur une constitution dotale d'un mobilier dont la valeur excède mille francs, cette demande exceptionnelle, dont le but est de se soustraire à la saisie-exécution, devient alors action principale sur laquelle on ne peut prononcer qu'à la charge de l'appel.

Tanchon c. les mariés Noveu.   Appel de Chinon.

Mes Moreau et Johanet, avoc. plaid.   Arrêt du 29 nov. 1815.

247. Lorsqu'une contestation est introduite pour un billet qui n'excède pas la valeur de mille francs, si l'une des parties s'inscrivant en faux contre le billet, réclame des dommages-intérêts pour une somme supérieure à mille francs, cette demande incidente ne peut être regardée comme l'accessoire de l'action principale; c'est une sorte d'exception qui ne résulte pas nécessairement de la première demande, mais qui vient s'y joindre, et qui repousse la fin de non-recevoir du dernier ressort.

V.e Dubois c. les héritiers Paumier.   Appel de Tours.
M.es Moreau et Baudry, avoc. plaid.   Arrêt du 24 janvier 1816.

---

248. L'attribution des tribunaux de première instance, relative au dernier ressort, se détermine non-seulement par la valeur des objets formant la demande principale, mais encore par celle des stipulations énoncées au titre en vertu duquel on agit. Ainsi, un commandement de payer les intérêts du prix d'un contrat de remplacement militaire, est bien une action principale comme objet de la demande, mais on ne peut la regarder comme n'étant pas susceptible d'appel, parce qu'elle est au-dessous de mille francs; car le procès engagé pour les intérêts n'est qu'un commencement d'exécution des stipulations contenues dans l'acte de remplacement.

Lagarde c. Cointepas.   Appel d'Orléans.
M.es Baudry et Légier, avoc. plaid.   Arrêt du 15 mai 1816.

---

249. Quand une demande formée contre une femme en raison de détournement d'objets de la communauté, et montant à une somme considérable, est réduite par le demandeur à mille francs d'indemnité pour tous dommages-intérêts; si cette action est rejetée comme non justifiée, peut-on en interjeter appel en rattachant la première demande à la seconde? non sans doute, car le dernier état des conclusions fixe la cause, et détermine l'attribution souveraine du dernier ressort.

F.e Rapine c. Souchet.   Appel de Pithiviers. c.
M.es Moreau et Légier, avoc. plaid.   Arrêt du 29 mai 1816.

---

250. Dans une contestation relative à un bail, lorsqu'un com-

mandement est fait pour réclamer des fermages échus, d'une valeur moindre de mille francs, il n'y a pas cependant lieu à l'application de la fin de non-recevoir du dernier ressort, du moment que l'ensemble des conclusions embrasse toutes les années de la durée du bail.

Chaloppin c. Bellanger.   Appel d'Orléans. c.
Mes Baudry et Johanet, avoc. plaid.   Arrêt du 14 déc. 1816.

---

251. UNE demande en dommages-intérêts relative à l'inexé-cution d'un jugement qui ordonne la confection d'ouvrages dont le quantum n'est point précisément déterminé, ne peut être repoussée par la fin de non-recevoir du dernier ressort : quoique les dommages-intérêts, objet de la demande, soient réclamés pour une somme inférieure à mille francs, la base sur laquelle cette action repose est indéterminée quant à sa valeur; l'évaluer par supposition, serait s'écarter de la règle générale et tomber dans l'arbitraire.

La commune de Cellette c. Jousselin.   Appel de Blois. c.
Mes Baudry et Johanet, avoc. plaid.   Arrêt du 13 fév. 1817.

---

252. UNE demande reconventionnelle qui n'ajoute rien à la valeur de l'action principale, inférieure à mille francs, ne peut se capitaliser avec la demande introductive d'instance, et l'appel est non-recevable. Autrement, à l'aide de voies détournées, on échapperait à la compétence des juridictions dont les attributions sont d'ordre public.

Beaussier c. Deschamps.   Appel de Vendôme.
Mes Moreau et Baudry, avoc. plaid.   Arrêt du 22 fév. 1817.

---

253. EN matière de commerce, et après le protêt d'un billet à ordre, les frais et dépens ne peuvent se capitaliser à la demande principale, pour déterminer l'attribution du premier ressort, et rendre la cause susceptible d'appel. (Sur l'article 639, c. com.)

Daudé c. Mainfrais.   Appel de Montargis. (Trib. de com.)
Mes Johanet et Moreau fils, avoc. plaid.   Arrêt du 27 juin 1817.

254. Lors d'une contestation soumise aux tribunaux consulaires, les intérêts du capital étant dus par le souscripteur d'un billet non acquitté à l'échéance, depuis le jour du paiement de ce billet par l'endosseur, ils doivent, d'après cela, se joindre au capital, et quand le tout s'élève au-dessus de mille francs, il n'y a point lieu à invoquer contre l'appel la fin de non-recevoir du dernier ressort. (Sur l'art. 639, c. com.).

Voslin c. Villerot.   Appel de Tours. (Trib. de com.)
M.es Moreau et Baudry, avoc. plaid.   Arrêt du 4 juillet 1817.

---

255. QUAND sur une demande supérieure à mille francs, le défendeur offre de payer une somme déterminée, et qu'alors le débat n'a plus lieu que pour la différence d'une valeur inférieure à mille francs, on ne peut néanmoins dire que le contrat judiciaire se soit uniquement formé du montant de cette différence, il faut toujours prendre pour point de départ les conclusions du demandeur, dont le quantum excède le taux fixé pour la compétence du dernier ressort. (Sur l'art. 5 du titre IV, de la loi du 24 août 1790.)

Jauny c. Marteau.   Appel de Montargis
M.es Moreau et Légier, avoc. plaid.   Arrêt du 21 août 1817.

---

256. L'ASSIGNATION donnée saisit le tribunal du mérite de la demande, et détermine la qualité des parties qui procèdent. D'après ce principe, si une saisie est faite pour un objet inférieur à mille francs, c'est l'opposant à cette saisie qui assigne le saisissant en validité de son opposition et en nullité des poursuites : il devient alors demandeur par exception, suivant la maxime : *excipiendo reus fit actor*. Cette demande exceptionnelle étant indéterminée, repousse toute application de la fin de non-recevoir du dernier ressort.

Héry c. Baranger.   Appel de Romorantin. c.
M.es Johanet et Moreau, avoc. pl.   Arrêt du 11 déc. 1817.

---

257. QUAND un commandement est suivi d'une saisie-exécution, et que ces poursuites sont dirigées pour obtenir le paie-

ment d'une créance inférieure à mille francs ; si l'opposition faite
par le débiteur a pour but d'obtenir la distraction et la revendication des objets saisis, cette action est indéterminée de sa nature ; elle forme le véritable acte introductif d'instance. Alors le
tribunal n'a plus à juger qu'une contestation indépendante des
premières poursuites, ce qui repousse la fin de non-recevoir du
dernier ressort.

Baudoin c. Bauhaire.   Appel d'Orléans.
M.es Pailliet et Baudry, avoc. plaid.   Arrêt du 16 janv. 1818.

---

258. Le juge de paix devant qui deux parties sont en conciliation, pour les juger souverainement et en dernier ressort, si
elles y consentent formellement, d'après l'article 7 du Code de
procédure, la citation en vertu de laquelle les parties sont en
présence devant ce magistrat conciliateur, l'investit du droit de
juger souverainement, même les personnes qui ne sont point ses
justiciables.

Dans ce cas, l'institution des juges de paix a un double but,
de décider définitivement les procès d'un médiocre intérêt, et
d'étendre même au-delà du taux de mille francs, ceux d'une
plus haute importance. Ainsi, dans ce cas, point de fin de non-
recevoir résultant du dernier ressort.

Aubin c. Moreau.   Appel de Tours. c.
M.es Baudry et Légier, avoc. plaid.   Arrêt du 2 juin 1818.

---

259. Quand un commandement est fait pour une somme inférieure à mille francs, et qu'il s'agit de statuer sur les intérêts
d'un capital excédant le taux du dernier ressort, les condamnations prononcées ne préjugent rien sur les intérêts ultérieurs,
en conséquence l'appel n'est pas recevable.

Pillon et Gauthier c. Manliard.   Appel de Blois.
M.es Baudry et Johanet, avoc. plaid.   Arrêt du 13 juin 1818.

---

260. La contrainte par corps demandée accessoirement à une
action principale, n'est qu'un moyen d'exécution qui n'ajoute
rien à la valeur appréciable de la demande. Cette disposition pé-

nale, en matière de stellionat, étant dans les attributions des tribunaux civils et de commerce, ne peut apporter aucune modification à la compétence du dernier ressort.

Laurent c. Chaumeron.   Appel de Montargis.
Mes Moreau et Johanet, avoc. plaid.   Arrêt du 25 mars 1819.

———————

261. S'IL est vrai de dire que c'est la demande originairement dirigée qui saisit la juridiction, et détermine l'attribution du dernier ressort, cela ne doit néanmoins s'entendre que du cas où la demande originaire est restée la même pendant le cours de l'instance, et n'a éprouvé aucune réduction volontaire de la part de celui qui l'a dirigée. Cette réduction au-dessous de mille francs, fixant le contrat judiciaire, élève contre l'appel une fin de non-recevoir insurmontable.

Rimbault c. Lefranc.   Appel de Montargis.
Mes Johanet et Baudry, avoc. plaid.   Arrêt du 2 avril 1819.

———————

262. MÊME décision, dans un cas à peu près semblable en matière de commerce. Le demandeur concluait au paiement d'une somme excédant le dernier ressort, mais il offrait lui-même de porter en déduction ce qu'il pouvait devoir à son adversaire. Cette opération ayant été faite, l'action a dû être seulement considérée comme étant inférieure à mille francs, et l'appel non recevable.

Boutet c. Langlois-Vesnier.   Appel de Loches.
Mes Moreau et Baudry, avoc. plaid.   Arrêt du 3 avril 1819.

———————

263. QUAND une instance est dirigée contre un fermier à raison d'une récolte par lui induement faite, la valeur de cette jouissance peut être appréciée d'après le bail fait en argent pour fixer le taux du dernier ressort, mais on ne doit point regarder la demande comme indéterminée, en disant que la récolte d'un cultivateur ne peut être évaluée que par lui-même, parce que son industrie en fait toujours un objet de spéculation.

Sallé c. Madre.   Appel d'Orléans.
Mes Baudry et Légier, avoc. plaid.   Arrêt du 13 mai 1819.

264. Une demande reconventionnelle ne doit entrer dans la computation du dernier ressort, qu'autant qu'elle présente l'objet d'une action principale et indépendante de la demande originaire; car, dans ce cas, la reconvention a une existence principale, et peut être directement exercée. Dans l'espèce actuelle, la reconvention née de l'action principale, n'en étant qu'un accessoire, elle a dû être repoussée par la fin de non-recevoir du dernier ressort.

(PRÉSIDENCE DE M. LE BARON ARTHUIS DE CHARNISAI.)

Herbelin c. Deschamps-Bodin.   Appel de Chinon.
M.es Moreau et Baudry, avoc. plaid.   Arrêt du 21 mai 1819.

M. Deschamps, avocat-général, a développé dans des conclusions très-approfondies, cette question de procédure, souvent controversée. Je vais essayer de les reproduire dans une courte analyse. Mon honorable collègue a bien voulu me communiquer ses notes, dont je vais retracer ici un résumé fidèle.

« Faut-il, dit M. l'avocat-général, pour détermi-
» ner le degré de compétence des tribunaux, ajou-
» ter au taux de l'action principale, l'objet de la
» demande reconventionnelle ? peu de questions ont
» été plus controversées que celle-là. La Cour de
» Riom a rendu sur ce point deux arrêts en sens
» contraire ; l'un sous la date du 22 juin, l'autre
» sous celle du 25 août 1812 ; tous deux ont été
» insérés au Journal du Palais. La cour de cassa-
» tion elle-même a plusieurs fois varié dans sa
» jurisprudence. Il y a des jurisconsultes qui pré-
» tendent que, si la défense offre aussi une demande
» principale, on doit l'ajouter à la demande ori-
» ginaire pour connaître la valeur du litige. Car si
» le demandeur assigne son adversaire en paiement

» d'une somme de mille francs, et que le défen-
» deur oppose par exception, qu'il est lui-même
» créancier de dix mille francs, le tribunal juge-
» rait en dernier ressort, si l'on ne considérait que
» la demande principale; et cependant en accor-
» dant la compensation demandée, il aurait pro-
» noncé en dernier ressort sur une matière de dix
» mille francs. M. Merlin, ex-procureur-général à
» la cour de cassation, pense que, pour ne point
» tomber dans l'erreur, il faut cumuler les de-
» mandes respectives. (Voir les *Questions de droit*,
» page 94, §. 5, *verbo* reconvention.) Ceux qui sont
» d'un avis contraire soutiennent que la loi du 24
» août 1790 n'embrasse point l'idée complexe de
» réunir la demande principale aux demandes re-
» conventionnelles; c'était l'usage existant lors de
» la promulgation de cette loi. L'édit des prési-
» diaux réglait la compétence des juridictions par
» la considération de la valeur principale demandée.
» (Voir Jousse, édition in-12, pag. 74, en son *Com-*
» *mentaire sur l'Édit des présidiaux.*) M. Merlin, au
» même article des questions de droit, n°. 104, re-
» vient en quelque sorte sur sa première opinion,
» en disant que, relativement aux attributions du
» dernier ressort, on doit suivre la même marche
» que les anciens présidiaux, c'est-à-dire, n'exa-
» miner que la demande principale, abstraction faite
» des demandes incidentes ou reconventionnelles.
» On peut, ajoute M. l'avocat-général, concilier en
» quelque sorte ces deux opinions différentes, en
» ne les prenant point dans un sens absolu. La re-
» convention est une action par laquelle, et selon la

» définition de Denisart, *on demande à celui qui de-*
» *mande.* Ainsi, si la demande reconventionnelle a
» une existence principale et indépendante de la
» demande originaire, de manière qu'elle puisse
» être exercée directement, elle doit entrer avec
» l'objet de la demande originaire dans la suppu-
» tation qui sert à déterminer le dernier ressort.
» Si, au contraire, née de l'exercice de l'action
» principale, la demande reconventionnelle n'est
» elle-même qu'un accessoire de la demande prin-
» cipale, il suffit alors, pour régler la compétence,
» d'envisager la demande principale. Cette distinc-
» tion n'est qu'un retour à la pureté des prin-
» cipes, et concilie les arrêts qui paraissent les plus
» opposés. »

265. EN matière d'ordre, quoique les créanciers contestans plaident en leur nom personnel, si leur collocation individuelle ne s'élève pas à mille francs, on ne peut néanmoins invoquer la fin de non-recevoir du dernier ressort; tout est indivisible; les collocations sont toutes liées les unes aux autres, et la compétence se détermine par la réunion de tous les intérêts.

(PRÉSIDENCE DE M. LOYRÉ, PRÉSIDENT.)

(M. DESCHAMPS, AVOCAT-GÉNÉRAL.)

F.° Jouanneau-Moreau   Appel de Gien.
c. les héritiers Maujeon et Guirot.
M.**ᵉˢ Moreau, Johanet et Baudry, av. pl.   Arrêt du 19 nov. 1819.

266. POUR fixer la quotité de l'objet d'un appel, il faut s'arrêter aux conclusions de l'appelant, par la raison que si l'objet de la demande se compose de plusieurs chefs, et que l'un d'eux émané du demandeur lui-même, est relatif à des dommages-intérêts qui ne peuvent être appréciés que par les moyens du

fond), ils viennent se joindre à la demande principale, et repousser la fin de non-recevoir du dernier ressort; car il serait absurde de combattre les moyens de la compétence par ceux qui tiennent au fond du procès.

(M. LOYRÉ, PRÉSIDENT.)

(M. RUSSEAU, PREMIER AVOCAT-GÉNÉRAL.)

Pélicier c. la veuve Birault. Appel de Tours.
Mes Baudry et Moreau fils, avoc. plaid. Arrêt du 10 fév. 1820.

---

267. NOUVELLE occasion d'appliquer les principes qui ont été développés sur la compétence des tribunaux de première instance. Un jugement ordonne la continuation de poursuites faites pour une somme inférieure à mille francs, le débiteur pour essayer de s'y soustraire et par pure récrimination, forme reconventionnellement une demande en dommages-intérêts, elle ne peut se joindre à l'action principale, et la fin de non-recevoir est invincible.

Lecomte c. Dion. Appel de Blois.
Mes Baudry, avoc., et Lair, avoué, pl. Arrêt du 12 mai 1820.

---

268. QUELQUE modique que soit la valeur d'un objet, s'il s'agit d'une revendication en matière réelle, il faut, pour fixer le taux du dernier ressort, que l'immeuble ne produise qu'un revenu inférieur à cinquante francs, soit par prix de bail, soit en rentes. L'article 5 du titre IV de la loi du 24 août 1790 est exclusif, et ne tolère aucune exception, et quand même il résulterait des rôles des contributions, que l'objet revendiqué imposé (à 25 centimes, par exemple) est évidemment de la valeur la plus modique, si on ne peut produire ni bail, ni contrat qui en fixe le revenu, les premiers juges ne décident la demande qu'à la charge de l'appel.

(PRÉSIDENCE DE M. LE BARON ARTHUIS DE CHARNISAI.)

(M. DESCHAMPS, AVOCAT-GÉNÉRAL.)

Bordier, Badaire c. de Cacqueray. Appel de Vendôme.
Mes Johanet, Moreau et Baudry, av. pl. Arrêt du 31 mai 1820.

269. QUAND à une demande principale inférieure à mille francs, se joint une action en garantie indéterminée de sa nature, et de plus une demande en nullité d'un sous-bail appréciable, non-seulement par le prix du fermage, mais par le bénéfice que le preneur peut légitimement faire sur le produit de la récolte, rien ne peut plus constater que tous ces intérêts réunis n'excèdent point l'attribution du dernier ressort, ce qui repousse la fin de non-recevoir invoquée contre l'appel.

Durand c. Dehail.   Appel de Tours.
M.es Moreau et Pailliet, avoc. plaid.   Arrêt du 27 juillet 1820.

---

270. UN tribunal de première instance saisi de l'appel d'un jugement de juge de paix, et qui, pour *la première fois*, supplée à ce que le juge de paix a omis de faire, doit être considéré, comme ayant, à l'égard des parties, épuisé les deux degrés de juridiction, et par conséquent avoir jugé en dernier ressort.

Ainsi, lorsque devant une justice de paix, il s'agit d'une action possessoire, et qu'incidemment une des parties déclare vouloir s'inscrire en faux contre un bail représenté; si le juge de paix ne se déclare point incompétent, malgré l'obligation à lui imposée par l'article 14 du Code de procédure, et que les parties aient laissé acquérir à ce jugement l'autorité de la chose jugée, en faisant statuer par le tribunal de première instance et par voie d'appel sur une mesure interlocutoire en vérification d'écritures ordonnée par le juge de paix, la décision émanée de ce tribunal, sur ce point, devient souveraine et en dernier ressort.

(PRÉSIDENCE DE M. COLAS DE LA NOUE, DOYEN DES CONS.ers.)
(M. RUSSEAU, AVOCAT-GÉNÉRAL.)

D.lle Lenoir c. la veuve Lerat.   Appel de Gien.
M.es Johanet et Moreau, avoc. plaid.   Arrêt du 16 août 1820.

---

271. UNE demande en nullité de bail pour cause de simulation, présente toujours un intérêt indéterminé, quoique le prix du bail attaqué soit fixé à une valeur inférieure au taux du dernier ressort; le préjudice que peut causer la fraude et la simulation ne peut jamais être apprécié avant la décision de la cause au fond.

(PRÉSIDENCE DE M. COLAS DE LA NOUE.)
(M. RUSSEAU, AVOCAT-GÉNÉRAL.)

Guillot, Soutirat c. Appert.   Appel de Montargis. i.
M.es Johanet, Baudry, Légier, av. pl.   Arrêt du 17 août 1820.

272. Il est des circonstances où, pour parvenir à la décision d'une cause qui, d'après la valeur de la demande est inférieure à mille francs, il est nécessaire que les juges examinent des questions de propriété sur lesquelles l'action repose, et qui, par leur nature, excèdent l'attribution du dernier ressort ; cet examen, toutefois, n'étant fait qu'incidemment à l'action principale, n'en peut détruire le principe, qui reste toujours la base unique du procès, dont la décision est souveraine et non susceptible d'appel.

Lemaître, Carré de Bray c. Pingot. Appel de Gien.

M.ᵉˢ Moreau, Baudry et Vilneau, av. pl. Arrêt du 14 déc. 1820.

273. Il en est de même, où pour arriver à statuer sur une demande au-dessous du taux du dernier ressort, il importe de décider une question relative à la qualité d'héritier, que l'une des parties peut avoir. En vain, ce point de droit en lui-même est-il indéterminé, le but de l'action est immuable, et la fin de non-recevoir du dernier ressort doit être admise.

Ory c. Chévrier. Appel de Montargis.

M.ᵉˢ Légier et Baudry, avoc. plaid. Arrêt du 15 déc. 1820.

274. Lorsqu'on présente une exception d'incompétence, tout appel est recevable, soit que le jugement ait été ou non qualifié rendu en dernier ressort. La disposition de l'art. 454 du Code de procédure, est générale et absolue, sans établir de distinction entre les diverses espèces d'incompétence.

Larcher c. Foulon-Allaire. Appel de Tours. (Trib. de com.)

M.ᵉˢ Johanet et Baudry, avoc. plaid. Arrêt du 5 mai 1821.

275. Un jugement qualifié rendu en dernier ressort, relativement au mode légal de procéder vis-à-vis l'administration de l'enregistrement, quand au fond, est attaquable par la voie de l'appel, à l'égard des tiers appelés en garantie. Le mode de procéder établi par la loi du 22 frimaire an VII sur l'enregistrement, ne peut s'appliquer aux tiers. Aucune loi ne dérogeant à cet égard aux principes généraux du droit, quand il s'agit de

régler les contestations qui concernent l'administration de l'enregistrement. (Sur l'art. 181. c. pr.)

Brunet c. Marteau.　　　　　　　　Appel de Pithiviers. i.
　　　　　　　　　　　　　　　　　　Arrêt du 1.ᵉʳ juin 1821.

---

276. QUAND une saisie-arrêt est faite pour une valeur inférieure à mille francs, et que les tiers saisis opposent, dans leurs déclarations, des actes relatifs à leur situation avec le débiteur absent, si leur opposition est rejetée, ce débat qui s'est élevé entre le saisissant et les tiers saisis, ne peut, quoiqu'indéterminé de sa nature, rien changer à l'exploit introductif d'instance formé par le créancier pour une somme fixe et attributive du dernier ressort.

Vioguet c. les héritiers Chauveau.　　Appel de Pithiviers.
M.ᵉˢ Moreau et Baudry, avoc. plaid.　Arrêt du 15 juin 1821.

---

277. LORSQU'UNE demande en remise de titres et papiers relatifs à une succession est introduite d'une manière indéterminée, et qu'elle présente pour alternative une provision réclamée pour une somme inférieure à mille francs; si les mots *à titre de provision* sont omis dans les qualités du jugement dont est appel, on doit suppléer à cette omission en se reportant à l'exploit introductif d'instance, et repousser la fin de non-recevoir du dernier ressort; par le motif que la provision, objet de la demande alternative, indique d'une manière suffisante que le demandeur n'entend point restreindre à cette somme son action, dont le principe est indéterminé.

(PRÉSIDENCE DE M. DE CHAMPVALLINS, CONSEILLER.)

(M. RUSSEAU, AVOCAT-GÉNÉRAL.)

Héritiers Melzeert c. P. Melzeert.　　Appel de Montargis.
M.ᵉˢ Baudry et Moreau, avoc. plaid.　Arrêt du 30 août 1821.

---

278. QUAND il s'agit de statuer sur des nullités de forme contre une sentence arbitrale, que l'on fait résulter de la violation des règles de la procédure en cette matière, on ne peut, en première ligne et devant la cour d'appel, présenter une fin de

non-recevoir résultant de ce que la contestation a été renfermée dans les attributions du dernier ressort.

(PRÉSIDENCE DE M. DE CHAMPVALLINS, CONSEILLER.)

(M. RUSSEAU, AVOCAT-GÉNÉRAL.)

Boué c. Roger.	Appel de Chinon.
Mes Baudry et Légier, avoc. plaid.	Arrêt du 31 août 1821.

279. QUAND la somme réclamée excède l'attribution du dernier ressort par l'effet d'une erreur *matérielle et évidente*, d'après l'addition des sommes objet de la demande, mais que, dans la réalité, elle est inférieure à mille francs, on ne doit pas s'arrêter aux causes réelles de l'action, mais s'attacher uniquement au quantum de l'exploit introductif d'instance, et rejeter ainsi la fin de non-recevoir.

Vanst c. héritiers Moreau.	Appel de Pithiviers.
Mes Baudry et Légier, avoc. plaid.	Arrêt du 6 février 1822.

280. EN matière de commerce, un bon de sols pour le paiement duquel la contrainte par corps a été prononcée, lorsqu'il est d'une valeur inférieure à mille francs, malgré la disposition pénale exorbitante du droit commun qui vient se rattacher à l'effet commercial, n'en exclut pas moins l'appel frappé de la fin de non-recevoir du dernier ressort. (Sur l'article 639, c. com.)

Marcassin c. Prieur-Recappé.	Appel d'Orléans. (Trib. de com.)
Mes Baudry et Johanet, avoc. plaid.	Arrêt du 28 fév. 1822.

281. TOUTES les fois qu'en matière d'ordre, la somme à distribuer, ou les droits des créanciers présentent une contestation d'une valeur en masse supérieure à mille francs, elle excède l'attribution du dernier ressort. C'est toujours le montant des sommes réunies qui détermine la compétence.

Beauvilliers et héritiers Bazin c. Chenard et Tondu.	Appel de Pithiviers.
Mes Baudry et Légier, avoc. plaid.	Arrêt du 26 avril 1822.

282. Quand on réclame d'un héritier bénéficiaire, ou le paiement des mémoires de fournitures faites à son père, ou la reddition de son compte; en vain la demande relative aux fournitures est-elle inférieure à mille francs, on ne peut la prendre seule pour point de départ. Du moment qu'elle est alternative, on doit la regarder comme indéterminée, ce qui exclut la fin de non-recevoir du dernier ressort.

Coquelin, Daudin c. Trelat.　　　　Appel de Montargis.
M.es Moreau, Baudry et Légier, av. pl.　Arrêt du 17 mai 1822.

---

283. Lorsqu'après une expertise ordonnée pour vérification d'ouvrages, le défendeur forme une demande reconventionnelle en dommages-intérêts, cette action tardive ne tendant qu'à détruire l'effet de l'expertise, elle ne peut être cumulée à la demande principale qui est au-dessous de mille francs.

Fougère c. Matrais.　　　　　　Appel de Tours.
M.es Baudry et Légier, avoc. plaid.　Arrêt du 30 avril 1823.

---

284. Quand à une action principale au-dessous de mille francs, et suivie d'une demande reconventionnelle en dommages-intérêts, accessoire qui ne peut dénaturer le *quantum* de l'action originaire, l'appelant oppose une déduction en compensation de la somme réclamée, si cette déduction n'est point fondée sur un fait antérieur à l'exploit introductif d'instance, et qu'elle ne présente qu'une défense à la demande primitive, la fin de non-recevoir du dernier ressort doit être admise.

Nabon c. Dumée.　　　　　　　　Appel de Loches.
M.es Lafontaine et Gaudry, avoc. plaid.　Arrêt du 25 juillet 1823.

---

285. Une demande tendante à la restitution du prix d'un cheval attaqué de morve, et à l'annulation d'un marché pour vices rédhibitoires, quoiqu'inférieure à mille francs, n'en exclut pas moins la compétence du dernier ressort, lorsqu'à cette action principale viennent se rattacher des dommages-intérêts résultant de l'état sanitaire du cheval, et de la communication à d'autres chevaux qu'il pourrait avoir faite de sa maladie, pendant le temps

où il a été placé dans une écurie commune. Les dommages-intérêts ont pris naissance avec l'action principale, et sont indéterminés.

(PRÉSIDENCE DE M. LE BARON ARTHUIS DE CHARNISAI.)

(M. DESCHAMPS, AVOCAT-GÉNÉRAL.)

Dair c. Beaujouan,   Appel d'Orléans. (Trib. de com.)
M.es Baudry et Pailliet, avoc. plaid.   Arrêt du 1.er août 1823.

---

286. CELUI qui élève une contestation dont l'intérêt est inférieur à mille francs, mais qui forme en outre une demande en consignation et en reddition de compte d'une valeur qui excède le taux du dernier ressort, ne peut plus opposer à l'appel cette fin de non-recevoir, lorsque le compte a été ordonné.

Vavasseur c. Gerbe et v.e Pingot.   Appel de Montargis.
M.es Légier, Persin et Moreau, av. pl.   Arrêt du 13 nov. 1823.

---

287. QUAND une demande en paiement de fermages est au-dessous de mille francs, et qu'elle est accompagnée d'une demande en validité d'un congé donné par le fermier; cette action, quoique recursoire, vient s'identifier à la demande principale, et ne peut plus s'en séparer; alors le contrat judiciaire se formant sur des intérêts de valeur indéterminée, il est hors des attributions du dernier ressort.

Héritiers Boileau c. Lemoyne.   Appel de Montargis.
M.es Baudry et Gaudry, avoc. plaid.   Arrêt du 29 janv. 1824.

---

288. EN matière de commerce, les intérêts qu'un protêt fait courir avant l'exploit introductif d'instance, ne peuvent jamais former un capital susceptible d'être ajouté à la demande, quand il s'agit de déterminer le taux du dernier ressort. Le protêt étant en quelque sorte un commencement de demande judiciaire, les intérêts qu'il produit ne sont réputés nés que depuis la demande. (Sur l'art. 646, c. com.)

Foucher (ex-avoué) c. Dauguillecourt. Appel d'Orléans. (Trib. de com.)

M.es Baudry et Légier, avoc. plaid.   Arrêt du 30 janv. 1824.

DÉS.

ARTICLE VINGT-DEUXIÈME.

DÉSAVEU.

—

Le désaveu est une procédure en quelque sorte injurieuse, pour l'officier qu'elle attaque; c'est pourquoi il ne peut être fondé sur une faute légère, mais sur une négligence essentielle qui approche du dol. C'était un point controversé dans l'ancien droit, de savoir si un procureur pouvait ou non être désavoué après sa mort. Rousseau-Lacombe soutenait l'affirmative, par la raison que le décès d'un officier ministériel ne peut mettre sa fraude à couvert. Il cite à l'appui de cette opinion un arrêt du parlement de Paris du 18 mars 1744. Denisart combattait cette doctrine sujette à bien des inconvéniens; les héritiers d'un officier ministériel ne pouvant être tenus de réparer des fautes qui ne leur sont pas personnelles. Le Code de procédure civile (article 355) a fait disparaître cette difficulté, en décidant que le désaveu d'un officier ministériel décédé sera signifié à ses héritiers, d'après le motif, qu'un événement qu'on ne saurait prévoir, ne peut valider un engagement formé contre la volonté de l'un des contractans.

Le mot *désaveu* ne s'appliquera ici qu'aux officiers

ministériels. Ce qui concerne l'état des enfans dont la légitimité est désavouée sera traité à l'article *légitimité*.

---

289. CELUI qui donne sa procuration à un huissier à l'effet de charger un avoué près la Cour d'occuper pour lui, ne peut ensuite désavouer l'avoué, parce que celui-ci, au lieu de demander la nullité du jugement pour raison d'incompétence, aurait pris des conclusions sur le fond. Le pouvoir dont est investi un officier ministériel, lui donne la faculté de conclure, dans l'intérêt de son client, comme il le juge convenable.

M.ᵉ Moreau c. Darblay.   Appel de Romorantin.
M.ᵉ Johanet, avoc. plaid.   Arrêt du 7 avril 1813.

---

290. LE désaveu d'un officier ministériel ne peut être intenté que pour une faute grave (*lata culpa*), par lui commise dans l'exercice de ses fonctions. (Sur les art. 352 et suivant, *c. pr.*)

Leroi et Savigny c. Girard,   Appel de Blois. c.
M.ᵉ Johanet, avoc. plaid.   Arrêt du 10 juillet 1813.

---

291. IL est des cas et des circonstances, où le silence de la partie équivaut à un pouvoir spécial qu'elle aurait remis à l'avoué. Le successeur d'un avoué est tenu des obligations de son prédécesseur ; il prend les affaires en train, et il doit les suivre jusqu'à ce qu'elles soient terminées. On combattait cette doctrine en disant : un avoué est un mandataire, la mission qu'il tient de son client est le résultat de la confiance qu'on lui accorde. Les pouvoirs qu'il a reçus ne peuvent donc *de plano* passer à son successeur ; on répondit avec avantage : la loi n'exige de pouvoir spécial qu'en matière d'offres réelles (art. 1258, n°. 7, *c. c.*), ou quand il s'agit d'une poursuite en saisie-immobilière. (556, *c. pr.*) Le mandat donné à l'avoué comme officier ministériel, subsiste tant qu'il n'a pas été révoqué, et que la procédure n'est pas achevée. Le successeur d'un avoué manquerait à ses devoirs, s'il négligeait de suivre les intérêts des affaires commencées par son prédécesseur, et qui sont restées dans son étude comme dans un dépôt public.

M.ᵉ Géry (avoué) c. Chauveau,   Appel d'Orléans c.
M.ᵉˢ Baudry et Rigollot, avoc. plaid.   Arrêt du 21 août 1824.

DES,

ARTICLE VINGT-TROISIÈME.

DESCENTE SUR LES LIEUX.

LA descente sur les lieux n'est point une expertise ; c'est pourquoi l'article premier du titre 21 de l'ordonnance de 1667 interdit à tous juges de *faire une descente sur les lieux dans les matières où il n'échoit qu'un simple rapport d'experts.* L'article 295 du Code de procédure a consacré cette règle de droit, mais d'une manière encore plus précise ; car il dispose que le tribunal peut ordonner le transport d'un des juges sur les lieux dans le cas où il croit cette mesure nécessaire.

---

292. UN jugement qui ordonne une descente de juge sur les lieux, prescrit implicitement que le magistrat dressera un procès-verbal de son transport, et des opérations auxquelles il aura donné lieu. On ne peut dire que les avoués des parties étant présens, lors de la descente sur les lieux du magistrat, tout a été fait oralement pour éviter les frais, et que d'ailleurs les conclusions prises en première instance, sont la preuve qu'un procès-verbal n'était pas nécessaire, puisqu'il n'a été demandé ni par l'une, ni par l'autre des parties. L'article 298 du Code de procédure, impose la nécessité d'un procès-verbal régulier et soumis au tribunal dans les formes voulues par la loi.

Plessis c. Pigy.   Appel de Montargis, i.
M.es Moreau et Johanet, avoc. plaid.   Arrêt du 11 juin 1818.

•▶•◀•▶•◀•▶•◀•▶•◀•▶•◀•▶•◀•▶•◀•▶•◀•▶•◀•▶•◀•▶•◀•▶•◀•▶•◀•▶•◀•▶•◀•

DIS.

ARTICLE VINGT-QUATRIÈME.

DISCIPLINE

(ET PRÉROGATIVES ATTACHÉES AUX CORPS JUDICIAIRES).

—

ON entend en général par *discipline* [*], les règles particulières autres que les lois fondamentales, établies pour le bon ordre du gouvernement civil et ecclésiastique. Les cours souveraines ont dû nécessairement avoir le droit de discipline sur les magistrats qui les composent, et sur les officiers de justice qui y sont attachés. La révolution avait entraîné la suppression de cette juridiction tutélaire, la loi du 20 avril 1810 l'a rétablie; elle a pour effet de maintenir l'ordre et la dignité de la magistrature. Les cours royales sont investies du pouvoir de statuer sur l'inobservance des règlemens et des devoirs, de la part de tous ceux qui appartiennent à l'ordre judiciaire. Cet article comprendra les questions relatives au droit qu'ont les cours, toutes les chambres assemblées, de connaître, sans l'intermédiaire du premier degré de juridiction, des affaires dont l'exa-

(*) Dérivé de deux mots latins *discere pleno*.

men et la solution intéressent la tranquillité publique.

---

293. QUANT au mode de procéder en matière de discipline, la Cour n'est point limitée aux chefs d'inculpation qui ont été l'objet de la plainte et du réquisitoire du ministère public ; elle est valablement saisie de tous les élémens qui peuvent la mettre à même d'apprécier la pureté des actions de ceux de ses membres dont la conduite est soumise à son examen. (Sur l'art. 5o de la loi du 20 avril 1810.)

M.ᵉ H......... c. le proc.-gén.   Arrêt du 9 janvier 1817.

---

294. LE greffier en chef d'une cour royale, étant seul responsable des faits de ses commis assermentés dans l'exercice de leurs fonctions, a le droit de les renvoyer, quand il ne les juge plus dignes de sa confiance. Dans ce cas, la Cour n'a point à apprécier les motifs du renvoi du commis-greffier, mais elle doit seulement examiner si elle agréera celui que le greffier en chef présente en remplacement. (Sur les art. 58 et 59 de la loi du 6 juillet 1810.)

Le greffier en chef de la Cour d'Orléans   Arrêt du 4 janvier
c. ......D   1823.

---

295. 1. LA Cour, toutes les chambres assemblées, est compétente pour appliquer simultanément à deux magistrats une peine quelconque de discipline, quand les faits reprochés à l'un d'eux, et en raison desquels il est cité devant la Cour, viennent implicitement se lier aux inculpations qu'il adresse à l'autre par voie de récrimination. On n'est point ici en justice réglée, et lorsque les juges réunis en tribunal de famille se croient suffisamment éclairés, ils ne sont point tenus de surseoir à prononcer, jusqu'à ce que le magistrat nouvellement inculpé ait été régulièrement cité en cette qualité à comparaître devant les chambres de la Cour réunies.

2. L'avertissement spécifié en l'article 49 de la loi du 20 avril 1810, n'entraîne avec lui aucune disposition pénale. Cependant

quoique cet avertissement paraisse ne devoir être donné que par
le premier président de la Cour au magistrat qui aurait manqué
à sa propre dignité, la Cour peut, si avant toute citation devant
elle le magistrat n'a point été averti, appliquer cette disposition
de l'art. 49, et la prononcer dans un arrêt.

MM. A...., et M.....,   Arrêté du 23 août
c. le procureur-général.   1823.

296. L'USAGE anciennement établi et constamment pratiqué
de faire des visites aux membres d'un tribunal appelés à recevoir le serment de magistrats investis de ce caractère par une
ordonnance royale, n'est point obligatoire. Aucune loi n'a dû
régler ce devoir, il n'est qu'un acte de déférence et d'égards
dont chacun trouve la mesure en soi-même vis-à-vis un corps
égal, et dans les rapports établis par la hiérarchie à l'égard d'un
corps supérieur.

Dans l'espèce, en vertu de l'article 629 du Code de commerce,
un tribunal civil de première instance avait été commis par la
Cour pour recevoir le serment des personnes nommées juges d'un
tribunal de commerce. Par suite de quelques débats, la question
de savoir si ces juges nommés pouvaient être admis au serment
sans faire de visites préalables aux membres du tribunal délégué, est portée devant la Cour. Le tribunal, pour motiver son
refus de recevoir le serment se fonda sur ce que les juridictions
consulaires n'étaient qu'une émanation de la justice civile ordinaire, et que, quand même les deux tribunaux seraient parfaitement égaux en pouvoir, des négocians appelés temporairement
à exercer des fonctions judiciaires, ne pouvaient se refuser à
des témoignages de déférence envers des magistrats de qui ils
attendaient le complément de leur caractère d'officiers publics.
On ajoutait : le silence de la loi sur l'obligation de ces visites ne
saurait être invoqué. Le législateur s'est reposé sur la force des
mœurs, et sur le sentiment général des convenances. L'usage qui
a consacré la nécessité des visites à faire par les récipiendaires
est aussi ancien que l'institution des tribunaux, ce qui lui a donné
une force de loi aussi positive, que si elle était textuellement
écrite dans nos Codes.

La Cour, par une sorte de voie interprétative de son arrêt,
qui avait commis le tribunal de première instance du lieu où

siége le tribunal de commerce pour la réception des juges-consuls, ne regarda point le refus de ceux-ci de faire des visites, comme pouvant paralyser l'exécution de l'ordonnance royale, car l'omission volontaire de cette démarche ne porte aucune atteinte à la prééminence du tribunal civil de première instance sur le tribunal de commerce dans l'ordre des juridictions.

Le tribunal civil de....,   Arrêt du 16 août
c. les juges nommés au trib. de com. de....,   1824.

277. 1. Le procureur-général est fondé à appeler de toutes les décisions émanées d'un conseil de discipline, quand même il ne s'agirait pas de pénalité. Ainsi, quand un tribunal de première instance remplace un conseil de discipline de l'ordre des avocats dans un siége où les avocats ne sont pas en nombre suffisant pour avoir un conseil de discipline dans leur sein, les arrêtés relatifs à un avocat, sont en tout état de cause susceptibles d'appel, et les articles 15 et 25 du décret du 6 juillet 1810, sont applicables à toutes ces décisions, quelles qu'elles soient. M. Bellart, procureur général près la cour royale de Paris, est d'un avis contraire; ce magistrat a exprimé, dans une lettre adressée à M. le procureur du Roi à Dreux *, que l'appel n'était point recevable quand aucune disposition pénale n'avait point été prononcée par le conseil de discipline, ou le tribunal qui en remplissait les fonctions. La Cour d'Orléans n'a point adopté cette jurisprudence, et a consacré le principe, que le procureur-général avait toujours le droit de dénoncer aux chambres assemblées les infractions et les contraventions relatives à l'application des lois, et commises par les juges et par les conseils de discipline.

(M. MIRON DE L'ESPINAY, PROCUREUR-GÉNÉRAL.)
Forest c. le procureur-général,   Arrêt du 29 juillet 1825.

(*) M. Boucher d'Argis, aujourd'hui conseiller à la Cour Royale d'Orléans.

•···•··

DOM.

ARTICLE VINGT-CINQUIÈME.

DOMICILE.

—

Le petit nombre d'arrêts qui vont être analysés sur cette matière, ne s'appliqueront qu'au domicile réel, et non au domicile politique.

Les dispositions du Code civil, au titre du domicile, ont presque toutes été puisées à la source des lois romaines. Les règles du domicile fondées sur des principes immuables ont été regardées par Domat comme appartenant plus spécialement au droit public. Cette distinction est judicieuse, car on ne peut jouir des droits attachés au domicile, que parce qu'on est citoyen, et qu'on est placé sous la protection spéciale du gouvernement où on a fixé sa résidence.

Notre premier domicile est le lieu de notre origine, celui de l'habitation de nos père et mère. *Patris originem unusquisque sequitur* (1. 36, Cod, de Decurion,) Mais ce domicile cesse bientôt d'être le nôtre, dès que, jouissant de notre majorité, nous avons pris un établissement ailleurs.

L'obligation des magistrats de résider au lieu où ils exercent leurs fonctions, est encore fondée sur

la loi 8 au Code *de incolis :* « *Senatores in sacratis-*
» *simâ urbe domicillum dignitatis habere videntur.* » Les
Romains, cependant, admettaient pour les personnes
élevées en dignité, une sorte de domicile politique,
en statuant qu'elles pourraient, outre ce domicile
d'honneur (*in sacratissimâ urbe*), en conserver encore un dans le lieu de leur origine. « *Senatores*
» *licet in urbe domicilium habere videantur, tamen et*
» *ibi undè oriundi sunt, habere domicilium intelligun-*
» *tur, quia dignitas domicilii, et adjectionem potius*
» *dedisse quàm permutasse videtur.* » (L. penult., ff.
de Senat.)

---

298. L**E** domicile d'un voiturier par eau, quant aux actes de
son commerce, n'est point au pays où demeure sa famille, mais
de fait sur les bateaux où il réside habituellement pendant ses
voyages. C'est là où doivent être portées toutes les assignations
et significations judiciaires qui le concernent. (Sur l'art. 102 du
c. c.)

Hardy c. Luzet.   Appel d'Orléans, c.
M.**es** Baudry et Pailliet, avoc. plaid.   Arrêt du 24 janv. 1817.

---

299. L**A** manifestation de l'intention de changer de domicile
faite par des déclarations écrites, ne suffit point pour opérer ce
changement d'une manière légale : il faut que cette mutation de
domicile soit manifestée *facto et animo,* et que les conditions
prescrites par l'article 104 du Code civil aient été remplies.

(PRÉSIDENCE DE M. LE BARON ARTHUIS DE CHARNISAI.)

(M. DESCHAMPS, AVOCAT-GÉNÉRAL.)

Putnam Mac'abe c. O'Connor et Corbet.   Appel de Montargis, i.
M.**es** Moreau, Johanet et Légier, av. pl.   Arrêt du 23 avril 1819.

---

300. I**L** est de principe que, lorsqu'un acte contient de la part
des parties élection de domicile pour son exécution dans un lieu

autre que celui du domicile réel, les significations, demandes et poursuites relatives à cet acte peuvent être faites au domicile convenu et devant le juge de ce domicile; elles sont par conséquent valables, lorsqu'elles sont signifiées par un huissier ayant droit d'instrumenter dans le canton du juge saisi de la contestation. Il suit de là, que s'il s'agit d'une action relative à une inscription hypothécaire, et pour raison de laquelle tout exploit a pu être posé au domicile élu, on a procédé régulièrement, en ne se servant point d'un huissier exerçant au domicile du défendeur, mais seulement d'un huissier instrumentant dans le canton du juge saisi. (Art. 111 et 2156, c. c. combinés.)

(PRÉSIDENCE DE M. LE BARON ARTHUIS DE CHARNISAI.)

(M. DESCHAMPS, AVOCAT-GÉNÉRAL.)

H.ers Baudet-Guillery c. la f.e Lesœur.   Appel de Pithiviers. i.
M.es Légier et Baudry, avoc. plaid.   Arrêt du 22 déc. 1819.

---

301. LE changement de domicile dépend des circonstances. On ne peut tirer une preuve de l'établissement du domicile du lieu où l'on paye la contribution personnelle. Il est aujourd'hui consacré par une décision du ministre des finances, qui est passée en force de loi, que tous ceux qui ont un logement dans une ville soumise à la perception des droits d'octroi, doivent une contribution personnelle en raison de la valeur de leur habitation, qui n'est souvent qu'une résidence momentanée, et non un domicile. (Sur l'art. 105, c. c.)

Potet-Bodin c. la dame Lalotte.   Appel de Loches. i.
M.es Légier et Moreau, avoc. plaid.   Arrêt du 5 juin 1823.

---

302. LE lieu indiqué pour le paiement d'une obligation non commerciale dans un acte de transport, n'entraîne point élection de domicile attributive de juridiction. Ainsi, l'acquéreur qui cède à son vendeur ses droits sur ceux à qui il a fait une revente, ne peut être poursuivi qu'au domicile de ceux sur qui le transport a été fait.

Pillé-Grenet c. Broutin du Pavillon et Veneau.   Appel d'Orléans. c.
M.es Moreau, Légier, Jallon, avoc. plaid.   Arrêt du 26 déc. 1823.

3o3. Une assemblée de famille tenue au lieu habité seulement depuis trois mois par celui dont la succession vient d'être ouverte, n'est pas nulle par l'incompétence du juge de paix qui l'a présidée. Cependant, disait-on, pour faire présumer le changement de domicile, il faut plus qu'une simple mutation de résidence. L'habitation même d'une maison acquise dans une autre ville, ne suffit point pour entraîner au lieu de sa situation, le domicile du propriétaire. C'est le sens de la loi 17 au ff. *ad municipalem*, §. 13 : « *sola domûs possessio quœ in alienâ civitate comparatur, domicilium non facit.* » Ainsi donc, l'avis de parens qui a autorisé la vente des biens de la succession du père commun décédé au lieu où il résidait en garni, seulement depuis trois mois, a été incompétemment rendu.

On repoussa ces argumens de la manière suivante : dans l'espèce, toutes les circonstances démontraient que l'intention du père avait été de se fixer à Orléans, lieu où il est décédé, et où l'assemblée de famille a été tenue. Déjà il avait offert à ses créanciers la démission volontaire de tous ses biens. Dès ce moment, il avait donc perdu le droit et toute possibilité de retourner à son château, qu'il avait précédemment habité. Cette terre, d'ailleurs, était dans un état de délabrement complet. Il n'y restait plus même de manoir habitable, il avait même vendu le peu de mobilier qui lui avait été réservé par un acte d'abandon passé avec ses créanciers, preuve que le changement de domicile s'était opéré sans esprit de retour.

(PRÉSIDENCE DE M. LE BARON ARTHUIS DE CHARNISAI.)

(M. BOSCHERON-DESPORTES, AVOCAT-GÉNÉRAL.)

Le comte de Rochechouart et Maxim. Rochechouart c. Poisson et autres. Mes Moreau, Johanet fils, Légier et Baudry, avoc. plaid.	Appel d'Orléans. i. Arrêt du 20 avril 1825.

•••

ARTICLE VINGT-SIXIÈME.

DOMMAGES-INTÉRÊTS.

—

DANS le langage ordinaire du droit, ces deux mots sont inséparables. Ils signifient le désintéressement accordé par la justice aux personnes qui ont souffert quelques dommages ou pertes. Les dépens ne sont que la peine des plaideurs téméraires, c'est-à-dire de tous ceux qui succombent après une action judiciaire; mais les dommages-intérêts sont l'action *injuriæ damni* accordée par la loi *aquilia* (*vid. inst.*, lib. 4, tit. 3, *de leg. aquil.*). En général, les dommages-intérêts doivent se régler sur la perte que le créancier a faite, et sur le gain dont il a été privé. « *Quantum mihi abest, quantumque lucrari potui.* » (L. 13, ff. *rem ratam haberi.*) L'article 1149 du Code civil ajoute seulement que cette règle n'est point invariable, et est sujette à des exceptions et modifications.

———

304. LE propriétaire d'un cheval est responsable du dommage causé par cet animal, lors même qu'il prouve que ce dommage n'a pas été l'effet d'une imprudence de sa part, le quasi-délit n'en est pas moins constant. Le propriétaire ne peut alléguer pour excuses qu'il ne connaissait point les défauts de son cheval. Il est dû en conséquence des dommages-intérêts, chacun étant responsable du dommage causé par le fait des choses dont on a la garde. Ces principes sont plus rigoureux que ceux de l'ancienne

jurisprudence. Domat enseigne (*Lois civ.*, liv. 2, tit. 8, sect. 2, n.º 7.) qu'on ne doit pas imputer facilement au maître d'un cheval les accidens que peut attirer l'imprudence de ceux à qui ils arrivent, ou tout au moins qui ne sont pas causés par la négligence du propriétaire. Il semble d'après cette doctrine, que l'ignorance des vices du cheval aurait dû être pour le maître une justification suffisante pour ne point le rendre passible de dommages-intérêts, surtout lorsque, comme dans l'espèce, l'accident est arrivé à un postillon, qui devait se mettre en garde plus que tout autre, et prendre des précautions en soignant un animal difficile à approcher. La Cour, en accordant des dommages-intérêts au postillon blessé par le cheval, s'est plutôt fondée sur un sentiment d'humanité que sur les principes d'un droit rigoureux. (Sur les articles 1384 et 1385, c. c.)

Colassé c. Morin.   Appel de Blois. c.
M.es Moreau et Légier, avoc. plaid.   Arrêt du 28 nov. 1815.

----

305. CELUI qui, se croyant lésé, porte une plainte au procureur du Roi, s'il échoue dans le résultat de cette plainte, ne peut pour cela être considéré comme ayant fait une dénonciation téméraire et calomnieuse. Les témoins ayant été cités à la requête du ministère public, leurs déclarations ne peuvent être l'objet d'une action en calomnie contre le plaignant, non partie civile, et quand bien même il se serait constitué partie civile, l'acquittement du prévenu ne rendrait pas le plaignant calomniateur, et par conséquent passible d'aucuns dommages-intérêts. (Voir *Répert.* de M. Merlin, *verbo* réparations civiles.)

(PRÉSIDENCE DE M. LE BARON ARTHUIS DE CHARNISAI.)

Lacour c. Auger.   Appel de Chinon. c.
M.es Moreau et Légier, avoc. plaid.   Arrêt du 28 fév. 1821.

----

306. EN matière criminelle, celui qui ne s'est point porté partie civile, mais sur la plainte duquel une accusation a été dirigée au nom du ministère public, après la décision du jury affirmative, non sur le fait principal et caractéristique de l'accusation, mais sur une question subsidiaire dont la conséquence entraîne une peine correctionnelle, peut néanmoins intenter une

action civile en dommages-intérêts. Le plaignant entendu comme témoin, n'a plus été réellement qu'un tiers aux débats de la cour d'assises. L'action civile peut toujours être intentée séparément de l'action criminelle. (Articles 1382, c. civ., 3, c. inst. crim.)

(PRÉSIDENCE DE M. COLAS DE LA NOUE.)

Fille Chauvet c. Molisson (frères).   Appel de Chinon. c.
M.es Moreau et Vilneau, avoc. plaid.   Arrêt du 29 juin 1821.

---

307. Un négociant n'est pas responsable du dommage causé par un voiturier qui lui conduit des marchandises, quand l'accident est causé uniquement par la faute du voiturier. En vain celui-ci alléguait-il, dans l'espèce, que le négociant avait imprudemment demandé qu'on fît entrer la voiture dans sa maison, malgré l'accès peu facile de la rue. Ce désir manifesté par le propriétaire des marchandises n'exclut point l'obligation du voiturier de prendre les précautions nécessaires pour éviter tout accident, en faisant observer que la voiture, telle qu'elle était chargée, ne pouvait entrer dans la maison, sans s'exposer à des événemens fâcheux. Le voiturier, comme homme à ce connaissant, est responsable d'un accident qui n'aurait pas eu lieu sans son imprévoyance ou sa négligence.

(PRÉSIDENCE DE M. COLAS DE LA NOUE.)

Dieudonné Billard c. de S.t Bernard.   Appel de Tours. i.
M.es Baudry et Légier, avoc. plaid.   Arrêt du 11 juillet 1821.

---

308. Après le décès d'un individu qui a testé en faveur d'un mineur, enfant naturel de la servante du testateur, les héritiers de celui-ci ont le droit, sommation faite au préalable, d'expulser cette servante de la maison du défunt, et elle ne peut réclamer aucuns dommages-intérêts, en alléguant sa qualité de mère et de tutrice naturelle de sa fille, légataire universelle. Les héritiers l'ayant mise en demeure de vider les lieux, ne sont passibles envers elle d'aucun tort, et ne lui ont causé aucun préjudice.

Roncerai c. la fille Fournier.   Appel de Pithiviers. i.
M.es Légier et Baudry, avoc. plaid.   Arrêt du 10 mai 1822.

309. Quand un conducteur de diligence s'est engagé à conduire les voitures de l'entreprise dont la dimension des bandes des roues était mesurée à l'époque du traité, et qu'il s'aperçoit ensuite que les voitures voyagent avec des roues plus larges, ce qui occasionne un supplément de charge, il a le droit de réclamer une indemnité calculée d'après ces bases à titre de dommages-intérêts ; ou bien l'entrepreneur est tenu de rétablir ses roues à la largeur existante à l'époque de la convention.

> Fay-Cottiet   Appel du trib. de com. de Tours. i.
> c. Toulouse et compagnie.   Arrêt du 7 mai 1823.

---

310. Pour demander la suppression d'un ouvrage dont l'établissement peut occasionner quelque dommage, il n'est point nécessaire d'attendre que le dommage ait eu lieu. Les articles 1382 et suivans du Code civil, qui accordent une action pour la réparation des dommages causés, ne sont nullement limitatifs, et ne détruisent pas les principes que la jurisprudence a consacrés.

> La duchesse de Saint-Aignan   Appel de Blois.
> c. Bouchet-Rouet et enfans Chevalier.   Arrêt du 14 nov. 1823.
> M.es Moreau et Baudry, avoc. plaid.

---

311. On peut former au civil une action en dommages-intérêts, en raison d'un fait pour lequel une instance correctionnelle a déjà eu lieu : l'action du ministère public étant toujours indépendante de l'action civile qui n'a pour but qu'une indemnité pécuniaire.

Tout en professant cette doctrine, on avait cru qu'il était impossible de soumettre à la preuve testimoniale le fait sur lequel on s'appuyait pour réclamer des dommages intérêts; attendu que le résultat de l'enquête correctionnelle n'avait pu en fournir la preuve, et que c'était vouloir revenir sur ce qui avait été jugé, ou tout au moins exposer de nouveaux témoins à être en contradiction formelle avec ceux déjà entendus. On fortifiait ces raisonnemens en disant, qu'en matière correctionnelle le renvoi d'un prévenu absous, juge souverainement le fait et l'intention de celui à qui on l'impute, tandis qu'une déclaration de *non-cul-*

pabilité, émanée d'un jury en cour d'assises, ne juge que l'intention, et ne détruit point la possibilité de la réalité des faits sur lesquels repose l'accusation. J'avoue que cette manière de discuter la question me parut fondée sur des principes incontestables ; cependant l'exception de la chose jugée fut tout-à-fait repoussée par la Cour; elle regarda le refus de l'enquête de la part du tribunal civil comme une sorte de déni de justice, et la pertinence des faits ayant été établie, la preuve en fut ordonnée. (Sur l'art. 1382, *c. c.*, et 3, *c. inst. crim.*)

Vilain père c. Moreau.   Appel de Chinon. i.
M.*** La Fontaine et Vilneau, av. pl.   Arrêt du 5 mai 1824.

ARTICLE VINGT-SEPTIÈME.

DONATION. (DON MUTUEL, DOUAIRE.)

« *Donare videtur, quod nullo jure cogente conceditur.* »
(L. 82, ff. *de regul. jur.*) Cette règle générale embrasse tous les genres de donation. Nous réuni-
rons sous cet article les décisions de la cour royale,
relatives aux donations *entrevifs et à cause de mort*,
au *don mutuel*, et au *douaire*.

L'auteur de la maxime *donare est perdere*, était sans
doute quelqu'un qui avait eu sujet de se repentir
de sa libéralité. L'usage des donations remonte aux
temps les plus reculés de la société. Les testamens
ne sont venus qu'avec les progrès de la vie civile,
afin de remédier aux conséquences funestes des donations. L'ingratitude suit pour l'ordinaire les bienfaits. Cette vérité triste, proclamée dans les livres
saints, a fait regarder comme un mal l'usage trop
fréquent des donations. L'Ecclésiastique, au ch. 33,
verset 20, s'exprime ainsi : « *Filio et mulieri, fratri*
» *et amico, non des potestatem super te in vitâ tuâ, et*
» *non dederis alio possessionem tuam, ne fortè pœniteat*
» *te.....* » et au verset 24 : « *In die consummationis*
» *dierum vitæ tuæ, et in tempore exitûs tui, distribue*
» *hereditatem tuam.* »

Les lois romaines ont introduit dans notre législation les règles des donations entre-vifs et à cause de mort. La première est définie de cette manière : « Det aliquis, eâ mente, ut statim velit accipiente fieri, » nec ullo casu ad se reverti. » L'autre porte cette condition : « Si tamen aliquid factum fuerit, aut non » fuerit, velit ad se reverti. » (L. 1, ff. de donat.)

Le don mutuel considéré comme donation entre-vifs, puisqu'il émane d'un contrat de mariage, était inusité chez les Romains ; on connaissait toutefois les donations *propter nuptias et propter dotem*. La loi 20, au Code *de donationibus antè nuptias* prescrivait leur insinuation : « *Insinuare autem eas actis intervenienti-* « *bus supersedebant, ne dotis commoda lucrentur.* » Ces donations, révocables par leur nature, étaient véritablement faites à cause de mort. On a agité la question relative au caractère que le don mutuel doit avoir dans notre jurisprudence. M. Merlin est d'avis « Que, quoique le don mutuel soit irrévoca-» ble, il conserve toujours sa nature de donation » à cause de mort, parce que, pour être donation » entre-vifs, il faudrait qu'il portât sur des biens » présens, et qu'il en dessaisît actuellement le pro-» priétaire. » (*Répert.*, don mutuel, §. 3.)

Quant au douaire, (*dotarium*) cette jouissance accordée à la femme survivante d'une certaine portion des biens du mari, ne nous vient point des Romains. Cependant *l'augment de dot* conservé dans les provinces non-coutumières de France *, et

* A Toulouse, où l'augment était réglé à la moitié de la dot en sus.

fondé sur la novelle *dos data*, est une espèce de douaire.

Pothier nous apprend que l'origine du douaire se trouve dans les mœurs des anciens Germains ; il s'appuie de l'autorité de Tacite, qui rapporte, « que » chez ces peuples, les femmes n'apportaient point » de dot, mais en recevaient, ce qui était un douaire, » c'est-à-dire quelque portion que l'homme, en se » mariant, assignait dans ses biens à la femme qu'il » épousait, pour par la femme en jouir après la » mort de son mari, en usufruit pour sa subsistance. » De là, cette ancienne formule rapportée par Phi- » lippe de Beaumanoir, et que le prêtre faisait dire » à l'homme quand il épousait la femme : du douaire » qui est divisé entre mes amis et les tiens, te » doue. »

Ajoutons que le douaire est réellement dans nos mœurs et dans nos anciens usages. La loi salique qui excluait les filles des successions, a dû pourvoir aux besoins des femmes, qui ne possédaient rien de leur chef.

D'après notre droit coutumier, le douaire était dû à la femme sur les biens du mari, quoiqu'elle n'eût point apporté de dot. Cet avantage lui était acquis de plein droit, sans qu'aucune convention fût in- tervenue dans le contrat de mariage. Les veuves qui se mariaient avaient droit à un douaire, ce qui con- trarie l'opinion de Cujas, qui appelle le douaire *virginitatis pretium*. Les enfans avaient aussi un douaire coutumier. La loi du 17 nivose an II a fait disparaître toute espèce de douaire, en décla- rant (article 61) abolis « toutes lois, coutumes,

» usages et statuts relatifs à la transmission des biens
» par succession ou donation. » Il suffit de lire le
rapport fait à la convention le 5 brumaire an II
(octobre 1793), pour voir dans quel esprit a été
rendue une loi qui voulait établir l'égalité des partages, et préparer un Code civil qui *balayât toutes
les ordures amoncelées du régime féodal.* Quand le législateur s'exprime ainsi dans le préambule d'une
loi, on doit avec raison craindre que ses dispositions ne portent l'empreinte des passions de ceux
qui les ont rendues.

L'article 1390 du Code civil, en interdisant aux
époux de stipuler « que leur association conjugale
» sera réglée par les coutumes, lois ou statuts lo-
» caux », a aboli le douaire des femmes mariées.
Cependant on peut encore stipuler un douaire conventionnel ou préfix, et alors ce n'est plus, quant à
ses effets, qu'une donation faite par le mari à sa
femme par contrat de mariage.

---

312. LE donataire à titre singulier par contrat de mariage,
n'est point tenu de payer les créanciers hypothécaires du père
donateur, quand le donataire a fait transcrire la donation, et
notifier l'acceptation qu'il en a faite aux bureaux des hypothèques dans l'arrondissement desquels les biens sont situés, et enfin, lorsque les inscriptions n'ont été prises par les créanciers
que postérieurement à la transcription de la donation. Sans
doute, ils peuvent attaquer en nullité l'acte fait par le père donateur leur débiteur, mais ils doivent alléguer le dol ou la fraude,
et offrir d'en faire la preuve (1167, c. c. et 1353.); autrement,
ils sont repoussés de leur action contre le donataire. (Sur les art.
938 et 939, c. c.)

Huet, fils,   Appel de Chinon. c.
c. les héritiers Granger.   Arrêt du 8 juillet 1813.

313. Une donation entre-vifs faite par la mère à ses enfans pour les remplir des droits qu'ils avaient dans la succession de leur père est nulle, s'il est évident que le but de la donation n'a été que de se soustraire par la fraude à des poursuites exercées contre elle par des créanciers. Dans l'espèce, une saisie était dirigée contre une veuve en secondes noces pour une dette de cette dernière communauté. La veuve, pour échapper aux conséquences de cet acte rigoureux, fit quelques jours après une donation de tous ses biens à ses enfans majeurs nés du premier lit, pour les remplir de la succession de leur père, décédé dix ans auparavant, et dont la liquidation n'avait pas été faite. La fraude était évidente, et la maxime : « *Inter cognatos fraus facilè prœ-* » *sumitur* » a reçu une juste application. (Sur l'article 900, c. c.)

Mikel-Aburé c. la v.e Joui.   Appel d'Orléans, c.
                                   Arrêt du 30 juillet 1813.

314. C'est un ancien principe qu'on ne peut être à la fois *héritier et douairier à la fois. Aditione enim hereditatis fit obligationis confusio.* Selon la coutume de Paris (art. 261), les enfans ne pouvaient prendre de douaire, qu'en renonçant à la succession de leur père. Le douaire *coutumier* avait lieu de plein droit, lorsque dans un contrat de mariage, on ne stipulait à la femme aucun douaire conventionnel. L'article 218 de la coutume d'Orléans statuait, qu'à défaut d'aucun douaire préfix, « la femme » est douée de la moitié de tous les héritages que le mari avait » lors du mariage, et de ceux qui lui adviennent par succession, » don ou legs. » Le douaire *préfix*, au contraire, dépendait de la volonté de l'homme. Enfin, le douaire, tel qu'il fût, était le propre héritage des enfans provenus du mariage, en telle sorte, que dès l'instant de l'union conjugale, les père et mère ne pouvaient plus vendre et engager le douaire, au préjudice de leurs enfans, qui avaient le droit d'en jouir incontinent après le décès des père et mère : c'est ce qui était réglé par la coutume de Paris (art. 247, 249, 251 et 255.) « Le douaire des enfans, dit » Touret, sur l'article 249, est comme leur légitime, et par » ainsi le père ne peut le diminuer. »

La coutume d'Orléans n'appelait point les enfans à recueillir le bénéfice du douaire. Le douaire de la femme noble ou non, noble préfix ou coutumier, est personnel. (Art. 220, Cout. d'Orléans.) Ce douaire était assimilé à l'usufruit et finissait de même. Dumoulin, dans ses observations sur l'article 240 de l'ancienne coutume (qui n'est autre que l'article 220 de la nouvelle, déjà cité), enseigne « que les enfans ne peuvent avoir le douaire, que » lorsqu'il a été expressément stipulé par le contrat de mariage » qu'ils en jouiraient. »

Appliquons toute cette doctrine à l'espèce suivante : des enfans issus d'un mariage fait en 1783, sous l'empire de la coutume de Paris, ont eu, en vertu du douaire dont on ne peut les priver, un droit de privilège sur un immeuble situé à Orléans, dépendant du douaire réservé propre aux enfans à naître, et que la mort de leur mère n'a pu leur enlever; mais ce droit ne devant être ouvert qu'après la mort du père, les enfans sont tenus de rapporter tout ce qu'ils ont reçu de lui, et de renoncer à sa succession. En conséquence, attendu l'incertitude actuelle sur ce qui aura lieu un jour, si le douaire est vendu, le fond du douaire doit rester comme garantie des enfans, entre les mains d'un tiers, jusqu'au jour de l'ouverture de la succession du père.

En vain, pour repousser cette jurisprudence, invoquait-on la loi du 17 nivose an II sur les successions, qui a déclaré abolies toutes les dispositions des coutumes relatives aux propres des enfans, ainsi que le *tiers-coutumier*. Cet avantage établi par la coutume de Normandie en faveur des aînés, n'avait rien de commun avec le douaire. La loi de l'an II n'a aboli les avantages entre époux que pour les mariages contractés depuis 1789. Elle est sans application dans la cause actuelle.

(PRÉSIDENCE DE M. LE BARON ARTHUIS DE CHARNISAI.)

(M. RUSSEAU, AVOCAT-GÉNÉRAL.)

Héritiers Haran c. Villars.   Arrêt du 1er août 1816.

M.es Johanet et Moreau, avoc. plaid.   Appel d'Orléans. c.

315. EN pays de droit écrit, une donation faite par l'époux au profit de son épouse, soumise à l'insinuation, et non révoquée par une déclaration expresse, est valable, et les enfans comme héritiers de leur père succèdent aux obligations qui en résultent, *in omne jus defuncti.*

(M. LE BARON ARTHUIS DE CHARNISAI, PREMIER PRÉSIDENT.)

(M. RUSSEAU, AVOCAT-GÉNÉRAL.)

Mariés Julien Pélicier c. la f.e Rabigot-Pélicier. Appel d'Orléans. i.

M.es Légier et Baudry, avoc. plaid.   Arrêt du 9 mars 1817.

316. L'ÉPOUX qui a des enfans d'un premier lit, peut faire à l'autre époux par contrat de mariage, donation en usufruit de la moitié des biens qu'il laissera à son décès. On opposait l'article 1098 du Code civil, qui, n'autorisant dans un cas semblable que la donation du quart en propriété, doit, par voie de conséquence, proscrire le don de la moitié en usufruit. Ce raisonnement n'est point exact, et ne résulte point de la disposition invoquée. L'article 1098 ne fait aucune mention de l'usufruit; il n'est pas permis non plus d'appliquer par analogie l'article 917 du même Code, relatif à la quotité disponible; cette loi ne concerne que les donations entre-vifs et les testamens, et non les libéralités faites par contrat de mariage.

(M. LOYRÉ, PRÉSIDENT.)

(M. DE LA TAILLE, SUBSTITUT DU PROCUREUR-GÉNÉRAL.)

Rejaudry c. les enfans Madrille.　　　　Appel de Chinon. c.

M{es} Baudry et Moreau fils, avoc. plaid.　Arrêt du 10 juillet 1817.

---

317. LORSQU'UNE mère constitue en dot à sa fille en avancement d'hoirie, un immeuble avec stipulation de n'en jouir qu'après le décès de son père, auquel il en a été passé bail à vie, avec la charge d'acquitter à la mère, à cette époque, une rente viagère déterminée d'avance à une somme d'argent, cette constitution dotale est une véritable donation; car elle n'a lieu qu'en considération du futur mariage; elle n'est d'ailleurs point suivie d'un dessaisissement irrévocable, puisque le domaine est rapportable à la succession de la constituante; cet acte ne peut être assimilé à un contrat de vente, dont il ne réunit point tous les caractères.

En vain, disait-on, c'est la substance et non la dénomination qui imprime à un acte le caractère qu'il doit avoir. Pothier (contrat de vente, n.° 605) pense qu'une rente viagère excédant toujours le revenu de l'héritage, cet acte, tel qu'il a eu lieu dans l'espèce, n'est autre qu'un contrat de vente. Cette opinion disparaît devant la jurisprudence; il a été aussi jugé le 10 avril 1815 par la cour de cassation dans une affaire Zimmermann.

Ces points établis, la transcription de cette donation est nécessaire pour en assurer l'effet à l'égard des tiers. Les dispositions de l'ordonnance du mois de février 1731, article 19, qui affranchissaient de l'insinuation les donations en ligne directe faites par contrat de mariage, sont abrogées. Ainsi, le donataire qui, ayant négligé de faire transcrire l'acte ci-dessus énoncé, vend ensuite l'immeuble, fait un acte nul, en ce qui touche l'acquéreur : le donataire ne pouvant transmettre à un tiers un droit qu'il n'a pas eu soin de faire consolider en sa personne. (Art. 941, 1081, 1599, c. c. combinés.)

Enfin, on disait, l'acquéreur a connu la donation intérieure, il est non recevable à opposer le défaut de transcription ; le seul moyen légal de constater l'existence d'une donation est la transcripti   , aucune allégation ne peut la suppléer.

(PRÉSIDENCE DE M. LE BARON ARTHUIS DE CHARNISAI.)

(M. RUSSEAU, AVOCAT-GÉNÉRAL.)

Cribier c. Villemain.   Appel d'Orléans. c.
M.ᵉˢ Moreau et Baudry, avoc. plaid.   Arrêt du 14 janv. 1818.

---

318. UN don mutuel stipulé dans un contrat de mariage, quoiqu'étant une disposition de survie, conserve néanmoins, quant à son irrévocabilité, les caractères d'une donation entre-vifs. L'article 32 de l'ordonnance de 1731, les qualifiait donations à cause de mort. La célèbre ordonnance de Moulins (article 58), en prescrivant l'insinuation de toutes donations en. e-vifs, rangeait formellement les dons mutuels dans cette catégorie. Cependant Ricard (tom. 2, n.° 68 et suiv.) est d'une opinion contraire : il regarde l'ordonnance de Moulins applicable seulement aux donations entre-vifs, ainsi qu'à celles où il y a plus de libéralité que de mutualité ou de charges. Ce genre de donation quoique mixte, ne peut jamais être assimilé à un testament, qui n'est qu'un acte révocable, parce qu'il émane de la volonté toujours ambulatoire de l'homme. Le don mutuel, quant à ses effets, doit être régi par la loi en vigueur au moment de l'ouverture de la succession, et non par celle qui existait lors de la confection de cet acte. (Sur l'art. 1093, c. c.)

(PRÉSIDENCE DE M. LE BARON ARTHUIS DE CHARNISAI.)

(M. RUSSEAU, AVOCAT-GÉNÉRAL.)

Saulnier-Cerisier c. Reguier.   Appel de Tours. c.
M.ᵉˢ Johanet et Moreau, avoc. plaid.   Arrêt du 15 juillet 1818.

319. Aux magistrats appartient le droit d'interpréter les donations ainsi que les dispositions testamentaires. Si une donation par contrat de mariage est portée à une somme déterminée (de 25000 fr., par exemple), et qu'il soit dit, que dans le cas où le donateur viendrait à disposer par *vente ou autrement*, *à tel titre que ce soit*, de la propriété sur laquelle la donation est assise, cet acte de libéralité s'accroîtra jusqu'à une somme déterminée (40000 fr. par exemple.); la généralité de ces expressions embrasse tous les modes de disposer de la propriété, de manière que si, par suite d'un legs universel, l'immeuble passe entre les mains de l'épouse du donateur, à la mort de celui-ci, la condition est arrivée, et la donation doit être fixée dans l'espèce à 40000 fr. Ce serait une erreur de vouloir restreindre les termes d'une donation alternative, et d'en exclure les dispositions à cause de mort : tous les genres d'aliénations étant renfermés dans les mots ou *autrement*, *à tel titre que ce soit.*

B.ᵒⁿ Seguier c. la v.ᵉ Seguier, C.ᵗᵉˢˢᵉ de S. Brisson. Appel de Gien. M.ᵉˢ Baudry et Moreau, avoc. plaid. Arrêt du 29 juillet 1816.

———

320. AVANT l'ordonnance du mois de février 1731, les dons mutuels soit par contrat de mariage, soit postérieurs, étaient assujétis à l'insinuation, à peine de nullité. L'ordonnance de Moulins de 1566, en prescrivant l'insinuation « pour toutes les » dispositions rémunératoires et mutuelles, quand même elles » seraient égales, et pour toutes donations mutuelles, récipro-» ques, etc., art. 20 et 58. » en donnait pour raison, la nécessité d'ôter à l'avenir toute occasion de fraude et de *doutes* qui pouvaient être *mus* entre *nos sujets* pour l'insinuation des donations. L'ordonnance du 17 février 1731 (art. 21), n'exemptait de la peine de nullité à défaut d'insinuation que les donations par forme d'*augment*, *contr'augment*, *don mobile*, *engagement*. Il est bon toutefois de faire observer, que par l'article 46 de cette ordonnance : « les dons mutuels et autres donations faites » entre mari et femme, autrement que par le contrat de ma-» riage, étaient exceptés des dispositions de cette loi. » Cette exception laisse subsister les coutumes et usages relatifs à ces sortes de donation pour la solution des questions qui peuvent se présenter. Mais, comme il a été observé au n.° 318 de cet ouvrage, les dons mutuels faits par contrats de mariage, sont com-

pris dans les termes de l'article 32 de l'ordonnance de 1731,
sous la dénomination de donations à cause de mort : car l'esprit
de la jurisprudence de cette époque, refusait à ces actes de libéralité le caractère de donation entre-vifs, parce qu'elles ne portaient pas sur des biens présens, et qu'elles n'en dessaisissaient
pas actuellement le propriétaire.

Les actes de libéralité faits entre mari et femme remplaçaient
les donations *propter nuptias*, appelées ainsi en pays de droit
écrit ; car ils n'étaient à proprement parler que des avantages légaux fondés sur l'usage, et non de véritables donations. En pays
coutumier, le douaire n'était soumis qu'à un droit bursal. Le don
mutuel au contraire, ouvrage de la volonté de l'homme et non
de la loi, est une véritable donation réciproque qui serait ignorée
des tiers, si elle n'était pas consignée sur des registres publics.
L'ordonnance de 1769 n'ayant disposé que sur les dons de survie faits entre époux, et sur les dons mutuels réciproques, rémunératoires, faits par contrat de mariage, laisse les dons mutuels faits postérieurement sous l'empire de l'ancienne règle sur
les insinuations.

La loi du 17 nivose an II qui permet aux époux de s'avantager
(art. 14), garde un silence complet sur l'insinuation, et se réfère implicitement sur ce point à la jurisprudence ancienne. Dans
cet état de choses, tout don mutuel entre mari et femme, postérieur à un contrat de mariage fait avant l'émission du Code civil,
est soumis aux règles du droit commun, d'après le silence de la
coutume sur le mode et sur les délais de l'insinuation : en conséquence, cet acte est nul, s'il n'a point été insinué dans les quatre
mois de sa date, conformément à l'ordonnance de Moulins, ou
tout au moins dans les quatre mois du décès du donateur, suivant l'ordonnance du 3 juillet 1769.

Telle fut la jurisprudence adoptée par la cour. On opposa deux
arrêts de la cour de cassation, l'un du 25 ventose an XI, l'autre
du 16 novembre 1813, qui ont décidé que les donations entre-
vifs absolues et de biens présens étaient seulement assujetties à
l'insinuation, mais que les autres actes de libéralité n'étaient
point nuls faute d'être insinués, mais seulement soumis au double
droit ; que le don mutuel étant un contrat innomé *do ut des*, et
n'opérant qu'un dessaisissement éventuel, n'était point irrévocable. M. l'avocat-général fit judicieusement remarquer que la
cour de cassation avait confondu les donations mutuelles avec les

gains de survie; et, pour le démontrer, ce magistrat développa la doctrine enseignée par les auteurs du Dictionnaire des Domaines, qui ont savamment traité cette matière importante. Ce n'est réellement qu'en regardant les dons mutuels comme des donations à cause de mort, qu'on peut dire que la précaution de l'insinuation avant le décès du donateur serait anticipée et frustratoire, par la raison qu'elle ne produit aucune mutation actuelle de propriété; mais l'esprit de cette ancienne jurisprudence a tout à fait changé, ainsi que nous l'avons fait connaître.

(PRÉSIDENCE DE M. LE BARON ARTHUIS DE CHARNISAI.)

(M. RUSSEAU, AVOCAT GÉNÉRAL.)

Lauverjat fils c. Lauverjat père.   Appel de Blois, i.
M.ᵉˢ Moreau et Légier, avoc. plaid.   Arrêt du 14 mars 1819.

---

321. DANS un acte de donation entre-vifs, le défaut de mention sur la minute de la part du notaire de la signature des parties et des témoins, opère la nullité de la donation. Les articles 14 et 68 de la loi du 25 ventose an XI sur le notariat, s'appliquent à tous les actes authentiques sans exception, et sont de toute rigueur.

On combattait cette décision en disant : il faut distinguer dans les actes les formalités substantielles de celles qui ne sont que de style, et d'où le sort du contrat et les intérêts des parties ne peuvent dépendre; ainsi, il restera minute des donations, les actes seront signés, voilà des règles inviolables; mais ces expressions de l'article 14 de la loi citée : « Les notaires doivent faire men- » tion des signatures à la fin de l'acte, » sont une recommandation uniquement adressée à ces officiers publics, et non aux parties. Elle est placée dans cet article entre deux parenthèses, parce que le législateur trouve accidentellement l'occasion de recommander cette pratique. Les parties pourraient-elles souffrir du résultat d'une omission qui leur est étrangère ? Non sans doute. De plus, un notaire ne peut mentionner un fait avant qu'il soit arrivé; il ne peut dire qu'un acte a été signé, avant que cette signature ait été apposée; il y a des notaires qui pensent qu'une minute ne pouvant recevoir la mention ci-dessus énoncée par *postscriptum* additionnel, parce qu'alors elle ne serait plus dans l'acte, la véritable place de cette mention est dans la grosse, qui est le titre exécutoire revêtu du sceau de la puissance publique.

Dira-t-on que l'oubli d'une disposition indirecte et réglementaire peut anéantir un acte authentique? L'article 1318 du Code civil détruit cette objection. « Ce qui n'est plus authentique par l'in-
» compétence ou l'incapacité de l'officier, ou par un défaut de
» forme, vaut comme écriture privée, s'il est signé des parties.
» Enfin, à l'égard des témoins, leur présence est importante,
» mais leur signature ne l'est pas du tout. »

Ces argumens furent repoussés de la manière suivante : pour-quoi essayer de torturer le sens d'une loi, quand son texte est clair et précis? Les notaires, dit-on, devraient faire la mention précitée au pied de la grosse; mais cette copie n'est point destinée à être placée dans un dépôt public. On ajoute : Une formalité prescrite à peine de nullité n'est point substantielle, elle est inutile ou tout au moins surabondante à observer : mais argumenter ainsi, n'est plus interpréter la loi, c'est la censurer. Une inter-prétation législative et non de doctrine n'appartient point aux magistrats. La loi est sage, car elle a voulu que le juge trouvât dans l'acte même, sans le secours d'une vérification souvent in-certaine, la preuve de sa régularité. On cite l'article 1318 du Code civil pour en conclure qu'une donation irrégulière vaut au moins comme écrit privé. Oui, sans doute, s'il ne s'agissait point d'une donation assujétie à des formes particulières, sans l'observation desquelles il ne reste plus réellement aucune dispo-sition de cette nature. Ricard, au n.° 881 de son Traité des Do-nations, fait observer « que, comme la donation est aussi bien
» pour l'avenir que pour le temps présent, il est besoin qu'elle
» soit passée en une forme qui puisse servir de monument au pu-
» blic. » A la vérité, ce jurisconsulte laisse entrevoir qu'il n'é-tait pas, à cette époque, absolument nécessaire que la donation fût passée devant notaires, la loi ne le requérant pas alors; l'in-sinuation faite avant la dernière maladie du donateur pouvait suffire, cet acte public justifiant la réalité de la donation. Cette opinion de Ricard était fondée sur la loi romaine (l. 31 au Code de donation). « *In donationibus, quæ actis insinuantur, non esse*
» *necessarium judicamus vicinos, vel alios testes adhibere. Nam*
» *superfluum est privatum testimonium cùm publica monumenta*
» *sufficiunt.* » Aujourd'hui l'article 931 c. c. ne laisse plus aucun doute sur la nécessité absolue d'un acte notarié.

Aucun acte confirmatif ne peut réparer les vices d'une dona-tion irrégulière dans la forme. Ainsi même après l'exécution de ses dispositions, on ne peut tirer aucune fin de non-recevoir de son exécution volontaire. (Art. 1339 *c. c.*) On opposait l'article 1340, qui s'élève contre les héritiers et ayant-cause du donateur : leur ratification emporte la renonciation à opposer soit les vices de formes, soit toute autre exception ; mais l'article 1338 est général pour toutes les conventions, et dispose que « la con-» firmation emporte la renonciation aux moyens et exceptions » qu'on pouvait opposer à l'acte, et qu'à défaut de confirmation, » l'exécution volontaire suffit. » Ainsi, l'article 1339, spécial pour les donations, en prescrivant « qu'une donation nulle en la » forme doit être refaite en la forme légale, » ne veut point dire que le donateur ne peut couvrir les mêmes vices de forme par des actes d'exécution volontaire, le donataire ne perd donc que le droit de confirmation ; d'après la règle des inclusions : « *Ex-* » *ceptio firmat regulam pro casibus non exceptis.* » Si donc la loi a soumis les héritiers du donateur aux conséquences des actes d'exécution volontaire de leur part, elle n'a point voulu en affranchir le donateur. Il y a d'ailleurs une grande différence entre la confirmation et l'exécution. L'exécution ne ratifie point ce qui est nul, mais elle enchaîne l'action du demandeur en nullité ; Cette fin de non-recevoir suppose la nullité, mais elle défend d'agir ; elle garantit seulement le défendeur d'une nullité que l'auteur de la donation a voulu couvrir.

Les réponses suivantes furent faites à ces objections : On ne doit pas induire du silence de l'article 1339 du *c. c.* sur l'exécution volontaire, que le législateur n'a entendu défendre au donateur que l'acte confirmatif et non l'exécution volontaire. Cependant, si cette exécution volontaire est un moyen supplétif, c'est seulement, d'après le texte de l'article 1338 pour les contrats ordinaires. Quant aux donations, environnées de formes plus rigoureuses que les autres conventions, la loi a jugé inutile de défendre en termes exprès le moyen subsidiaire qui se trouve aussi compris dans la prohibition, surtout d'après le texte absolu de l'article 1339 : « Il faut que la donation soit refaite dans la » forme légale. » Il est vrai que l'opinion contraire a été embrassée par M. Toullier (tome 5, n.º 190, et tome 8.) ; mais la cour regarda la doctrine de ce savant jurisconsulte plus spécieuse que solide. Un acte confirmatif fait long-temps après une donation, lorsque la connaissance de sa nullité est acquise, prouve la persévérance du donateur, mais il ne suffit point pour

confirmer une donation irrégulière ; on ne doit pas non plus
s'arrêter à un simple acte d'exécution volontaire, qui aurait pu
suivre de près l'acte de donation, et n'être point le fruit de
mûres réflexions.

(PRÉSIDENCE DE M. LE BARON ARTHUIS DE CHARNISAI.)

(M. DESCHAMPS, AVOCAT-GÉNÉRAL.)

H.ers Champigny c. Pallu-Chenoveau.   Appel de Chinon. c.
M.es Moreau, Baudry et Légier, av. pl.   Arrêt du 12 août 1819.

---

322. UNE vente déclarée frauduleuse et simulée comme n'étant
qu'une donation déguisée, faite au profit d'une personne inter-
posée, ne peut néanmoins valoir comme donation. Elle n'est
point ainsi susceptible d'être réduite à la quotité disponible, d'a-
près les dispositions de l'article 1098 du c. c., applicables seulement aux donations permises entre époux. (Combinaison des articles 911, 1098, 1099, 1100 c. c.)

H.ers Marchand c. d.lle Cosson.   Appel de Blois. c.
M.es Johanet et Moreau, avoc. plaid.   Arrêt du 5 janv. 1820.

---

323. UN don mutuel fait entre époux par contrat de mariage,
et qui n'est signé que d'un témoin, lorsque l'acte n'est reçu que
par un seul notaire, ne peut valoir ni comme acte public, ni
comme acte privé. En vain a-t-il été transcrit sur le registre du
conservateur des hypothèques, cette formalité n'a pu remédier à
un vice de forme : la règle de procédure omise étant prescrite à
peine de nullité. (Article 9, loi du 25 ventôse an XI, et art. 931
c. c. combinés.)

(PRÉSIDENCE DE M. COLAS DE LA NOUE, DOYEN DES CONS.ers)

(M. DESCHAMPS, AVOCAT-GÉNÉRAL.)

H.ers Dailliet c. h.ers Cherouvrier.   Appel de Tours. c.
M.es Légier et Baudry, avoc. plaid.   Arrêt du 16 juin 1820.

---

324. UNE stipulation de dot qui contient une clause d'imputation sur la succession du premier mourant, et en outre celle de
n'exiger ni compte, ni inventaire du survivant des époux, vaut

seulement quant à la première. La prohibition de l'inventaire est une sorte de stipulation sur une succession future, ce qui est contraire aux lois. On opposait à cette décision la loi romaine *de liberatione legatâ*, pour soutenir que du moment qu'on ne pouvait plus jouir de l'avantage attaché au legs, le *vinculum juris* était rompu. On citait aussi cette opinion de Pothier (n.º 258 du traité des donations entre mari et femme.) « La convention por-
» tée au contrat de mariage de l'enfant, par laquelle il est dit
» qu'au moyen de la dot qu'il reçoit de ses père et mère, la mère,
» au cas qu'elle survive au père, jouira des meubles et conquêts
» du père, sans qu'on ait stipulé la même chose au profit du père,
» est bien nulle par rapport à la donation qu'elle renferme, faite
» par le père à la mère, au cas qu'il lui survive; mais elle n'est
» pas nulle par rapport à la condition que la mère met à la dot
» qu'elle donne, et ce qu'autant que l'enfant la laissera jouir en
» cas de survie des meubles et acquêts de sa succession; car il
» est permis à chacun d'apposer telle condition à la donation
» qu'il fait; et la dissolution de la communauté étant arrivée par
» le prédécès du père. L'enfant au moyen de la nullité de la do-
» nation faite par son père à sa mère, pourra provoquer sa mère
» au partage des biens de la communauté, et demander à jouir
» de la part qu'il a comme héritier de son père. » Il faudra donc abandonner la dot, si on ne veut pas la prendre avec les condi-tions qui y ont été attachées. L'article 900 du *c. c.*, ajoute-t-on, n'a point apporté de changement à la jurisprudence. Ricard enseigne que les conditions contraires aux lois et à la raison sont réputées non écrites. (Traité des Donations, tome 2, n.º 238 et suiv.)

La loi au digeste *de conditionibus* porte : « *Conditiones contrà*
» *leges aut contra bonos mores, pro non scriptis habentur, et pe-*
» *rindè ac si conditio hereditati, sive legato non esset.* » Mais toutefois, on ne doit pas regarder comme contraire aux lois et à l'ordre public ce qui ne blesse que des intérêts privés et indivi-duels. Cette opinion est aussi celle de M. le premier président Grenier. Ce magistrat est d'avis que la dispense de rendre compte et de faire inventaire n'est nulle part prohibée d'une manière absolue; les mœurs et l'ordre social ne souffrant point d'une con-dition qui tend à éviter toute discussion et toute recherche d'in-térêts de famille. Ainsi la dot n'étant pas une donation ordinaire, elle contient des stipulations bilatérales. C'est une sorte de con-

trat *do ut des*, et du moment que les conditions qui y sont apposées ne s'exécutent pas, tout doit être nul.

Tous ces raisonnemens ne purent se soutenir devant les articles 815 et 1130 du Code civil. La nullité d'une clause ne peut réfléchir sur l'autre. La dot est constituée pour subvenir aux frais du mariage; elle ne peut pas entrer dans la masse des biens de la succession, d'où il suit que la clause relative à la stipulation dotale est valable et doit être maintenue. (Sur les art. 815, 900, 1130, c. c.)

(PRÉSIDENCE DE M. LE BARON ARTHUIS DE CHARNISAI.)

(M. DESCHAMPS, AVOCAT-GÉNÉRAL.)

Péan c. D.lle Bluchcau.   Appel de Chinon. c.

M.es Légier et Vilneau, avoc. plaid.   Arrêt du 16 mai 1821.

---

325. LA loi du 11 brumaire an VII, titre 2, article 26, qui ordonne la transcription des actes translatifs de biens et droits susceptibles d'hypothèque, ne s'applique qu'aux ventes et aux autres actes translatifs de biens à titre onéreux; le législateur ayant gardé le silence sur ceux à titre gratuit, ils sont restés sous l'empire de la législation qui les régissait. Guichard dans son commentaire sur la loi du 11 brumaire an VII semble énoncer une opinion contraire sur cet article 26. « Le nom du contrat n'y » fait rien, la transcription est nécessaire, quant à tous ceux » qui transfèrent la propriété ou l'usufruit d'une chose suscep- » tible d'hypothèque. » La Déclaration du Roi du mois de février 1731, articles 19 et 21, en exemptant les donations faites dans les contrats de mariage en ligne directe, par forme d'augment, etc., de la formalité de l'insinuation, admettait pour conséquence que ces sortes de donations dessaisissaient le donateur ainsi que le donataire, par le seul fait du consentement de l'un et de l'acceptation de l'autre : ainsi les biens donnés cessaient de faire partie du patrimoine du donateur à la date du contrat de mariage, et ne pouvaient être assujéties qu'aux hypothèques antérieures ou créées par l'acte de donation.

La loi de brumaire an VII n'a point dérogé à l'ordonnance de 1731, puisqu'aucune disposition n'a statué sur la transcription requise pour la validité des donations. La formalité de la transcription imposée par l'article 941 du Code civil n'est établie que dans l'intérêt des tiers. Elle ne change point la législation qui consacre la validité d'une donation par le consentement des parties et son acceptation. (Art. 938. c. c.) La transcription n'est donc point une formalité particulière aux donations; elle n'est entrée dans la pensée du législateur que comme tenant au régime hypothécaire.

Ces principes ont été appliqués par la Cour qui a repoussé la nullité d'une donation faite en l'an X (1802), à une femme, depuis veuve, et remariée en secondes noces, laquelle donation stipulée par son premier contrat de mariage, n'avait point été suivie de la transcription.

(PRÉSIDENCE DE M. BOSCHERON-DESPORTES , PRÉS. DE CHAMBRE.)

(M. RUSSEAU , AVOCAT-GÉNÉRAL.)

(Renvoi de cassation.)

F.e Bizet c. les h.ers Boisgérard.	Appel de Tonnerre (Yonne). i.
M.es Moreau et Légier, avoc. pl.	Arrêt du 25 janvier 1822.

----

326. QUELQUE faveur que méritent les actes de libéralité par contrat de mariage, si le donateur s'est réservé le droit d'aliéner à titre onéreux ou *autrement* ses biens présens et à venir, en stipulant expressément que la donation n'aura d'effet qu'à l'époque de son décès. Cette convention rend la donation purement conditionnelle; elle n'existe point avant que la condition soit arrivée. Ainsi le donataire en expectative ne peut profiter de la donation après la mort du donateur, qu'après l'acquittement entier de toutes ses dettes, et il ne peut être colloqué en ordre utile sur la succession du donateur, qu'après le paiement intégral de tous les créanciers hypothécaires et chirographaires.

V.e Grimbert c. h.ers Boisgelin et autres.	Appel de Tours.
M.es Légier, Moreau et Baudry, av. pl.	Arrêt du 5 déc. 1823.

----

327. UNE donation faite par contrat de mariage avec la clause qu'en cas de décès sans enfans du donataire, et où les enfans de celui-ci précéderaient le donateur, la somme donnée retournerait à la personne qui a fait le don, est une donation conditionnelle, et ne peut devenir exigible que du consentement du dona-

teur; ainsi si l'immeuble sur lequel la somme, objet de la donation, est hypothéquée, se trouve saisi immobilièrement, le
donataire ne peut venir, en qualité de créancier du donateur,
réclamer un rang hypothécaire, lors de la distribution du prix
de l'immeuble aux créanciers inscrits. Ce droit est exclusivement
attaché à la personne du donateur, et celui qui vient comme
créancier ne peut l'exercer sans son consentement exprès. (Article 1166 c. c.) En vain le donataire soutient-il que, par la saisie, le cours des événemens n'a plus été naturel, et qu'ainsi l'adjudication du domaine affecté à la sûreté de la donation a dû la
rendre exigible. Cette donation ne peut changer de nature; elle
est conditionnelle, et dans l'intérêt du donateur, du donataire et
des créanciers. La somme, objet de la libéralité, doit rester jusqu'à l'accomplissement de la condition imposée, entre les mains
de l'adjudicataire, et rapporter un intérêt légal et annuel au profit
de celui des créanciers colloqué à l'ordre au dernier rang, si les
fonds ont manqué sur lui.

(PRÉSIDENCE DE M. LE BARON ARTHUIS DE CHARNISAI.)

(M. DESCHAMPS, AVOCAT-GÉNÉRAL.)

Naviau c. Foulon d'Ecollière, de Prailhes.   Appel de Blois. i.
M.es Moreau, Légier et Baudry, avoc. pl.   Arrêt du 10 déc. 1823.

───────────

328. CELUI qui, pour assurer une rente viagère qu'il constitue à
titre de libéralité, et qui doit être seulement payée après sa mort,
fait souscrire à ceux appelés à lui succéder selon l'ordre naturel,
une obligation sous seing-privé, à l'effet d'acquitter la rente viagère, ne fait point une donation au profit de la personne dénommée en l'acte de rente viagère. Cependant si, après la mort du
constituant, l'acte a reçu son exécution de la part des héritiers,
cette rente viagère est devenue une charge de la succession. On
doit la regarder comme une obligation civile, dont la cause est
une dette naturelle; et il n'est plus possible de la faire annuler
comme n'étant pas revêtue des formes requises par la loi. (Sur
l'art. 1969. c. c.)

(PRÉSIDENCE DE M. LE BARON ARTHUIS DE CHARNISAI.)

De Bonnard c. Berland et de Lauzon.   Appel de Chinon. c.
M.es Vilucau et Moreau, avoc. plaid.   Arrêt du 2 juin 1824.

329. L'ARTICLE 948 du Code civil qui veut que toute donation d'effets mobiliers ne soit valable que lorsque les effets seront compris dans un état estimatif signé du donateur et du donataire, n'est point applicable à une donation de meubles que le donateur laissera après son décès, et faite par un époux à l'autre époux; car on ne peut estimer des meubles qu'on n'a point, et qu'on ne connaît pas encore.

On ne peut point non plus regarder comme une stipulation faite sur une succession non ouverte (art. 1130, *c. c.*), la donation dont le résultat serait d'admettre les héritiers de la femme au partage des biens du mari, en cas du décès du donataire sans enfans. Cette clause insolite doit être réputée non écrite. (Art. 900, *c. c.*)

Enfin l'acte de donation tel que nous venons de le faire connaître, ne contient point une substitution fidéi-commissaire *de residuo*, prohibée par l'art. 896, *c. c.*, car il n'y a pas dans l'espèce, charge de conserver et de rendre à un tiers : le donataire, après avoir recueilli la donation, pouvant toujours aliéner et hypothéquer cette valeur quand il le jugera à propos.

Poitou c. les héritiers Hérault. Appel de Loches. c.
M.⁰⁰ Moreau et Légier, avoc. plaid. Arrêt du 3 juin 1824.

---

330. QUAND une dot est constituée par un père à un de ses enfans, à l'époque où les lois du 7 mars 1793 et 17 nivose an II étaient en vigueur, et que la succession du donateur ne vient à s'ouvrir que depuis le Code civil, cette dernière loi doit être suivie, en ce sens que la donation ainsi faite à un successible en ligne directe, sera réduite seulement à la quotité disponible. (Art. 845, *c. c.*) En vain, disait-on, les lois de 1793 et de l'an II (1794) ont frappé d'abolition radicale toute espèce de donations entre-vifs, ou par contrat de mariage, etc., faite en ligne directe; une disposition à titre gratuit, mais illégalement faite, n'a point un caractère de donation; enfin, celui qui ne peut recevoir une libéralité, n'a point par conséquent la faculté de la retenir jusqu'à la quotité disponible.

On répondit avec avantage, que c'est l'esprit des lois de 1793 et de 1794 qu'on doit rechercher. On y verra que le législateur a moins eu en vue de prononcer la nullité de ces donations, que d'en réduire l'effet à la portion égale à laquelle chaque enfant a droit de prétendre. L'effet des donations faites à un successible par contrat de mariage se règle, non par les lois à l'époque à laquelle elles ont été faites, mais par celles en vigueur lors de l'ouverture de la succession du donateur. Les lois du 7 mars 1793 et celle du 17 nivose an II n'ont eu d'autre but que de maintenir l'égalité des partages; mais elles n'ont point aboli la disposition de l'article 303 de la coutume de Paris, qui disposait, de même que la loi du 7 mars, que les pères et mères ne pourraient avantager, les uns plus que les autres, leurs enfans venant à leur succession : cependant cette loi permettait à l'enfant donataire de s'en tenir à sa donation. (Art. 307, *Cout. de Paris.*)

(PRÉSIDENCE DE M. LE BARON ARTHUIS DE CHARNISAT.)

(M. BOSCHERON-DESPORTES, AVOCAT-GÉNÉRAL.)

(Renvoi de cassation.)

S.^r et D.^e Valton c. Ange et Georges Demantort.   Appel de Paris, i. Mes Légier, Rigollot et Baudry, avoc. plaid.   Arrêt du 7 janv. 1825.

ARTICLE VINGT-HUITIÈME.

ENQUÊTE.

Les ordonnances des Rois Louis XII (en 1512) et François I.er (en 1535), avaient déjà établi quelques dispositions sur la forme des enquêtes; mais jusqu'à l'ordonnance de 1667, la législation sur la preuve testimoniale n'offrait pas un ensemble complet. Quand on lit le détail de la conférence qui eut lieu le 3 mars 1669 en l'hôtel de monseigneur le chancelier, où furent appelés neuf conseillers d'état et vingt-six membres du parlement, on rend hommage aux vues élevées du Roi, et au soin qu'il apportait à la confection des lois.

Le titre 22 de cette célèbre ordonnance a été suivi en France jusqu'en 1793. A cette époque de bouleversement, d'anarchie et de sinistre mémoire, une loi sous la date du 3 brumaire an II abolit toute espèce de procédure, et prescrivit (art. 9) « qu'en » toutes matières les défenses seraient verbales ». Un décret du 7 fructidor de l'an III, confirma l'anéantissement de toute procédure écrite, et prononça par l'article 4 *la dérogeance à toutes lois contraires.*

Cependant, on eut encore plus d'une fois recours aux dispositions de l'ordonnance de 1667, comme loi régulatrice.

M. Merlin (*Répertoire verbo* enquête, §. 3) traite plusieurs questions relatives à cette matière, et fait connaître la jurisprudence qui se rattachait encore, malgré les prohibitions des législateurs d'alors, aux lois sages de Louis XIV qu'on s'efforçait en vain de vouloir faire disparaître.

Les avoués furent établis en l'an VIII (loi du 27 ventôse) et dès ce moment, le titre 22 de l'ordonnance de 1667, redevint la loi commune de la France. Il continua à régir la forme des enquêtes jusqu'en 1807, époque de l'émission du Code de procédure civile.

---

331. Lorsqu'une enquête doit être faite dans le lieu où le jugement a été rendu, si l'ordonnance d'ouverture reste sans exécution, parce que les témoins n'ont pas été entendus au jour indiqué, et qu'alors une seconde ordonnance soit rendue pour suppléer à la première, celle-ci n'est point annulée par la nouvelle ordonnance ; car la seconde n'ayant pour but que de continuer l'enquête censée commencée pour chacune des parties respectivement (art. 259, *c. pr.*), il n'y a aucune nullité à faire valoir.

Lemaigre-Villorçau c. les mariés Grillon.   Appel de Vendôme. i.
Mes Dinochau et Moreau, avoc. plaid.   Arrêt du 2 août 1811.

---

332. En matière de commerce, lorsqu'une enquête a lieu, et qu'un témoin est reproché comme commensal, et ayant reçu un salaire de celui qui réclame son témoignage, si cependant le tribunal rend un jugement, sans nouvelle opposition de la part du défendeur qui a élevé le reproche, ce moyen est couvert, et il ne peut plus le faire valoir en cour d'appel. (Sur l'art. 283, *c. pr.*)

Banlu c. Chenu.   Appel d'Orléans. (Trib. de com.) c.
Mes Johanet et Baudry, avoc. plaid.   Arrêt du 1.er avril 1814.

333. Une contr'enquête faite après une première contr'enquête qui n'a été levée, ni signifiée, est valable, car elle est faite en temps utile, quand le jugement qui l'a ordonnée n'a pas fixé l'époque où elle devait avoir lieu. (Art. 252 et 256, c, pr.)

Femme Dubain
c. la femme Dinochau.

Appel de Blois. c.
Arrêt du 25 janv. 1816.

334. Pour faire courir le délai d'une enquête ordonnée par un arrêt confirmatif du jugement qui avait prescrit cette enquête, il suffit de la signification de l'arrêt, avec mention dudit arrêt dans les qualités du jugement qui l'a confirmé ; mais il n'est pas nécessaire que le jugement soit textuellement rapporté. (Sur les art. 257 et 259, c. pr.)

L'article 2 du titre 22 de l'ordonnance de 1667 avait également statué que le délai de huitaine établi pour les enquêtes faites devant les cours, bailliages, sénéchaussées et présidiaux, courrait du jour de la signification du jugement faite à la partie ou à son procureur. (Voir le Commentaire de Jousse sur cet article.)

Liedet c. Dubarle.
M.es Moreau et Baudry, avoc. plaid.

Appel de Pithiviers. c.
Arrêt du 23 août 1816.

335. Lorsqu'un magistrat enquêteur ne peut se trouver au jour qu'il a indiqué, pour recevoir les dépositions des témoins cités à cet effet, cet empêchement ne doit pas constituer en nouveaux frais les parties qui ont fait assigner les témoins à ce jour, soit pour l'enquête, soit pour la contr'enquête. Alors, il suffit de nommer un nouveau juge, sans qu'il soit besoin de donner de nouvelles assignations aux parties, quand d'ailleurs celles-ci y consentent. Le magistrat fixe un jour pour recevoir l'enquête, en procédant sur les anciens erremens.

(PRÉSIDENCE DE M. LE BARON ARTHUIS DE CHARNISAI.)

(M. DESCHAMPS, AVOCAT-GÉNÉRAL.)

Lecoq c. Dufour.

Appel d'Orléans.
Arrêt du 23 août 1816.

336. QUAND un délai pour faire enquête a été fixé par un jugement, si par des motifs plausibles l'enquête n'a point été faite à cette époque, les juges ont la faculté d'ordonner un nouveau délai. En vain, dit-on, un interlocutoire a fixé le contrat judiciaire dont le bénéfice appartient aux parties; or, l'article 258 du Code de procédure n'est que la conséquence de celui qui le précède, et dont la stricte exécution doit être observée à peine de nullité. On répond : c'est une erreur, l'article 258 n'est point le corollaire de l'article 257. La loi ne prononce pas de déchéance pour le cas où il ne serait pas exécuté dans toute sa rigueur. Les nullités étant de droit étroit, ne peuvent se suppléer, et doivent être restreintes aux cas pour lesquels elles sont établies.

Delabarre c. O'Connor.   Appel de Montargis. c.
M.es Baudry et Légier, avoc. plaid.   Arrêt du 14 août 1818.

---

337. L'INDIVIDU cousin germain de l'aïeul de la partie en cause, ne peut être considéré vis-à-vis son petit neveu, à la mode de Bretagne, comme cousin issu de germain; en conséquence, il n'est pas témoin reprochable. C'est une erreur de prétendre que les degrés se comptent par génération, et que la prohibition portée en l'article 283 du Code de procédure s'étend jusqu'au sixième degré, en comptant les deux lignes, à partir de l'auteur commun. L'article 738 du Code civil relatif aux successions collatérales, quant au mode de compter les degrés par les générations, ne peut s'appliquer aux enquêtes pour lesquelles la procédure est toute spéciale, et fixée invariablement par l'article 283 du Code de procédure. Or, dans le sens de cette disposition légale, les cousins issus de germains ne sont que les enfans des cousins germains.

(M. BORDIER, CONSEILLER, PRÉSIDANT L'AUDIENCE.)

Chemin et Rochereau c. la D.lle Deschamps.   Appel de Chinon. i.
M.es Johanet et Baudry, avoc. plaid.   Arrêt du 18 nov. 1818.

---

338. EN matière de commerce, une enquête nulle par la faute d'une des parties, peut néanmoins être recommencée, si les juges pensent qu'il est nécessaire d'entendre de nouveaux témoins. Les preuves testimoniales étant   ent les seuls moyens d'instruc-

tion à suivre, l'article 293 du Code de procédure n'est pas d'une application rigoureuse devant les tribunaux consulaires. (Sur les articles 413, 417 et 293, *c. pr. combinés.*)

Besnier c. Pétard.   Appel de Blois. (Trib. de com.) c.
Mes Baudry et Légier, av. pl.   Arrêt du 30 juin 1819.

---

339. L'APPEL d'un jugement interlocutoire est suspensif, toutes les fois que l'exécution provisoire n'en est pas ordonnée. D'après ce principe, une enquête nulle, pour avoir été commencée depuis la signification de l'appel, peut néanmoins être ensuite valablement recommencée, quand elle n'est d'ailleurs entachée d'aucun vice de forme. L'art. 293 du Code de procédure n'interdit de recommencer une enquête, qu'autant que la nullité provient du fait de l'officier ministériel ou de l'huissier. Cet article ne se réfère qu'aux nullités causées par l'inobservation des formalités intrinsèques prescrites par la loi.

(PRÉSIDENCE DE M. LOYRÉ, PRÉSIDENT.)

Perchereau c. Frineau.   Appel d'Orléans, c.
Mes Moreau et Baudry, avoc. plaid.   Arrêt du 28 août 1819.

---

340. 1. L'AVOUÉ qui comparaît à une enquête en faisant des réserves, et qui adresse des reproches et des interpellations aux témoins, est recevable à défendre au fond. La comparution d'un avoué est une démarche nécessaire. Sa présence ne peut couvrir un droit exclusivement réservé à la partie. Or, il n'a pas été, par cet officier ministériel, défendu à la véracité des témoignages ; dans ce cas seulement il y aurait eu fin de non-recevoir, et l'article 173 serait applicable.

2. Le délai de trois jours donné à la partie pour être présente à l'enquête, est un délai fixe non susceptible d'être augmenté, eu égard aux distances. On opposait à cette jurisprudence la combinaison des art. 61, 261 et 1033 du Code de procédure. Ainsi, disait-on, on dénonce à l'avoué un grand nombre de témoins, il ne peut les reprocher qu'après en avoir référé à ses cliens. Ceux-ci cependant sont éloignés, et si on ne leur laisse pas le temps de se rendre au lieu de l'enquête, on improvise à la hâte cette mesure importante, d'où le sort du procès dépend ; il arrive alors

qu'on laisse approcher de la justice des témoins immoraux qu'on est obligé d'entendre, parce qu'on n'a pu être en mesure de les reprocher.

Un arrêt de la cour de cassation du 11 janvier 1815 est conforme à cette doctrine. Toutefois, et dans l'espèce actuelle, la cour d'Orléans a adopté une jurisprudence contraire, dont voici les motifs : le législateur, en ordonnant l'assignation de la partie au domicile de son avoué, trois jours avant l'audition des témoins, a voulu simplifier la procédure, et diminuer la masse des frais, toujours volumineuse en matière d'enquête. Si ce délai n'était pas de rigueur, la cupidité s'agiterait. De là, la raison qui empêche de recommencer une enquête nulle. Autrement, de nouveaux témoins seraient à la disposition du demandeur. L'arrêt de la cour de cassation, sus-énoncé, est inapplicable. Il s'agissait d'une enquête qui devait se faire dans un lieu différent du domicile de l'avoué, donc l'observation du délai des distances était nécessaire.

3. En matière d'enquête, les défendeurs étant représentés par un seul avoué, il n'est pas nécessaire de laisser autant de copies qu'il y a de défendeurs. Ainsi, l'article 61 du Code de procédure relatif aux exploits d'ajournemens, n'est point applicable. On opposait à ce mode d'interprétation de l'article 261 du même Code, les raisonnemens suivans : plusieurs parties représentées par un seul avoué peuvent avoir néanmoins différens reproches à proposer contre le témoin. L'acte d'intimation est un exploit, d'où il suit que, pour l'ajournement, il faut recourir à l'article 61 du Code de procédure, qui exige la mention de la personne à qui la copie est laissée. Plusieurs parties sont en cause, elles demeurent dans des lieux différens, l'avoué qui ne reçoit qu'une copie, ne pourra savoir à laquelle de ses parties il en devra donner connaissance pour obtenir les renseignemens dont il a besoin.

Ces argumens parurent à la Cour plus spécieux que solides. La loi est rigoureuse en matière d'enquête ; multiplier les formalités, serait aggraver le sort de ceux sur la demande desquels elles sont ordonnées. Un seul avoué est le mandataire commun et obligé de toutes les parties. En vain, laisserait-on plusieurs copies ; du moment que trois jours sont seulement accordés pour être présent à l'enquête, l'officier ministériel n'aurait pas, dans un aussi court délai, le temps de faire parvenir les copies aux diverses parties qu'elles intéressent. La décision de ce point de

procédure n'est que la conséquence de la précédente question relative au délai des distances.

(PRÉSIDENCE DE M. LE BARON ARTHUIS DE CHARNISAI.)

(M. RUSSEAU, AVOCAT-GÉNÉRAL.)

Jahan c. Dubois et autres.　　　Appel de Chinon, c.
M.ᵉˢ Légier et Moreau, avoc. plaid.　Arrêt du 16 mars 1820.

Nota. Cet arrêt, déféré à la cour de cassation, a été cassé par
les motifs suivans : « *Sur le délai des distances.* Quand l'en-
» quête doit être faite à une distance considérable du domicile
» de l'avoué, un délai de trois jours ne peut suffire. La notifica-
» tion de l'ordonnance du juge faite à la partie, et l'assignation
» à elle donnée au domicile de son avoué pour être présente à
» l'enquête, sont les seules voies légales qui doivent l'instruire
» du jour où les témoins seront entendus. L'art. 1033 du Code de
» procédure, doit, en conséquence, s'appliquer aux assignations
» données pour être présent aux enquêtes. *Sur l'ajournement.*
» Quoique les parties aient un même avoué, l'article 61 du Code
» de procédure est la règle générale, qui, en matière d'en-
» quête, doit s'appliquer à l'assignation donnée au domicile de
» l'avoué, quand il est constitué pour plusieurs parties, et
» qu'elles ont leur domicile en divers lieux. Les défendeurs ne
» peuvent donc être régulièrement assignés par une seule et
» même copie, laissée au domicile de l'un d'eux. »

Cette affaire a été renvoyée à la cour royale de Paris, qui a
jugé comme la cour royale d'Orléans, dont nous avons fait connaître la jurisprudence sur ces points de procédure.

———

341. En matière de commerce, quand une enquête est ordonnée, les parties peuvent consentir à ce que les témoins cités à
une audience soient entendus en présence les uns des autres.
L'article 262 du Code de procédure ne doit pas être pris ici dans
une acception rigoureuse, la juridiction consulaire étant une exception au droit commun.

Mesnier c. Maupoin.　　　Appel d'Orléans (Trib. de com.) c.
M.ᵉˢ Baudry et Légier, av. pl.　Arrêt du 22 mars 1820.

———

342. 1. L'ASSIGNATION donnée à la partie pour être présente

à l'enquête est valable, quoiqu'elle ne contienne point la mention
de l'ordonnance du juge, en vertu de qui elle émane. A l'appui
de l'opinion contraire, on disait : l'ordonnance d'ouverture d'enquête a été rendue dans l'espèce, le même jour que la signification du jugement qui l'a prescrit, en négligeant de transcrire
l'ordonnance dans la citation ; on ne peut savoir si la signification est antérieure à l'enquête, et par conséquent si le jugement
a été exécuté avant d'avoir été signifié. On répondit : il n'y a
point de date sur la signification du jugement qui a ordonné
l'enquête, car la requête aux fins d'obtenir la fixation de l'ouverture de l'enquête a fait mention de l'enregistrement et de la
signification du jugement. Ainsi, point de violation de l'art. 147
du Code de procédure. Mais l'omission de l'ordonnance du juge
dans l'assignation à la partie, n'est pas une nullité. Aux termes
de l'article 1030 du même Code, les omissions de forme ne sont
des nullités qu'autant que la loi leur en attribue spécialement le
caractère. Or, l'article 261 qui précède, n'impose pas sous peine
de nullité l'obligation de donner copie, ou de faire mention de
l'ordonnance du juge-commissaire, en vertu de laquelle l'assignation en matière d'enquête est donnée.

2. Les habitans d'une commune qui plaident en leur nom collectif sont astreints aux règles qui régissent les parties en cause.
Ainsi leurs parens jusqu'au degré de cousins issus de germains,
quoique demeurant dans une autre commune, sont reprochables
comme témoins, surtout quand il s'agit d'une revendication de
terrain à obtenir par la prescription, que les habitans réclament
individuellement, quoiqu'en se fondant sur un droit commun
pour la faire prononcer. La teneur de l'article 283 du Code de
procédure est générale, et ne comporte aucune exception.

(PRÉSIDENCE DE M. LE BARON ARTHUIS DE CHARNISAI.)

(M. EPHREM DE LA TAILLE , SUBSTITUT DU PROCUREUR-GÉNÉRAL.)

Lauret c. la commune de Mignerette.   Appel de Montargis. i.
M.es Légier et Baudry, avoc. plaid.   Arrêt du 9 août 1820.

343. LORSQUE de l'examen des diverses parties d'une enquête,
il résulte que toutes les formalités de la procédure ont été observées, il faut encore, pour la validité de l'enquête, qu'il soit
fait mention à la fin du procès-verbal, que tous les articles

énoncés en l'art. 275 du Code de procédure, ont été suivis exacte-
ment dans leurs dispositions. Les expressions, *à peine de nullité*,
qui se trouvent à la fin de cet article, se rapportent à tout ce qui
est énoncé dans son contexte, et dans ce cas, le juge commissaire est passible des frais de l'enquête annulée par sa faute. En
vain, disait-on, l'examen de l'enquête donne aux magistrats une
conviction suffisante que chacune des formalités des différens
articles du titre des enquêtes a été observée, d'où résulte
l'inutilité d'une répétition des mêmes articles dans le procès-
verbal de clôture. Ces objections ne peuvent effacer une nullité
radicale et formelle, à moins de retrancher du Code de procédure les art. 275 et 292.

Pétard c. les héritiers Denevers.   Appel de Blois. i.
Mes Moreau et Légier, avoc. plaid.   Arrêt du 10 janv. 1821.

---

344. Nouvelle confirmation de la décision rapportée (numéro 342, §. 2), qui statue que les parens des habitans d'une
commune qui plaident en leur nom collectif, peuvent être reprochés comme témoins.

Les éclusiers des canaux sont assimilés aux serviteurs de cette
administration, et dans cette qualité reprochables comme témoins. Ils reçoivent un salaire, leur témoignage peut donc être
rejeté. Il en est de même des pensionnaires de l'administration
des canaux, ils doivent être assimilés aux donataires, quoique
la gratification dont ils jouissent soit essentiellement révocable.
(Sur l'art. 283, *c. pr.*)

(PRÉSIDENCE DE M. LE BARON ARTHUIS DE CHARNISAI.)

(M. RUSSEAU, AVOCAT-GÉNÉRAL.)

Harry et autres c. l'administration des canaux   Appel de Montargis. i.
d'Orléans et la commune de Pannes.   Arrêt du 7 mars 1821.
Mes Johanet, Moreau, Baudry, Légier, avoc. plaid.

---

345. 1. Quand une enquête ordonnée en cour d'appel doit
être faite dans un lieu différent de celui où les parties ont plaidé,
le tableau légal des distances doit servir de base pour le délai
des assignations, et non les distances réelles. (Combinaison des
art. 261 et 1033, *c. pr.*)

2. L'omission dans le procès-verbal d'enquête que les témoins ont déposé *sans avoir lu aucun projet écrit*, entraîne la nullité de l'enquête. Cette formalité rigoureuse doit être strictement observée. En vain, disait-on, il est évident qu'aucune déposition écrite n'a été lue, on n'a point osé l'articuler, le législateur n'a point voulu le renouvellement d'une enquête, uniquement pour entraîner de nouveaux frais, sans apporter aucun changement à la preuve ordonnée. La réponse à cette objection est simple : le texte de la loi est clair, aucune interprétation ne peut en modifier la lettre, quand elle est impérative. L'art. 275 du Code de procédure est une boussole dont il n'est point permis de s'écarter. C'est pourquoi le juge qui a reçu l'enquête, et qui est cause de son annulation par sa négligence à veiller à l'exécution des formalités prescrites, doit seul en supporter les frais. (Art. 271, 275 , 292 , *c. pr. combinés.*)

Syndics F....., c. Mercenil.	Appel de Tours. c.
M.es Johanet et Baudry, avoc. plaid.	Arrêt du 13 avril 1821.

------

346. LE procès-verbal d'enquête doit toujours mentionner que tous les articles énoncés en l'art. 275 du Code de procédure ont été exécutés. (Voir n.º 342 , §. 2 , et n.º 345, §. 2.) L'enquête ainsi annulée doit être recommencée aux frais du juge enquêteur. (Art. 292, *c. pr.*) Cependant, pour que cette mesure rigoureuse de la loi ait lieu, il faut qu'elle ait été l'objet des conclusions formelles des parties, et la Cour ne doit point l'ordonner d'office.

Leblanc c. Champigny.	Appel de Chinon. i.
M.es Baudry et Moreau, avoc. plaid.	Arrêt du 11 déc. 1822.

------

347. LES père et mère de celui dont on provoque l'interdiction, ne peuvent être assignés et entendus comme témoins. Les dispositions de l'article 268 du Code de procédure sont applicables au cas d'interdiction comme à toute autre matière.

(M. LAISNÉ DE S.te MARIE, SUBSTITUT DU PROCUREUR-GÉNÉRAL.)

Pelé fils c. le Procureur-général.	Appel de Vendôme i.
M.e Légier, avoc. plaid.	Arrêt du 21 août 1823.

348. E<small>N</small> matière de commerce, les juges peuvent ordonner subsidiairement la preuve d'autres faits que ceux articulés. On ne peut pas dire que ce soit prescrire successivement deux enquêtes par jugement interlocutoire. Sans doute, il résulte de la combinaison des articles 407, 408, 409 et 432 du Code de procédure, que le législateur a voulu que les preuves à faire en pareil cas fussent promptes. Le mot *subsidiaire* placé dans le jugement, est sans doute une locution vicieuse; mais il ne peut entraîner la nullité des opérations ordonnées. Il est de principe que les tribunaux consulaires ont le droit d'ordonner d'office la preuve de tout ce qui tend à éclairer leur religion, et à éclaircir les procès.

Blondeau c. Caillard,   Appel de Blois. (Trib. de com.) c.
M.<small>es</small> Baudry et Légier, av. pl.   Arrêt du 28 août 1823.

●•

EXÉ.

ARTICLE VINGT-NEUVIÈME.

EXÉCUTOIRE.

—

CE mot porte avec lui sa propre signification. On ne peut mettre à exécution un jugement, ou un contrat, sans que la partie qui veut user de son bénéfice, ne présente l'acte revêtu de sa forme *exécutoire*. Nous n'avons pas compris sous cet article les questions relatives aux exécutoires des dépens.

(Voir les mots *Dépens* et *Taxe*.)

———

349. LA grosse d'un acte notarié délivrée avant l'année 1790, et qui ne porte point la formule, *Louis par la grâce de Dieu*, mais l'intitulé d'une justice seigneuriale, n'en est pas pour cela moins valable.

L'ordonnance du Roi du 30 août 1815, qui prescrit la rectification de la formule des actes, arrêts, etc., n'a eu pour objet que les grosses et expéditions délivrées en son absence, au nom du pouvoir illégitime.

Lhuillier c. Poirier de Beauvais.   Appel de Chinon. c.
M.es Moreau et Vilneau, avoc. plaid.   Arrêt du 17 nov. 1821.

●●

EXP.

ARTICLE TRENTIÈME.

EXPERTISE. (RAPPORTS D'EXPERTS.)

—

L'ORDONNANCE de 1667 comprenait sous le titre 21 toute la procédure relative aux descentes sur les lieux, taxes des officiers, des commissaires, nomination et rapports d'experts. Le Code de procédure a simplifié les formes de la matière, et a séparé ce qui concerne les descentes sur les lieux des rapports d'experts.

Denizart (*verbo* experts.) rapporte un édit du mois de mai 1690, qui a créé des offices d'experts, avec défenses aux parties de convenir en justice pour experts d'autres personnes que celles pourvues desdits offices, à peine de nullité.

C'était un étrange abus de voir des individus auxquels les fonctions d'experts étaient exclusivement attribuées, avec la prérogative de pouvoir les exercer dans tout le royaume. Denizart indique deux arrêts du parlement de Paris, des 17 mars et 4 août 1723, qui décident, que lorsqu'il s'agissait de visites et d'opérations à faire *hors* du ressort du châtelet de Paris. l'autre partie ne pouvait pas nommer un expert bourgeois non pourvu d'office, quand même il

serait domicilié sur le lieu où il s'agit de faire le rapport. Le Code de procédure a remédié à cet abus de
la puissance parlementaire (art. 303, 304 et 305),
en laissant aux parties le choix des experts, et ne
donnant aux tribunaux la mission d'en nommer d'office, qu'à défaut par les parties de s'entendre à cet
égard.

Les experts ne sont point des arbitres, car ceux-
ci décident les contestations qui leur sont soumises;
les experts ne donnent qu'un avis d'après leurs connaissances et leurs lumières, les renseignemens
qu'ils sont tenus de fournir servent à éclairer la justice, mais les magistrats ne sont point tenus de s'y
conformer, quand leur conviction s'y oppose. (Article 323, *pr.*)

---

350. QUAND, pour apprécier une opération de chirurgie, on
demande qu'une expertise soit faite par des gens de l'art, les
tribunaux peuvent se refuser à l'accorder, par la raison que
le *quantum* des honoraires à accorder au médecin opérateur, ne
repose point uniquement sur une opération matérielle, mais encore sur la position des parties, et les offres faites par celle qui a
profité de l'opération, et qui sont reconnues être suffisantes.

(PRÉSIDENCE DE M. LE BARON PETIT-LAFOSSE, PR.ᵉʳ PRÉSIDENT.)

(M. RUSSEAU, AVOCAT-GÉNÉRAL.)

Dame de Villemotte c. Dutertre.   Appel d'Orléans. c.
M.ᵉˢ Moreau et Blaque (de Paris) av. pl.   Arrêt du 19 fév. 1812.

---

351. LORSQU'UNE partie a demandé une expertise pour fixer
le montant d'indemnités qu'elle réclame, et que le tribunal, en
déterminant d'office le *quantum* à payer comme indemnités,
laisse néanmoins l'option d'une expertise, si la partie adverse
profitant de cette option, veut que l'expertise ait lieu; elle de-

vient demanderesse par exception, et reste passible du paiement des experts. (Sur l'article 319, *pr.*)

(Renvoi de cassation.)

D.lle Montansier
c. les héritiers Happé.

Appel de Paris.
Arrêt du 18 janv. 1816.

---

352. QUAND un tribunal déclare un premier rapport d'experts insuffisant, et qu'il en ordonne un second, en statuant sur le résultat de celui-ci, il ne s'interdit point le droit de prendre dans le premier tout ce qu'il y trouve de régulier. Il peut, en conséquence, combiner la teneur des opérations des deux procès-verbaux d'expertise. L'article 323 du Code de procédure est susceptible d'une interprétation large, les juges pouvant toujours modifier les rapports d'experts, suivant leur conviction.

(PRÉS. DE M. LE BARON ARTHUIS DE CHARNISAI, PR.er PRÉSIDENT.)

(M. RUSSEAU, AVOCAT-GÉNÉRAL.)

Dame V........ née G... c. son mari.
M.es Légier et Baudry, avoc. plaid.

Appel de Vendôme. c.
Arrêt du 9 août 1816.

---

353. UN procès-verbal d'expertise signé seulement par deux experts, et non par le troisième, qui refuse d'y apposer sa signature, est néanmoins valable. Quoique l'article 317 du Code de procédure dispose, que la rédaction de l'expertise sera écrite par un seul, et signée par tous ; l'article 318 qui suit, disant que c'est à la pluralité des voix que se font les procès-verbaux, il en résulte évidemment que, si un expert est dissident et ne veut pas signer, l'ensemble de l'opération n'en est pas moins régulier.

Vaslin c. Lefebvre.
M.e Moreau, avoc. plaid.

Appel de Tours. c.
Arrêt du 14 nov. 1817.

---

354. LORSQUE sur une contestation relative à une somme demandée pour paiement d'ouvrages, une expertise est ordonnée, si les experts élèvent la somme due au-dessus de la demande, elle doit être payée ainsi qu'elle est fixée, quand les juges adoptent dans leur rédaction, le contenu au rapport des experts. Il n'y a pas

d'*ultrà petita* dans la sentence, puisqu'en concluant à l'homologation du rapport, on demande le paiement du montant fixé par
les experts.

Gautry c. Jousselin.   Appel de Blois. c.
M.ᵉˢ Moreau et Johanet, avoc. plaid.   Arrêt du 27 fév. 1818.

---

355. Un procès-verbal d'expertise non rédigé sur les lieux
contentieux, et dans lequel le lieu de la rédaction n'a pas été indiqué, n'est pas nul, lorsque d'ailleurs les opérations ont été
faites en présence des parties, et que les dires et réquisitions de
chacune d'elles se trouvent consignés dans le rapport. La formalité relative à la rédaction, n'est pas mise au nombre de celles
qui sont substantielles aux actes de cette nature, telle que la signature, etc. L'article 317, d'ailleurs, n'en prescrit point l'exécution à peine de nullité.

Maccurtin c. Caslot, Gilbert et autres.   Appel de Tours. c.
M.ᵉˢ Johanet et Moreau, avoc. plaid.   Arrêt du 27 mai 1818.

---

356. Des superfluités qui se trouvent dans un rapport d'experts doivent seulement être rejetées de la taxe, mais elles n'o-
pèrent point la nullité de l'expertise. (Sur les art. 318 et 319,
pr.)

Beaumariez c. Chapiotin.   Appel d'Orléans. c.
M.ᵉˢ Légier et Baudry, avoc. plaid.   Arrêt du 30 juillet 1818.

---

357. Un rapport d'experts qui contient en plusieurs endroits
du procès-verbal les dires et les observations des parties, constate par cela même, et implicitement, leur assistance aux opérations des experts. Quand ce rapport fait mention, lors de la
clôture du procès-verbal, du nombre de vacations qui ont été
employées, il est régulier, quoiqu'il ne soit pas divisé par séance;
les nullités ne peuvent jamais être étendues au-delà des termes
de la loi. L'article 317 du Code de procédure ne contient pas de
formules prohibitives qui équivalent à la peine de nullité, d'après
la maxime de Dumoulin : *conditio prohibitiva tollit potestatem.* La
loi exige que les vacations des experts soient taxées par le prési-

dent au bas de la minute (art. 319); il faut donc que le nombre de ces vacations soit indiqué, mais le législateur n'a point spécialisé le mode d'après lequel cette indication doit avoir lieu.

(PRÉSIDENCE DE M. LE BARON ARTHUIS DE CHARNISAI.)

(M. DESCHAMPS, AVOCAT-GÉNÉRAL.)

H.ers Cousin c. la veuve Laurence.   Appel de Tours. i.
M.es Moreau et Baudry, avoc. plaid.   Arrêt du 5 mai 1819.

---

358. L'EXPERT chargé d'estimer les meubles du mineur, dont la jouissance appartient au survivant des père et mère, doit être un commissaire priseur, quand il y en a d'établi dans le lieu où doit être faite l'estimation. La loi du 28 novembre 1816, qui a institué des commissaires priseurs dans toutes les villes du royaume, s'est référée, quant à leurs attributions, à la loi du 27 ventose an IX, rendue spécialement pour Paris, et qui a rétabli les commissaires priseurs créés par l'édit de 1771. Les fonctions de ces officiers publics ne comportent d'ailleurs rien de contraire aux dispositions de l'article 453 du Code civil. Cet article, en ordonnant une estimation par un expert, se sert d'un mot générique, qui renfermait celui de commissaire-priseur pour les lieux où il y en avait déjà d'établis à cette époque. Le Code civil ne statue qu'en principe général, et sans exclusion des institutions qui pourraient être créées dans l'intérêt de l'administration publique.

(PRÉSIDENCE DE M. LE BARON ARTHUIS DE CHARNISAI.)

(M. DESCHAMPS, AVOCAT-GÉNÉRAL.)

Bernier c. la f.e Jacquelin.   Appel de Chinon. i.
M.es Légier et Baudry, avoc. plaid.   Arrêt du 24 nov. 1819.

---

359. L'AVOUÉ de la partie ne peut être regardé, d'après son propre caractère, comme un mandataire, ayant un pouvoir suffisant pour récuser un expert. Aux termes de l'art. 309 du Code de procédure, la récusation ne peut être valable, qu'autant qu'elle contient un mandat spécial et particulier à cet effet.

(PRÉSIDENCE DE M. DE LA PLACE.)

Courtin c. Boutet.   Appel de Romorantin. i.
M.es Moreau et Légier, avoc. plaid.   Arrêt du 11 mai 1821.

360. QUAND les parties omettent de nommer des experts, et n'usent point ainsi de la faculté que la loi leur accorde, le redressement d'une semblable omission peut, en tout état de cause, être requise par les parties, et même ordonnée d'office.

Hainault c. Deflou. Appel de Montargis. i.
M.es Johanet et Légier, avoc. plaid. Arrêt du 21 juillet 1821.

361. LORSQU'UNE expertise est ordonnée, relativement à une action en rescision d'une vente pour cause de lésion des sept douzièmes, et que les experts étant d'avis différens, ne motivent point leur opinion, les juges doivent ordonner une nouvelle expertise. Ils ne font en cela qu'user d'un droit qui ne porte aucun préjudice aux parties. (Sur l'art. 322, pr.)

Badin c. Chauvelin. Appel de Tours, c.
M.es Baudry et Moreau, avoc. plaid. Arrêt du 20 déc. 1821.

362. QUELLE que soit la modicité de l'objet pour lequel une expertise est ordonnée, on ne peut nommer un seul expert, si les parties n'y consentent point. L'article 303 du Code de procédure est impératif, et tout jugement qui y contrevient est nul.

Chardon de Chêne et Moireau c. Reuilly. Appel de Romorantin. i.
M.es Moreau et Légier, avoc. plaid. Arrêt du 27 mars 1822.

363. NOUVELLE application du point de droit consacré par la Cour (n.° 355). Un rapport d'experts n'est pas nul pour n'avoir pas été rédigé sur les lieux contentieux : cette omission n'étant point une de ces nullités substantielles, qui dans le silence de la loi peuvent vicier un rapport. (Art. 317, c. pr.)

Boutet c. Courtin. Appel de Romorantin.
M.es Moreau et Gaudry, avoc. plaid. Arrêt du 12 juin 1822.

364. EN matière de revendication, lorsqu'une expertise est ordonnée, et que le jugement a été infirmé sur l'appel, parce que les premiers juges n'ont nommé qu'un expert au lieu de trois; si la cause est renvoyée à un autre tribunal, comme n'étant point

en état de recevoir sa décision définitive, ce n'est point à la Cour, mais au nouveau tribunal saisi de la contestation qu'appartient le droit de la nomination des trois experts. (Art. 303 et 472, c. pr. combinés.)

Raguet c. Moireau et Chevalier. Appel de Tours. i.
M.es Légier et Baudry, avoc. plaid. Arrêt du 29 août 1822.

---

365. Des experts commis par un tribunal pour vérifier s'il a été fait des améliorations à un immeuble, et en quoi elles consistent, ne peuvent entendre des témoins. Le droit de faire enquête n'appartient qu'aux magistrats, et est hors du caractère et des attributions reconnues par la loi aux experts. (Art. 253, 255, 259, c. pr. combinés.)

H.ers Corsais c. les h.ers Pochet. Appel de Blois. i.
M.es Baudry et Légier, avoc. plaid. Arrêt du 23 avril 1823.

---

366. Lorsqu'une expertise a pour objet de fixer une indemnité relative à la privation d'un droit de pâture, on doit l'établir par l'appréciation des fruits naturels, et non des fruits industriels du fond. Ainsi, celui dont le domaine est soumis à un droit d'usage, doit récolter ce qu'il a semé, à la charge envers les usagers d'une indemnité évaluée à la perte qu'ils ont éprouvée par le défaut d'exercice du pacage.

(PRÉSIDENCE DE M. LE BARON ARTHUIS DE CHARNISAI.)

(M. DESCHAMPS, AVOCAT-GÉNÉRAL.)

(Renvoi de cassation.)

La commune de Francault c. Guérin. Appel de Nogent-sur-Seine. c.
M.es Légier et Moreau, avoc. plaid. Arrêt du 16 mai 1823.

---

367. Un rapport d'experts, non écrit en entier de la main d'un des experts n'est pas nul. L'art. 317 du Code de procédure, dont la disposition est impérative, ne prescrit point une formalité substantielle dont l'omission entraîne la nullité du procès-verbal d'expertise. (Voir les numéros 355 et 363.) Car, quoique cet acte ne soit pas copié entièrement de la main d'un des experts, les parties ne sont point pour cela privées d'aucuns de

leurs droits. La peine de nullité n'est d'ailleurs point attachée à l'inobservation de l'article 317 sus-énoncé.

Rotté c. f.° Rotté, née Berlot. Appel de Blois. c.
M.°° Gaudry et Baudry, avoc. plaid. Arrêt du 6 mai 1824.

---

368. En matière de commerce, de même qu'en juridiction civile ordinaire, les experts ne peuvent être nommés par le tribunal que lorsque les parties ne s'accordent point entr'elles sur le choix de cette nomination ; rien ne doit les dispenser de prêter serment devant le juge-commissaire. Les art. 305 et 307 du Code de procédure, sont applicables dans les tribunaux consulaires.

Pasques c. Luzot. Appel d'Orléans. (Trib. de com.) i.
M.°° Légier et Pailliet, av. pl. Arrêt du 28 août 1824.

FAI.

ARTICLE TRENTE-UNIÈME.

FAILLITE.

—

Le Code de commerce a établi d'une manière précise la différence légale entre la faillite et les deux espèces de banqueroute. (Art. 437, 438, 439, 586 et 593.)

L'ordonnance de 1673 (titre XI, art. 10.) séparait les faillis des banqueroutiers frauduleux : mais ce n'était point assez, et notre législation criminelle, qui a fait une distinction judicieuse entre les contraventions, les délits et les crimes (Code pénal, article 1.er), se trouve en rapport exact avec les cas où un commerçant a pu être malheureux, imprudent ou criminel. Par l'article 12 du titre XI de l'ordonnance de 1673, les banqueroutiers frauduleux étaient punis de mort; mais cette disposition, d'une excessive sévérité, était tombée en désuétude. Jousse s'exprime ainsi à ce sujet : « La jurisprudence des » arrêts a adouci cette rigueur. La peine des ga- » lères ne s'inflige même que lorsque l'accusé est » atteint et convaincu d'une fraude manifeste et qui » mérite la vengeance publique. »

Remarquons ici que la faillite est aujourd'hui la

cessation (art. 437, c. com.), et non la simple *suspension* des paiemens d'un négociant. Un homme a
failli à remplir ses engagemens, son honneur est entaché. Il ne peut plus paraître en présence des autres
négocians ; l'entrée de la bourse lui est interdite.
(Art. 614, *id.*) Il est dessaisi de l'administration de
ses biens. (Art. 442, *id.*) Autrefois, la simple retraite du débiteur suffisait pour fixer le jour de l'ouverture de la faillite. (Art. 1.er, titre XI, ordonnance de 1673.) Et cependant il n'était pas sans
exemple qu'un homme, se trouvant dans la situation imprévue et momentanée de suspendre ses paiemens, n'eût pas le courage de se présenter en personne devant ses créanciers, et que ne connaissant
point assez l'étendue des ressources qu'il lui était
possible de se procurer, il aimât mieux *se retirer*
que de s'exposer à des reproches humilians. En vain
quelques auteurs, et notamment Savary (*Diction.
de com.* , *verbo* banqueroute), pensaient-ils que la
faillite occasionnée par le défaut de paiement à leur
échéance de lettres ou billets de change, et autres
effets de commerce dans le temps demandé aux
créanciers, ne faisait que diminuer le crédit et la
réputation du marchand, mais ne le notait pas d'infamie, pourvu qu'il payât aux termes d'attermoiement. Cette opinion ne nous paraît pas admissible.
Le commerçant qui ne fait point honneur à *l'ordre*
qu'il a donné par sa signature, au jour qu'il a lui-
même déterminé, forfait à ses propres obligations ;
toutefois cette interdiction commerciale et civile en
quelque sorte, ne sera prononcée que lorsque le
commerçant ne peut plus espérer de remplir ses en-

gagemens, et que ses paiemens ont cessé tout-à-fait :
alors celui qui a été déclaré failli par un jugement
consulaire, est flétri d'une tache que la réhabilitation
seule peut effacer.

Les rédacteurs du Code de commerce ont apporté
un soin tout particulier au livre des faillites et banqueroutes, et surtout en ce qui concerne les droits
des créanciers et des femmes des faillis. Le législateur a voulu faire cesser ces abus scandaleux, au
moyen desquels une femme retirait une dot factice,
et réclamait des avantages matrimoniaux et des indemnités pour des dettes qu'elle n'avait point
payées. L'origine des deniers dotaux et de ceux pro-
venant de successions ou donations, doit, pour
qu'ils puissent profiter à la femme, être constatée
par inventaire ou tout autre acte authentique.
(Art. 546, c. com.) Disons encore que le Code de
commerce a extrêmement simplifié la procédure
établie par l'ordonnance de 1673. Comment se fait-
il donc que les faillites consacrées par jugement
soient fréquemment la ruine entière des créanciers,
et que la loi soit si souvent éludée par des arrangemens contraires aux principes conservateurs de la
foi commerciale ?

C'est que les droits du fisc, l'administration judiciaire des biens du failli, les ventes forcées des immeubles du débiteur, qui ont presque toujours lieu,
entraînent des frais qui absorbent une portion importante de l'actif; enfin, c'est parce que l'intérêt
des créanciers et celui de la loi sont en opposition.
La maxime, *ubi pugnantia inter se, neutrum est,* n'est
ici que trop vraie, quant à son application, et toute

la sollicitude du législateur vient échouer devant l'intérêt personnel et légitime.

369. LORSQU'APRÈS un traité arrêté entre toutes les parties intéressées, un négociant embarrassé dans ses affaires parvient à éviter une déclaration de faillite, en contractant une obligation qui constate la remise volontaire d'une partie de ses dettes, cette convention doit être exécutée, et on ne peut plus ultérieurement en demander la nullité, en alléguant qu'elle émanait d'un individu en état de faillite. Dans l'espèce, le débiteur lui-même, pour échapper au paiement des engagemens contractés depuis son état d'attermoiement, avait l'impudeur de demander à être déclaré failli *.

Vaslin c. Hurtault.   Appel de Tours. c.
Mes Moreau et Dinochau, avoc. plaid.   Arrêt du 18 juin 1812.

370. QUAND un concordat est fait et reçoit son exécution après une faillite, le failli peut valablement, et indépendamment de ce qui a fait la matière du concordat, souscrire des billets au profit d'un ou de plusieurs de ses créanciers, sans que ceux-ci perdent en aucune manière leur dividende sur la masse commune. L'article 445 du Code de commerce n'attache la présomption de fraude qu'aux engagemens pour faits de commerce dans les dix jours qui précèdent la faillite, et l'article 525 établit qu'après l'homologation du concordat, les fonctions des syndics et du commissaire cesseront. Ainsi le failli, dont les affaires sont terminées, peut chercher à remplir un créancier au-delà de ce qui a été convenu, et pourvu qu'il exécute avec exactitude les clauses du concordat, les autres créanciers n'ont point légalement à se plaindre.

Mariés Parent c. Jahan et Blot-Vallée.   Appel de Tours. c.
Mes Moreau et Baudry, avoc. plaid.   Arrêt du 10 mars 1813.

371. LE négociant qui refuse de payer des billets à ordre qui

---

* ..... *Quò non mortalia pectora cogit*
Auri sacra fames !.....» VIRG.

paraissent souscrits par lui, en arguant de faux la signature apposée au bas des billets, et en affirmant que ce n'est point la sienne, ne peut, d'après cette cessation de paiement, être déclaré en état de faillite, quand les billets ont été renvoyés devant la juridiction civile ordinaire pour la vérification des écritures. En vain, disait-on, le système de la dénégation de signature n'a été imaginé par le débiteur que pour se soustraire au paiement de ses dettes, et la vérification d'écritures demandée entraîne un délai préjudiciable aux créanciers. Ces raisonnemens ne reposent que sur des probabilités, et ne peuvent être adoptés pour priver un citoyen de ce qu'il a de plus cher, de son honneur.

Marseille c. Reuilly-Ricard. Appel de Romorantin. (Trib. de com.) M.cs Moreau et Baudry, avoc. plaid. Arrêt du 16 mars 1814.

___

372. Un failli, quoique dessaisi de l'administration de ses biens, n'est point privé de la faculté d'ester en jugement, et est recevable à former toutes défenses à une saisie immobilière, dirigée sur lui par l'union de ses créanciers. Un failli n'est pas un interdit dans l'acception rigoureuse de ce mot. Il ne peut perdre ses droits de propriété relatifs à ses immeubles, que par une vente légale et régulière des biens saisis sur lui. La faculté de ne point appeler le failli à la vente de ses effets mobiliers et immobiliers accordée par l'article 528 du Code de commerce, est de droit strict, et ne peut s'appliquer qu'au cas où les syndics poursuivent par eux-mêmes la vente des biens du failli. (Sur l'art. 442, c. com.)

(PRÉSIDENCE DE M. LE BARON ARTHUIS DE CHARNISAL.)

(M. RUSSEAU, AVOCAT-GÉNÉRAL.)

Richard c. les syndics de sa faillite, Appel de Chinon. les frères Laurence.
M.es Moreau et Johanet, avoc. plaid.

Cet arrêt, déféré à la cour de cassation, fut cassé le 2 mars 1819, par les motifs suivans : « S'il faut reconnaître d'après la
» combinaison des articles 442, 492, 494, 528 et 532 du Code
» de commerce, que le failli n'est pas dépouillé de la propriété
» de ses biens, on ne peut contester qu'il est entièrement des-
» saisi de leur administration; les agens, les syndics provi-

» soires, et ensuite les syndics définitifs, en sont exclusivement
» investis; et eux seuls ont successivement le droit de les vendre,
» même sans aucun concours du failli. Les agens sont autorisés
» à faire le recouvrement de toutes les dettes actives et à vendre
» les marchandises sujettes à dépérissement. (463 et 464, Code
» de commerce.) Les syndics provisoires procèdent à la vente de
» tous les effets et marchandises, soit par la voie des enchères
» publiques, soit par l'entremise des courtiers, soit à l'amiable
» et à leur choix. (Art. 492, *id.*) Si la vente des immeubles par
» les syndics est suspendue, tandis que l'espoir d'obtenir un con-
» cordat reste au failli, cette vente est ordonnée aussitôt qu'il y
» a eu un contrat d'union : les syndics définitifs doivent la pour-
» suivre dans la huitaine, sans qu'il soit besoin d'appeler le failli.
» (Art. 528 et 532, *id.*) Il résulte de ces dispositions de la loi,
» que si un créancier hypothécaire entreprend la discussion d'un
» immeuble de la faillite, ce qui lui est permis jusqu'à la nomi-
» nation des syndics définitifs (Art. 532.), cette discussion doit
» être dirigée et suivie contre les agens ou syndics. C'est à ceux
» qui ont entre les mains toutes les facultés du failli, que doit
» être fait le commandement de payer. Or, il serait au moins il-
» lusoire d'adresser ce commandement au failli, que la loi cons-
» titue dans l'impuissance d'y satisfaire. Toutes les autres for-
» malités de la saisie, prescrites à peine de nullité, doivent
» être accomplies envers les mêmes agens de la faillite, qui
» seuls ont l'administration de tous ses biens et le droit de les
» vendre. On ne peut donc redouter aucun préjudice pour le
» failli de ce que l'expropriation n'est pas suivie contre lui. Les
» intérêts des syndics contre le créancier saisissant étant néces-
» sairement les mêmes que ceux du failli, s'il fallait qu'une ex-
» propriation à la suite d'une faillite fût suivie à la fois contre
» le failli et les syndics de l'union des créanciers, ce serait
» ajouter aux difficultés de la procédure, et en multiplier les
» frais et les dangers.

   » Ce n'est pas toutefois qu'on ne puisse notifier le comman-
» dement, la saisie, les placards, etc., au failli, qui a toujours
» le droit de surveiller la procédure ; mais, ces notifications n'é-
» tant point obligées, le failli ne peut, lorsqu'il s'y glisse quel-
» qu'irrégularité, s'en prévaloir pour arguer la saisie de nullité.
» Tout ce que prescrit la loi, c'est que les poursuites dirigées
» contre les agens ou syndics soient régulières. »

373. LE failli qui, au lieu de suivre vis-à-vis ses créanciers la marche tracée par la loi, fait avec eux un traité amiable, ne peut plus ensuite invoquer les dispositions du Code de commerce auxquelles lui et ses créanciers ont volontairement dérogé, et le traité amiable devient un règlement définitif dont il ne lui est plus permis de s'écarter. (Sur l'article 519, *c. com.*)

Coudreux c. Martin.   Appel de Tours. (Trib. de com.) c. M.es Baudry et Moreau fils, av. pl.   Arrêt du 22 mai 1816.

---

374. QUAND un créancier a eu en communication les livres et papiers du failli, et qu'il a été débouté d'une plainte par lui rendue contre ce failli, afin de le faire déclarer banqueroutier frauduleux, il ne lui est plus possible de s'opposer à l'homologation du concordat, en alléguant des présomptions de fraude, et en demandant de nouveau à les appuyer par les livres, et les autres pièces émanées du failli, ce qui serait admettre une demande déjà jugée.

F..... c. Héron.   Appel de Tours. (Trib. de com.) c. M.es Moreau et Jobanet, avoc. plaid.   Arrêt du 16 juillet 1818.

---

375. LES syndics provisoires d'une faillite ont capacité pour intenter une action tendante au recouvrement des dettes actives, puisqu'ils sont aptes à recouvrer les dettes de cette nature sans l'autorisation du commissaire. (Art. 492, *c. com.*) Les syndics doivent avoir le moyen d'exercer un droit que la loi leur accorde; ils sont des administrateurs qui sont tenus d'employer tous leurs moyens pour améliorer leur administration. Obligés de remettre leurs comptes aux syndics définitifs, ils ne pourraient le faire, si la voie d'action leur était retirée. On combattait cette doctrine de la manière suivante : les syndics provisoires ne sont que des tuteurs, qui ont seulement la faculté de former des défenses à une action intentée contre eux, mais le droit d'action a seulement été donné par la loi aux syndics définitifs (art. 528 et 536, *c. com.*); ce qui par conséquent en exclut les syndics provisoires, *inclusio unius est exclusio alterius*. Ces moyens ont été repoussés par l'esprit des articles 482 et 499 du même Code, qui obligent les syndics provisoires à faire tous les actes pour la

conservation des droits du failli sur ses débiteurs, d'où il résulte qu'ils sont investis du droit d'user de toutes les voies coërcitives pour contraindre les débiteurs, dans le cas où ils refuseraient d'acquitter leurs engagemens. Ainsi, ils sont aptes à procéder par action principale.

(PRÉSIDENCE DE M. LOYRÉ , PRÉSIDENT.)

(M. RUSSEAU , AVOCAT-GÉNÉRAL.)

Laurent c. les syndics Lunier-Belier.   Appel de Tours. i.
M.es Légier et Moreau, avoc. plaid.   Arrêt du 18 mars 1819.

---

376. LA femme d'un failli qui procède à la liquidation de sa communauté, doit être restituée dans l'intégralité de sa dot régulièrement constatée par contrat de mariage, lors même que cet acte ne porte pas quittance du versement des deniers dotaux. Les syndics représentant le failli ne sont pas recevables à dire qu'ils n'ont pas touché la somme constituée en dot. En vain, vient-on alléguer que la femme qui a épousé un commerçant, ayant partagé les chances heureuses du commerce, doit, dans le cas d'un malheur commun, supporter quelques retranchemens dans les droits que la loi lui accorde, et que c'est dans cet esprit que les articles 549, 551, 552 et 553 du Code de commerce ont été rédigés. On répond : la femme, par l'effet de la puissance maritale, n'a aucun droit de surveillance sur les affaires de son mari ; du moment qu'il n'est point prouvé qu'elle a prêté son consentement et participé à des actions frauduleuses, la loi doit la protéger contre les résultats d'un commerce qu'elle n'a pu diriger, et qui a mis sa dot dans le plus grand péril.

(M. LE BARON ARTHUIS DE CHARNISAI, PREMIER PRÉSIDENT.)

(M. RUSSEAU, AVOCAT-GÉNÉRAL.)

F.e Banlu c. les syndics Banlu.   Appel d'Orléans. c.
M.es Moreau, Légier et Lairtullier, av. pl.   Arrêt du 17 janv. 1821.

---

377. UN garde-magasin des vivres militaires, qui, en cette qualité, fait des achats d'après l'autorisation de l'administration publique, n'est pas réputé commerçant, en raison de la profession qu'il exerce, et sous ce rapport, il n'est point justiciable des tribunaux consulaires. Dispensé de se munir d'une patente, il est

rangé dans la classe ordinaire des citoyens. Ainsi le dérangement de ses affaires ne peut le faire constituer en état de faillite. (Sur l'art. 437 , *c. com.*)

Clergé c. Bruère.   Appel de Blois. (Trib. de com.) c.
Mes Daudry et Moreau, av. pl.   Arrêt du 18 avril 1822.

---

378. QUAND les syndics définitifs ont négligé pendant plusieurs années de poursuivre la vente des biens d'un négociant failli, un créancier peut ultérieurement saisir immobilièrement les immeubles, sans mettre en cause les syndics définitifs; car ce créancier est fondé à présumer, qu'il a existé un arrangement entre le failli et ses autres créanciers, qui a pu faire cesser l'état de faillite. (Sur l'article 532 , *c. com.*)

Julienne c. Paraclet Minier.   Appel de Chinon. c.
Mes Moreau et Baudry, avoc. plaid.   Arrêt du 7 nov. 1822.

---

379. LORSQU'UN agent de change déclaré failli par un jugement consulaire vient présenter à la cour d'assises devant laquelle il a été renvoyé, comme passible de l'application de l'article 404 du Code pénal, un nouveau jugement du même tribunal de commerce qui le relève de la faillite; si à l'appui de ce jugement, il joint des pièces qui établissent la preuve que ses créanciers sont désintéressés, on doit considérer la faillite dans le sens de la loi criminelle, comme n'existant point avec ce caractère de culpabilité renfermé implicitement dans l'article 89 du Code de commerce, et l'accusé doit être acquitté.

La *cessation* de paiement constitue la faillite. La simple *suspension momentanée*, suivie d'une satisfaction quelconque donnée aux créanciers, et qu'ils apprécient d'une manière favorable au débiteur, ne peut jamais être regardée comme un véritable état de faillite. Lors du projet de rédaction du Code de commerce, l'article 437 avait été ainsi rédigé : « Le commerçant qui *cesse ou suspend* ses paiemens, etc. » En discutant cette rédaction au conseil-d'état, on fit remarquer que le Code de commerce passait sous silence l'attermoiement, « parce que, dit M. le conseil-
» ler d'état Crétet, on ne s'occupe que des faillites, et qu'en le
» cas d'attermoiement simple, il n'y a pas de faillite; un négo-
» ciant ne faillit que lorsqu'il ne lui reste point de ressources. »

M. de Ségur s'exprimait ainsi : « Le débiteur obligé de suspendre » ses paiemens, traite quelquefois avec chacun de ses créanciers » individuellement ; or, la loi n'a pas besoin de prévoir une » transaction dont les tribunaux n'ont point à s'occuper. »

Quand donc un débiteur prend avec ses créanciers des arrangemens particuliers, soit qu'ils consistent dans un paiement intégral ou partiel, sauf des délais pour le surplus, cela ne doit pas influer sur la question de faillite, qui doit toujours avoir un caractère criminel, pour entraîner les peines de l'article 404 du Code pénal ; la retraite d'un agent de change, la cessation de ses fonctions, ne sont pas des signes caractéristiques de sa faillite.

Lorsque des actes émanés des créanciers attestent qu'ils sont satisfaits, la vindicte publique est suffisamment désintéressée, et c'est le cas d'appliquer la maxime, *satisfactio pro solutione est*. (l. 52, ff. *de solution*.)

(M. LE CONSEILLER FOUGERON PRÉSIDANT LA COUR D'ASSISES.)

(M. LAISNÉ DE S.te MARIE, SUBSTITUT DU PROCUREUR-GÉNÉRAL.)

(Renvoi de cassation.)

...... c. le Procureur-général.   Cour d'assises d'Orléans. Arrêt du 27 juillet 1824.

ARTICLE TRENTE-DEUXIÈME.

FÉODALITÉ (RENTES ENTACHÉES DE).

—

LES questions connues au palais, sous le nom de féodalité ne sont plus relatives qu'aux droits seigneuriaux abolis depuis la révolution. Parler de féodalité à la génération actuelle, c'est en quelque sorte jeter l'épouvante dans les esprits, c'est réveiller les souvenirs de ces temps odieux de la glèbe et de la servitude. Depuis 1814 surtout, on a tant menacé la jeunesse du retour du régime féodal, on a si souvent cherché à l'effrayer, en lui présentant cette tête de Méduse, qu'il faut bien dire un mot de ce qui restait en France de la féodalité en 1789. A cette époque, les serfs avaient disparu du royaume. Le vertueux et infortuné Louis XVI, dès son avénement au trône, avait aboli la torture et la corvée. Quelques priviléges subsistaient encore, résultat de concessions d'héritages faites par les seigneurs, à la charge de *cens et rentes*. Ces prestations consuelles étaient pour la plupart des redevances en deniers ou fruits. Les avantages dont jouissait encore la noblesse, ne rappelaient que faiblement son ancienne puissance. Le sceptre paternel de nos Rois avait abaissé l'orgueil des grands et anéanti le régime féodal.

Nos Princes ont toujours protégé les véritables libertés de leurs sujets, et surtout de la classe moyenne de la nation, pour me servir du langage des publicistes modernes.

Le cens seigneurial n'était point celui des anciens Romains. Chez le peuple roi, c'était un tribut public, *census*, *tributum*, imposé sur chaque citoyen, à proportion des héritages qu'il possédait. (Vid., ff., tit. XV, lib. I, *de censibus*.) En France, le cens n'était qu'une redevance privée, levée dans l'origine sur les serfs par leurs maîtres ou seigneurs. (*Esprit des lois*, tit. XXX, chap. XV.)

Après l'abolition de l'esclavage, les roturiers et les vilains furent tenus d'acquitter les prestations consuelles. Le mot *roturier* (*ruptuarius*), ne signifie autre chose que l'action de rompre et de labourer la terre. On nommait *vilains* ceux qui possédaient des héritages *vilains* ou tenus en *vilenage*, c'est-à-dire chargés de rentes ou champarts. (Voir Beaumanoir, chap. XIV, pag. 79.) Loysel dans ses *Institutes coutumières* (liv. I.er, tit. I.er, n.º 8), dit que quelquefois, par vilains, on entend les serfs. De là le vieux proverbe : *le chanteau pare le vilain.* Vilain, ajoute-t-il (n.º 29), *ne sait que valent éperons* :

« *Ignorat stolidus calcar quid prosit arator.* »

On ne doit pas confondre le cens avec le *fredum*, qui était une rétribution à titre d'indemnité pour celui qui jugeait dans son territoire ; car le seigneur du fief rendait la justice, et le profit inhérent à sa personne (*fredum*) avait conservé ce principe que les justices étaient patrimoniales. A l'époque de la révolution, le cens n'était plus que la représentation d'une puissance tombée en désuétude, et la simple indication de la seigneurie directe sur les débiteurs roturiers, de même que le port de foi et hommage caractérisait la directe sur les fiefs. Dumoulin définit ainsi le contrat à cens et rentes. « *Apud* » *nos contractus censualis est, quando dominium utile* » *certi fundi transfertur sub animâ et perpetuâ pen-* » *sione nomine censûs, retento dominio directo, et ju-* » *ribus dominicalibus, et ita generaliter accipitur, et* » *usitatur in hoc toto regno.* »

Dans le ressort de la coutume d'Orléans, le cens était divisible, imprescriptible en lui-même. (Article 121, *Cout. d'Orléans*) Les arrérages d'une rente seigneuriale pouvaient seuls se prescrire par trente ans. (Art. 263.) Ce sera exclusivement aux questions relatives aux rentes seigneuriales et aux rentes foncières mélangées de cens que se bornera la jurisprudence de cet article.

---

380. QUAND le débiteur d'une rente à laquelle est joint un cens, a fait des offres relatives au remboursement, et que le créancier ne les a point acceptées; si ultérieurement le débiteur réclame la suppression de la rente, comme qualifiée féodale par la loi du 17 juillet 1793, les tribunaux doivent prononcer cette suppression. Les offres non-agréées ne peuvent être regardées comme une reconnaissance implicite de la part du débiteur, qui opère une novation; la rente subsiste telle qu'elle a été constituée dans l'origine, et n'a pas changé de nature.

V.º de Hallot c. de Courcelles. Appel d'Orléans. c.
M.ᵉˢ Baudry et Johanet, avoc. plaid. Arrêt du 11 mars 1812.

381. Le créancier d'une rente créée au profit d'une communauté de religieux par un seigneur, et hypothéquée sur une terre appelée *fresche*, s'il est porteur de reconnaissances dont les religieux étaient appropriés depuis un temps immémorial, et d'après lesquelles la rente est désignée foncière, peut faire valoir ces reconnaissances comme des actes recognitifs qui le dispensent de représenter le titre primordial. Cette doctrine, reproduite par l'article 1337 du Code civil, est fondée sur les principes des obligations enseignés par Pothier, et conformes aux lois romaines. En vain oppose-t-on l'autorité du glossaire de Ducange au mot *friscum*, celle de Pocquet de la Livonière et de Denizart, qui s'accordent à dire que les *fresches* étaient des rentes seigneuriales. C'est une erreur de donner à ce mot un sens aussi absolu. Dans l'espèce, la rente assise sur la *fresche*, était qualifiée *rente foncière* dans les reconnaissances produites, et payable, non au lieu de la recette de la seigneurie, mais entre les mains du pitancier du couvent, à un jour différent de celui fixé pour les recettes ordinaires de la seigneurie, attribuée exclusivement à l'abbé. On opposait encore une ancienne reconnaissance faite entre les mains de l'abbé supérieur de la communauté; cette objection ne pouvait donner à la rente la qualité de seigneuriale; car ce n'était point à un seigneur de fief que cet acte recognitif était adressé, mais seulement au supérieur de tous les officiers claustraux, dont les fonctions s'étendaient à la surveillance des revenus de l'abbaye. Ainsi, la rente constituée à des religieux dont les biens ont passé en d'autres mains par suite des lois sur les domaines nationaux, n'a point le caractère féodal, et ne peut être comprise dans la catégorie des rentes supprimées par la loi du 17 juillet 1793.

(M. LE BARON PETIT-LAFOSSE, PREMIER PRÉSIDENT.)

(M. RUSSEAU, AVOCAT-GÉNÉRAL.)

Les hospices de Tours c. Marcault et autres. — Appel de Tours. i. Mes Johanet, Moreau et Grouard, av. pl. — Arrêt du 6 août 1813.

---

382. Dans la province de Touraine, le seigneur qui aliénait une portion des héritages affectés au service d'une rente seigneuriale sous le mode du jeu de fief, avec la simple retenue d'un cens annuel, ne constituait plus dans les mains de *l'aliénataire* débiteur de la rente ainsi réduite, qu'une simple tenue roturière. Cette cession dénaturait la rente et lui faisait perdre le caractère

féodal imprimé à la totalité de la rente primitive, tant par la nature des clauses qui avaient accompagné sa création que par celle
des biens pour le prix desquels elle avait été créée. S'il est vrai de
dire que le caractère de féodalité est ineffaçable, ce n'est pas à
l'égard du débiteur de la portion aliénée ; et celui qui se joue ainsi
de son fief, se démet indirectement de la foi envers l'acquéreur
dont les biens affectés au service de la rente foncière sont affranchis de toute tenue censive. On combattait cette décision en disant : une rente seigneuriale dans son principe n'a pu changer de
nature. Dans l'espèce, l'ancien seigneur d'une terre située en Touraine avait, dès le treizième siècle (en 1255), concédé à perpétuité au prieur d'une abbaye, la tierce partie qu'il possédait dans
des moulins, avec leur bannalité, moyennant une redevance ; la
puissance féodale se montrait dans toute sa force dans le texte de
cette concession. « *Compellere ad mollendum in dictis molinis ad*
« *bannum suum homines parochiæ suæ de Azay-Ridelly.*»

Quel style que ce latin du XIII.ᵉ siècle! plus tard, en 1461, le
seigneur transporta une partie de la rente seigneuriale au chapitre de Saint-Martin de Tours. Enfin, en 1522, les religieux
rétrocédèrent au nouveau seigneur du fief les moulins banaux.
La rente n'était donc due que telle qu'elle avait été créée en
1255. Les actes de transport et de rétrocession ne peuvent changer son origine, sa nature et son caractère primitif de féodalité.
Pour que la rente se fût arroturée, il aurait fallu démission de
foi du seigneur : or, quand un seigneur cédait en partie une rente
qui est la représentation de sa *directe*, il ne se jouait pas de son
fief, puisqu'il n'en pouvait séparer la qualité indivisible de la directe.

Ces argumens ne parurent pas concluans. La législation ancienne consacrait, il est vrai, le jeu de fief. Les auteurs qui ont
écrit sur cette matière, Bacquet, en son *Traité du droit de
francs-fiefs* et Loyseau, en celui *des Seigneuries*, s'accordent à
dire que le droit commun de la France, et particulièrement celui qui régissait la Touraine, autorisait le seigneur de fief à en
aliéner une partie ; et qu'alors la possession de l'acquéreur constituée de *tenure censive*, était devenue roturière.

(PRÉSIDENCE DE M. LE BARON PETIT-LAFOSSE, PR.ᵉʳ PRÉSIDENT.)
(M. BUREAU DU COLOMBIER, AVOCAT-GÉNÉRAL.)
(M. FERRIÈRE DE LOYAC, CONSEILLER-AUDITEUR, RAPPORTEUR.)

La Régie des Domaines   Appel de Chinon. i.
    c. de Biencourt.   Arrêt du 30 déc. 1813.

383. La reconnaissance d'une rente foncière non-rachetable créée avec un cens à une époque éloignée (en 1675), résultant d'un acte authentique passé depuis l'émission des lois abolitives de 1792 et 1793, opère une novation de la dette. Cette reconnaissance faite, après avoir pris communication du titre primordial, convertit en dette civile, celle qui n'aurait entraîné aucun *vinculum juris* d'après la législation *de colère* du 17 juillet 1793. Cette expression fut prononcée par M. Merlin lui-même pour qualifier cette infâme loi révolutionnaire que le chef du gouvernement impérial avait eu le projet de modifier, en séparant le cens de la rente. Les événemens de la campagne de Russie (en 1812) empêchèrent la mise à exécution de ce projet, et depuis 1814 la loi *de colère* subsiste encore! Les propriétaires de rentes mélangées de quelques deniers de cens, seront-ils toujours condamnés à se voir dépouillés, par la mauvaise foi de leurs débiteurs, d'une prestation légitime, véritable représentation des fruits du fonds aliéné ?

Dans la cause qui a donné lieu à la discussion des principes qui viennent d'être posés, la cour royale a infirmé la sentence d'un tribunal qui avait regardé une reconnaissance de l'année 1801, rapprochée d'un contrat de 1675, comme deux actes connexes; et qui avaient laissé aux parties la faculté de faire revivre les stipulations féodales placées dans le même acte que la rente foncière. Les premiers juges s'étaient aussi appuyés sur les dispositions de l'article 1337 du Code civil, qui ne dispense point les actes recognitifs de la représentation du titre primordial, quand la teneur de ce titre n'y est pas spécialement relatée, et que les reconnaissances soutenues de la possession n'ont point trente ans de date.

Si on adoptait une pareille jurisprudence, il ne serait plus possible de faire de nouvelles conventions, fondées sur un esprit d'équité et de bonne foi ; et si on admettait la rigueur de ce principe, *que stipuler sur un titre nul* (c'est-à-dire sur un titre annulé en 1793, en haine de tout ce qui rappelait les souvenirs de la monarchie), *c'est faire un contrat nul ;* on renverserait tous les grands principes des obligations présentés par les Domat et les Pothier comme règles immuables du droit strict, autant que du for intérieur, et que le Code civil a consacrées d'après l'autorité de ces grands jurisconsultes.

M. Merlin (*Répertoire*, verb, rente seigneuriale, §. 2, n.º 12.)

distingue avec Dumoulin les reconnaissances *in formâ communi*, de celles *in certâ scientiâ*. Les premières n'énoncent que le fond des dispositions du titre primordial; les autres suppléent à ce titre au cas qu'il soit perdu, et en prouvent l'existence. « Ainsi, » dit M. Merlin, le titre nouvel contient-il la substance du titre » primordial, la mention du mélange de droits seigneuriaux qui » entraînait l'abolition de la rente foncière, et l'intention du re- » devable de faire revivre cette rente? nul doute, que par une » telle reconnaissance, le redevable, s'il est majeur et maître » de ses droits, ne se lie de manière à ne plus pouvoir invoquer » la loi du 17 juillet 1793. « A l'appui de cette opinion, l'auteur du *Répertoire* cite un arrêt de cassation du 2 juillet 1811, qui casse un arrêt de la cour de Toulouse du 9 mai 1809. Il en serait autrement, si le titre nouvel n'était pas obligatoire par lui-même, et il ne pourrait le devenir que par l'exécution volontaire qu'il re- cevrait de la part du débiteur de la rente qui l'aurait souscrit. (Voir les art. 1108, 1134, 1271, *c. c.*)

(PRÉSIDENCE DE M. LE BARON PETIT-LAFOSSE.)

(M. BUREAU DU COLOMBIER, AVOCAT-GÉNÉRAL.)

De la Tour du Pin c. Bienvenu.   Appel de Pithiviers. i.
M.es Johanet et Baudry, avoc. plaid.   Arrêt du 4 mai 1814.

Nota. La cour de cassation, par un arrêt du 25 juillet 1823, s'est prononcée sur la validité des actes passés depuis les lois de 1792 et de 1793, et portant reconnaissance des rentes foncières créées originairement féodales. Cet arrêt rendu après deux déci- sions opposées des cours de Riom et de Lyon, sous la présidence de monseigneur le garde des sceaux, doit être regardé comme un monument judiciaire, fixant invariablement la jurisprudence de la matière. Voici les principaux motifs de cet arrêt solennel : « La cour de cassation a le droit d'apprécier les arrêts des cours » royales, quand ils déterminent le caractère d'un contrat dans » ses rapports avec les lois. Un acte de reconnaissance rédigé » dans le but de terminer une contestation est une véritable » transaction. Ce contrat ne saurait être assimilé à un acte qui » ne serait que recognitif. On ne peut regarder comme illicite » une convention de cette nature, parce qu'elle n'emporte avec » elle l'exécution d'aucune ordonnance féodale, etc. »

384. La stipulation d'un cens emportant *lods et ventes*, dans un acte passé en l'année 1792, étant interdite par la législation de cette époque, ne peut avoir aucun effet. Toutefois le contrat de vente moyennant une rente foncière est valable, puisque l'objet de la vente et son prix sont bien déterminés. Il n'y a de nulle que la stipulation censuelle qui doit être regardée comme non-avenue; ainsi il faut la dégager d'une rente foncière par sa nature, qui d'après ce caractère, ne peut être considérée comme entachée de cens, et seigneuriale. (Voir les art. 1131 et 1133 du Code civil.)

Benoit Langlois c. la v.ᵉ Fredy.   Appel de Pithiviers, i.

M.ᵉˢ Moreau et Sevin, avoc. plaid.   Arrêt du 2 juin 1814.

---

385. Une rente foncière créée simultanément par un même titre avec une redevance censuelle quoique séparée de la rente, est supprimée comme seigneuriale. Cette jurisprudence est le résultat de l'examen approfondi de toute la législation sur la matière.

Le 25 août 1792, une loi spéciale supprima sans indemnité les rentes seigneuriales, droits féodaux, censuels, à moins qu'il ne fût prouvé par l'acte d'accensement que ces droits et rentes ont eu pour cause une concession de fonds. Le décret de la convention du 17 juillet 1793 (art. 2) n'excepta de la suppression que les rentes purement foncières. L'article 6 obligeait tous dépositaires de titres féodaux à les porter aux municipalités pour être brûlés, sous peine de cinq ans de fers.

Le 2 octobre, même année, le comité de législation présenta un projet de loi, tendant à séparer dans les rentes ce qui était purement foncier d'avec les droits censuels abolis. Un décret *d'ordre du jour* repoussa cette proposition. Autre décret pareil du 25 février 1794, rendu sur la demande de l'administration des domaines. Un troisième décret du 18 ventose an VIII rejeta un projet de loi tendant à déterminer la distinction à faire entre des droits féodaux et des stipulations foncières énoncées dans un seul titre. Enfin, un avis du conseil d'état du 30 pluviose an XI confirma cette législation.

Dans l'espèce, on objectait que la rente était parfaitement distincte du cens stipulé au contrat, et que les redevances féodales étaient seules abolies. Dans cette affaire (renvoyée après cassation à la cour royale d'Orléans) M. le procureur-général Merlin portant la parole, fit remarquer, « que le propriétaire du » fonds, en se constituant une rente foncière avec un cens, ne » pouvait plus regarder actuellement sa rente comme purement » foncière, seule espèce exempte de la suppression portée par » les lois précitées. »

Ainsi donc, quoique la stipulation de sens soit divisible et séparée de la rente payable même à une autre époque; et qu'il soit établi par les auteurs, et notamment par Pothier, au *Traité de la prescription* (n.° 265 à 275), que lors même qu'une des deux prestations serait prescrite, cela ne peut entraîner l'autre. Il faut gémir de la nécessité d'appliquer des lois promulguées par les auteurs de la révolution, qui s'étaient faits législateurs, et qui, dans la vue d'anéantir les souvenirs glorieux de notre monarchie, s'imaginaient poursuivre le fantôme féodal dans les droits mêmes qui lui avaient survécu.

(PRÉSIDENCE DE M. LE BARON ARTHUIS DE CHARNISAI.)

(M. DESCHAMPS, AVOCAT-GÉNÉRAL.

(Renvoi de cassation.)

Chocat c. Petit du Mottet. Appel d'Auxerre, i.
M.es Légier et Baudry, avoc. plaid. Arrêt du 5 nov. 1817.

---

386. UNE rente créée par un seigneur, foncière et non rachetable, sans aucune stipulation de cens, dans la juridiction de l'ancienne coutume de Lorris-Montargis, est néanmoins seigneuriale, et supprimée comme telle, si dans l'acte constitutif de la rente le bailleur ne s'est pas dessaisi de la foi. On objectait, que le seigneur n'avait voulu créer qu'une rente foncière, que le bien sur lequel elle était assise n'était point de noble origine, et que si, par l'effet d'une transaction postérieure, le bail à rente avait été réformé et converti en une nouvelle rente mêlée de cens et qualifiée foncière et seigneuriale, cette transaction n'avait pu changer la nature primitive de la prestation. L'art. 51 de la coutume de Paris, et l'article 7 de celle d'Orléans *, disent qu'une rente seigneuriale a perdu cette qualité par le jeu de fief du moment qu'il n'y a pas rétention expresse de la foi. Selon Dumou-

---

* Voir les notes de Dumoulin et Pothier sur ces articles.

lin, la rente foncière reprenait toutes les qualités de l'héritage
aliéné, en sorte que s'il avait le caractère d'un fief, elle était
féodale. Cette rente donnait la seigneurie directe, quand on s'a-
percevait que l'héritage n'avait pas été dans l'origine baillé à
cens, et elle conservait au seigneur ancien la vraie et légitime
propriété du domaine. Dans une rente seigneuriale, le cens était
regardé comme le *premier devoir;* ainsi une rente constituée seigneuriale par la qualité mobilière de l'héritage baillé, et de l'empreinte féodale qui y est attachée, renferme implicitement,
en elle-même, tous les caractères du cens recognitif de la directe.

En vain, disait-on, une transaction a eu lieu dans l'espèce;
elle a eu pour objet de la part du bailleur, en créant un cens, de
ressaisir la *directe,* perdue dans l'acte constitutif où la foi n'a
point été retenue, et il était d'autant plus facile de le faire, que
la retention de la foi pouvait se présumer tacitement.

Cette manière de raisonner ne peut se soutenir devant l'article 84 de la coutume de Lorris-Montargis, dont le texte est applicable et qui a dû être la loi des parties. Voici la teneur de cet
article : « Quand un vassal baille à cens et rente, ou à l'un d'eux
» seulement son héritage en fief, *retenue expressément la foi,* ou
» qu'il n'en ait parlé, ou qu'il *ne s'en ait dessaisi,* la foi demeure
» toujours audit bailleur, lequel est tenu de la porter et en ac-
» quitter le preneur, et de payer les profits les cas advenaus,
» sinon qu'il y eût convention expresse ou contraire. » D'où il
suit, qu'un vassal qui, en se jouant de son fief, ne s'est pas dessaisi expressément de la foi, est toujours censé l'avoir retenue,
comme objet représentatif de la seigneurie. (Art. 84, *Cout. Montargis,* lois des 25 août 1792 et 17 juillet 1793.)

(M. COLAS DE LA NOUE, DOYEN DES CONSEILLERS, PRÉSIDENT.)

(M. DESCHAMPS, AVOCAT-GÉNÉRAL.)

Hussenet et autres c. le comte de Baillou.   Appel de Montargis. i.
Mes Moreau et Johanet, avoc. plaid.   Arrêt du 13 nov. 1818.

---

387. 1. QUAND il n'apparaît point de l'énonciation du titre
constitutif d'une rente, qu'elle ait été créée avec un cens, ou autre charge seigneuriale, mais qu'elle était hypothéquée sur des
héritages situés en Touraine, sortant des mains du seigneur do-

minant, ces héritages ne pouvaient être possédés qu'en roture par le nouveau propriétaire, suivant l'article 94 de la coutume de Tours, ainsi conçu : « Toute rente purement foncière ac- » quise, ou par puissance de fief par le seigneur en son fief, reste » roturière entre ses mains. » Il suit de cette disposition, que le retrait féodal exercé par le seigneur sur les biens affectés à cette rente, n'ont pu en changer la nature. La réunion d'une rente ès mains d'un seigneur, ne peut imprimer à la rente un caractère différent de celui qu'elle avait dans l'origine.

2. Lorsqu'une rente d'argent est créée avec un cens par un seul acte, quoique le cens soit séparé de la rente par une clause distincte, elle est entachée de féodalité, et supprimée par les lois du 25 août 1792 et du 17 juillet 1793. En vain objectait-on que le titre, comme instrument seulement, n'est pas *pur*, mais que sa nature est réellement constitutive d'une rente foncière bien distincte de la redevance seigneuriale. Ce n'est toujours qu'une même rente, créée simultanément avec deux stipulations, l'une foncière et l'autre féodale, et les lois révolutionnaires l'enveloppent dans leur fatale proscription.

Enfans Rouvre c. Petit.   Appel de Tours. c. et i.
M.es Moreau et Légier, avoc. plaid.   Arrêt du 9 juin 1824.

GAR.

ARTICLE TRENTE-TROISIÈME.

GARANTIE.

—

Le droit naturel a donné naissance à la *garantie*. Celui qui a vendu un premier héritage est engagé à maintenir l'acquéreur dans la possession qu'il lui a donnée : « *Sive tota res evincatur, sive pars, habet re-* » *gressum emptor in venditorem.* » (Liv. I, ff., de *evic-tion.*) Les Romains ont fondé presque toutes leurs lois positives sur les grands principes du droit naturel, première raison écrite dans le cœur de tous les hommes réunis en société.

Le titre VIII de l'ordonnance de 1667 avait été consacré à la procédure en matière de garantie. Le Code de procédure en a reproduit presque toutes les dispositions au titre des exceptions, et sous le paragraphe des exceptions dilatoires.

Le commentateur de l'ordonnance de 1667 donne la définition des deux espèces de garantie. « La ga- » rantie formelle, dit Jousse, a lieu en cas d'évic- » tion, au profit de celui qui jouit de l'héritage à » titre de propriétaire ou d'usufruitier, mais non » au profit du simple fermier ou locataire. Ainsi,

» quand un locataire ou un fermier est appelé en
» justice par un tiers qui conclut contre lui à ce
» qu'il soit condamné à délaisser l'héritage dont il
» jouit, il suffit au locataire ou fermier d'indiquer
» à ce tiers le nom de son bailleur, afin qu'il se
» pourvoie contre lui. » L'article 1727 du Code
civil a changé cette jurisprudence. Le premier possesseur attaqué dans sa jouissance, *doit appeler le
bailleur en garantie ;* mais cet article présente une
sorte d'antinomie, en ajoutant : le *preneur* doit
être mis hors d'instance, *s'il l'exige*, en nommant
le *bailleur pour lequel il possède*. A quoi peut donc servir l'appel en garantie du bailleur, si le fermier
doit être mis hors de cause, du moment qu'il a fait
connaître? Pour expliquer cette contradiction appa-
rente, M. Merlin dit : « que c'est seulement envers
» le demandeur en délaissement que le fermier doit
» être mis hors de cause »; mais le bailleur est toujours le garant du preneur, et en cas d'éviction, celui-ci a droit à des dommages-intérêts.

L'article 1628 du Code civil relatif à la garantie des
faits personnels du vendeur, et qui prohibe toute
convention contraire, est fondé sur la loi 1, §. 7, ff.
de pactis. « *Dolum non esse præstandum, si convenerit ;*
» *nam hæc conventio contra bonam fidem, contràque*
» *bonos mores est, et ideò nec sequenda est.* »

Quant à la garantie simple, « elle a lieu, dit
» Jousse, pour toutes matières personnelles entre
» plusieurs codébiteurs obligés solidairement au
» paiement d'une dette. » L'article 183 du Code
de procédure a reproduit textuellement l'art. 12
du titre 8 de l'ordonnance de 1667. Les garans ne

peuvent prendre fait et cause du garanti, parce que
celui-ci, étant obligé personnellement envers le demandeur originaire, doit par lui-même répondre de
son obligation, et par conséquent il ne peut demander à être mis hors de cause.

---

388. On ne peut sur l'appel former une action en garantie
contre un officier ministériel, quand cette action n'a point été
intentée en première instance, et que la cause de la garantie n'est
pas postérieure au jugement. On opposait à cette jurisprudence
un arrêt de la cour de cassation du 4 ventose an XI, qui a décidé que la demande en garantie peut être portée *de plano* devant une cour d'appel, quand la cause de garantie est postérieure
au jugement de première instance, parce que les demandes en
garantie sont dispensées du préliminaire de conciliation (article 49, *c. pr.*), et que les assignés en garantie doivent procéder
devant le tribunal où la demande originaire est pendante.

Ces raisonnemens, toutefois, ne peuvent avoir pour conséquence qu'on puisse, sur l'appel, former une action en garantie
en tout état de cause. « Sans doute, disait M. Merlin (dans un
» de ses réquisitoires rapporté au mot *Tribunal d'appel*, de ses
» questions de droit), la demande en garantie, considérée dans
» ses rapports entre celui qui la forme et son adversaire direct ,
» n'est qu'un incident à la demande originaire; mais dans ses
» rapports entre le garant et le garanti, c'est une demande prin-
» cipale qui doit subir les deux degrés de juridiction. » À l'appui de cette doctrine, l'ex-procureur-général à la cour de cassation rapporte un arrêt de cette cour du 1.er germinal an XII, qui
a rejeté le pourvoi formé contre un arrêt du tribunal d'appel
d'Orléans dans une cause entre les sieurs Bussière et Panier.

C'était par un abus de pouvoir que, dans l'ancien droit, les
parlemens évoquaient les garans sur l'appel. La loi du 3 brumaire
an II a changé les dispositions de l'ordonnance de 1667, et le
Code de procédure a implicitement confirmé cette nouvelle et
sage jurisprudence. La partie qui croit avoir à se plaindre de la
négligence ou de l'indélicatesse de l'officier ministériel à qui elle
a donné sa confiance, peut intenter contre lui une action per-

sonnelle, et faire déclarer ses frais frustratoires. (Art. 181 et 1031, *c. pr.* combinés.)

Asselin c. Nay-Châtillon, Cirey et Jousselin.   Appel de Blois. c.
M.es Baudry et Moreau, avoc. plaid.   Arrêt du 25 juin 1313.

---

389. En matière de commerce, sur l'appel, l'appelé en garantie peut demander sa mise hors de cause, quand il n'a été formé contre lui en première instance aucune action recursoire, et que la cause de la garantie n'est pas postérieure au jugement qui est intervenu lors de la demande originaire. (Art. 181 et 420, *pr.* combinés.)

Baron   Appel d'Orléans. (Trib. de com.) c.
c. Bignon fils aîné.   Arrêt du 23 mars 1814.

---

390. L'Acquéreur d'un immeuble n'est plus recevable à appeler son vendeur en garantie devant un tribunal, quand la condition du vendeur se trouve irrévocablement fixée par des arrêts antérieurs; car celui-ci ne peut exciper cause d'ignorance de la procédure, et dire qu'elle lui est tout-à-fait étrangère; les arrêts ayant réglé définitivement le sort du vendeur, relativement à la propriété et à la jouissance de l'objet vendu, alors l'acquéreur ne peut plus procéder par voie d'action, mais par celle d'exécution.

(présidence de m. le baron petit-lafosse, pr.er président.)
(m. miron de l'espinay, substitut du procureur-général.)

Héritiers Mercier c. Guérin.   Appel de Blois. i.
M.es Moreau et Baudry, avoc. plaid.   Arrêt du 9 juin 1814.

---

391. Lorsqu'après un commandement fait à un détenteur d'une rente, celui-ci y forme opposition et appelle en garantie celui dont il tient la rente qu'il affirme avoir été remboursée, si ce dernier ne fait aucunes diligences pour former aussi sa demande en garantie, il n'est plus recevable à la présenter en cour d'appel, parce qu'alors cette action devient principale, et reste soumise aux deux degrés de juridiction. (Sur l'art. 464, *c. pr.*)

Th. de la Salle c. le Souffleur.   Appel de Montargis. i.
     Arrêt du 17 juillet 1816.

392. L'ACQUÉREUR d'un immeuble qui est troublé dans sa jouissance par un tiers qui excipe de la possession du même héritage, est fondé à appeler son vendeur en garantie. En vain celui-ci allègue-t-il que celui qui a formé l'action au possessoire, ne justifie point sa propriété sur le terrain vendu, ni par titres, ni de quelqu'autre manière que ce soit, et que n'ayant aucun moyen de réussir au pétitoire, l'action en garantie de l'acquéreur est intempestive. Cette doctrine est erronée, car, dans tous les cas, le vendeur est toujours obligé de livrer et de garantir la propriété et jouissance de la chose qu'il a aliénée. (Sur l'art. 1603, c. c.)

Vassort c. Thibaut.   Appel de Pithiviers. c.
                                       Arrêt du 15 janv. 1817.

---

393. CELUI qui en première instance ne prend de conclusions en garantie que conditionnellement, c'est-à-dire dans le cas où le défendeur ne comparaîtrait pas, est non recevable à venir devant la cour présenter cette action recursoire, par la raison que cette demande n'ayant eu aucun effet devant les premiers juges, on ne peut la reproduire en appel que dans le même état où elle a été formée, et qu'enfin elle ne se trouve point liée à l'action principale. (Rejet des art. 181 et suiv., pr.)

Bardin c. Picard.   Appel de Pithiviers. c.
M.es Johanet et Moreau fils, av. pl.   Arrêt du 24 juin 1818.

---

394. UNE demande en garantie considérée dans ses rapports entre le garant et le garanti, est une action principale qui doit être soumise aux deux degrés de juridiction. Cette jurisprudence qui a quelquefois varié, est maintenant adoptée par la cour de cassation et par presque tous les tribunaux de la France.

(PRÉSIDENCE DE M. LE BARON ARTHUIS DE CHARNISAI.)

(M. RUSSEAU, AVOCAT-GÉNÉRAL.)

Pillette et Huart c. Salmon, Presle et Fougère. Appel de Montargis. c.
M.es Louis (de Paris), Johanet, Baudry et
            Légier, avoc. plaid.   Arrêt du 22 janv. 1819.

395. Le caractère d'une action se détermine par les circonstances de la cause, et non par les expressions qu'ont pu employer les parties pour former leur demande. Ainsi, s'il s'agit
d'un droit de pacage, non envisagé comme une servitude, mais
comme prenant sa source dans une concession faite à titre onéreux, il peut y avoir lieu à la garantie de la part du vendeur.

L'acquéreur a le droit d'obtenir un compulsoire, à l'effet de
se procurer les titres sur lesquels il croit devoir appuyer ses
droits ; en conséquence, les juges ne peuvent prononcer sur la
question de garantie, qu'après l'examen des titres.

(PRÉSIDENCE DE M. LOYRÉ, PRÉSIDENT.)

Baulu c. Arnaud du Breuil et autres.   Appel de Loches. i.
M.es Moreau et Baudry, avoc. plaid.   Arrêt du 18 fév. 1819.

---

396. Celui qui forme une action en garantie, et qui demande
un délai, si après que ce délai a été accordé, il comparaît devant le tribunal pour en solliciter un nouveau, sa présence
couvre toute nullité qu'il pourrait faire valoir de ce que les délais des assignations en garantie n'étant échus qu'en même temps
que la demande originaire, il ne peut être pris aucun défaut contre les défendeurs originaires. Ainsi, les juges, en ordonnant de
plaider au fond, et en rejetant les exceptions tirées des articles
175 et 179 du Code de procédure civile, rendent un jugement
définitif.

Feydeau de Brou c. Dartonne.   Appel de Gien. c.
M.es Moreau et Gaudry, avoc. plaid.   Arrêt du 24 avril 1823.

---

397. Lorsqu'un jugement confirmé consacre une garantie accordée à une des parties condamnées, si la cour, en prononçant
sur l'appel, omet de statuer sur la garantie, elle n'en existe pas
moins d'après l'état des conclusions. Or, comme il appartient
aux cours royales d'interpréter leurs arrêts, c'est-à-dire d'expliquer le sens que les magistrats ont eu l'intention de donner à
leurs dispositions, la cour, dans le cas qui vient d'être énoncé, a
la faculté ultérieurement au prononcé de l'arrêt, de statuer sur le

maintien de la garantie, et de condamner le garant en tous les dépens.

Gerbe c. v.° Pingot et Vavasseur.   Appel de Montargis. c.
M.es Persin, Moreau et Légier, av. pl.   Arrêt du 14 janv. 1824.

---

398. La loi veut qu'il n'y ait plus de garantie pour cause d'éviction, quand l'acquéreur s'est laissé condamner par un jugement devenu souverain, sans appeler son vendeur, lorsque celui-ci prouve qu'il existait des moyens suffisans pour faire rejeter la demande. (Art. 1640, c. c.) Ce principe établi, si des propriétaires d'un héritage commun ont, par acte notarié, fait un partage des droits qu'ils pouvaient avoir sur ce terrain, cet acte n'est pas assimilé à un jugement en dernier ressort, ou dont l'appel ne serait plus recevable, et l'action en garantie peut régulièrement être formée.

(M. COLAS DE LA NOUE, PRÉSIDANT L'AUDIENCE.)

V.° Lemoyne et v.° Cornillault c. Mossant   Appel de Tours. i.
et Joseph Lemoyne.
M.es Baudry, Moreau et Galisset, av. pl.   Arrêt du 17 juillet 1824.

---

399. On ne peut sur l'appel proposer pour la première fois une action en garantie. Cette demande ayant à l'égard du garant le caractère d'une action principale, elle doit subir les deux degrés de juridiction. Nous avons fait connaître sur ce point la distinction judicieuse que fait M. Merlin des divers caractères de la garantie, et nous avons rapporté l'opinion de ce docte magistrat (n.° 388.). Un arrêt de la cour de cassation, du 7 messidor an XII, en cassant dans l'intérêt de la loi un jugement du tribunal d'appel d'Amiens, du 3 germinal an XI, a consacré cette jurisprudence.

V.° Tulasne c. L. Proust.   Appel de Tours. c.
M.es Moreau et Baudry, avoc. plaid.   Arrêt du 30 juillet 1824.

ARTICLE TRENTE-QUATRIÈME.

HYPOTHÈQUE.

—

L'HYPOTHÈQUE * est un droit de gage qui affecte un bien pour la sûreté des engagemens. « *Inter pignus* » *autem et hypothecam, tantùm nominis sonus differt.* » (L. V, §. 1, ff. *de pignor. et hypoth.*) Chez les Romains l'hypothèque avait la même suite sur les meubles que sur les immeubles. Le gage ne s'applique plus maintenant qu'à la sûreté d'un objet mobilier. « *Pignus appellatum est a* pugno, *quia res quæ pignori* » *dantur, manu traduntur.* » (L. 238, §. 2, ff. *de verbor.* signif.) L'hypothèque, au contraire, comprenant l'obligation tacite de délaisser la chose hypothéquée à défaut de paiement de la part du débiteur, se constitue sans tradition.

L'hypothèque affecte un immeuble au paiement d'un engagement ; dès-lors, le législateur a dû apporter tous ses soins à bien faire connaître la situation des domaines ainsi engagés. A Rome, on élevait des poteaux, où on plaçait des signes sur l'héritage,

* Ce nom est un composé des deux mots grecs ὑπὸ qui signifie *dessus*, et θέσις *position*; c'est-à-dire, *chose posée sur une autre.*

pour garantir les créanciers de toute surprise. Cette mesure était un excès de précaution, qui annonçait à tous les instans l'état des fortunes publiques, à ceux qui n'avaient aucun intérêt de le connaître.

Dans notre ancienne législation, on tomba dans le défaut contraire. Les ordonnances d'Henri III, en 1581, d'Henri IV, en 1606, et de Louis XIV, en 1673, essayèrent de donner aux hypothèques la publicité nécessaire à la sûreté des contractans; mais sous le prétexte que cette publicité révélait le secret des familles, et nuisait au crédit des personnes gênées momentanément, un édit du mois d'avril 1674 révoqua celui du mois de mars 1673, qui avait établi des greffiers-conservateurs d'hypothèques sur les maisons, terres, héritages, rentes foncières et constituées, à l'effet « de rendre par le moyen d'un » enregistrement dans ces greffes toutes les hypo- » thèques publiques. » En conséquence de la suppression de cet édit, et jusqu'à celui de l'année 1771 il n'y eut point de conservateur des hypothèques. Cette dernière ordonnance fut le premier pas vers une législation meilleure, mais son seul avantage fut d'assurer la discussion des biens du débiteur. L'édit de 1771 abolit les décrets volontaires qui entraînaient de longs délais, et qu'on ne parvenait à obtenir qu'après de nombreuses formalités, dont la mise à exécution faisait consumer en frais la valeur des petits objets immobiliers, qu'on aimait mieux souvent ne pas vendre et laisser sans culture, plutôt que de les exposer aux chances longues et dispendieuses d'un décret volontaire. Cependant les décrets volontaires devenaient forcés, lorsqu'un créancier surenchérissait. Cette surenchère rendait alors réelle une *vente forcée simulée*, et le dernier surenchérisseur se trouvait acquéreur. L'édit de 1771 n'avait point dérogé à cette jurisprudence, puisqu'il accordait à l'acquéreur la faculté de conserver son acquisition, en fournissant le prix le plus élevé. Les auteurs du Répertoire en donnent la raison, d'après les principes de la matière hypothécaire et de l'équité naturelle; car le créancier ayant un droit dans la chose vendue, le débiteur n'a pu, en l'aliénant au-dessous de sa valeur, préjudicier aux droits de son créancier.

L'édit du 17 juin 1771 créa les lettres de ratification, en déclarant aboli le nantissement là où il avait lieu. (Article 35.) L'établissement des hypothèques présentait encore de l'incertitude, et n'était pas suffisant pour rassurer le sort des créanciers.

A l'époque de la révolution, toutes les idées législatives se portèrent vers le moyen d'assurer la publicité du régime hypothécaire. La loi du 9 messidor an III parut à la suite de longues discussions. Un de nos plus savans magistrats, auteur d'un excellent traité sur cette partie importante du droit, M. Grenier, premier président à la cour royale de Riom, s'est exprimé ainsi sur la loi dont nous parlons:
« La loi du 9 messidor répandit des alarmes au lieu » de rassurer; on fut inquiet de la facilité avec la- » quelle chaque citoyen, en prenant hypothèque » sur lui-même, pouvait convertir ses immeubles » en espèce de lettres de change. On vit avec effroi

» une sorte de mobilisation du territoire..... de l'en-
» gourdissement dont on voulait se tirer, on allait
» jusqu'à la convulsion. »

Suspendue dans son exécution, cette loi, qui avait
aboli l'hypothèque légale ou tacite, fut en vigueur
jusqu'à celle du 11 brumaire an VII, qui saisit le
juste milieu, et dont les bases principales furent la
publicité et la spécialité. On s'éleva beaucoup contre le
mode de la spécialité de l'hypothèque. Le rapporteur
de la commission nommée par le conseil des cinq-
cents, reproduisit tous ces argumens pour les mieux
combattre. « Loin de diminuer, disait-il, les res-
» sources du débiteur, la spécialité lui laisse toute
» la valeur de ses biens, qui excède le montant de
» ses dettes. Le créancier qui connaît la solvabilité
» et la probité de son débiteur, ne se donnera point
» l'embarras d'aller s'inscrire partout ; il se bor-
» nera à s'assurer un gage suffisant, et le débiteur
» trouvant dans la publicité des registres, le moyen
» de montrer sa situation exacte, parviendra aisé-
» ment, ou à s'arranger avec ses créanciers, ou à
» faire un emprunt qui le libère du poids qui l'é-
» crase. » Malgré ces raisonnemens, l'application
de la loi de l'an VII fit reconnaître les plus graves
inconvéniens de l'hypothèque toujours spéciale.

La loi du 11 brumaire an VII ne dura que cinq
ans, et fut modifiée par le titre XVIII du livre 3 du
Code civil, promulgué le 29 mars 1804 (18 germinal an XII). Lors de la discussion de cette loi au
conseil d'état, une partie de la section de législation dont M. Bigot-Préameneu fut l'organe, présenta
des idées nouvelles sur la spécialité, et combattit

le système trop absolu de la loi du 11 brumaire an
VII. M. Treilhard fut d'un avis opposé, et se prononça contre toute innovation à la loi de brumaire,
quant à la spécialité; il consentit seulement à quelques modifications. Un partage s'établit dans les opinions des membres de la commission, et le projet fut
discuté de nouveau.

Le premier consul fit observer que le système de
la spécialité rendait inefficace la protection accordée
par la loi aux mineurs; car quoique les biens du
tuteur répondent de plein droit de sa gestion, on
ruine cette garantie du moment qu'il peut donner la
préférence à un de ces créanciers, en le laissant
prendre inscription avant le pupille. M. Tronchet
ajouta : qu'il était impossible que l'hypothèque légale de la femme et du mineur pût être spécialisée.
L'hypothèque de la femme ne peut être déterminée
au moment du mariage, parce qu'elle a pour objet,
non-seulement les biens présens, mais encore tous
ceux qui pourront lui échoir jusqu'à la dissolution
de l'union conjugale. Cette hypothèque n'a point de
prise quand l'époux ne possède point d'immeubles
à l'époque où le mariage se contracte. Cette opinion
fut adoptée en prenant pour base du régime hypothécaire que toute hypothèque serait publique.

Vingt-deux années se sont bientôt écoulées depuis
la publication du système actuel consacré par le
Code civil. La jurisprudence s'est enrichie d'un
grand nombre d'arrêts. Oserons-nous dire qu'elle
est fixée? il n'est pas de questions plus variables et
plus controversées que celles qui résultent du régime hypothécaire; les espèces se présentent sous

toutes les formes, d'après la nature de l'action qui n'est plus regardée comme entièrement réelle, caractère que lui donnait le droit Romain. « *Actio* » *hypothecaria est actio in rem, quæ creditori pignoris* » *persequendi causâ datur, undè persecutio appellatur.* » (L. 9, *in fin.*, Cod. *de pign. action.*) Dans notre législation moderne, cette action est *mixte*, parce qu'elle s'attache à la fois à la personne qui s'est obligée, aux biens qui sont le gage commun de ses créanciers, et au mode de procéder qui renferme des formalités rigoureuses, imposées à la conservation du droit et du rang hypothécaire.

Pour faire connaître la jurisprudence hypothécaire d'une manière précise et méthodique, cet article sera divisé en cinq paragraphes :

Le 1.er concernera les conservateurs des hypothèques.

Le 2.e l'hypothèque conventionnelle.

Le 3.e l'hypothèque judiciaire.

Le 4.e l'hypothèque légale.

Et le 5.e ce qui est relatif aux inscriptions et aux ordres hypothécaires.

PARAGRAPHE PREMIER.

CONSERVATEUR DES HYPOTHÈQUES.

L'Édit du 17 juin 1771 établit la charge de conservateur des hypothèques. Ces officiers furent placés dans chaque bailliage et sénéchaussée pour recevoir

les oppositions des créanciers qui prétendaient avoir
des droits hypothécaires ou privilégiés à exercer sur
les immeubles de leurs débiteurs. Les différentes
lois rendues sur les hypothèques depuis 1789, ayant
toujours consacré le principe de la publicité, ont
maintenu l'office important de conservateur des hypothèques. Ce qui concerne leurs attributions et
leurs devoirs, a été expliqué de la manière la plus
étendue au chapitre 9 de la loi du 11 brumaire an
VII. Quelques modifications ont seulement été ap-
portées à cette législation par le chap. X du tit. 18
du livre 3 du Code civil.

---

400. LE conservateur qui a omis de transcrire sur ses registres
une partie du bordereau de l'inscription hypothécaire, est responsable personnellement, ainsi que ses héritiers et ayant cause,
du résultat de cette omission. En vain, dit-on, le créancier étant
tenu de représenter son bordereau, (Art. 2150, du c. c.) ce
bordereau seul doit faire loi. La transcription sommaire sur les
registres du conservateur ne suffit point pour faire connaître la
nature de l'inscription. S'il était permis au conservateur de faire
une simple mention sur ses registres du bordereau d'inscription,
au lieu de le transcrire en entier, il lui serait facile d'en extraire
ce qui lui paraîtrait le plus important; ce qui entraînerait de
graves inconvéniens. Le bordereau qui reste déposé dans le bureau du conservateur, ne suffit point pour faire connaître la nature de l'inscription. (Sur les art. 2197, 2198, 2200, c. c.)

(PRÉSIDENCE DE M. BOSCHERON-DESPORTES.)

(M. DESCHAMPS, AVOCAT-GÉNÉRAL.)

Cornu et Moireau c. les héritiers Chéron.   Appel d'Orléans. c.
M.es Moreau, Baudry et Légier, av. pl.   Arrêt du 7 nov. 1816.

---

401. LORSQU'UN conservateur des hypothèques soumis à un
cautionnement en immeubles qu'il a réalisé, passe à une autre

conservation qui exige un cautionnement plus élevé, il peut être admis à demander que les immeubles, objets du premier cautionnement, soient discutés, pour établir qu'ils suffisent pour constater la valeur exigée pour le nouveau cautionnement. Il en serait autrement, si les immeubles fournis pour le premier eussent été acceptés pour une somme déterminée, cette fixation, dans ce cas, serait invariable pour toute la durée de l'exercice du conservateur.

Le mode à suivre pour l'évaluation du cautionnement offert, est de multiplier par vingt la valeur du revenu du bien, suivant ce qui est porté au bordereau de la contribution foncière, ou de prendre pour base au denier vingt les baux authentiques des immeubles. (Application de la loi du 21 ventose an VII.)

(PRÉSIDENCE DE M. LE BARON ARTHUIS DE CHARNISAI.)

(M. DESCHAMPS, AVOCAT-GÉNÉRAL.)

Suzor c. le Procureur-général.   Appel de Loches. i.
M.e Lair, avoué.   Arrêt du 22 mars 1821.

PARAGRAPHE SECOND.

HYPOTHÈQUE CONVENTIONNELLE.

—

L'HYPOTHÈQUE conventionnelle est un *contrat*, et non plus un simple accessoire résultant de *plano* d'une obligation passée par acte authentique. Autrefois les notaires des châtelets de *Paris*, *Orléans* et *Montpellier*, avaient le privilége de passer des actes dans tout le royaume, et ces actes produisaient hypothèque.

Pothier (*Traité de l'hypothèque*, chap. 1.er, sect. 1.re, art. 1, § 2) donne pour raison de ce privilége ac-

cordé par Philippe-le-Bel, en 1302, aux notaires
d'Orléans, « que ces officiers publics étaient des per-
» sonnes lettrées, qui avaient étudié dans l'école de
» droit d'Orléans, qui était pour lors une des plus
» fameuses de l'Europe. »

L'article 2124 du Code civil a résolu la question
de savoir, si celui qui ne pouvait aliéner un immeuble avait néanmoins la faculté de l'hypothéquer.
Basnage (*des Hypoth.*, chap. 3.) avait traité ce point
de jurisprudence. Aujourd'hui, plus de distinction
entre les cas d'empêchement susceptibles d'une interprétation large, d'avec ceux qui doivent être
pris dans un sens étroit. Du moment que le possesseur d'un héritage n'a pas capacité pour en consentir l'aliénation, il ne peut le donner par hypothèque à ses créanciers, par la raison que cette affectation ne serait autre chose qu'une sorte de retran-
chement de la propriété.

---

402. L'ALIÉNATION d'une partie des immeubles affectés hypothécairement au service d'une rente, n'opère point une dimi-
nution réelle dans le gage du créancier de la rente; celui-ci ayant
toujours le droit de conserver l'action hypothécaire contre les
acquéreurs. (Art. 2114, *c. c.*)

V.º Rivière c. J.-B. Brault.   Appel de Chinon, c.
M.ᵉˢ Moreau et Dinochau, av. pl.   Arrêt du 29 avril 1812.

---

403. LORSQU'UN immeuble affecté hypothécairement au service d'une rente constituée, a passé successivement dans plusieurs mains, le dernier possesseur cessionnaire des droits du
créancier de la rente, peut, par voie de commandement, réclamer d'un second vendeur l'exécution d'une obligation personnelle
stipulée au profit du premier vendeur, et acceptée par l'acqué-

reur devenu ensuite le second vendeur; obligation dont le tiers créancier de la rente a déclaré vouloir profiter. (Art. 1121, c. c.) C'est une erreur de soutenir que les droits du cessionnaire de la créance n'étant qu'hypothécaires, celui-ci ne peut agir que par la voie d'action, et non par celle d'exécution. L'obligation personnelle souscrite par le premier acquéreur de servir la rente, repousse toute idée d'application des articles 2166 et suivans du Code civil, relatifs au mode de purger les hypothèques.

Charier c. Rousse.   Appel de Pithiviers. c.
M.es Baudry et Moreau, avoc. plaid.   Arrêt du 13 mai 1813.

---

404. Sous l'empire de la loi du 11 brumaire an VII, lorsque la notification prescrite par l'article 30 de cette loi, est faite par l'acquéreur d'un immeuble aux créanciers inscrits, et qu'elle n'est point suivie d'une surenchère, le prix de la vente se trouvant ainsi irrévocablement fixé, l'acquéreur est soumis personnellement à en faire le paiement aux créanciers auxquels la notification a été faite, et il ne peut être libéré de toute charge hypothécaire, qu'après avoir payé le prix de son acquisition aux créanciers en ordre de le recevoir. Autrement, si en revendant l'immeuble, l'acquéreur était affranchi de l'obligation de rapporter son prix, il en résulterait que le prix stipulé dans un contrat et devenu définitif, pourrait varier dans des ventes postérieures, alors les créanciers perdraient les intérêts du prix, à partir de la première vente, un débiteur viendrait ainsi se jouer de ses créanciers, en faisant successivement passer dans plusieurs mains un immeuble qui est le gage de leurs créances.

La conséquence de la décision qui vient d'être exposée sommairement, est qu'après une nouvelle vente du domaine, les créanciers hypothécaires ont la faculté d'exercer une action personnelle contre le premier acquéreur qui leur a notifié son contrat, sans s'être mis en mesure d'ouvrir un ordre pour s'affranchir de toutes demandes de la part des créanciers hypothécaires, par la raison que les offres faites par cet acquéreur sont devenues irrévocables, du moment qu'elles ont été acceptées.

(Combinaison des art. 30, 31 et 32 de la loi du 11 brumaire an VII.)

Compain c. Vernois.   Appel de Montargis. i.
                            Arrêt du 26 août 1813.

405. UNE rente seigneuriale arroturée et devenue foncière, a pu être affranchie de toute hypothèque, si le débiteur, procédant sous le régime de l'édit de 1771, a pris des lettres de ratification qui n'ont point été suivies d'opposition de la part des créanciers de la rente. Pour combattre cette doctrine, on invoquait la teneur de l'article 7 de l'édit, qui exceptait les rentes foncières du bénéfice des lettres de ratification. Voici le texte de cet article : « ...... Sans néanmoins que les dernières lettres de » ratification puissent donner aux acquéreurs, relativement aux » *droits réels fonciers*, plus de droits que n'en avaient les ven- » deurs... » Or, toute rente foncière créée *in alienatione fundi*, est incontestablement au nombre des droits fonciers dont parle cet article, il n'était donc pas nécessaire aux créanciers de la rente de faire opposition au sceau des lettres de ratification. A ces argumens, on répondait par un arrêt du parlement du 6 avril 1781, rapporté par Corail-Sainte-Foix, et rendu en sens contraire; car le créancier d'une rente foncière n'a point une véritable propriété, mais seulement une propriété *directe* dont l'*utile* appartient au preneur; celui-ci pouvant disposer de l'héritage à son gré, pourvu qu'il paie la rente, c'est ainsi qu'on doit entendre l'article ci-dessus énoncé. Or les lettres de ratification ne peuvent donner à l'acquéreur plus de droits que n'en avait le vendeur, et ceux du créancier se réduisent à un simple privilége soumis à l'opposition, aux lettres de ratification prises pour purger l'hypothèque. D'ailleurs, les décrets volontaires purgeaient les rentes foncières. Le préambule de l'édit de 1771, et l'article 37 de cette ordonnance portent, que les lettres de ratification tiennent lieu de décrets volontaires. « Il y a, dit le Roi dans le » préambule de cet édit, quantité de petits objets immeubles » directs et fictifs qui ne peuvent être acquis avec solidité, » parce que les frais du plus simple décret volontaire en absor- » beraient le prix et au-delà, en sorte que ces immeubles res- » tent souvent abandonnés et sans culture..... En abandon- » nant l'usage des décrets volontaires, nous avons ouvert aux » propriétaires une voie facile de disposer de leurs biens, et » d'en recevoir le prix pour l'employer aux besoins de leurs af- » faires... et à cet effet, nous avons pris pour modèle l'établis- » sement des offices des conservateurs des hypothèques des » rentes sur les tailles, aides et gabelles, et autres rentes par

» nous constituées, dont le public retire une utilité que le temps
» et l'expérience ne font que rendre plus sensible. »

(Combinaison des art. 7, 32, 33, 34 de l'édit du mois de
juin 1771.)

(PRÉSIDENCE DE M. LE BARON PETIT-LAFOSSE.)

(M. FERRIÈRE DE LOYAC, CONSEILLER-AUDITEUR, RAPPORTEUR.)

De Biencour.   Appel de Chinon, i.
c, la Régie des domaines.   Arrêt du 30 déc. 1813.

---

406. LE co-débiteur d'une rente qui n'est point tenu personnellement d'en servir les arrérages, mais hypothécairement, en
qualité de détenteur de l'immeuble sur lequel elle a été assurée,
n'est obligé que dans la proportion de son droit de propriété
dans le domaine. L'effet de l'action hypothécaire ne peut embrasser la totalité de la dette, lorsque par le résultat d'une loi
révolutionnaire, la partie de la rente due par l'autre débiteur, a
passé entre les mains de l'état, et que celui sur lequel on veut
faire retomber les conséquences de la solidarité, a été ainsi privé
du droit de retour contre le co-détenteur de la portion dont le
gouvernement s'est emparé.

Syndics T...., c. l'hospice de Dourdan.   Appel d'Orléans. i.
M.es Moreau et Johanet, avoc. plaid.   Arrêt du 27 juillet 1814.

Cet arrêt, déféré à la cour de cassation, a été annulé par les
motifs que voici : « l'hypothèque étant indivisible par sa nature,
» subsiste sur chaque portion des immeubles affectés....., Dans
» l'espèce, le créancier de la rente a toujours pu exiger de cha-
» cun des co-détenteurs de l'immeuble, le paiement intégral de
» la rente à laquelle il était hypothécairement affecté, sauf le
» recours de celui qui aurait payé contre ses co-débiteurs soli-
» daires. Or, si la portion d'un de ces derniers confisquée par
» l'état en 1794, a été ensuite revendue par lui franche et quitte
» d'hypothèque, le créancier n'a perdu qu'une partie du gage
» affecté à sa créance, mais il n'a jamais été privé de l'entier
» exercice des droits attachés à sa qualité de créancier hypo-
» thécaire, et des effets de l'indivisibilité de son hypothèque,
» d'après laquelle il peut toujours poursuivre le paiement inté-
» gral de la créance contre le débiteur de chaque portion de

« l'immeuble affecté au service de la rente..... » (Sur l'article 2114, du c. c.)

Arrêt de la Cour de cassation du 6 mai 1818.

---

407. LA rétrocession d'une créance avec affectation hypothé-caire, n'est que la reconnaissance d'une dette ancienne, et n'em-porte point novation. Cet acte n'est qu'un mode d'exécution du premier. L'inscription qui en est la conséquence, ne peut chan-ger l'état des choses ; son but est de conserver uniquement l'ins-cription primitivement hypothéquée, mais il ne peut aller au-delà.

Desniau c. les syndics Deslandes,   Appel de Tours, c.
M.es Baudry et Moreau, avoc. plaid,   Arrêt du 25 fév. 1819.

---

408. LE mari administrateur des actions mobilières de son épouse, qui forme en cette qualité une demande en collocation hypothécaire sur le prix d'un immeuble en paiement d'une créance de sa femme, résultant d'une obligation souscrite à son profit, est recevable à former cette action, qui n'est réellement que mobilière et personnelle ; l'action hypothécaire n'étant qu'un accessoire qui prend le caractère du contrat qu'il tend à assurer. (Sur l'art. 1428, c. c.)

(PRÉSIDENCE DE M. LOIRÉ.)

(M. RUSSEAU, AVOCAT-GÉNÉRAL.)

V.e Basse c. Hervet.   Appel de Vendôme, c.
M.es Moreau et Légier, av. pl.   Arrêt du 25 mars 1820.

---

409. LES articles 2181 et suivant du Code civil contiennent la procédure à suivre pour purger les hypothèques. Ces formalités sont rigoureuses sans doute, mais il n'y en a point de particulières pour dénoncer les inscriptions aux créanciers inscrits. Ainsi, la première colonne du tableau prescrit par le n.º 3 de l'art. 2183, peut être divisée en deux, et il n'y a point de nullité à pronon-cer, parce qu'on a notifié la date des inscriptions sur la première subdivision, et celle des hypothèques sur la seconde.

Godet c. Jousselin.   Appel de Blois. c.
M.es Baudry et Ferrière, avoc. plaid.   Arrêt du 22 fév. 1822.

PARAGRAPHE TROISIÈME.

HYPOTHÈQUE JUDICIAIRE.

On lit dans le procès-verbal des conférences du Code civil au conseil d'état, que lors de l'examen du titre des hypothèques, le second consul fit observer, sur une proposition du sieur Jollivet, que les reconnaissances faites dans les bureaux de conciliation ne suffisaient point pour conférer hypothèque. C'est dans ce sens qu'il faut entendre implicitement l'article 2123 du Code civil. Mais il en est autrement, lorsqu'un juge de paix prononce comme *juge* et non comme conciliateur des parties.

Dans l'ancienne jurisprudence, l'appel d'un jugement rendu *en procès par écrit* suspendait l'hypothèque; mais si le jugement était confirmé, le droit hypothécaire était acquis du jour de la sentence, et non pas seulement du jour de l'arrêt qui l'avait confirmée. C'est ce qui résulte de la première déclaration sur l'ordonnance de Moulins, du 10 juillet 1566, rapportée par Pothier (*Traité de l'hypothèque*, chap. 1.er, art. 2,). Aujourd'hui l'hypothèque judiciaire s'étend à trois jugemens définitifs ou même provisoires (art. 2123, c. c.) De plus, les jugemens qualifiés dans la pratique *jugemens d'expédient* produisent également hypothèque. M. Persil pense qu'il n'y a qu'une exception pour les jugemens d'adjudication intervenus sur publications volontaires, qui donnent au vendeur un privilége, et non une hypothèque judiciaire

sur les biens de l'acquéreur, même quand cette dernière clause aurait été insérée au cahier des charges.
Voici les motifs qu'en apporte ce jurisconsulte :
« Un jugement d'adjudication, loin de créer des hy-
» pothèques, a presque toujours pour but unique
» d'éteindre celles qui existent. La circonstance qu'il
» est rendu sur publications volontaires, n'ajoute
» rien à son objet primitif, et ne doit au contraire
» faire regarder le juge que comme l'officier public
» qui ordinairement passe le contrat de vente. Or,
» si un notaire eût passé un tel acte, la clause que
» le vendeur aurait une hypothèque générale sur les
» biens de l'acquéreur, serait illusoire, et ne pour-
» rait jamais engendrer hypothèque. Mais nous
» allons plus loin, et nous soutenons que, lors même
» que le cahier des charges spécialiserait l'hypothè-
» que que se réserve le vendeur sur les biens per-
» sonnels de l'acquéreur, cette clause serait encore
» illusoire, et ce serait renverser le sens de l'art. 2127
» du Code civil, que de décider que l'hypothèque con-
» ventionnelle peut résulter de certains actes, autres
» que ceux passés devant notaires. » (M. Persil,
Comment. sur les hypoth., art. 2123, c. c.)

———

410. Après la dissolution d'un mariage au moyen d'un di-
vorce, lorsque le jugement de liquidation de la communauté qui
a existé entre les époux, ne prononce point de condamnation
formelle contre l'un d'eux en paiement d'une somme déterminée
à l'entretien d'un enfant né au cours du mariage, mais contient
seulement ces mots : « L'époux sera obligé d'y contribuer pour
» pareille portion, » Cette obligation d'entretien, commune aux
» deux époux, forme un contrat judiciaire dont l'effet confère
l'hypothèque judiciaire, au profit de l'enfant. La disposition du

jugement ci-dessus indiqué, n'est pas seulement *énonciative*, elle
est *déclarative*. C'est une stipulation faite au profit d'un tiers, et
qui est irrévocable, puisque le *tiers* (l'enfant par l'organe de son
tuteur), a déclaré vouloir en profiter. (Art. 1121 et 2123, *c. c.*
combinés.)

Mineur Jouffrin c. la d.[e] Loret-Jouffrin,   Appel de Tours, c.
Mes Légier et Baudry, avoc. plaid.   Arrêt du 22 août 1817.

---

411. Un jugement qui ordonne à un mandataire de rendre
compte, doit être considéré, d'après cette disposition, comme
un jugement définitif, et est susceptible d'être converti en dommages-intérêts, faute d'exécuter ce qu'il prescrit. Cette sentence
confère à ceux au profit desquels elle a été rendue, le droit de
prendre une hypothèque judiciaire sur les biens du comptable,
et ce dernier ne peut demander la main levée de l'inscription
prise en vertu de ce jugement, en alléguant que, jusqu'à l'apurement du compte, la créance n'est qu'éventuelle. On soutenait
l'opinion contraire par les moyens suivans ; la condamnation à
rendre compte prépare à la vérité une condamnation, mais elle
n'entraîne point par voie de conséquence une condamnation forcée.
Celui qui est tenu de rendre compte de la gestion qui lui a été
confiée, loin d'être débiteur d'une somme appréciable, peut se
trouver créancier, d'après l'apurement du compte. Si l'article
2148 du Code civil permet de prendre inscription pour une
créance indéterminée ou éventuelle, encore faut-il savoir si le
reliquat du compte est dû ou ne l'est pas. S'il ne l'est pas, il n'y
a ni droit éventuel ni droit indéterminé. Si, au contraire, le
reliquat est dû, ce qu'il ne sera possible de connaître qu'après la
présentation et l'examen du compte, le tribunal ne peut à l'avance
constituer un droit qui doit nécessairement faire la matière d'un
débat sérieux.

Ces raisonnemens ont paru plus spécieux que solides ; un jugement qui donne acte d'une reconnaissance d'écritures, ne
prononce aucune condamnation. Cependant la loi du 5 août 1807,
article premier, permet de prendre inscription en vertu de ce
jugement, à défaut de paiement de l'obligation après son
échéance ou son exigibilité. Si donc le droit de créance est inhérent au jugement lui-même, il n'est pas besoin que ce jugement
prononce une condamnation pécuniaire, pour qu'on puisse re-

quérir une inscription; il suffit qu'il puisse ultérieurement résulter de la sentence une condamnation appréciable, pour qu'elle confère l'hypothèque judiciaire du moment qu'elle a été obtenue. (Voir M. Persil, *Comment. sur le régime hypoth.*, édit. 1820, tom. 1.er, sur l'art. 2123, *c, c.*, n.º 7 à 12.)

Syndics Liger c. Marcassin.   Appel d'Orléans. c.
M.es Légier et Baudry, avoc. plaid.   Arrêt du 18 déc. 1823.

PARAGRAPHE QUATRIÈME.

HYPOTHÈQUE LÉGALE.

C'EST principalement à cause de la spécialité requise pour l'hypothèque légale des femmes et des mineurs, que la théorie de la loi du 11 brumaire an VII fut rejetée par les rédacteurs du Code civil. Conformément aux articles 17 et 21 de cette loi, on inscrivait le montant de la dot au profit de la femme sur des immeubles qui pouvaient devenir un jour la propriété du mari. Cette mesure contrariait souvent les vues des père et mère du mari, et nuisait à l'établissement des enfans. Mais un autre embarras venait se joindre à cette formalité; comment spécialiser et déterminer d'une manière précise les droits pour lesquels on prenait inscription? Les reprises des femmes sont indéterminées; les inscrire à forfait, c'est donner naissance à des contestations quand elles seront ouvertes.

Cependant plusieurs conseillers d'état, et entr'autres M. Treilhard, regardaient la nécessité de l'inscription comme impérieuse pour assurer l'hypothèque des femmes et des mineurs. M. Treilhard soutenait avec force, qu'il ne suffit point que l'on sache qu'un homme est marié pour traiter sûrement avec lui, mais qu'il faut connaître l'étendue des engagemens que son mariage lui impose. M. Portalis combattit ainsi ce système; il est inutile de donner à un acte public (à un mariage, à une tutelle) une publicité qu'il a déjà. Celui qui contracte avec un homme marié n'ignore point qu'il est engagé dans les liens du mariage. L'hypothèque légale n'est plus comme l'hypothèque conventionnelle, un fait dont il faut avertir; elle est établie, non pour le droit de l'individu, mais pour l'intérêt public; elle ne doit pas seulement être légale dans le mot, mais être légale dans la chose.

Au milieu d'une discussion aussi controversée, il est curieux de remarquer, que ce ne fut pas un jurisconsulte qui concilia les opinions divergentes des membres du conseil. On voit dans la conférence du Code civil (tom. VII, pag. 17, édition de Didot, in-12, 1805.) l'opinion qui fut émise par le *premier consul* sur la nécessité de ne point spécialiser l'hypothèque légale des femmes et des mineurs. « La justice civile, dit-il, s'oppose à ce qu'on » reporte sur le mineur et sur la femme les suites » d'une négligence qu'il n'était pas en leur pouvoir » d'empêcher.... On peut parvenir à tout concilier, » en décidant que les hypothèques légales frappe-» ront de plein droit sur les immeubles du mari » et du tuteur; que cette hypothèque pourra être » restreinte à une portion suffisante de leurs biens

» du consentement des parties intéressées... Enfin,
» si on ne veut point accorder la spécialité de l'hy-
» pothèque légale dans aucun cas, il n'y a peut-être
» pas beaucoup d'inconvéniens à placer le mari dans
» une situation qui l'empêche de dissiper son bien,
» car il est hors de doute que, s'il ne veut faire que
» des emprunts nécessaires, la femme ne refusera
» point d'y consentir. » Enfin, il fut décidé que
l'hypothèque légale existerait indépendamment de
toute inscription; l'expérience a justifié l'utilité de
cette règle législative, consacrée par l'art. 2135 du
Code civil.

———

412. Lorsque dans un contrat de mariage passé en l'an
VIII (1800), on a stipulé en faveur des enfans à naître un
douaire d'une somme déterminée, et que par ce même contrat,
il a été affecté un immeuble à la sûreté de ce douaire; on ne
peut plus, après la dissolution de son mariage par suite de di-
vorce, contester le remploi fait par le tuteur d'un enfant issu du
mariage en faveur de cet enfant, d'une portion de prix suffisante de l'immeuble aliéné, en disant que la stipulation sus-énoncée
n'a pu donner lieu, en faveur des enfans à naître, qu'à une hypothèque ordinaire et non à une hypothèque légale; l'enfant
n'ayant pendant la vie de ses père et mère d'autres droits acquis
que ceux de recevoir de l'éducation et des alimens.

La Cour a pensé, au contraire, que les conventions matrimoniales étant immuables, les époux ne peuvent plus s'y soustraire,
et qu'ils doivent s'y conformer dans l'intérêt des enfans nés du
mariage, qui sont entrés par la fiction de la loi dans le pacte qui
a précédé le mariage. La loi romaine (ff. au tit. *de jure dotium*)
s'exprimait ainsi : « *Nullo casu quicumque sit refici, emendari*
» *quoque potest, constante matrimonio, quod semel conjugibus*
» *eorumque amicis et cognatis diem instrumentum conscriberetur,*
» *placuisse certum est.* » La loi du 20 septembre 1792, art. 6,
reproduite par les articles 304 et 1395 du Code civil, a assuré
aux enfans nés du mariage les avantages qui leur ont été concé-
dés par les conventions matrimoniales. Ainsi, tant que la stipu-

lation du douaire n'est pas annulée, une opposition mobilière suffit au mineur pour la conservation de ses droits d'hypothèque légale.

(PRÉS. DE M. LE BARON PETIT-LAFOSSE, PR.er PRÉSIDENT.)
D.e Dubreton c. Dubois.   Appel de Tours. i.
                                           Arrêt du 26 fév. 1812.

---

413. LA femme mariée en minorité ne peut étendre son hypothèque légale jusque sur les biens des père et mère de son mari, en faisant valoir pour motif, qu'étant mineure quand elle a contracté mariage, les père et mère de son mari ont dû lui garantir sa dot par une hypothèque sur leurs biens. (Sur l'article 2121, c. c.)

Lecestre c. la d.e Lecestre, née Fayet.   Appel de Montargis. i.
M.es Baudry et Johanet, av. pl.   Arrêt du 22 mai 1812.

---

414. L'ÉPOUSE d'un négociant failli, qui en vertu d'une procuration authentique et spéciale à elle donnée par son mari, fait un traité avec le père de celui-ci, qui vient au secours de son malheureux fils; si d'après cet acte, la femme renonce à exercer les droits résultant à son profit de son contrat de mariage sur les biens actuels de son mari et sur ceux dépendant de la communauté conjugale, en consentant que le père avec lequel elle stipule, dispose de ses biens personnels pour sûreté des obligations qu'il a contractées envers les créanciers du failli; cette femme ne peut plus ensuite demander la nullité de la convention qu'elle a souscrite, en disant qu'elle n'a pu restreindre l'hypothèque légale qu'elle avait sur les biens de son mari, sans une décision judiciaire rendue sur l'avis de quatre de ses plus proches parens, réunis en assemblée de famille.

Cette objection de la femme est sans fondement. Les articles 2144 et 2145 du Code civil, invoqués à l'appui, ne concernent que la restriction de l'hypothèque légale de la femme dans l'intérêt du mari qui la demande. Un arrêt de la cour de cassation du 12 février 1811, a maintenu cette jurisprudence. Ici l'engagement de la femme a été la base d'un acte sérieux; il a déterminé le père à cautionner son fils vis-à-vis ses créanciers; d'ailleurs, l'obligation de l'épouse repose sur l'article 217 du Code civil, qui lui permet avec l'autorisation de son mari de *donner*, *aliéner*, *hypothéquer*, etc.

D........ père c. la d.ᵉ R......., née D........,   Appel d'Orléans. c.
M.ᵉˢ Moreau et Johanet, avoc. plaid.   Arrêt du 16 déc. 1812.

---

415. La loi du 5 septembre 1807, qui régit les droits du trésor public, et qui lui attribue une hypothèque légale sur les biens des administrateurs comptables, est applicable aux receveurs de l'enregistrement. Dans l'espèce, le tribunal de Tours, dont la cour a réformé la sentence, avait pensé que les inscriptions ne devaient être prises au profit du trésor que sur les biens des comptables désignés en l'article 7 de cette loi, et non sur ceux des receveurs de l'enregistrement qui n'y sont pas mentionnés. Cette distinction est erronée; le mot comptable est général et doit s'appliquer à tous ceux qui sont chargés de la perception, recette ou distribution de finances du Roi et des deniers publics. L'article 7 ci-dessus énoncé ordonne des mesures de précaution à prendre sur les biens des principaux agens comptables du gouvernement, mais il n'est point contraire à l'article premier de cette même loi, qui soumet la généralité des comptables à l'hypothèque légale du trésor sur leurs biens.

(PRÉSIDENCE DE M. LE BARON PETIT-LAFOSSE, PR.ᵉʳ PRÉSIDENT.)

(M. LE BARON SEZEUR, PROCUREUR-GÉNÉRAL.)

(M. COLAS DE LA NOUE, CONSEILLER-AUDITEUR, RAPPORTEUR.)

L'Enregistrement des Domaines   Appel de Tours. i.
          c. Leferme.   Arrêt du 25 août 1813.

---

416. La femme qui, pour la conservation de son hypothèque légale, a pris inscription sur les biens de son mari, au cours de la loi du 11 brumaire an VII, n'est pas tenue pour la validité de cette inscription, d'indiquer le montant de ses droits matrimoniaux, qui n'étant alors ni ouverts, ni déterminés, se sont néanmoins conservés sous le régime d'une communauté non dissoute, et encore moins liquidée. La loi précitée voulait que l'inscription hypothécaire fût prise contre le débiteur, c'est-à-dire contre l'individu grevé détenteur actuel de l'immeuble hypothéqué.

La publicité des hypothèques n'est pas établie seulement pour le créancier inscrit, mais encore dans l'intérêt de ceux qui seraient dans le cas de contracter avec le débiteur ou avec ses héritiers. Ainsi l'inscription doit être appliquée à l'héritage dans la personne du détenteur actuel. (Sur l'article 21 de la loi du 11 brumaire an VII.)

(PRÉSIDENCE DE M. MAGON DE S.t ELLIER, CONSEILLER.)

(M. PERROT, CONSEILLER-AUDITEUR, RAPPORTEUR.)

V.e Collier   Appel de Blois, i.
c. De la Chevallerie.   Arrêt du 15 fév. 1816.

---

417. L'HYPOTHÈQUE légale de la femme se règle d'après les lois existantes à l'époque de son contrat de mariage. La jurisprudence ancienne suivie dans le ressort du parlement de Paris, faisait remonter à la date du contrat de mariage l'hypothèque tacite de la femme mariée, tant pour sa dot et ses avantages matrimoniaux que pour le remploi de ses propres aliénés, et les indemnités des dettes par elle contractées au cours du mariage; soit qu'elle eût été mariée sous le régime de la communauté, ou qu'elle ait été séparée de biens contractuellement ou même par jugement. La raison de cette jurisprudence est que la qualité de mari oblige le chef de l'union conjugale de conserver l'intégralité de la dot de son épouse.

D'après ces principes, une femme mariée en 1792, et qui n'a fait liquider ses reprises que depuis la promulgation du Code civil, ne peut perdre son hypothèque légale remontant à la date de son contrat de mariage, quand même elle n'a point pris inscription pendant la durée de la loi du 11 brumaire an VII. L'article 2135 du Code civil, il est vrai, établit, pour l'époque à laquelle l'hypothèque légale de la femme prend naissance, une différence entre la dot et les avantages matrimoniaux, et les reprises ou remplois résultant de causes survenues depuis le mariage, en cela la loi actuelle a dérogé à la jurisprudence ancienne du parlement de Paris, et a consacré un droit tout-à-fait nouveau; mais ce régime hypothécaire ne peut exercer d'influence sur l'hypothèque légale acquise avant le 29 mars 1804, jour de la promulgation du titre 18.e du livre 3 du Code civil, car autrement, ce serait supposer la loi entachée d'une rétroactivité qui n'existe ni dans son texte, ni dans son esprit.

(PRÉSIDENCE DE M. DE LA PLACE, PRÉSIDENT,)

(M. DESCHAMPS, AVOCAT-GÉNÉRAL,)

D.e Brung c. la f.e Lalette et Boucard,   Appel de Loches, c.
M.es Légier, Moreau et Baudry, av. pl.   Arrêt du 18 juin 1817.

_____

418. L'HYPOTHÈQUE légale de la femme mariée en 1788 sous le régime de la communauté dans le ressort de la coutume de Tours, frappe sur les immeubles conquets de la communauté, aliénés par le mari au cours du mariage. Le tribunal de Chinon avait admis une jurisprudence contraire, motivée sur le droit qu'a le mari de vendre les biens de la communauté, sans le concours de sa femme. (Art. 1421, c. c.)

Or, cette faculté serait illusoire, si la femme conservait toujours son hypothèque légale sur les biens sortis de la communauté.

La société conjugale est sujette à tant de variations pendant sa durée, qu'elle ne peut être appréciée quant à ses forces réelles, qu'au moment de sa dissolution. A l'appui de ces raisonnemens, on ajoutait: la femme est un *associé* tenue, par conséquent, des dettes contractées par le mari, son associé. La loi, il est vrai, vient au secours de la femme, et la défend des entreprises de celui qui pourrait abuser de sa puissance, en lui permettant de renoncer à la communauté; à l'aide d'une fiction ingénieuse, l'épouse est alors regardée comme si elle n'avait jamais été commune en biens avec son mari. Obligera-t-on les acquéreurs des biens de la communauté à faire transcrire et à purger l'hypothèque légale de la femme sur les conquêts de la communauté aliénés par le mari? Mais la femme sous la puissance du chef de l'union conjugale, n'a aucun droit à exercer; si elle voulait surenchérir, cet acte ne serait pas sérieux, et on le regarderait comme une collusion à l'effet de frustrer les créanciers. Donc, jusqu'à la dissolution de la communauté, les droits de la femme sont éventuels et ne peuvent être déterminés; elle est liée avec son mari, *totum in toto, totum in quâlibet parte.*

Ces objections ont été combattues avec avantage de la ma-

nière suivante : la loi en accordant aux femmes mariées l'hypothèque générale sur les biens de leurs maris, ne fait aucune distinction entre les propres de ceux-ci, et les biens acquis au cours
de la communauté : les jurisconsultes Lebrun, Renusson et Pallu,
ce savant commentateur de la coutume de Touraine, regardent
le droit hypothécaire des femmes, comme prenant naissance au
moment même du mariage. Ce droit, inhérent à la qualité d'é-
pouse, ne peut jamais se perdre par la volonté du mari, qui autrement viendrait disposer en faveur des tiers du seul gage que
l'épouse avait peut-être espéré de conserver pour recouvrer sa
dot ou ses avantages matrimoniaux. Sans cela la protection que
la loi lui accorde deviendrait souvent illusoire. Sans doute, le
mari n'est pas un administrateur ordinaire des biens de la communauté puisqu'il peut les vendre ; mais l'épouse n'est pas non
plus un associé dans l'acception ordinaire de ce mot, suivant
cette définition judicieuse de Dumoulin : *uxor non est propriè
socia, sed speratur forè.*

(Combinaison des art. 1421, 2121, 2135, c. c.)

(PRÉSIDENCE DE M. LE BARON ARTHUIS DE CHARNISAI.)

(M. DESCHAMPS, AVOCAT-GÉNÉRAL.)

F.* Détenre c. les veuves Busson et Princé.   Appel de Chinon. i.
Mes Baudry, Moreau et Légier, av. pl.   Arrêt du 12 nov. 1817.

----

419. L'INSCRIPTION prise par des enfans pour conserver l'hypothèque légale de leur mère décédée, est valable, quoiqu'elle ne
contienne point l'énonciation de la somme précise que l'on veut
hypothéquer ; les droits des héritiers ne pouvant être déterminés
avant les comptes et partages. Les héritiers de la femme ont
d'ailleurs le droit de renoncer, soit à la communauté qui a existé
entre elle et son mari, soit même à la continuation de cette communauté. (Sur les art. 1466 et 2135, c. c. combinés.)

H.^{es} Bussière c. les h.^{ers} Gaucher.   Appel de Tours. c.
Mes Baudry et Johanet, avoc. plaid.   Arrêt du 17 fév. 1819.

----

420. LE père, tuteur de ses enfans mineurs, est tenu de
fournir sur ses biens une hypothèque légale pour la conservation
du mobilier appartenant aux mineurs, et dont il a la jouissance.

En vain opposait-on que la loi, en accordant au survivant des père et mère le droit de jouir en usufruit sans caution du bien de leurs enfans (601, *c. c.*), le père n'est point un tuteur ordinaire, et doit en conséquence être déchargé de l'hypothèque légale de ses enfans. C'est une erreur. Le père survivant a la double qualité de père et de tuteur, et il est soumis à toutes les charges de la tutelle; et si l'article 453 du Code civil lui accorde le droit de conserver les meubles de la communauté jusqu'à la fin de sa jouissance du bien de ses enfans, ceux-ci ont contre lui un droit de créance pour la répétition de ce qui peut en manquer en nature, à l'époque fixée pour la restitution; ainsi les droits que les mineurs ont à exercer pour leur hypothèque léga sont constans.

(PRÉSIDENCE DE M. LOYRÉ, PRÉSIDENT.)

(M. DESCHAMPS, AVOCAT-GÉNÉRAL.)

Dubois c. Goisneau.   Appel d'Orléans, i.
M.ᵉˢ Légier et Pailliet, avoc. plaid.   Arrêt du 13 mai 1819.

---

421. LA femme qui s'oblige solidairement avec son mari envers un créancier de celui-ci, ou même de la communauté, et qui hypothèque, conjointement avec son mari, un conquêt de la communauté, est censée, par cet acte, renoncer tacitement en faveur de ce créancier au bénéfice de son hypothèque légale. C'est une erreur de soutenir que la renonciation à un droit hypothécaire doit être expresse, et qu'elle ne se présume point, et que si la femme veut conserver ses droits, il faut qu'elle fasse des réserves; mais si elle concède l'hypothèque légale qu'elle a, sur un conquêt immeuble, cette aliénation est inconciliable avec la réserve tacite de l'hypothèque légale sur ce même immeuble; autrement les sûretés promises par elle dans l'acte où elle s'engage contradictoirement avec son mari, seraient illusoires, s'il lui était permis de s'affranchir des obligations qu'elle a contractées.

(Combinaison des articles 1135 et 2180, *c. c.*)

(PRÉSIDENCE DE M. LOYRÉ.)

(M. RUSSEAU, AVOCAT-GÉNÉRAL.)

Delahaye c. Pardessus et Quentin.   Appel de Blois. c.
M.ᵉˢ Légier, Moreau et Ferrière, av. pl.   Arrêt du 13 août 1819.

422. Au n.° 418 nous avons fait connaître avec quelques développemens une décision de la cour, d'après laquelle il a été reconnu que la femme conserve son hypothèque légale sur les conquêts de la communauté aliénés par le mari au cours du mariage. L'épouse qui avait obtenu ce premier succès le 12 novembre 1817, vient attaquer d'autres acquéreurs de biens vendus par son mari pendant la durée de l'association conjugale. Ceux-ci ne contestent plus le point de droit décidé, mais ils repoussent la demande, en alléguant que la femme a été remplie de ses reprises et conventions matrimoniales, au moyen du bénéfice du premier arrêt qu'elle a obtenu; enfin, ayant acquis de bonne foi du mari, ils invoquent la prescription décennale. (Art. 2265, c. c.) Ces argumens ont été rejetés par les motifs suivans : c'est aux acquéreurs qui font valoir des moyens nouveaux à prouver que l'épouse a été remplie de ses reprises par les autres acquéreurs des conquêts de la communauté. Les défendeurs se constituent ici demandeurs par exception; alors on doit leur appliquer ces règles de droit si usuelles dans la pratique : *excipiendo rem fit actor. Et incumbit probatio, qui dicit.* Les acquéreurs ne peuvent avec succès invoquer la prescription faute d'avoir un titre que la seule transcription de leur contrat pouvait leur procurer. (Sur les art. 2181, 2183, 2193 et 2194, c. c.)

(M. LOYRÉ, PRÉSIDENT.)

F.° Detenre c. Compagnon, Hardoin, etc. Appel de Chinon, i. M.es Baudry, Moreau et Johanet, av. pl. Arrêt du 27 août 1819.

423. 1. QUOIQUE les droits qu'une femme mariée a à exercer pour ses reprises et conventions matrimoniales soient éventuels et provisoires, tant que dure la société conjugale, lorsque les biens de son mari ont été vendus, elle doit être colloquée sur ces immeubles, en vertu de son hypothèque légale à la date de son contrat de mariage. C'est une erreur de soutenir que, les droits de l'épouse étant indéterminés, elle ne peut se présenter dans un ordre de collocation, au préjudice des créanciers inscrits pour le montant de sommes fixes et actuellement connues. Le législateur, dans sa sollicitude pour l'intérêt des femmes placées sous la puissance maritale, n'a point subordonné le sort de leur hypothèque légale à la condition que la communauté serait dissoute, quand elles voudraient en réclamer le bénéfice,

condition qui exposerait la femme à être ruinée, ou tout au moins privée de l'exercice de ses droits légaux. (Sur l'article 2135 du Code civil.)

2. Les héritiers et légataires des femmes créancières de leurs maris à cause de leur hypothèque légale, ne peuvent en appliquer les effets à leur profit, comme représentant les femmes mariées, lorsque dans les inscriptions qu'ils ont prises, ils n'ont point énoncé qu'ils entendaient exercer les droits des femmes dont ils sont héritiers ou légataires. Les inscriptions ne leur confèrent plus alors qu'une hypothèque simple dont l'effet ne remonte pas au-delà de leur date. (Sur l'article 2148 du Code civil.)

(PRÉSIDENCE DE M. LOYRÉ.)

(M. DESCHAMPS, AVOCAT-GÉNÉRAL.)

F.e Jouaneau-Moreau   Appel de Gien, c. et i.
c. les h.ers Maujeon et Guirot.
M.es Johanet, Moreau et Baudry, av. pl.   Arrêt du 18 nov. 1819.

---

424. Les parens d'enfans majeurs absens ne peuvent, pour la conservation de l'hypothèque légale de ceux-ci, prendre une inscription dont la faveur n'est réservée qu'aux enfans mineurs. En vain invoque-t-on l'article 2194 du Code civil et l'intérêt des absens, aussi sacré que celui des mineurs. Cet article ne peut étendre l'article 2139 au-delà de ses limites; combiner les dispositions des lois n'est pas ajouter aux règles qu'elles prescrivent. Les magistrats, interprètes des lois, ne sont point législateurs.

(PRÉSIDENCE DE M. LE BARON ARTHUIS DE CHARNISAI.)

(M. DESCHAMPS, AVOCAT-GÉNÉRAL.)

H.ers Baudet-Guillery c. la f.e Lesœur.   Appel de Pithiviers. i.
M.es Légier et Baudry, avoc. plaid.   Arrêt du 22 déc. 1819.

---

425. Lors d'une expropriation forcée, le seul mode à suivre pour purger les hypothèques légales consiste dans l'accomplissement des formalités établies par les articles 749, 750 et 775 du Code de procédure. On ne peut en conséquence invoquer les dispositions des articles 2194 et 2195 du Code civil, qui ne s'appliquent qu'aux ventes volontaires. En vain, dit-on, que le ch. VIII,

du tit. 18 du Code civil est général, et concerne le mode de purger toutes les hypothèques légales sans exception; ce mode est
inapplicable en matière de saisie-immobilière. Les formalités
prescrites par le Code de procédure au titre des expropriations,
suffisent pour éveiller l'attention de ceux qui ont une hypothèque
existante indépendamment de toute inscription. D'après l'article 749, *pr.*, les créanciers hypothécaires sont tenus de se régler
entr'eux sur la distribution du prix, lors d'une adjudication par
saisie-immobilière, on ne doit donc plus, dans ce cas, suivre le
Code civil, qui accorde deux mois de délai pour purger légalement. Ajoutons que la voie de la surenchère est ouverte dans la
huitaine, art. 710, *pr.*, et ce court délai ne se concilie plus avec
les quarante jours fixés par l'article 2185 du *c. c.* Un arrêt de la
cour de cassation du 27 novembre 1811, vient confirmer cette
jurisprudence.

(PRÉSIDENCE DE M. LE BARON ARTHUIS DE CHARNISAI.)

(M. DESCHAMPS, AVOCAT-GÉNÉRAL.

Hubert-Pâris c. les h.ers Chemin.   Appel de Chinon. i.
M.es Moreau et Baudry, avoc. plaid.   Arrêt du 20 déc. 1820.

---

426. LA femme peut, avec l'assistance de son mari, consentir
à l'égard des tiers la réduction et même la radiation entière de
son hypothèque légale. On n'invoquera point avec succès l'application des articles 2144 et 2145 du Code civil, en soutenant que,
les droits des femmes étant sacrés, elles n'ont point la faculté
d'abandonner leur hypothèque légale, à moins que les motifs de
cet abandon ne soient fondés sur un juste intérêt et appréciés par
les tribunaux. Pour que la femme dérogeât aux principes de son
contrat de mariage, il faudrait que soumise à l'influence de
l'autorité maritale, elle consentît à se priver du bénéfice de son
hypothèque légale; mais puisqu'elle peut aliéner ses immeubles
du consentement de son mari, elle a toujours le droit de donner
des mains-levées d'inscription quand il s'agit de traiter avec des
tiers. Or, les articles 2144 et 2145, sus-énoncés, ne concernent
point les actes passés avec des tiers.

(PRÉSIDENCE DE M. LE BARON ARTHUIS DE CHARNISAI.)

(M. DESCHAMPS, AVOCAT-GÉNÉRAL.)

Biémont c. la femme Texier.   Appel de Chinon. c.
M.es Baudry et Moreau, avoc. plaid.   Arrêt du 17 mai 1821.

427. L'HYPOTHÈQUE légale d'une femme mariée sous l'empire de la coutume de Touraine, remonte, quant à ses effets, à la date du contrat de mariage, pour l'indemnité des dettes et obligations qu'elle a contractées au cours de la communauté. Le commentateur Pallu ne s'explique en aucune manière sur ce point. L'édit de 1673 sur les hypothèques avait consacré cette jurisprudence dans le ressort du parlement de Paris. Or, ce droit devait régir la Touraine avant la promulgation du Code civil, dont l'article 2135 déroge à cette doctrine. Renusson dit que l'ordonnance de 1673 était, dès l'année 1681, pratiquée dans l'étendue du ressort de la juridiction parlementaire de Paris.

Les articles 542 de la coutume de Normandie, et 432 de celle de Bretagne ne donnaient point aux femmes des droits aussi étendus. Cette rétroactivité de l'hypothèque de la femme pour l'indemnité des dettes contractées pendant le mariage était, il faut le dire, une source intarissable de fraudes. C'est pourquoi le Code civil (art. 2135, n.º 2) apporta sur ce point une restriction sage. M. Treilhard, dans son exposé de la loi hypothécaire au corps législatif, s'exprime ainsi : « l'hypothèque de la femme » pour l'indemnité des dettes par elle contractées avec son mari » pendant le mariage, ne peut naître que du jour de l'événement » qui en a été le principe. Autrement, un mari serait le maître » de dépouiller ses créanciers légitimes, en s'obligeant envers » des prête-noms, et en faisant paraître son épouse dans des » obligations frauduleuses, pour lui donner une hypothèque du » jour de son mariage : ainsi il conserverait, sous le nom de sa » femme, des propriétés qui ne devraient plus être les siennes. » On a mis un terme à ces abus, en fixant l'hypothèque aux épo- » ques des obligations. »

Cette législation est sage et judicieuse, sans doute, mais elle ne peut régir un contrat de mariage passé sous un régime antérieur au Code civil, dans une province régie par l'édit de 1673 et la jurisprudence du parlement de Paris.

(PRÉSIDENCE DE M. LE BARON ARTHUIS DE CHARNISAI.)

(M. DESCHAMPS, AVOCAT-GÉNÉRAL.)

F.ᵉ Detenre c. Bruslon.   Appel de Chinon. 5.
M.ᵉˢ Baudry et Vilneau, av. pl.   Arrêt du 23 mai 1821.

428. La loi du 11 brumaire an VII, article 37, obligeait la femme mariée à prendre inscription sur les biens de son mari pour conserver son hypothèque légale. L'acquéreur des biens du mari devait aussi transcrire son contrat pour purger l'hypothèque légale de l'épouse de celui avec lequel il avait contracté. Le Code civil est venu par la force des principes sur la matière, conserver l'hypothèque légale de la femme non inscrite, qui subsistait antérieurement, et remontait à l'année 1788, date du contrat de mariage dans l'espèce.

(Combinaison des art. 37 et 44 de la loi du 11 brumaire an VII et de l'art. 2135 du c. c.)

F.^e Detenre c. Guérin, la f.^e de Varennes, etc.   Appel de Chinon. i.
Mes Baudry, Johanet et Légier, avou. plaid.   Arrêt du 18 janv. 1822.

———

429. Le créancier qui vient exercer l'hypothèque légale d'une femme mariée, comme étant subrogé à ses droits, est tenu de fournir les causes et moyens au soutien de cette hypothèque, et d'en rapporter les pièces justificatives, comme si la femme se présentait elle-même à l'ordre. Mais s'il se contente de produire ses créances personnelles et les bordereaux des inscriptions qu'il a prises, productions étrangères aux droits et créances que la femme peut avoir contre son mari, en alléguant seulement qu'il vient faire valoir l'hypothèque légale de la femme, ce créancier doit être rejeté du rang qu'il veut obtenir. (Sur l'article 1250, c. c.)

Perceval et le m.^{quis} de Guercheville c. Viot.   Appel de Vendôme. c.
Mes Baudry, Moreau, Debeynes, av. pl.   Arrêt du 26 janv. 1822.

———

430. Le mineur dont les biens ont été vendus par son tuteur, sans les formalités voulues par la loi, a la faculté, ou de rentrer dans l'héritage, au moyen de la nullité de la vente, où s'il le préfère, d'exercer sur les immeubles de son tuteur ses droits d'hypothèque légale; or, si le tuteur, comme administrateur des biens des mineurs, commet une nullité en les aliénant où les hypothéquant, sans y avoir été autorisé par le conseil de famille, cette nullité n'est point absolue, ni d'ordre public; conformément à ce principe de la loi romaine : « *Minor non tanquam minor,* » *sed tanquam læsus restituitur.* » Le mineur devenu majeur,

peut ratifier les ventes de ses biens qui ont été faites, s'il les croit avantageuses à ses intérêts, ou les faire rescinder dans les dix ans, s'il trouve qu'elles lui sont préjudiciables. Il n'en résulte aucune conséquence fâcheuse pour les créanciers, car si les ventes ne sont point confirmées, le capital qui en a été le prix retournerait aux créanciers, lors de la majorité, et le mineur rentrera dans son bien.

(Application étendue des art. 457, 471 et 2121 du *c. c.*)

Enfans Dupont c. la d.º de Chapuisé.   Appel de Vendôme, c.
M.ᵉˢ Moreau et Gaudry, av. pl.   Arrêt du 28 juin 1822.

---

431. LA femme qui stipule avec l'autorisation de son mari, et qui contracte l'obligation de payer un reliquat de compte, ne peut faire remonter les droits hypothécaires qu'elle concède à l'époque où ce compte a été présenté. L'hypothèque légale qu'elle a cédée aux créanciers, les autorise valablement à prendre inscription : mais cette inscription ne peut avoir d'effet vis-à-vis les tiers, et porter préjudice à ceux-ci, si leurs droits hypothécaires sont antérieurement acquis.

Crignon-Bonvalet c. Rivière et Frédureau.   Appel de Vendôme, i.
M.ᵉˢ Baudry, Gaudry et Moreau, av. pl.   Arrêt du 15 janv. 1824.

PARAGRAPHE CINQUIÈME.

INSCRIPTION ET ORDRE HYPOTHÉCAIRE.

DEPUIS que la publicité est devenue une des bases de notre système hypothécaire, l'inscription a été regardée comme le complément de l'hypothèque. L'article 2135 du Code civil établit, il est vrai, des cas d'exception où l'inscription n'est plus nécessaire à l'existence de l'hypothèque légale, mais cette formalité d'inscription est obligatoire pour obtenir l'effet de l'hypothèque légale. (Art. 2195, c. c.) Toutefois le législateur a dû dire que l'hypothèque légale existait indépendamment de toute inscription, ce qui signifie, que le droit de suite, un des principaux attributs de l'hypothèque, a de l'efficacité, même avant toute inscription.

M. Treilhard, ainsi que nous avons déjà eu occasion de le faire remarquer (voir *page 247*), fut un des membres de la commission du conseil d'état les plus opposés au projet du renversement de la loi du 11 brumaire an VII, relativement à la spécialité de l'hypothèque légale; il soutint qu'après la dissolution du mariage, ou la cessation de la tutelle, la femme ou le mineur ne pourraient conserver leur hypothèque légale dans leur intégralité, qu'autant qu'ils inscriraient leurs créances, et que ces inscriptions seront prises au plus tard dans les dix ans, à compter de chacune de ces époques de la dissolution du mariage, ou de la cessation de la tutelle, si les immeubles ont continué à rester dans les mains du mari et du tuteur ou de leurs héritiers, ou dans les délais et dans les formes prescrites pour tous les créanciers hypothécaires, sans distinction, si l'immeuble soumis à l'hypothèque légale est aliéné postérieurement aux mêmes époques. Cette opinion a été fortement combattue par les autorités des jurisconsultes, et notamment par M. Tarrible, maître des comptes, ancien membre du tribunat. Ce magistrat a pensé avec raison que, puisque l'hypothèque légale survit toute entière à la dissolution du mariage ou à la cessation de la tutelle, elle subsiste avec le même attribut, tant que l'immeuble hypothéqué reste dans la main du mari, du tuteur, ou de leurs héritiers. Un droit ne peut être anéanti ou modifié que par une disposition expresse de la loi, et cette disposition ne se trouve nulle part.

(Voir *Répertoire de jurisprudence*, verbo *Inscription hypothécaire*, n.° 3.)

---

432. C'EST un principe constant, qu'il faut avoir des droits réels sur un immeuble pour obtenir une collocation utile à la distribution de son prix; ainsi, si une succession n'est acceptée que sous bénéfice d'inventaire, les créanciers hypothécaires du défunt ne peuvent exercer aucune action contre l'héritier, avant les créanciers personnels de ce dernier. (Argument de l'article 2166, c. c.)

V.ᵉ Tricoche   Appel d'Orléans. c.
c. les syndics Marcel.   Arrêt du 29 janv. 1813.

---

433. L'ACQUÉREUR d'un immeuble a le droit de prendre une inscription hypothécaire pour le montant des frais, et des oppositions faites par les créanciers, avant la promulgation du Code civil. En vain lui oppose-t-on que les oppositions n'ont eu lieu que parce qu'il s'était mis en mesure de payer avant d'avoir pris des lettres de ratification, on répond, que le principe des inscriptions réside dans la garantie due par le vendeur; ainsi, il y a lieu d'accorder la collocation du montant des sommes justifiées par les bordereaux d'inscriptions.

Cousin   Appel d'Orléans. i.
c. les créanciers Maugin.   Arrêt du 31 mars 1813.

---

334. UN avoué ne peut être colloqué dans un ordre pour ses frais d'instance, quand ils n'ont point été taxés, et qu'il n'est ni saisissant, ni opposant. Pour qu'il puisse agir utilement, il faut qu'il ait obtenu un jugement après un exécutoire.

Georgeon c. Hamonière et Porcher.   Appel d'Orléans. c.
M.ᵉˢ Moreau et Grouard, avoc. plaid.   Arrêt du 12 juin 1813.

435. L'ARTICLE 1.er de la loi du 16 ventose an IX, qui accorde un délai de trois mois, pour prendre inscription, aux créanciers d'individus inscrits sur la liste des émigrés, à partir de la main-levée du sequestre, ne peut s'étendre aux créanciers de ceux dont les biens ont été sequestrés par suite d'une condamnation révolutionnaire, mais qui n'ont pas été compris au nombre des émigrés.

Le principe de la restitution à faire des biens confisqués par suite de jugemens rendus par les tribunaux révolutionnaires, a été d'abord consacré par la loi du 21 prairial an III, avec une modification relative aux biens des fermiers généraux. Un arrêté des consuls du 25 brumaire an IX, a rendu définitive cette législation provisoire. Depuis cette époque, les héritiers des condamnés révolutionnairement, et leurs créanciers, sont tous respectivement rentrés sous l'empire de la loi commune établie pour le régime hypothécaire; c'est alors que fut rendue la loi du 16 ventose an IX, dont la cour a consacré l'application, ainsi qu'il vient d'être exposé.

(PRÉSIDENCE DE M. LE BARON PETIT-LAFOSSE.)

(M. RUSSEAU, AVOCAT-GÉNÉRAL.)

(Renvoi de cassation.)

Foucaud et Rabec c. les h.ers d'Aligre.   Appel de Paris. i.
M.es Moreau et Johanet, avoc. plaid.   Arrêt du 2 fév. 1814.

---

436. ON doit regarder la *forclusion* comme une sorte de jugement par défaut, d'après lequel une partie est exclue de produire dans un ordre, pour n'avoir point présenté son droit en temps utile. Ainsi, quoique la forclusion atteigne les créanciers en retard de produire ou de contester, elle ne peut paralyser entre les mains du débiteur le droit qu'il a d'élever un contredit, jusqu'au règlement définitif, relativement aux prétentions de ceux qui se présentent comme étant ses créanciers, et de prouver qu'il n'est pas leur débiteur. (Sur l'art. 756, du *c. pr. civ.*)

D.o Maurice c. Chaudry et Benazais.   Appel de Chinon. c.
M.es Baudry et Johanet, avoc. plaid.   Arrêt du 3 août 1814.

437. L'OBLIGATION de mentionner dans une inscription l'époque de l'exigibilité des créances inscrites, est virtuellement et suffisamment remplie, lorsque l'inscription contient en elle-même des énonciations desquelles résulte la conséquence nécessaire, que la créance inscrite est exigible à l'époque où a été prise l'inscription. (Art. 2148, c. c.)

(Renvoi de cassation.)

Claude et Paul Lambert c. les h.ers Goudoin.   Appel de Cosne, i.
M.es Johanet et Baudry, avoc. plaid.   Arrêt du 9 août 1815.

---

438. 1. UN individu *domestique* est suffisamment désigné dans une inscription par les mots : garçon majeur. L'état de domesticité n'étant point, à proprement parler, une profession réelle, puisque celui qui l'exerce peut la perdre d'un jour à l'autre.

2. L'indication dans une inscription hypothécaire du principal manoir, quand le domaine a des dépendances qui s'étendent dans plusieurs arrondissemens, suffit pour valider cette inscription, lorsque le débiteur n'a pas fait la ventilation préalable de ces immeubles ; cette formalité étant nécessaire pour que le créancier puisse connaître les diverses dépendances du domaine. (Sur les art. 2148 et 2184 du c. c.)

(PRÉSIDENCE DE M. LE BARON ARTHUYS DE CHARNISAI.)

(M. RUSSEAU, AVOCAT-GÉNÉRAL.)

Gaucher c. Beauvilliers.   Appel de Pithiviers, i.
M.es Moreau et Baudry, avoc. plaid.   Arrêt du 24 juillet 1816.

---

439. UNE inscription prise sous le régime de la loi du 11 brumaire an VII, qui ne conservait que pour deux ans les intérêts à échoir, est néanmoins soumise, quant aux effets de l'hypothèque, aux règles établies par l'article 2151 du Code civil, qui donne au créancier inscrit pour un capital produisant intérêts ou arrérages le droit d'être colloqué pour deux années, et pour l'année courante au même rang d'hypothèque que pour son capital. Les années à échoir conservées utilement, sont, d'après l'ensemble du système hypothécaire, celles qui sont les plus rapprochées de l'adjudication. Le Code doit régler sans rétroactivité le sort des ar-

rérages, qui se cumulent et se comptent jour par jour, lorsque ces arrérages sont échus depuis sa promulgation.

Le général Rapp   Appel de Pithiviers. i.
c. de Flavigny.   Arrêt du 19 avril 1817.

---

440. On ne peut contester les titres produits par une femme qui veut exercer les droits résultant de son hypothèque légale sur les biens vendus par son mari, en donnant pour motif qu'elle ne présente point d'actes authentiques. S'il était nécessaire à la femme d'apporter une justification aussi rigoureuse, il lui serait souvent impossible d'y satisfaire, lorsqu'il s'agit de remboursemens faits à son mari. Des actes privés suffisent à la femme pour justifier les ventes faites par son mari, surtout quand ces actes ne sont point attaqués pour cause de dol ou de fraude.

(PRÉSIDENCE DE M. DE LA PLACE, PRÉSIDENT.)

(M. DESCHAMPS, AVOCAT-GÉNÉRAL.)

D.e Brung c. Boucard et Lalette.   Appel de Loches. c.
M.es Moreau, Baudry et Légier, av. pl.   Arrêt du 18 juin 1817.

---

441. Lorsqu'on s'est porté hypothécairement caution d'un débiteur principal, et que, par l'événement des ventes et distributions qui ont eu lieu, on se trouve avoir payé de plus que le débiteur principal, une somme déterminée, la subrogation a lieu de plein droit au profit de celui qui a fait ce paiement, dans les priviléges et hypothèques de ceux dont le prix des domaines vendus sur le débiteur principal a éteint la dette commune.

Cette caution ne peut toutefois céder ses droits à un créancier envers lequel elle est aussi obligée solidairement, et compenser le prix de cette cession avec les sommes dues à la caution par le débiteur principal, au moyen de la subrogation ci-dessus exprimée : car, s'il était permis d'agir ainsi, la caution donnerait au cessionnaire un rang hypothécaire antérieur à celui qu'il doit avoir, conformément à la date de sa créance, ce qui serait faire produire un double effet à une hypothèque. D'ailleurs, le cédant n'est lui-même qu'une caution du débiteur principal; c'est-à-dire un autre débiteur lui-même. Ainsi le cessionnaire ne peut exercer les droits de subrogation qui lui ont été cédés, sans se

trouver au lieu et place du cédant, et prendre la qualité du débiteur solidaire comme caution du débiteur principal et originaire. (Sur l'art. 1251, n.º 3, c. c.)

Flosceau c. Moreau et Pitay.　　　　　Appel de Tours. c.
M.es Moreau et Légier, avoc. plaid.　　Arrêt du 27 nov. 1817.

---

442. Le légataire à titre universel, dispensé par le testateur
du paiement d'une dette hypothécaire sur l'objet légué, conserve
cependant l'effet de l'inscription qu'il a prise pour la conservation de son legs sur un autre immeuble du testateur, qui n'est
point au nombre des domaines légués, lorsqu'après la vente d'un
bien qui fait partie du legs, l'acquéreur a payé la dette hypothécaire affectée sur cet héritage. Cette dette étant celle de l'héritier, et non du légataire, les intentions du défunt ne seraient
plus remplies, si le légataire à titre universel ne conservait pas
le droit de toucher le montant de la somme payée sur le bien qui
lui a été légué franc et quitte de toute dette.

(PRÉSIDENCE DE M. LE BARON ARTHUYS DE CHARNISAI.)

(M. RUSSEAU, AVOCAT-GÉNÉRAL.)

Armand de Bray c. Ponthault.　　　　Appel de Gien. c.
M.es Johanet et Légier, avoc. plaid.　　Arrêt du 26 août 1818.

---

443. L'INDICATION du domicile élu par le créancier, et porté
sur l'inscription est suffisante, lorsqu'il est constant que les notifications tendant à opérer la purge hypothécaire sont parvenues
au créancier qui avait intérêt à les recevoir, et qui ensuite a fait
des diligences pour être utilement colloqué dans l'ordre. On opposait que le prénom de celui chez lequel a été faite l'élection
de domicile n'était pas précisé, et que l'indication de la rue de
la situation de ce domicile n'était point faite, d'où il résultait
évidemment que le vœu de la loi n'était pas rempli. On répondit
avec avantage : il ne s'agit point d'une formalité substantielle à
la validité de l'inscription en elle-même; la publicité des hypothèques n'a d'autre but que d'instruire les tiers, c'est-à-dire de
faire connaître aux créanciers la situation de leur débiteur, ce
qui a eu lieu dans l'espèce. L'article 2148 du Code civil ne pro-

nonce pas la peine de nullité pour l'inobservance des formalités exigées pour la régularité des exploits d'ajournement.

(PRÉSIDENCE DE M. LE BARON ARTHUYS DE CHARNISAI.)

(M. DESCHAMPS, AVOCAT-GÉNÉRAL.)

Perret et autres c. Jouthy.　　　　Appel d'Orléans. i.
M.es Moreau et Légier, avoc. plaid.　　　Arrêt du 30 déc. 1818.

---

444. S'IL est vrai que le créancier inscrit peut prouver par équipollence, d'après les énonciations qui se trouvent sur son bordereau, l'époque de l'exigibilité du capital des créances exprimées dans son titre, dont la mention est requise par l'article 2148, c. c.; on doit dire aussi que, lorsqu'il est seulement établi sur le bordereau que la créance résulte d'un jugement rendu par un tribunal de commerce, cela ne suffit point; car une sentence consulaire peut accorder des délais au débiteur. Il est d'ailleurs impossible d'imposer à un créancier auquel on délivre une inscription, l'obligation d'aller au greffe d'un tribunal consulter les dispositions du jugement énoncé comme étant le principe de la créance, et il n'y a point, dans le cas qui vient d'être exposé, de mention équipollente à invoquer.

(PRÉSIDENCE DE M. LE BARON ARTHUYS DE CHARNISAI.)

(M. DESCHAMPS, AVOCAT-GÉNÉRAL.)

Besnard c. Penavert.　　　　Appel d'Orléans. i.
M.es Johanet et Légier, avoc. plaid.　　　Arrêt du 7 juillet 1819.

---

445. LE créancier, en renouvelant une inscription prise pour la conservation d'un capital et des arrérages accessoires de sa créance, s'il s'inscrit pour les frais du jugement obtenu à son profit, il ne peut faire remonter son hypothèque à la date de la première inscription. Ces frais étant la conséquence d'une instance postérieure à la première inscription, ne peuvent plus être regardés comme l'accessoire de la créance, et la loi, en accordant une hypothèque pour la conservation des arrérages, n'a point voulu aller au-delà (Sur l'art. 2151, c. c.)

(PRÉSIDENCE DE M. LE BARON ARTHUYS DE CHARNISAI.)

(M. DESCHAMPS, AVOCAT-GÉNÉRAL.)

M.es Green de S. Marceau c. Daudin.　　Appel de Montargis. i.
M.es Johanet et Daudry, avoc. plaid.　　Arrêt du 20 nov. 1819.

446. Le créancier inscrit conserve son hypothèque après la vente de l'immeuble, outre les trois années d'intérêts qui lui sont accordées par la loi, pour le temps échu depuis la vente jusqu'à la clôture de l'ordre. Si l'inscription n'assurait rien au-delà des deux années et de la courante, après l'aliénation de l'héritage affecté à la créance, il s'ensuivrait que, le créancier ne se trouvant plus à même de prendre une nouvelle inscription pour sûreté des intérêts échus depuis l'aliénation de l'immeuble, les autres créanciers placés dans un rang postérieur, profiteraient à son détriment d'une portion de ces intérêts. Par l'effet de la notification opérée conformément à l'article 2183, c. c., tout acquéreur s'oblige directement et personnellement à payer la totalité de ce qui peut être dû aux créanciers inscriptionnaires de son vendeur, placés en ordre utile jusqu'à concurrence du montant de son adjudication, et par conséquent tous les intérêts courus et qui courront jusqu'à la clôture de l'ordre.

De plus, chaque créancier utilement colloqué, devenant, dès le moment de l'adjudication, propriétaire de la portion à lui échue dans le prix total des objets vendus, par représentation de sa créance, les intérêts qui en découlent lui appartiennent nécessairement comme étant les fruits de sa propriété. (Art. 2151, c. c., 767, 770, c. pr. combinés.)

(PRÉSIDENCE DE M. LOYAÉ, PRÉSIDENT.)

(M. RUSSEAU, AVOCAT-GÉNÉRAL.)

Chabot et Guérin c. Ondet. Appel de Loches, i.
M.es Moreau et Baudry, avoc. plaid. Arrêt du 20 janv. 1820.

447. Après le délai légal imparti par les articles 749 et 750 du Code de procédure civile, les créanciers peuvent encore se régler entr'eux, et par des conventions particulières, renoncer à ouvrir un ordre en justice. Les articles sus-énoncés n'ont été établis que pour suppléer au défaut d'accord des parties intéressées, et seulement dans l'intérêt privé des créanciers. Les dispositions de ces articles ne touchent point à l'ordre public. Les parties majeures peuvent donc y déroger par leurs pactes. Il serait étrange que la loi qui commande aux créanciers de s'entendre entr'eux sur le mode de distribution du prix de l'immeuble

hypothéqué à leurs créances, leur eût interdit d'arriver amiablement à ce résultat.

(PRÉSIDENCE DE M. DE LA PLACE, PRÉSIDENT.)

(M. DESCHAMPS, AVOCAT-GÉNÉRAL.)

Gauthier c. le docteur Ranque.   Appel d'Orléans. i.
M.es Baudry et Moreau, avoc. plaid.   Arrêt du 9 nov. 1820.

448. L'ORDONNANCE du juge-commissaire, qui détermine le rang de collocation de chaque créancier hypothécaire inscrit, doit pour faire la loi des parties, être conforme à la minute du jugement de clôture d'ordre. Ainsi, ce n'est point sur l'expédition de ce jugement que doit opérer le commissaire, si une erreur de date s'est glissée sur cette expédition, et que la collocation définitive ait été opérée en conséquence, la réformation doit en être prononcée. On sait d'ailleurs, qu'après une contestation jugée en matière d'ordre, on n'est pas dans l'usage au palais de signifier ce jugement aux parties qui ont gagné leur procès. La minute seule a fait le titre de celles-ci, et elles ne peuvent présumer qu'une erreur se soit glissée sur la grosse. Si donc, la distribution du prix a eu lieu au préjudice des créanciers véritablement colloqués en ordre utile, ils ont un droit de répétition contre ceux qui n'ont reçu que par le résultat d'une erreur de date matérielle. (Sur l'art. 762, pr.)

(PRÉSIDENCE DE M. COLAS DE LA NOUE, DOYEN DES CONS.ers)

(M. GAULLIER DE LA GRANDIÈRE, SUBSTITUT DU PROC.r-GÉNÉRAL.)

Gouffon c. Jubert.   Appel d'Orléans. c.
M.es Légier et Baudry, avoc. plaid.   Arrêt du 17 nov. 1820.

449. DÉJA nous avons fait connaître cette jurisprudence consacrée par la cour, qu'il n'est pas nécessaire pour la validité d'une inscription hypothécaire, qu'elle énonce en termes formels l'époque de l'exigibilité du capital de la créance, mais que la mention prescrite par l'article 2148 du Code civil, peut être suppléée par des énonciations équipollentes. Ainsi, quand une inscription est renouvelée, et prise en énonçant un titre nouvel, avec la date de l'acte et le nom du notaire qui l'a reçu; cette dénomination qui s'applique particulièrement aux titres recognitifs des

rentes constituées, fait implicitement connaître, avec la nature du titre, la non-exigibilité de la créance.

V.º Faivre c. les h.ers Huart.　　　　Appel d'Orléans. i.
M.es Baudry et Johanet, avoc. plaid.　　Arrêt du 14 avril 1821.

---

450. Le créancier produisant à un ordre à qui le poursuivant a dénoncé dans les termes de la loi l'état de collocation provisoire, avec sommation d'en prendre communication, et de former un contredit s'il y avait lieu, dans le délai imparti par l'article 754 du Code de procédure civile, est forclos, *ipso jure*, s'il a laissé écouler le mois sans élever aucun contredit. Cette déchéance, étant d'ordre public, peut même être prononcée d'office par le tribunal, si elle n'était pas demandée par ceux qui ont intérêt à en réclamer le bénéfice. Il suit de là que les parties intéressées ont le droit d'invoquer la forclusion après les plaidoiries, en faisant passer de simples notes aux juges, lorsque la cause est sur le point de recevoir sa décision, soit en première instance, soit sur l'appel. Les déchéances de droit ne peuvent plus être réputées comminatoires. (Sur les articles 755 et 756, c. pr.)

(PRÉSIDENCE DE M. DE CHAMPVALLINS, CONSEILLER.)
Badin-Bourdon c. Ratisseau et Leroy.　　Appel de Gien. i.
M.es Baudry, Pailliet et Gaudry, av. pl.　Arrêt du 29 août 1821.

---

451. De ce principe, que l'ordre ne peut être définitivement arrêté que quinze jours après la signification du jugement ou de l'arrêt, qui a statué sur les contestations élevées, il suit que si le créancier fait sa production après le délai de la loi, mais avant le jugement rendu sur le procès-verbal du juge-commissaire, il ne peut être déclaré forclos, mais il est seulement passible de supporter les frais de sa production tardive. (Argument tiré des art. 757, 759, 767, pr.)

Vernoy et Dautry c. Millassier.　　　Appel de Montargis. i.
M.es Johanet, Baudry et Lairtullier, av. pl.　Arrêt du 16 nov. 1821.

---

452. Une date essentielle à un acte peut s'établir par équipollence, quand elle n'est pas impérieusement exigée par la loi.

Ainsi, lorsqu'une inscription prise conformément à la loi du 11 brumaire an VII, n'indique point l'époque de l'exigibilité du capital de la créance, si d'après la loi du 4 septembre 1807, qui a prescrit la rectification des inscriptions hypothécaires qui ne faisaient pas mention de cette date d'exigibilité, le conservateur a ajouté en marge que, d'après la teneur du contrat, la somme hypothéquée sera exigible, lors de la vente de l'immeuble sur lequel elle est affectée; cette mention, quoique non datée, est valable. La loi de 1807 n'ayant accordé que six mois pour opérer les rectifications des inscriptions, à partir de sa promulgation, on doit présumer que la rectification prescrite a été faite dans le temps utile. Le conservateur, comme fonctionnaire public, a reçu de la loi le pouvoir d'attester aux regards des tiers qu'il a opéré régulièrement. L'attestation qu'il donne fait foi jusqu'à preuve contraire : dès lors, que le conservateur certifie avoir rectifié l'inscription, conformément à la loi, ces mots veulent dire, qu'il déclare avoir opéré la rectification dans le délai des six mois impartis par le législateur. En vain oppose-t-on que la date seule du jour de la rectification peut énoncer qu'elle n'a point été postérieure au terme fixé par la loi de 1807, l'attestation du conservateur est une énonciation implicite de la régularité de la rectification.

B.on Séguier, s.r et d.e de Chaban, c.te de Sémonville   Appel
c. la d.e v.e de S.t Brisson.   de Gien. c.
M.es Moreau, Baudry, Légier, avoc. plaid.   Arrêt du 17 juillet 1822.

---

453. Lorsque des créances hypothécaires pour la conservation desquelles il a été pris inscription, depuis l'ouverture d'une succession, et sous l'empire du Code civil, prennent leur source dans des actes antérieurs à l'édit de 1771, et que ces actes ont été successivement régis par les dispositions de cet édit, et par celles de la loi du 11 brumaire an VII, qui a statué d'une manière précise et distincte sur les hypothèques à venir et sur celles du passé; ces inscriptions prises dans les délais déterminés par les articles 37, 38 et 39 de cette loi, prennent rang à leur date primitive.

Il en serait autrement, si l'article 2146 du Code civil, qui détermine l'effet de l'hypothèque au moyen de l'inscription, était applicable; mais la loi du 11 brumaire an VII avait pour but de conserver les hypothèques déjà acquises, en vertu des lois anciennes.

(PRÉSIDENCE DE M. LE BARON ARTHUYS DE CHARNISAI.)

H.ers de Boisgelin, le duc de Mortemar   Appel de Tours, i.
     c. le c.ie de Floressac.
M.es Moreau, Daudry, Légier, avoc. pl.   Arrêt du 4 déc. 1822.

---

454. UNE inscription prise en l'année 1799, et non renouvelée dans les dix ans, conserve son effet sur les biens d'un comptable public, jusqu'à l'apurement définitif de son compte, et même six mois au-delà. L'article 23 de la loi du 11 brumaire an VII avait apporté une modification au droit commun de cette époque. Dans l'espèce, une administration (celle des postes) se présentait comme créancière, et venait exercer ses droits hypothécaires sur un de ses agens comptables; on objectait à cette administration, que, faute d'avoir fait ses diligences dans les six mois de l'apurement du compte, il lui était facile de venir abuser de la faveur déjà exorbitante que la loi lui accordait, en ne renouvelant son inscription que la veille seulement de l'expiration des six mois, ce qui prolongeait l'existence de cette inscription pendant dix nouvelles années. On ajoutait : c'est parce qu'on a connu les inconvéniens graves qui résultaient de l'article 23 de la loi du 11 brumaire an VII, que sa disposition n'a point été reproduite dans le Code civil. Ce serait donc donner un effet rétroactif aux articles 2134 et 2154 du Code, que de les appliquer à une inscription prise sous un régime antérieur. Le Code civil a pu imposer pour l'avenir une obligation dont une première loi a dispensé, sans détruire toutefois un droit acquis, mais en réglant seulement la forme des actes.

Ces objections ont été repoussées avec avantage par les raisonnemens suivans : avant l'apurement définitif de l'agent comptable, l'administration avait pris une nouvelle inscription pour la même cause que la première, elle a été ainsi dispensée de renouveler encore cette inscription dans les six mois de l'apurement, car à cette dernière époque, l'inscription qui existait n'avait que trois ans de date, et était ainsi dans toute sa force. Les articles 2134 et 2154 du Code civil ne contiennent rien qui manifeste l'intention d'une dérogation spéciale aux effets de l'article 23 de la loi du 11 brumaire an VII. C'est ce qui résulte encore d'un avis du conseil d'état du 22 janvier 1808. L'administration n'a donc pas été tenue d'attendre l'apurement du compte définitif pour prendre une inscription nouvelle. Lorsqu'elle l'avait prise trois années auparavant en vertu de son titre, pour la même cause, sur le même bien et sur le même débiteur; cette administration a véritablement renouvelé l'inscription primitive, quoiqu'elle n'ait pas énoncé que c'était pour en opérer le renouvellement.

Cette affaire avait déjà été jugée par la cour royale de Bourges, dont l'arrêt infirmatif d'un jugement du tribunal de Cosne avait été annulé par la cour de cassation. Il s'agissait alors de la validité d'une inscription prise le 13 octobre 1799. Les premiers juges avaient pensé que, l'acte de cautionnement étant énoncé dans cette inscription, il n'avait point été nécessaire de fixer l'époque de l'exigibilité du capital; cette créance n'étant pas d'ailleurs exigible par sa nature. Sur l'appel, au contraire, la cour de Bourges avait regardé l'inscription comme nulle, parce que contrairement aux dispositions de l'article 17 de la loi du 11 brumaire an VII, elle ne contenait pas la mention de l'exigibilité du capital. La cour de cassation, saisie du pourvoi du créancier dont l'inscription avait été annulée, jugea que l'administration avait suffisamment fait connaître la nature du droit qu'il s'agissait de conserver, et l'époque où il avait pris naissance; et qu'ainsi le tribunal de Cosne s'était conformé aux dispositions de la loi. Sur cette question, la cour royale d'Orléans, à laquelle le renvoi a été déféré, a adopté les motifs des premiers juges.

(PRÉSIDENCE DE M. LE BARON ARTHUYS DE CHARNISAI.)

(M. DESCHAMPS, AVOCAT-GÉNÉRAL.)

(Renvoi de cassation.)

L'administration des Postes c. la dame veuve   Appel de Cosne, c.
et les h.rs Colas des Francs.

M.rs Légier et Baudry, avoc plaid.   Arrêt du 15 mai 1823.

---

455. LORSQU'UNE femme, commune en biens avec son mari, consent qu'un immeuble affecté à son hypothèque légale soit hypothéqué à un autre créancier, elle subroge celui-ci dans ses droits, et renonce par cela même à les exercer au préjudice de ce créancier. (Sur les art. 1251 et 2135, c. c. *combinés*.)

D.e Vaslin-Grimault   Appel d'Orléans, c.
c. Robert de Massy et autres.

M.rs Moreau, Légier et Lafontaine, av. pl.   Arrêt du 20 juin 1823.

456. 1. Le juge-commissaire peut, avant l'ordre provisoire, rejeter les créances qui ne lui paraissent point sérieuses, et apprécier le mérite des demandes en collocation. Ce commissaire est un magistrat qui doit éviter, autant qu'il lui est possible, la multiplicité des discussions qu'on pourrait élever sans fondement.

2. En matière d'ordre, le tribunal doit statuer sur le mérite des dires et réclamations présentées, lors même qu'il s'agit d'un créancier qui n'a point de contradicteur. Le dire seul du créancier saisit le tribunal du mérite de sa demande. C'est aux juges à l'apprécier, d'après les circonstances.

3. Lorsqu'il s'agit de savoir si le créancier d'une rente viagère a pu se contenter d'énoncer dans l'inscription hypothécaire le montant de la prestation viagère, sans mentionner le capital, on doit décider que l'énonciation à faire ne concerne que les arrérages qui doivent courir pendant la durée de la rente et qu'il n'y a point de capital réel représentatif d'une rente viagère. L'article 2148, n° 4 du Code civil, qui exige, pour la validité d'une inscription hypothécaire, le montant du capital des créances exprimées dans le titre, ou évaluées par l'inscrivant pour les rentes et prestations, ne peut s'appliquer aux rentes viagères. Appliquons ces principes à un exemple : si le créancier d'une rente viagère de 400 fr., prend inscription, en énonçant un capital de 4000 fr., il ne peut toutefois être colloqué pour ce capital de 4000 fr.; car l'article 1978 du Code civil, en disposant que le propriétaire d'une rente viagère a le droit de faire ordonner sur le produit de la vente de l'immeuble hypothéqué pour la sûreté de sa créance, l'emploi d'une somme suffisante pour assurer le service des arrérages, ce créancier de 400 francs de rente viagère, devrait recevoir l'allocation de 8000 francs, somme nécessaire d'après le taux légal pour lui maintenir annuellement la prestation de 400 francs. Il suit de là, qu'il n'y a réellement pas de capital représentatif d'une rente viagère.

(PRÉSIDENCE DE M. COLAS DE LA NOUE, DOYEN DES CONS.ERS.)

Martin et la v.e Cottereau c. Petit.   Appel d'Orléans. 1.
M.es Légier, Phalary et Jallon, av. pl.   Arrêt du 27 fév. 1824.

---

457. Une somme d'argent due pour prix du capital d'une rente foncière, hypothéquée sur un immeuble, ne peut faire la

matière d'aucun ordre après la vente de l'immeuble ; les intérêts accumulés et le capital ne constituent qu'une dette mobilière. La mutation de propriété du domaine sur lequel la rente était affectée, ne change point la nature de la dette, mais seulement les rapports respectifs du créancier et du débiteur.

(PRÉSIDENCE DE M. COLAS DE LA NOUE.)

(M. LAISNÉ DE S.te MARIE, SUBSTITUT DU PROCUREUR-GÉNÉRAL.)

D.e Moreau c. les h.ers Charpentier.   Appel de Chinon. i.
M.es Baudry et Légier, avoc. plaid.   Arrêt du 9 avril 1824.

---

458. TOUT partage fait amiablement entre une mère et ses enfans des biens du père de ces derniers, et dans lequel un mineur est intéressé, n'étant que provisionnel (art. 840, c. c.); l'attribution d'un immeuble à un des co-partageans, n'est entre les mains de celui-ci qu'un titre insuffisant pour faire prononcer la main-levée d'une inscription qui frappe sur les biens indivis de la mère survivante.

Ce serait une erreur de prétendre, que la non-opposition de la part des créanciers laissait à la veuve la faculté de se dessaisir valablement au profit de ses enfans de la moitié qui lui appartient comme ayant été commune dans les immeubles; cette portion ne doit donc pas cesser d'être affectée hypothécairement à la sûreté d'une obligation personnelle que la veuve aurait auparavant contractée.

F.e Ladureau (née Eulalie Lebrun)   Appel d'Orléans. i.
      c. les héritiers Perrault.
M.es Baudry et Galisset, avoc. plaid.   Arrêt du 6 août 1824.

---

459. L'ADJUDICATAIRE d'un immeuble est sans qualité pour demander la nullité d'une inscription prise après l'ouverture d'une succession bénéficiaire. La validité ou la nullité d'une inscription hypothécaire ne peut jamais intéresser l'adjudicataire qui a transcrit et notifié son contrat aux créanciers inscrits; par la raison que sa libération est toujours complète quand il a payé aux ayant-droit, conformément au jugement qui a fixé le rang définitif de chacun d'eux. L'article 2146, c. c., n.o 2, ne concerne que les créanciers de la succession, et c'est uniquement dans leur intérêt que la déchéance portée dans cet ar-

ticle pour les inscriptions prises après le délai déterminé, a été établie.

Guillonet c. la d.lle Girou.

M.es Gaudry et Baudry, avoc. plaid.

Appel d'Orléans. c.

Arrêt du 12 août 1824.

---

460. En matière d'ordre, les fruits immobilisés de l'immeuble vendu, sont accordés de droit au créancier depuis la dénonciation de la saisie immobilière. On opposait à cette jurisprudence, que du rapprochement des articles 2151 du Code civil et 689 du Code de procédure, il résulte que le créancier inscrit ne peut être investi que de la jouissance de deux années et de l'année courante, depuis l'adjudication seulement; car, si la dénonciation de la saisie forme obstacle à la libre disposition de l'immeuble, elle ne dépossède point le débiteur : autrement ce serait donner à l'article 2151 une extension contraire au véritable sens qu'il doit avoir.

Pour répondre à ces argumens, on fit observer que, du moment de l'immobilisation des fruits, les créanciers n'avaient plus aucuns moyens de se faire payer sur les produits du domaine, par la raison que, si les intérêts ne se payaient que depuis l'adjudication, les derniers créanciers inscrits bénéficieraient seuls sur l'accumulation des revenus, ce qui ne serait plus conforme à l'intention bienveillante du législateur.

(PRÉSIDENCE DE M. LE BARON ARTHUYS DE CHARNISAI.)

(M. LAISNÉ DE S.te MARIE, AVOCAT-GÉNÉRAL.)

Le duc de Broglie, le b.on de Staël et la famille le Ray de Chaumont c. le b.on d'Etchiégoyen.

M.es Gairal, Baudry, Moreau et Légier, av. pl.

Appel de Blois. c.

Arrêt du 10 juin 1825.

---

461. Quand on a donné main-levée d'une inscription prise en vertu d'une hypothèque légale, et résultant d'un compte de tutelle, et que la radiation a été opérée par suite de l'acceptation du compte présenté et de ce qu'il a été reconnu entièrement soldé et apuré ; si ultérieurement la nullité de ce premier compte de tutelle est demandée, en motivant cette action sur la fraude et la surprise exercées par le tuteur, et qu'en conséquence de l'admission de cette demande, une nouvelle inscription ait été

prise sur les biens du tuteur; elle ne peut porter atteinte à des droits antérieurement acquis à des tiers. Ainsi, en matière d'ordre, lorsqu'un créancier colloqué à la date de son inscription a pu se convaincre, d'après la radiation antérieure d'une inscription prise en vertu de l'hypothèque légale d'un mineur sur les biens de son tuteur, que les immeubles de son débiteur étaient entièrement libres à cet égard, ce créancier ne peut être primé par la nouvelle inscription prise postérieurement, et d'après sa demande en révision du compte de tutelle.

En vain, allègue-t-on que rien ne peut restreindre l'effet d'une hypothèque légale qui subsiste même sans inscription. (Article 2135, c. c.) Ce principe ne peut changer la situation d'un créancier de bonne foi, qui a contracté après s'être assuré que l'hypothèque légale inscrite avait été radiée, avant que la demande en reddition d'un nouveau compte de tutelle eût été formée. Jamais une radiation opérée régulièrement n'est un acte provisoire : radier une inscription, c'est l'anéantir et renoncer à tout droit hypothécaire. (Art. 2157, c. c.)

(PRÉS. DE M. LE BARON ARTHUYS DE CHARNISAY, PR.ᵉʳ PRÉSIDENT.)

(M. BOSCHERON-DESPORTES, AVOCAT-GÉNÉRAL.)

H.ᵉʳˢ Bigot c. les mariés Julien Pelicier   Appel d'Orléans. i.
              et autres.

M.ᵉˢ Vilueau, Légiel et Johanet, av. pl.   Arrêt du 27 juillet 1825.

INC.

ARTICLE TRENTE-CINQUIÈME.

INCOMPÉTENCE.

On dit quelquefois au palais : *il n'appartient point aux parties de se donner des juges*, axiôme qui s'applique à l'incompétence *ratione materiæ*. Cette exception *déclinatoire* devient en ce cas en quelque sorte *péremptoire*, puisqu'à défaut d'être proposée, le juge doit se dépouiller d'office.

Les articles 170 et 424 du Code de procédure civile ont consacré ce principe invariable sous toutes les législations. Par ces expressions de l'article 170, *le renvoi pourra être demandé en tout état de cause;* on doit entendre que cette faculté a lieu, même après le jugement du procès, dans les deux degrés de juridiction. Cette doctrine est fondée sur plusieurs arrêts de la cour de cassation, rapportés au Répertoire, verbo *Incompétence*, et qui ont été rendus sous les dates des 16 pluviose an XI, 16 brumaire an XIII, 29 août 1806, et 23 juillet 1807. Ces indications suffisent pour démontrer que la jurisprudence paraît fixée sur ce point. Cependant les contestations relatives aux exceptions d'incompétence ne s'épuisent jamais, et se renouvellent tous les jours devant les tribunaux.

Pour faciliter les recherches des questions nombreuses dont nous allons faire connaître les résolutions, nous diviserons les matières civiles ordinaires d'avec celles qui concernent la juridiction consulaire.

PARAGRAPHE PREMIER.

MATIÈRES CIVILES ORDINAIRES.

462. Lorsqu'il s'agit d'apprécier la régularité d'une saisie-arrêt, un tribunal est compétent pour examiner l'existence légale d'un jugement qui lui est étranger, mais qui a servi de base à la saisie-arrêt : cet examen ne concernant, en aucune manière, le mérite des dispositions de ce jugement.

Bobières c. Barbier.   Appel d'Orléans. i.
M.es Dinochau et Moreau, avoc. plaid.   Arrêt du 12 déc. 1811.

463. Lorsque des difficultés se sont élevées entre un percepteur et un contribuable sur l'exécution d'une transaction passée entre eux, et qui a fait la loi des parties; cette discussion est devenue étrangère aux agens du trésor public, et les tribunaux ordinaires sont compétens pour en connaître. Un percepteur étant déclaré par la loi responsable du recouvrement de la contribution due par le propriétaire, n'a qu'un recours contre lui pour s'en faire rembourser, lorsqu'il est obligé d'en faire l'avance. Il peut donc accorder au redevable des délais plus longs que ceux qui lui sont donnés à lui-même, et cet agent du trésor, en renonçant à poursuivre le contribuable par les moyens que la loi met à sa disposition, a la faculté de traiter avec lui, et de ré-

gler ainsi leurs intérêts respectifs et privés. Alors, si les poursuites du percepteur sont attaquées de nullité, il a le droit de
transiger sur une demande de l'opposant, dont le résultat pourrait l'exposer à des dommages-intérêts. Dans ce cas, le traité
qui intervient n'étant relatif qu'à l'intérêt privé du percepteur,
il n'est point soumis à la révision des autorités administratives.
Il est vrai que, si un percepteur s'engageait à ne point se conformer aux arrêtés administratifs dans ce qui intéresse le trésor,
ce contrat serait nul, d'après la maxime : « *privatorum conventio*
» *juri publico non derogat.* » Mais, quant à l'intérêt privé, on
invoquera avec succès la loi 29 au Code *de pactis : « omnes li-*
» *centiam habent his quæ pro se introducta sunt, renuntiare.* » Il
serait beaucoup trop général de dire que ce qui concerne les
contributions est de la compétence de l'autorité administrative.
M. Merlin (Repert. verbo *Contrainte , Finances*), a traité la question de savoir à qui appartiennent la connaissance et le jugement
des contestations auxquelles donnent lieu les contraintes en matière de contributions, et il établit cette distinction judicieuse :
« Si les contestations roulent , soit sur les formes des contraintes,
» soit sur le fond, la connaissance en appartient au conseil de
» préfecture; mais si elles roulent sur la validité des poursuites
» en expropriation forcée qui ont été faites en vertu des
» contraintes, c'est devant les tribunaux qu'elles doivent être
» portées. »

Gauffereau c. Mandoux.   Appel de Chinon, i.
M.es Moreau et Dinochau, avoc. plaid. Arrêt du 20 janv. 1813.

---

464. La cour des comptes étant une juridiction d'exception, dont
les attributions ne s'étendent pas au-delà des bornes imposées par
la loi qui l'a instituée; sa compétence est limitée au jugement
des comptes de recette du trésor des receveurs généraux, sans y
comprendre ceux des receveurs particuliers d'arrondissemens
communaux; et quand il s'agit d'un compte à régler entre les héritiers d'un receveur particulier et son prédécesseur, les tribunaux ordinaires sont seuls compétens. Le principe que chacun est
responsable de ses actions, vient recevoir son application, lorsqu'il s'agit de savoir si un receveur qui paye des intérêts pour
acquitter le solde *d'exercices* antérieurs à son entrée en fonctions,

a droit à une indemnité contre celui qui a laissé des fonds à recouvrer. (Sur l'article 2 de la loi du 16 septembre 1807.)

V.e Lequeux c. Billant.   Appel de Montargis. i.
M.es Johanet et Baudry, avoc. plaid.   Arrêt du 18 juillet 1816.

---

465. UNE demande en main-levée d'une inscription prise au
profit d'un légataire qui a déjà formé à un autre tribunal une action en délivrance de son legs, ne peut être regardée comme une
demande introductive d'instance, mais comme une action accessoire qui doit se joindre à celle formée en délivrance du legs. Ainsi,
le tribunal est incompétent pour connaître de la demande en main-
lévée d'inscription : car l'hypothèque n'est que l'accessoire du
droit résultant d'une créance; cette action est connexe. Autrement, si le tribunal saisi de la demande relative au legs en ordonnait la délivrance (ce qui justifierait la validité des inscriptions), et que l'autre tribunal en ordonnât la main-levée comme
irrégulière, on ne pourrait savoir lequel de ces deux jugemens,
destructifs l'un de l'autre, devrait être exécuté. Ce qui démontre l'évidence de l'incompétence *ratione materiæ.* (Sur l'article
171, *pr.*)

Legrand c. la v.e et les h.ers Farineau.   Appel de Pithiviers. c.
M.es Johanet et Baudry, avoc. plaid.   Arrêt du 24 juillet 1816.

---

466. LA régie des domaines qui a poursuivi un comptable devant les tribunaux ordinaires, n'est plus recevable à venir ensuite opposer une exception d'incompétence *ratione materiæ*, et
décliner cette juridiction, en se fondant sur un avis du conseil
d'état du 9 juillet 1808, article 6.

En examinant l'article 65 de la loi de frimaire an VII, qui
porte, « que les tribunaux de district connaîtront des instances
» relatives aux droits du trésor public, sauf le recours en cassa-
» tion », on pourrait croire que cette disposition frappe d'une
fin de non-recevoir insurmontable, l'appel d'un jugement relatif
à la régie; cependant la jurisprudence est tellement précise

sur'ce point , qu'on ne peut douter de la compétence des Cours royales.

(PRÉSIDENCE DE M. LE BARON ARTHUYS DE CHARNISAI.)

(M. BROSSARD, CONSEILLER-AUDITEUR, RAPPORTEUR.)

| Benoît | Appel de Pithiviers. c. |
| c. la Régie des Domaines. | Arrêt du 26 juillet 1816. |

---

467. Le débiteur ne peut décliner la juridiction d'un tribunal du lieu où il a une résidence, et exciper de ce qu'il paye ailleurs sa contribution personnelle, et qu'il exerce dans cet autre lieu ses droits politiques. (Art. 102, 103 et 105, *c. c. combinés.*)

| Barisset c. Bigot. | Appel de Romorantin. c. |
| M.es Pailliet et Moreau, av. pl. | Arrêt du 24 août 1816. |

---

468. Celui qui comparaît volontairement sur une citation qui lui a été donnée en bureau de paix, n'est plus recevable ensuite à décliner la juridiction d'un tribunal de première instance, en alléguant qu'il n'est pas domicilié dans l'arrondissement de ce siége, lorsque cette instance n'est que la suite du premier jugement du juge de paix. (Art. 59 et 68, *pr. combinés.*)

| Hardy c. Luzet. | Appel d'Orléans. c. |
| M.es Pailliet et Baudry, avoc. plaid. | Arrêt du 24 janv. 1817. |

---

469. 1. L'individu contre lequel une action est intentée, et qui ne demande point à être renvoyé devant une autre juridiction pour cause d'incompétence résultant de la qualité des personnes, mais qui oppose seulement une exception de litispendance devant un tribunal étranger, ne peut invoquer pour fin de non-recevoir, que les défenses ont couvert et anéanti le droit de former la demande, d'après les articles 168 et 169 du Code de procédure civile.

2. Lorsqu'il s'agit d'une demande en paiement d'une somme pour remboursement de prêt, quel que soit le mode de paiement stipulé dans les conventions, l'action rentre dans les attributions des tribunaux ordinaires, et il n'y a point d'incompétence *ratione materiæ.* (L'art. 170, *pr.* non appli.)

Il est nécessaire de donner quelques développemens à ces décisions pour en apprécier les motifs. Dans l'espèce, une instance
était engagée au tribunal de Montargis entre deux Irlandais, dont
l'un, proscrit de son pays depuis plus de quinze ans, habitait en
France, et y avait pris du service militaire. Celui-ci, défendeur
à l'action intentée, dans le fait comme dans le droit, avait perdu
son domicile en Irlande, dont il avait été banni à perpétuité.
Partout où il s'est réfugié, il a établi un domicile, suivant la loi
22 au ff. *ad municipalem « relegatus in eo loco in quem relegatus
» est interim necessarium domicilium habet. »* Les lois de la
Grande-Bretagne prononcent la peine de mort contre les Irlandais qui acceptent du service chez l'étranger. D'où il suit que le
défendeur, dans la cause, n'avait plus le droit de se qualifier Irlandais. Pour recouvrer ce titre, il lui aurait fallu des lettres de
grâce qu'il n'a point obtenues; et s'il les eût reçues au moment du
procès, le temps qui s'est écoulé depuis son bannissement n'en
aurait pas moins été un temps d'exil et de proscription, *trans-
fugæ nullum est postliminium.* Un créancier, d'ailleurs, a le droit
d'exercer des poursuites contre son débiteur, partout où il se
trouve, suivant cette règle : *actor sequitur forum rei.*

On opposait au demandeur qu'il avait en 1809 présenté à la
cour de l'échiquier (en Irlande), une requête à fin d'obtenir une
hypothèque (*mort-gage*) sur les biens de son débiteur : mais
cette requête ne parut point avoir été suivie d'un décret; et d'ailleurs, il n'y a pas de litispendance d'un état à un autre, par la
raison que des magistrats d'un pays ne peuvent être subordonnés
à des juges qui exercent leurs fonctions sous une domination
étrangère. *« Magistratus superiori vel pari imperio nullo modo
» cogi possunt.* (Leg. 4, ff. lib. IV, tit. 8) *qui arbitrium reci-
» piunt. »* Une requête aux fins de déclaration d'hypothèque,
n'est qu'une mesure conservatoire, et ne touche en aucune manière le fond du droit.

On cherchait encore à justifier l'incompétence du tribunal
français, en disant : ce n'est ici qu'une question d'extranéité.
Or, si le Code civil, article 14, statue que l'étranger pourra être
cité devant les tribunaux français pour l'exécution des obligations
contractées, même en pays étranger avec des Français, il ne
parle point du cas où il aurait contracté une obligation en pays
français avec un étranger. Ce silence de la législation tend à
prouver que les tribunaux français ne peuvent décider les con-

testations qui ne concernent que des étrangers. Ce dilemne n'est
qu'un pur sophisme, on ne peut raisonnablement l'appliquer au
cas dont il s'agit, c'est ce qui a été démontré par le développement du principe *actor sequitur forum rei.*

(PRÉSIDENCE DE M. LE BARON ARTHUYS DE CHARNISAI.)

(M. DESCHAMPS, AVOCAT-GÉNÉRAL.)

Putnam Mac'abe c. O'Connor.   Appel de Montargis. i.
Mes Moreau et Légier, avoc. plaid.   Arrêt du 16 avril 1817.

---

470. QUAND un jugement est infirmé, seulement dans un
chef, et confirmé pour le surplus de ses dispositions, son exécution appartient néanmoins à la cour royale, et non au tribunal
de première instance, quoiqu'il ne se trouve dans l'arrêt aucune
expression qui annonce la retenue de l'exécution de la cause.
Ainsi les premiers juges sont incompétens pour statuer sur tout
ce qui peut avoir rapport à l'exécution d'une sentence qui a cessé
de leur appartenir, dès qu'elle a été soumise à l'examen du second degré de juridiction. Il serait contre l'indépendance du pouvoir judiciaire, qu'un tribunal pût être forcé de consacrer,
même sur un seul point, une décision qui a été contraire à celle
qu'il a rendue. (Sur l'art. 472, *pr.*)

Montperthuys c. la d.^e Montperthuys.   Appel de Vendôme. c.
Mes Moreau et Johanet, avoc. plaid.   Arrêt du 27 déc. 1817.

---

471. LE juge de paix devant lequel une citation en conciliation a été donnée, a le pouvoir de juger souverainement les parties, si elles y consentent. L'institution des juges de paix a eu
un double but, de décider définitivement les procès d'un médiocre intérêt, et d'éteindre même ceux d'une plus haute importance. C'est à cette dernière pensée que se réfère la disposition
de l'article 7 du Code de procédure, qui s'étend jusqu'à donner à
un juge de paix le pouvoir de juger les contestations des personnes
qui ne sont point soumises à sa juridiction, lorsque leur intention est de s'en rapporter à la décision définitive de ce magistrat.

Moreau c. Aubin.   Appel de Tours. c.
Mes Légier et Baudry, avoc. plaid.   Arrêt du 2 juin 1818.

472. LES tribunaux ordinaires sont incompétens pour statuer sur les contestations qui s'élèvent entre les administrations communales, et les fermiers des bacs des rivières. Ces causes sont du ressort des conseils de préfecture. Il est de principe, que les conventions sont régies par les lois sous l'empire desquelles elles ont été stipulées, et qu'on ne peut y déroger, lorsque l'une des parties s'y oppose. Si le gouvernement, par voie de concession, abandonne aux communes les droits de passage sur les rivières navigables, il ne peut soustraire ces communes, dans la personne des fermiers des bacs et bateaux, à l'exécution des dispositions des lois en vigueur, lors du traité fait pour l'entreprise du passage. Ainsi le fermier qui, d'après son adjudication, s'est soumis à un cahier de charges qui a réglé exclusivement dans les formes administratives le mode de sa jouissance et celui du paiement des fermages, ne peut être assujéti par le seul changement de fait du propriétaire ou de l'usufruitier à un mode auquel il n'aurait pas eu lui-même la faculté de renoncer. Dans l'espèce, la concession faite par l'état à la commune de Troô, étant postérieure au traité fait auparavant avec le fermier du passage de la rivière, le cédant n'a pu transmettre à la commune, vis-à-vis ses fermiers, plus de droit qu'il n'en avait lui-même. (Art. 31, loi du 6 frimaire an VII.)

(PRÉSIDENCE DE M. LE BARON ARTHUYS DE CHARNISAL.)

(M. DESCHAMPS, AVOCAT-GÉNÉRAL.)

Chesnier c. la commune de Troô.   Appel de Vendôme i.
M.es Moreau et Baudry, avoc. plaid.   Arrêt du 26 mars 1819.

---

473. QUOIQUE les tribunaux civils soient incompétens pour interpréter les dispositions d'un acte d'adjudication de domaines nationaux, ils peuvent néanmoins connaître de l'application des actes administratifs aux objets contentieux. La revendication est alors une question purement judiciaire et étrangère aux attributions de l'autorité administrative. (Sur la loi du 28 pluviose an VIII.)

Bordier c. de Caquerai, Badaire.   Appel de Vendôme. c.
M.es Moreau, Baudry, Johanet, av. pl.   Arrêt du 20 mai 1819.

Nota. Cet arrêt, déféré à la cour de cassation, fut annulé pour violation des lois du 24 août 1790, 16 fructidor an III, et

28 · pluviose an VIII, art. 4 : « Il s'agissait, dans l'espèce, de
» s'assurer si le terrain revendiqué était ou non compris dans
» une adjudication faite aux auteurs du demandeur. La contes-
» tation tendait évidemment à mettre en question l'étendue et les
» effets d'un acte administratif, et à en déterminer la circons-
» cription. Dès lors, les tribunaux ne peuvent avoir la faculté
» par forme d'explication ou d'interprétation, de modifier, de
» dénaturer et d'anéantir même les actes administratifs. Des
» juges civils ordinaires ne sont donc pas compétens pour con-
» naître de ces sortes de contestations, à moins que l'autorité
» administrative ne leur en ait fait le renvoi. Enfin, cette in-
» compétence étant prononcée en raison de la matière, et puisée
» dans l'ordre public, ne peut point se trouver couverte par le
» silence des parties. »

(Arrêt de la Cour de cassation du 12 mai 1824.)

---

474. Un maire, poursuivi par ceux qui ont livré des marchandises à l'autorité municipale, à cause de réquisitions pour le service militaire, ne peut être soumis à la juridiction des tribunaux civils ordinaires, et la contestation doit être portée devant
les conseils d'administration. En vain allègue-t-on que les denrées fournies ont été payées par le gouvernement au maire en sa
qualité de chef de l'administration de sa commune, et que dès-
lors il est devenu débiteur du prix envers les fournisseurs, en
son nom personnel, c'est toujours comme fonctionnaire public,
et en vertu d'ordres supérieurs, que le maire a agi, et on ne
peut lui opposer comme fin de non-recevoir, la déchéance de
cette qualité, les tribunaux civils sont donc incompétens pour
statuer sur un procès de cette nature; et la loi du 16 fructidor
an III qui leur interdit de statuer sur ce qui concerne les actes
administratifs, est applicable.

(M. LOYRÉ, PRÉSIDENT DE CHAMBRE, PRÉSIDENT.)

(M. DESCHAMPS, AVOCAT-GÉNÉRAL.)

Beaubois, maire de Salbriis   Appel de Romorantin. i.
    c. Dejoulx et Petit.
Mes Pailliet et Baudry, avoc. plaid.   Arrêt du 22 juin 1820.

475. Quoiqu'une action soit *possessoire* de sa nature, si les parties invoquent le *pétitoire*, il n'y a point d'incompétence *ratione materiæ*, parce que le possessoire n'a point été, au préalable, porté devant le juge de paix. Cette décision est fondée sur ce que le demandeur en revendication a eu le droit d'intenter son action directement au pétitoire, pour parvenir à la répression de l'usurpation dont il se plaint.

En rejetant l'incompétence comme non fondée, la cour a pensé que cette exception, en raison de sa nature, avait pu être présentée valablement pour la première fois en cour d'appel; l'incompétence *ratione materiæ* n'étant pas couverte par des défenses au fond. (Combinaison des art. 26, 27 et 173, *c. pr.*)

Bouchet c. la v.ᵉ Talvard.   Appel de Pithiviers. c.
M.ᶜˢ Moreau et Légier, avoc. plaid.   Arrêt du 2 fév. 1821.

---

476. L'incompétence *ratione personæ* est non-recevable, si on la présente après des défenses au fond. C'est une erreur de croire que, lorsqu'elle tient à l'intérêt des familles, il est permis de faire valoir cette exception en tout état de cause. (Sur l'art. 173, *pr.*)

(Prés. de M. le baron Arthuys de Charnisai, pr.ᵉʳ Président.)

(M. Gaullier de la Grandière, substitut du proc.-gén.)

Barisset c. la v.ᵉ Dorange.   Appel de Romorantin. i.
M.ᶜˢ Moreau fils et Légier, av. pl.   Arrêt du 23 fév. 1821.

---

477. Un tribunal civil saisi du mérite d'une saisie-arrêt, formée par suite d'une condamnation consulaire, peut, en vertu de l'article 567 du Code de procédure, statuer sur la validité de la saisie-arrêt, mais n'est point compétent pour prononcer aucune condamnation qui résulte du titre commercial. Les tribunaux de commerce, il est vrai, ne connaissent point de l'exécution de leurs jugemens. (Art. 442, *c. pr.*) Cependant, un tribunal civil qui prononce une condamnation en vertu d'une action commerciale, commet un excès de pouvoir, et juge évidemment *ultrà petita*.

On voulait échapper à cette doctrine en disant : ces expressions, le *tribunal condamne* N***, équipollent à celles-ci : le *tribunal reconnaît* N*** *débiteur*. Or, il faut toujours arriver à cette conséquence pour déclarer bonnes et valables des saisies-arrêts. Enfin, assigner pour obtenir condamnation, n'est autre chose qu'assigner en validité d'une saisie-arrêt. Ces raisonnemens sont de vaines arguties. L'assignation en validité ne contient point et ne peut contenir de conclusions aux fins de payer aucunes sommes. (Sur l'art. 171, *pr.*)

Dame Dubois c. Deloynes.	Appel d'Orléans. i.
M.es Baudry et Légier, avoc. plaid.	Arrêt du 16 mars 1821.

478. QUAND on propose une exception d'incompétence, quelle qu'en soit la nature, elle est toujours d'ordre public, si le ministère public n'a pas été entendu. Dans ce cas, la nullité du jugement qui est rendu est évidente, et ne peut être couverte. Il est seulement possible d'attaquer la sentence par voie de requête civile. (Art. 83 et 480, §. 8, *c. pr.*)

Bodin-Roux c. Rué et autres.	Appel de Chinon. i.
M.es Moreau et Baudry, avoc. plaid.	Arrêt du 21 mars 1821.

479. LES contestations qui s'élèvent relativement à la mitoyenneté d'objets faisant partie de propriétés *d'origine nationale*, et dans l'espèce, qui concernent les limites de l'emmarchement d'une ancienne église vendue par l'administration du district en 1792, ne sont pas du ressort des tribunaux ordinaires, mais de la juridiction contentieuse administrative, c'est-à-dire des conseils de préfecture. (Application de la loi du 21 pluviose an VIII.)

Hainault c. Deflou.	Appel de Montargis. i.
M.es Johanet et Légier, av. pl.	Arrêt du 27 juillet 1821.

480. LES contestations relatives aux faits des postes et des messageries étaient attribuées par les anciens réglemens aux intendans des provinces, et au lieutenant de police à Paris, sauf l'appel devant les commissaires du conseil du Roi. Ces juridictions ont été abolies par la loi du 29 août 1790, tit. IV, art. 3, qui a renvoyé les affaires de cette nature devant les juges ordinaires.

Par le décret du 6 septembre 1790, sanctionné par le Roi le 9
du même mois, le conseil d'état conservé provisoirement par un
autre décret du 20 octobre 1789, avait été autorisé à statuer jusqu'au jugement définitif sur les instances de ce genre introduites
avant la loi ci-dessus indiquée; mais cette faculté a cessé par
l'effet des lois des 25 mai et 6 juillet 1791, qui ont supprimé
l'ancien conseil d'état, et déterminé quels seraient les tribunaux
devant qui seraient renvoyées les affaires pendantes à ce conseil. L'article 8 de la loi du 6 juillet 1791, place les oppositions
aux ordonnances des intendans et les appels de ces décisions,
parmi les causes qui doivent être renvoyées au tribunal de district du domicile du défendeur pour y être jugées en dernier
ressort. Les dispositions législatives qui, selon les formes alors
établies, rendaient les tribunaux de district juges d'appel, ayant
cessé par l'effet de la loi du 27 ventose an VIII, qui a établi des
tribunaux séparés pour les deux degrés de juridiction, les appels
d'ordonnances des intendans ont dû nécessairement être portés,
depuis cette dernière époque, devant la cour d'appel du domicile
du défendeur.

F.e Mabille, h.ers Robert   Appel d'une sentence
   c. les d.lles Riffaut.   de l'Intendant de Tours.

M.es Moreau, Baudry et Légier,   Arrêt du 28 juillet 1821,
   avoc. plaid.

---

481. Un tribunal saisi d'une opposition à un jugement par défaut, et en outre d'une question de compétence, doit, avant de
statuer sur l'exception, examiner la validité de l'opposition.
Pour appuyer le système contraire, on disait que la hiérarchie
des juridictions étant d'ordre public, puisqu'on ne peut se donner des juges à son choix, le tribunal de première instance devait au préalable, régler sa compétence, et cela avec d'autant
plus de raison, que l'exception est un véritable moyen d'opposition. On répondit avec avantage que, lors du premier jugement
par défaut, rien n'ayant été contesté, les premiers juges n'ont
point eu à examiner leur compétence; à la vérité, cette exception
avait été proposée lors du second jugement; mais avant de la
discuter, les premiers juges ont eu à s'occuper de la validité de

l'opposition qui avait été formée au premier jugement. (Sur les art. 158 et 173 *c. pr. combinés.*)

Besnard c. Pez.   Appel d'Orléans. c.
M.es Légier et Lairtullier, avoc. plaid.   Arrêt du 13 août 1821.

---

482. TOUTE espèce d'interprétation à donner à l'acte de vente d'un domaine national, est de la compétence de la juridiction administrative. Ainsi, quand bien même l'adjudication faite par le gouvernement ne serait point attaquée; et s'il ne s'agit point de la revendication d'un terrain aliéné, mais de la propriété des arbres plantés sur ce terrain, c'est toujours une application à faire d'un acte d'adjudication d'un domaine national, ce qui consacre l'incompétence du tribunal civil. (Appl. de la loi de pluviose an VIII.)

(PRÉSIDENCE DE M. DE CHAMPVALLINS, CONSEILLER.)

(M. RUSSEAU, AVOCAT-GÉNÉRAL.)

D.e de Veslard c. Gandon-Mercier.   Appel de Pithiviers. i.
M.es Légier et Plasman, avoc. plaid.   Arrêt du 23 août 1821.

---

483. LORSQU'EN vertu d'un arrêté d'un préfet, un individu est désigné pour faire des recherches à l'effet d'obtenir la rentrée de rentes dues à des fabriques, et que sa rétribution est fixée à la moitié des revenus et arrérages échus, jusqu'au terme qui précédera le premier acte recognitif de la rente, ou jusqu'à celui qui a interrompu la prescription; il ne peut y avoir lieu à retourner devant l'autorité administrative pour interpréter cet arrêté. Les tribunaux ordinaires sont seuls compétens pour juger les contestations qui surviennent, par la raison qu'un acte conçu, ainsi qu'il vient d'être énoncé, ne présente aucune obscurité.

Floceau c. Sicard et Fouquet.   Appel de Tours. c.
M.es Moreau, Vilneau et Légier, av. pl.   Arrêt du 28 août 1821.

---

434. UNE action fondée sur un procès-verbal d'estimation qui a précédé une adjudication de domaines nationaux, appartient à la juridiction administrative, puisqu'il s'agit d'expliquer et d'interpréter un acte émané de l'administration. En vain, dans

l'espèce, on opposait un arrêté du conseil d'état qui repoussait la demande comme non fondée : les motifs de cette décision reposant sur ce que le demandeur avait pu sans autorisation de l'autorité administrative intenter une action réelle contre une commune, il y a toujours lieu de la diriger devant le conseil de préfecture, seule autorité compétente, conformément à la loi du 21 pluviose an VIII.

(PRÉSIDENCE DE M. DE CHAMPVALLINS, CONSEILLER.)

(M. RUSSEAU, AVOCAT-GÉNÉRAL.)

Le Maire de Blois c. Jousselin.	Appel de Blois. c.
M.ᵛˢ Baudry et Ferrière, avoc. plaid.	Arrêt du 31 août 1821.

---

485. LA Cour Royale, toutes les chambres assemblées, n'est pas compétente pour statuer sur une requête tendante à faire ordonner au juge d'instruction de suivre sur une plainte criminelle formée devant lui. La partie requérante doit se pourvoir contre l'ordonnance du juge d'instruction devant le tribunal de première instance, s'il n'y a pas eu de rapport fait devant ce tribunal pour juger la prévention, ou devant la Cour Royale, chambre des mises en accusation, si la chambre de prévention a rendu une ordonnance qui déclare qu'il n'y a lieu à poursuivre.

Ces principes ont été admis par la Cour, et sont fondés sur l'article 2 du décret du 20 avril 1810, et sur les articles 135 et 136 du Code d'instruction criminelle : toute partie civile ayant la faculté de se pourvoir par opposition contre une ordonnance de non prévention émanée d'un juge d'instruction, de la manière qu'il vient d'être expliqué. En conséquence, si le requérant s'adresse directement à la Cour, il suit une marche irrégulière, et l'incompétence doit être prononcée.

(M. DESCHAMPS, AVOCAT-GÉNÉRAL.)

Le Procureur-général	Appel d'une Ordonnance du Juge
c. Lemoyne-Montbrun.	d'Instruction d'Orléans.
	Arrêt du 19 novembre 1821.

---

486. CELUI qui, devant une cour d'appel, présente une exception d'incompétence *ratione materiæ*, fondée sur ce que les premiers juges étaient sans pouvoir pour annuler des actes admi-

nistratifs, n'est plus recevable à faire valoir ce moyen d'incompétence, après une adjudication régulière et définitive de biens
saisis immobilièrement devant le tribunal de leur situation, par
la raison que, dans ce cas, l'exception d'incompétence n'est autre
chose qu'un moyen de nullité contre l'adjudication, qui n'est plus
admissible étant proposé hors des délais de la loi. (Sur les articles 173, 733, 737, *c. pr. combinés.*)

Dyères c. Brédif et Bailloux.   Appel de Tours. c.
M.ᵉˢ Dupuis, Légier et Moreau, av. pl.   Arrêt du 19 déc. 1821.

---

487. En matière de revendication, s'il ne s'agit point de statuer sur la propriété d'un fossé dépendant d'une adjudication de
biens nationaux, mais seulement de déterminer le plus ou moins
d'étendue qu'il peut avoir ; ce n'est point là interpréter un acte
administratif, et les tribunaux civils ordinaires sont compétens
pour juger la contestation.

Moutié c. Michelu.   Appel de Gien. c.
M.ᵉˢ Légier et Baudry, avoc. plaid.   Arrêt du 20 déc. 1821.

---

488. D'après le principe qu'en toute matière, les exceptions
et les demandes incidentes sont du ressort du tribunal où la demande originaire est pendante, une demande en conversion en
vente volontaire d'un immeuble saisi immobilièrement, étant un
incident à la poursuite principale, et une exception à l'art. 746
du Code de procédure qui interdit les ventes volontaires en justice des biens de majeurs : cette action doit être formée devant
les juges de l'instance principale, et le tribunal de la situation
des biens est seul compétent pour y statuer.

Cependant si la conversion en vente volontaire a été ordonnée
sur la demande portée à un autre tribunal par le saisi, et que
les créanciers poursuivant l'expropriation forcée, au lieu d'exciper de l'incompétence, aient consenti à cette demande, cet acquiescement élève contre eux une fin de non-recevoir, et imprime
au jugement l'autorité de la chose jugée. L'incompétence, quoique
ratione materiæ, est couverte, parce que les fins de la demande
en conversion tendent à des poursuites volontaires, résultat de
la discontinuation de celles en saisie-réelle. Cette sentence de
conversion, quoiqu'elle ne puisse être opposée aux tiers, n'en

TOME 1.   20

est pas moins une transaction judiciaire entre le saisissant et le saisi. Il suit de là que si un autre créancier vient demander sa subrogation aux droits des premiers poursuivans, il doit porter son action au tribunal du lieu de la situation des biens saisis, alors le jugement du tribunal étranger qui a ordonné la conversion est nul et incompétemment rendu à l'égard de ce dernier poursuivant et des autres parties intéressées. (Sur les art. 747 et 748, *pr.*)

(PRÉS. DE M. LE BARON ARTHUYS DE CHARNISAI, PR.er PRÉSIDENT.)

(M. DESCHAMPS, AVOCAT-GÉNÉRAL.)

B.on d'Etchégoyen c. le b.on de Staël, le duc   Appel de Blois. i.
de Broglie, le Ray de Chaumont.   Arrêt du 10 juil. 1822.
M.es Moreau, Baudry et Légier, av. pl.

---

489. QUAND, sous la forme d'une demande en reddition de compte, on ne présente réellement qu'une question relative à un droit de péage sur un pont, dont une des parties doit ou non profiter, on se réfère nécessairement aux actes de l'autorité administrative qui ont déterminé ce droit. Il appartient aux conseils de préfecture seuls de prononcer sur l'interprétation à donner à ces différens actes, et les tribunaux civils sont incompétens.

Grég. Perrault c. les h.ers Perrault.   Appel de Tours. i.
M.es Moreau et Légier, avoc. plaid.   Arrêt du 12 déc. 1822.

---

490. LORSQUE par suite de l'infirmation d'un jugement, une séparation de biens a été prononcée, la demande en liquidation des droits et reprises de la femme n'est point une action nouvelle hors de l'arrêt qui a ordonné la séparation de biens. Cette demande ne peut être portée devant le tribunal de première instance, dessaisi par l'arrêt infirmatif de tout ce qui se réfère à l'exécution de cet arrêt. La liquidation des reprises d'une femme séparée de biens judiciairement, n'est réellement qu'une conséquence nécessaire de la dissolution de la communauté. (Art. 472, *c. pr.*, et 1443, *c. c. combinés.*)

F.e Quarré c. le s.r Quarré son mari.   Appel de Loches. c.
M.es Légier et Moreau, avoc. plaid.   Arrêt du 23 janv. 1823.

491. QUAND, pour fixer les limites d'une propriété vendue di-
visément à deux acquéreurs par l'autorité *dite nationale*, les parties se sont présentées devant le conseil de préfecture, et qu'après
avoir établi l'état des localités, il est statué « que les parties sont
» renvoyées à se pourvoir devant qui de droit pour tous les ré-
» sultats de la mitoyenneté, lesquels ne sont pas de la compé-
» tence de la juridiction administrative; » les tribunaux civils
ne sont pas pour cela compétens pour ordonner une expertise, à
l'effet de reconnaître si le mur, objet de la contestation, porte
les signes caractéristiques de la mitoyenneté. Cette incompétence
est fondée à la fois sur la matière et sur la chose jugée. *Sur la
matière*, car il s'agit de difficultés qui se sont élevées sur le sens
d'actes de vente passés par l'administration. *Sur la chose jugée*;
les parties étant renvoyées à se pourvoir seulement sur les résultats de la mitoyenneté, c'est-à-dire, pour connaître les effets,
les abus, les obligations qui en dérivent; en d'autres termes,
pour les conséquences d'un principe qui a implicitement reconnu
la mitoyenneté comme existante. Dès lors, les tribunaux n'ont
plus rien à décider sur ce point; car la mitoyenneté d'un mur
tient à la substance même de la propriété, qui est *nationale* d'origine, et attribuée pour l'interprétation des actes qui les concernent exclusivement aux conseils de préfecture.

V.° Heurtaux c. Mornand.   Appel de Tours. i.
M.es Moreau et Légier, avoc. plaid.   Arrêt du 24 avril 1823.

---

492. LA propriété des canaux d'Orléans et de Loing appartenant à des actionnaires régis par une société en commandite,
les contestations qui peuvent s'élever, soit à cause du droit de
propriété, soit en raison de l'application des tarifs et de la quotité des droits à percevoir, sont du ressort des tribunaux ordinaires. Dans l'espèce, c'était une erreur des premiers juges de
s'être regardés incompétens pour annuler l'arrêté de l'administration relatif à la fixation du tarif de diverses marchandises as-
similées à d'autres déjà taxées. (Art. 64 du décret du 26 février
1813.)

(PRÉSIDENCE DE M. LE BARON ARTHUYS DE CHARNISAI.)

Surbled et autres c. l'adm.on des canaux.   Appel de Montargis. i.
M.es Royer-Collard (de Paris) et Moreau,   Arrêt du 25 avril 1823.
       avoc. plaid.

493. Un tribunal de première instance n'est pas compétent pour statuer sur une demande en renvoi de ce tribunal à un autre, pour cause de suspicion légitime. Dès le moment qu'une action de cette nature est ainsi formée, les juges doivent déclarer leur incompétence. La connaissance de ces sortes de contestations est dévolue à la cour de cassation. (Art. 69 et 70 de la loi du 27 ventose an VIII.)

(M. MARTHE, CONSEILLER-AUDITEUR, RAPPORTEUR.)

Champigny-Perthuys   Appel de Chinon. i.
c. le Procureur-général.   Arrêt du 17 mai 1823.

---

494. Quand l'administration des ponts-et-chaussées accorde la permission de bécher et d'enlever des terres sur les grandes routes, si un autre que celui à qui cette permission a été donnée, s'empare des terres déjà enlevées du chemin et mises en tas; l'action qui peut résulter de ce fait doit être portée devant les tribunaux civils ordinaires. La matière ne concerne plus la grande voierie qui est dans les attributions des conseils de préfecture. Du moment que l'autorité administrative a fait une concession à un particulier, tout intérêt public a disparu.

Aupetit c. Hersant.   Appel de Tours. c.
M.es Baudry et Moreau, avoc. plaid.   Arrêt du 17 déc. 1823.

---

495. En matière de saisie-arrêt, le tiers saisi qui déclare qu'il ne doit rien, peut demander, lorsque sa déclaration est contestée, son renvoi devant ses juges naturels (Art. 570, c. pr.) Cette exception d'incompétence, *ratione personæ*, n'est point couverte, si au moment de sa déclaration, le tiers saisi consent à la remise de la cause, sans proposer de suite son déclinatoire. Ce consentement n'est point regardé comme une défense au fond, car rien n'a été signifié à cet égard, et l'assistance du tiers saisi aux audiences, depuis le jour où sa déclaration a été contestée, jusqu'à celui où, le procès allant s'engager sur le fond, il a proposé son déclinatoire, n'est point un acquiescement de sa part à reconnaître la juridiction du tribunal devant lequel il a été appelé.

Suchat et compagnie c. Cyprien.   Appel de Montargis. i.
M.es Baudry et Vilneau, av. pl.   Arrêt du 20 mai 1824.

496. UNE incompétence *ratione materiæ* peut être utilement proposée en tout état de cause, même sur l'appel. Ainsi, lorsqu'au cours d'une instance en revendication, on excipe d'une incompétence de cette nature, le tribunal doit renvoyer devant l'autorité administrative, pour savoir (par exemple), si un ancien gué est ou non un chemin vicinal appartenant à la commune avec laquelle l'instance est engagée. Déterminer la largeur et la direction de cette voie publique, n'est que consacrer les principes de la matière.

Le Maire de Naveil c. Pottet.   Appel de Vendôme.
M.es Baudry et Moreau, avoc. plaid.   Arrêt du 25 juin 1824.

---

497. QUAND, devant un tribunal de première instance, le défendeur excipe d'une action en garantie portée en appel pour éviter des poursuites dirigées à la suite d'une condamnation judiciaire; les premiers juges n'ont que la faculté d'ordonner la suspension des poursuites jusqu'à l'arrêt à intervenir entre les garans, et non de se déclarer incompétens. Il est de principe que l'exécution des jugemens appartient aux tribunaux qui les ont rendus. Ces juridictions sont donc compétentes pour connaître du mérite des poursuites exercées par suite de condamnations non attaquées; mais il ne leur appartient point de donner à l'évocation introduite par le débiteur appelé lui-même en garantie, l'effet d'un acte d'appel.

Joseph Lemoyne c. Cornilleau.   Appel de Tours. i,
M.es Galisset et Moreau, avoc. plaid.   Arrêt du 21 juillet 1824.

---

498. EN matière de revendication d'un domaine vendu *nationalement*, quand les défendeurs ne contestent ni les attenancemens, ni la contenance donnée aux objets dont ils se sont rendus adjudicataires, et qu'il ne s'agit que d'appliquer aux lieux contentieux les titres dont les parties sont en possession; cette application à faire ne concerne point le mode de vente, et n'est pas de la compétence de l'autorité administrative. C'est aux tribunaux civils ordinaires qu'il appartient de l'ordonner, et d'en apprécier les résultats.

(PRÉSIDENCE DE M. COLAS DE LA NOUE, DOYEN DES CONSEILLERS.)

Huault-Bellisle-Viot c. les h.ers Guérin.   Appel de Tours. c.
M.es Baudry et Moreau, avoc. plaid.   Arrêt du 18 mai 1825.

PARAGRAPHE SECOND.

MATIÈRES DE COMMERCE.

—

499. L'ÉTAT de maître de poste et de conducteur de voiture ne constitue pas la profession de négociant, qui rende l'individu qui l'exerce justiciable des tribunaux consulaires. (Sur l'article 631, *c. com.*)

Desgardes c. Mondelet-Millet.	Appel de Montargis. i.
M.es Johanet et Baudry, av. pl.	Arrêt du 23 avril 1812.

———

500. QUAND des associés, pour l'exploitation d'une usine, font un traité par lequel ils déclarent que les contestations qui pourraient survenir seront réglées par des arbitres, si l'un d'eux quitte les lieux qu'il tenait à bail, et que les administrateurs de l'usine, afin de disposer de l'établissement abandonné, forment une demande, elle doit être portée devant des arbitres, et le tribunal de commerce est incompétent pour juger le fond de cette contestation. (Art. 51 et 52, *c. com.*) On objectait que le départ de l'un des associés du lieu de l'exploitation de l'usine, est une renonciation tacite à l'exécution du bail; cet argument n'est que spécieux, car en l'admettant même tel qu'il est présenté, il n'en resterait pas moins un procès à décider au fond et en matière de société de commerce, qui ne peut être soumis qu'à des arbitres juges forcés, et non au tribunal consulaire.

(PRÉSIDENCE DE M. LE BARON PETIT-LAFOSSE, PR.er PRÉSIDENT.)

(M. SEZEUR, PROCUREUR-GÉNÉRAL.)

(Renvoi de cassation.)

Les administrateurs du Creuzot	Appel de Paris. c.
c. Hibert.	Arrêt du 3 fév. 1813.

———

501. POUR que des individus, non négocians, soient justiciables des tribunaux de commerce, il suffit que leurs signatures soient apposées sur des lettres de change ou des billets à ordre,

conjointement avec celles d'autres individus négocians. Les mots *en même temps*, qui se trouvent dans l'article 637 du Code de commerce, ne signifient point *simultanément*, *ensemble* et *de suite*; mais ils veulent dire *à la fois*, et il n'est pas permis de leur donner une interprétation différente.

Legrand   Appel de Tours. c.
c. Croué et Budelot.   Arrêt du 11 mars 1813.

---

502. L'INTERVENTION de l'administration des douanes dans une instance entre un marinier, conducteur de sels, et le négociant, sa caution pour les droits des sels, quand elle est fondée sur des déclarations faites à un bureau de la douane, prend le caractère d'action principale qui avait pour base l'exécution des actes reçus par les employés de l'administration, elle entraîne la connexité des demandes, et par suite l'incompétence des tribunaux de commerce ordinaires, ceux des douanes ayant été institués pour la matière *. En vain, disait-on, la demande originaire formée entre deux négocians justiciables du tribunal de commerce, a eu pour objet la garantie des droits exigés par voie de contrainte contre le négociant entrepositaire, en raison des faits du voiturier expéditionnaire des marchandises. L'administration des douanes s'est jointe à ce négociant entrepositaire pour demander la réintégration des sels dans l'entrepôt, dans un délai déterminé, et la jonction de ces deux demandes a toujours eu pour résultat unique de donner effet aux actes de l'administration, il n'a donc pas été permis aux juges de les disjoindre pour prononcer sur les intérêts particuliers de l'entrepositaire et du voiturier expéditionnaire.

David, Leroi-Boulard   Appel d'Orléans. c.
c. l'Administration des Douanes.
M.ᵉˢ Moreau, Baudry et Grouard, av. pl.   Arrêt du 24 juin 1813.

---

503. L'OPPOSANT à un jugement par défaut, rendu par un tribunal de commerce, qui combat les moyens du fond, en allé-

---

* Ces tribunaux et les cours prévôtales des douanes sont aujourd'hui supprimés.

guant qu'il n'est pas débiteur, renonce par cela même à présenter ultérieurement un déclinatoire contre la compétence des premiers juges.

Auger c. Maës.   Appel d'Orléans. (Trib. de com.)
Arrêt du 2 juillet 1813.

5o4. C'est aux magistrats qu'appartient le soin d'apprécier, selon les circonstances du procès, si une demande n'a été formée que pour distraire l'appelé en garantie de ses juges naturels. En conséquence, celui qui s'est obligé à faire honneur aux lettres de change tirées sur lui par son correspondant, jusqu'à ce qu'il ait donné contr'ordre; s'il a accepté ces lettres de change, cette acceptation établit la preuve de la provision (art. 117, c. com.), et l'appelé en garantie ne peut décliner la compétence du tribunal.

Nabon c. Bellamy.   Appel de Loches. c.
M.es Légier et Moreau, avoc. plaid.   Arrêt du 29 déc. 1813.

5o5. Le débiteur d'une lettre de change appelé en garantie par le tireur, ne peut décliner la compétence du tribunal de commerce devant lequel il est assigné, en alléguant pour motif qu'il n'a point accepté la lettre de change, et qu'il y avait contestation entre lui et le tireur. En matière de commerce, il suffit d'être débiteur pour marchandises reçues, pour qu'on ne puisse se refuser au paiement d'une lettre de change tirée à l'occasion de cette dette.

(PRÉSIDENCE DE M. LE BARON PETIT-LAFOSSE, PR.er PRÉSIDENT.)

(M. RUSSEAU, AVOCAT-GÉNÉRAL.)

Pilté-Grenet c. de S.-Hilaire.   Appel d'Orléans. (Trib. de com.) c.
M.es Moreau et Baudry, av. pl.   Arrêt du 5 janvier 1814.

5o6. L'entrepreneur d'une fabrique qui achète de l'avoine pour la nourriture de ses chevaux, ne peut décliner la compétence de la juridiction consulaire, en disant que l'avoine ne lui a point été livrée pour son entreprise. Les tribunaux de commerce sont juges des contestations relatives aux fournitures faites au directeur d'une manufacture. (Art. 638, *c. com.*, non appl.)

Plisson	Appel d'Orléans. (Trib. de com.) c.
c. Jules le Portier.	Arrêt du 21 janvier 1814.

---

507. QUAND, pour s'éclairer et fixer sa compétence, un tribunal de commerce ordonne une preuve à faire par mesure interlocutoire, si elle n'est pas faite, les juges peuvent se contenter d'une justification équipollente, et rejeter ainsi le déclinatoire. (Sur l'art. 632, *c. com.*)

Imbault c. Lebrun.	Appel d'Orléans. (Trib. de com.) c.
M.ᵉˢ Moreau et Baudry, av. pl.	Arrêt du 27 avril 1814.

---

508. EN matière de société de commerce, quand un tribunal consulaire reconnaissant son incompétence pour statuer sur la contestation, renvoye les parties devant des arbitres, en conformité de l'article 51 du code de commerce, s'il y a erreur dans la décision des arbitres, le tribunal est compétent pour renvoyer de nouveau les parties devant les mêmes arbitres, par la raison qu'en agissant ainsi, ce tribunal ne sort point des limites de sa juridiction, car il ne rend aucune décision sur le fond du procès.

Corsange c. Lafaix et autres.	Appel d'Orléans. (Trib. de com.) i.
M.ᵉˢ Moreau et Ferrière, av. pl.	Arrêt du 22 février 1815.

---

509. LORSQUE, par suite d'une réquisition ordonnée par le gouvernement, des individus s'obligent vis-à-vis les réquisitionnaires de fournir et de faire agréer par les agens de l'autorité les objets requis, cette obligation devient personnelle pour ceux qui la subissent envers les fournisseurs des objets. C'est une erreur de regarder cette créance comme administrative, et le tribunal de commerce est compétent pour en connaître, si les conventions ont été souscrites par des personnes faisant le commerce.

Aubry c. Daste et Pingot.	Appel de Montargis. i.
M.ᵉˢ Johauet et Baudry, avoc. plaid.	Arrêt du 17 mai 1816.

510. Les fournitures faites par un maréchal-ferrant à un entrepreneur de voitures, sont des actes de commerce, et quand même la profession principale de celui qui a l'entreprise des voitures, serait tout-à-fait étrangère au commerce, il ne pourrait néanmoins, en raison des objets fournis, échapper à la juridiction consulaire. (Sur l'art. 631, c. com.)

Joubert c. Lanieul.　　　　　　Appel de Tours. (Trib. de com.) c.
　　　　　　　　　　　　　　　Arrêt du 30 août 1816.

---

511. Un jugement rendu consulairement par un tribunal étranger, peut être déclaré exécutoire par un tribunal français. On opposait à cette doctrine les articles 14 et 2128 du Code civil, de la combinaison desquels on tirait cette conséquence, que les jugemens obtenus, les contrats ou obligations reçus en souverainetés étrangères pour quelque cause que ce soit, ne confèrent aucune hypothèque, et n'entraînent aucune exécution, d'où il suit, disait-on, que les Français contre lesquels ces actes judiciaires ont été faits, peuvent de nouveau, devant les tribunaux français, débattre leurs droits qui sont restés entiers. Ces allégations sont sans force en matière de commerce, où le droit des gens ne peut recevoir aucune atteinte. Que deviendrait donc la bonne foi sur laquelle se fondent toutes les négociations commerciales, si les sentences consulaires ne pouvaient s'exécuter partout ? Tel est le principe qui a servi de base à cette jurisprudence. (Sur l'art. 439, c. pr.)

(PRÉSIDENCE DE M. BOSCHERON-DESPORTES, PRÉSIDENT.)

(M. RUSSEAU, AVOCAT-GÉNÉRAL.)

Lozières c. Pilté-Grenet.　　　　Appel du trib. de com. d'Orléans. c.
M.ᵉˢ Baudry et Moreau, av. pl.　　Arrêt du 7 février 1817.

---

512. Lorsque dans une négociation, le lieu où l'acheteur fait la promesse d'accepter le marché proposé, est aussi celui où la marchandise doit lui être livrée; il ne peut, à l'aide de cette circonstance, exciper de la simultanéité de ces deux conditions, pour décliner la juridiction du tribunal du domicile du vendeur; car si celui-ci est demandeur, et qu'il ait été convenu que le paiement se ferait à son domicile; ce principe consacré par l'art. 1001

du code de commerce, « que la marchandise sortie du magasin
» du vendeur ou de l'expéditeur, voyage, s'il n'y a convention
» contraire, aux risques et périls de celui à qui elle appartient »,
vient confirmer la compétence du tribunal du domicile du vendeur. (Sur l'art. 420, *pr.*)

Dom; Vasliu c. Leobet.   Appel du trib. de com. de Tours. c.
Mes Moreau et Baudry, av. pl.   Arrêt du 28 février 1817.

---

513. CELUI qui a fait quelques actes particuliers de commerce
qui ont pu le rendre justiciable des tribunaux consulaires, et l'exposer à des condamnations par corps, ne peut cependant être
déclaré en faillite, car il ne fait pas sa profession habituelle des
actes de commerce ou de banque. Les articles 457 et 449 du Code
de commerce statuent que les commerçans seuls peuvent être dé-
clarés faillis, et l'art. 1.er du même Code donne la définition légale de ce qu'on doit entendre par commerçant.

De Saché c. Crosnier.   Appel de Chinon. i.
Mes Moreau et Baudry, avoc. plaid.   Arrêt du 26 mars 1817.

---

514. LORSQU'A la suite de la dissolution d'une société de commerce, une transaction a lieu; si un billet à ordre est souscrit,
l'exécution de cette obligation appartient à la juridiction consulaire. On ne peut dire qu'il y ait eu novation, et par suite incompétence des tribunaux de commerce. Le billet à ordre est une
portion du reliquat de compte de la société, et la transaction ne
peut en changer ni la nature ni l'origine. (Sur l'art. 631, *c. com.*)

Desépine c. Guépin.   Appel de Chinon. c.
Mes Johanet et Moreau, avoc. plaid.   Arrêt du 24 avril 1817.

---

515. LA femme qui partage les travaux du commerce de son
mari, qui est marchande en détail (par exemple *boulangère*), et
qui, en cette qualité, paye habituellement et signe tant en son
nom qu'en celui de son mari, est, à l'égard des billets souscrits
par elle, justiciable du tribunal de commerce. En vain, disait-
on, que la femme commune en biens ne peut contracter d'obligations sans le concours de son mari. Ce principe est inapplicable

dans l'espèce, car la femme n'est plus une associée, dans le sens de la société conjugale, mais réellement marchande publique.

F.e Daudé c. Mainfrais. Appel de Montargis. (Trib de com.) c. M.es Moreau fils et Johanet, av. pl. Arrêt du 27 juin 1817.

516. La femme qui signe un billet à ordre, tant pour elle que pour son mari, et qui, après le décès de celui-ci, et le protêt du billet, est assignée tant en son nom personnel que comme commune en biens, et procède, en conséquence, volontairement devant le tribunal de commerce, si elle reconnaît que la dette dont il s'agit provient d'une obligation originairement souscrite par son mari, elle n'est plus recevable à décliner la compétence de la juridiction consulaire, et à demander à être renvoyée au préalable devant le tribunal pour régler les qualités dans lesquelles elle est assignée. (Rejet de l'application de l'art. 170, c. pr.)

(PRÉSIDENCE DE M. LOYRÉ, PRÉSIDENT.)

(M. DESCHAMPS, AVOCAT-GÉNÉRAL.)

Dumaresq c. Vallois. Appel de Tours.
M.es Moreau et Marchand, avoc. plaid. Arrêt du 8 avril 1818.

517. Un tribunal de commerce est compétent pour statuer sur une déclaration de faillite, antérieure à la promulgation du Code de commerce, lorsque la demande lui est présentée depuis la mise en activité de ce Code. La compétence de la juridiction consulaire se règle par l'époque où les créanciers viennent demander l'exercice de leurs droits, et non par celle où l'exercice de leurs droits s'attache à la personne et aux biens de leur débiteur. Ainsi la cour, saisie d'une action en réglement de juges, après la déclaration d'incompétence d'un tribunal de commerce et d'un tribunal civil, peut annuler la décision consulaire, conformément aux principes sus-énoncés, et renvoyer de nouveau la demande en déclaration de faillite devant les juges de commerce comme magistrats compétens, pour suivre l'instance sur le fond et dans les formes légales. (Application des art. 449 et suiv. du c. com.)

(M. LE BARON ARTHUYS DE CHARNISAY, PR.er PRÉS., RAPPORTEUR.)

Les créanciers Buron Tours.
c. le Procureur-général. Arrêt du 12 juin 1818.

518. LORSQUE devant un tribunal de commerce, un marchand est assigné en paiement d'un billet à ordre, souscrit par lui et sa femme qui n'est point marchande publique, et que l'action est relative à la teneur du billet, signé seulement par la femme, sans que celle-ci ait été autorisée à le souscrire; la question étant de savoir s'il y a des cas où une femme non autorisée de son mari peut contracter et l'engager valablement. Sa résolution appartient exclusivement aux tribunaux ordinaires, et les juges de commerce sont incompétens pour la décider. (Rejet de l'art. 631 du c. com.)

Gaumier c. Quarré.	Appel du trib. de com. d'Orléans. i.
M.es Pailliet et Baudry, av. pl.	Arrêt du 24 juin 1818.

---

519. L'INDIVIDU non négociant, qui achète des objets propres au commerce d'un négociant, ou aux relations d'une société en participation qui se serait établie entre les parties, peut valablement intenter une action devant les tribunaux consulaires. (Article 631 c. com.)

Bouvreau c. Dupuis.	Appel de Tours. (Trib. de com.) c.
M.es Moreau et Légier, av. pl.	Arrêt du 17 juillet 1818.

---

520. L'APPELANT qui, dans son acte d'appel, développe les torts et griefs du jugement contre lequel il se pourvoit, et les combat en les joignant exclusivement aux moyens du fond, renonce implicitement, par cette procédure, à faire valoir l'exception d'incompétence *ratione personæ*. Pour que cet appel ne fût pas frappé d'une fin de non-recevoir insurmontable, il aurait fallu que l'appelant se fût borné spécialement à conclure à la nullité du jugement attaqué. (*Voir* n.º 523.)

Heurtaux c. Touchard.	Appel de Tours. i.
M.es Moreau et Baudry, av. pl.	Arrêt du 25 juillet 1818.

---

521. LORSQU'IL y a plusieurs défendeurs en cause, il n'est pas besoin qu'il y ait solidarité entr'eux pour que le demandeur ait le choix de l'assignation au domicile de l'un d'eux; car on ne peut procéder en raison de la même instance devant deux tribu-

naux différens : il suffit que la demande soit connexe pour que le tribunal de commerce où la première assignation a été donnée, soit compétent. (Sur les art. 59 et 171, *c. pr.*)

Liger et Poissac   Appel du trib. de com. d'Orléans. c.
c. Hubert et Vignat.   Arrêt du 16 décembre 1818.

---

522. UN tribunal saisi d'une demande en renvoi pour cause d'incompétence, ne peut surseoir à prononcer, ni ordonner un interlocutoire, par la raison que les éclaircissemens qu'il est possible d'obtenir par un *avant faire droit*, rendent nécessaire d'instruire sur le fond du procès, ce qui entraîne des frais inévitables. Cependant ce tribunal, saisi de l'examen du mérite de l'exception, ne peut pas connaître du fond de la contestation. C'est un principe consacré par l'article 172 du Code de procédure civile, que toute demande en renvoi doit être jugée sommairement, et sans qu'elle puisse être réservée, ni jointe au principal. Une sentence interlocutoire ordonnée sous le bénéfice de cette réserve, est une contravention à la loi.

Bariot et Baule c. Morand-Michel.   Appel d'Orléans. i.
M.es Légier et Baudry, avoc. plaid.   Arrêt du 12 mars 1819.

---

523. DÉJA (au u.° 520) un arrêt de la cour a statué, que l'exception d'incompétence *ratione personæ* était couverte, quand la partie qui l'invoque a défendu au fond. Une nouvelle décision vient consacrer cette jurisprudence. La seule incompétence qu'aucune fin de non-recevoir ne peut atteindre, est celle qui concerne la matière, parce qu'elle touche à l'ordre public des juridictions. (Sur l'art. 173, *c. pr.*)

Mayaud c. Pierre.   Appel de Tours. c.
M.es Moreau et Pailliet, avoc. plaid. Arrêt du 30 juillet 1819.

---

524. UN prêt d'objets en nature fait par un marchand à un autre marchand, sous la condition de payer un prix déterminé, faute par l'emprunteur de rendre les objets prêtés dans un temps convenu, est une vente de marchandises sous condition, et par

conséquent un acte de commerce qui est dans les attributions de la juridiction consulaire. (Sur les art. 631, §. 2, et 632, §. 1, *c. com.*)

(M. LE BARON ARTHUYS DE CHARNISAI, PREMIER PRÉSIDENT.)

(M. EPHRÉM DE LA TAILLE, SUBSTITUT DU PROCUREUR-GÉNÉRAL.)

Lecuyer c. Fléchelles.   Appel du trib. de com. d'Orléans. c.
M.es Moreau fils et Pailliet, av. pl.   Arrêt du 30 juillet 1819.

---

525. 1. On peut, en matière de commerce, présenter successivement les exceptions d'incompétence et les moyens du fond; la loi, ne disposant pas que le déclinatoire sera proposé *exclusivement*, mais seulement préalablement à toutes défenses. Ainsi, sous ce rapport, aucune fin de non-recevoir ne peut utilement repousser l'exception d'incompétence. (Sur l'article 424, *c. pr.*)

2. Le billet d'un négociant qui n'énonce ni la nature de la valeur reçue, ni le lieu où le paiement a dû être fait, ne peut être poursuivi qu'au domicile du défendeur. (Sur l'article 420, *c. pr.*)

3. Le billet à ordre qui a perdu son caractère commercial, et qui n'ayant pas été protesté à l'échéance, n'a point été poursuivi dans les cinq ans, n'est plus susceptible d'être réclamé judiciairement que devant les tribunaux civils. Ramené ainsi au fait d'une simple promesse, les juges de commerce sont, en raison de la matière, incompétens pour statuer sur une contestation à laquelle ce billet a donné lieu. (Sur les art. 112, 187, 188, 189, *c. com. combinés.*)

(M. LE BARON ARTHUYS DE CHARNISAI, PREMIER PRÉSIDENT.)

(M. RUSSEAU, AVOCAT-GÉNÉRAL.)

Marcel c. Buron.   Appel d'Orléans. i.
M.es Pailliet et Légier, avoc plaid.   Arrêt du 18 mars 1820.

---

526. Les fournitures faites par un aubergiste aux voyageurs qui descendent dans son hôtellerie, tant pour eux que pour leurs chevaux, ne peuvent être considérées comme des actes de commerce qui rendent justiciables des tribunaux consulaires ceux qui sont descendus dans l'auberge, et auxquels on réclame le

paiement de ces dépenses. Le fait de l'aubergiste, de fournir des denrées et comestibles aux voyageurs, n'est point un acte de commerce, mais un acte civil ordinaire. Quoique patenté à cause de sa profession, cet hôtellier n'est pas réputé commerçant en raison de la dépense des personnes qui descendent chez lui et qui s'y nourrissent.

Telle était la disposition de l'article 6 du titre 12 de l'ordonnance de 1673; si elle n'a pas été reproduite textuellement dans les articles 631 et 632 du Code de commerce, la raison et l'équité ne veulent point qu'on y ait dérogé.

(PRÉSIDENCE DE M. LE BARON ARTHUYS DE CHARNISAI.)

(M. DESCHAMPS, AVOCAT-GÉNÉRAL.)

Courtin c. Maria.   Appel d'Orléans. i.
M.es Baudry et Johanet, avoc. plaid.   Arrêt du 18 mai 1820.

527. QUAND un tribunal de commerce a reconnu sa compétence, en déclarant que des marchandises ont été remises à l'une des parties, en lui attribuant la qualité de négociant et de commissionnaire, et que celle qui excipait de l'incompétence, a néanmoins conclu et plaidé au fond; elle n'est plus recevable sur l'appel à élever de nouveau ce même déclinatoire; les conclusions au fond étant une reconnaissance implicite de la validité des motifs, d'après lesquels le tribunal a rejeté l'exception, et s'est dessaisi de l'affaire. (Article 424, *c. pr.*, et 631, *c. com. combinés.*)

Vignat   Appel d'Orléans. c.
c. Magl. Gajon.   Arrêt du 10 juin 1820.

528. CELUI contre lequel intervient un jugement par défaut, et qui y ayant formé opposition, ne la fonde que sur des moyens de nullité et de forme, sans invoquer l'exception d'incompétence *ratione personæ*, ne peut, sur l'appel, exciper de ce moyen.

Naudin c. Bulté.   Appel d'Orléans. c.
M.es Légier et Martin; avoc. plaid.   Arrêt du 7 déc. 1820.

529. CELUI qui, après le paiement de lettres de change tirées sur lui, en réclame le remboursement de l'individu qui y a apposé un aval, forme une demande relative à une opération de change; et dans les attributions de la juridiction consulaire, le donneur d'aval étant obligé par les mêmes voies solidairement avec le tireur, on ne peut dire que des lettres de change acquittées à leur échéance, soient sorties de la circulation, et ne soient plus devenues entre les mains de celui qui les a payées, que de simples renseignemens de compte, qui n'ont pu produire qu'une action civile. (Sur les art. 142 et 632, c. com.)

René c. Nau de la Nouvelle.   Appel d'Orléans. (Trib. de com.) c. M.ᵉˢ Moreau et Baudry, av. pl.   Arrêt du 8 décembre 1820.

---

530. CELUI qui n'a tiré, ni endossé, ni accepté une lettre de change, ne peut être distrait de ses juges naturels, sous le prétexte qu'il en doit le montant. Du moment que l'appelé en garantie, loin de se reconnaître débiteur, allègue qu'il n'est point d'accord avec le tireur, si cette allégation paraît justifiée, l'action en garantie n'est plus qu'une chimère imaginée pour attirer un tiers dans une juridiction qui lui est étrangère. (Sur l'article 181, c. pr.)

Tribert c. Gentien.   Appel d'Orléans. (Trib. de com.) i. M.ᵉˢ Moreau et Baudry, av. pl.   Arrêt du 5 janvier 1821.

---

531. LORSQU'EN matière de commerce, on demande à prouver par témoins, que le déficit des marchandises qui ont été entreposées dans un magasin, provient d'un détournement frauduleux, les tribunaux de commerce sont compétens pour décider cette contestation; par la raison que cette action étant relative à un paiement d'avances faites sur des marchandises vendues, elle ne peut avoir le caractère d'une plainte criminelle; or, l'action pénale n'étant pas celle par laquelle on veut agir, la preuve de la fraude est toujours admissible, quand les faits articulés sont pertinens.

Perret et Chevalier c. Luzet.   Appel d'Orléans. (Trib. de com.) c. M.ᵉˢ Légier et Pailliet, av. pl.   Arrêt du 1.ᵉʳ février 1821.

---

532. UN aubergiste dont la profession est d'acheter des denrées

et des marchandises pour les revendre, est réputé commerçant;
et les billets à ordre qu'il souscrit, sans énoncer même une cause
relative à son commerce, le rendent justiciable des tribunaux
consulaires. (Art. 1 et 638, c. com. combinés.)

Lemaire c. Bulté.
M.ᵉˢ Moreau et Martin, avoc. plaid.

Appel de Pithiviers. c.
Arrêt du 12 avril 1821.

533. LA femme commune en biens qui détaille les objets du
commerce de son mari, ne peut toutefois être considérée pour
cela comme marchande publique, qu'autant qu'elle fait un commerce séparé de son mari, et que celui-ci lui a donné un consentement à cet effet. Ces conditions sont nécessaires pour que
cette femme puisse être justiciable de la juridiction consulaire.
Il résulte de cette doctrine, qu'une femme, marchande libraire
avant son mariage, qui épouse un homme exerçant la même
profession, et qui apporte dans la communauté tous les objets
du commerce qu'elle continue de faire, n'agit plus pour elle-
même, mais pour le compte du mari, chef de la communauté
conjugale. En conséquence, si la femme souscrit des billets,
l'action relative à leur paiement ne peut être intentée que devant
un tribunal civil, et les juges de commerce sont incompétens
pour en connaître.

Em. Homo c. Galbrun de Rilté.
M.ᵉˢ Baudry et Moreau, av. pl.

Appel de Tours. i.
Arrêt du 29 janv. 1822.

534. C'EST un avantage réel, sans doute, pour un négociant,
d'être jugé par ses pairs; mais on ne peut se dissimuler que les
tribunaux de commerce tendent souvent à attirer dans leur juridiction, les personnes qui lui sont étrangères, et qui ont des
contestations avec des commerçans justiciables du lieu où siège
le tribunal.

Ainsi, toute procédure qui a pour objet de distraire quelqu'un
de ses juges naturels, doit être sévèrement proscrite. D'après
l'exposé de ces principes, si un négociant allègue l'existence
d'un marché passé par un commis-voyageur dans un lieu étranger au tribunal de son domicile, et dont l'existence est déniée
par celui contre lequel on forme une action en paiement d'un
mandat tiré sur lui par l'entremise d'un autre négociant, ce de-

mandeur ne peut, à l'aide de ce moyen, distraire de ses juges naturels celui qui se défend en soutenant la non-réalité du marché. Or, aucun des caractères de l'article 420 du Code de procédure, attributif de la compétence des tribunaux consulaires, ne se rencontre dans le cas que nous venons d'exposer.

Tachon c. Bignon.   Appel d'Orléans. i.
Mes Baudry et Vilneau, avoc. plaid.   Arrêt du 26 août 1822.

---

535. LORSQU'UNE femme qui est dans le commerce fait un traité avec son fils, s'il a pour objet d'assurer à celui-ci un avantage contractuel de la nature d'une constitution dotale, cet acte n'est point relatif à une association commerciale, et les tribunaux consulaires, en raison de la matière, sont incompétens pour en connaître.

Urbain Jahier c. la ve Julien.   Appel de Blois. i.
Mes Légier et Baudry, avoc. plaid.   Arrêt du 9 juin 1823.

---

536. L'ACTION d'un ouvrier qui entreprend de défricher un terrain, et d'arracher des arbres qui y sont complantés, ne peut jamais être regardée que comme relative à un contrat de louage d'ouvrage. (Art. 1779, c. c.) En vain allègue-t-on que l'intention de l'ouvrier a été de vendre le produit du défrichement, et qu'ainsi son entreprise doit être réputée *acte de commerce.* (Art. 632, c. com.) C'est une erreur. Toute spéculation n'est point un acte de commerce, et les tribunaux consulaires n'ont aucun caractère pour juger les procès de cette nature.

Penné c. Ranque.   Appel d'Orléans. (Trib. de com.) i.
Mes Baudry et Rigollot, av. pl.   Arrêt du 30 avril 1824.

---

537. LES tribunaux de commerce sont incompétens pour apprécier le mérite des décisions des tribunaux civils, qui sont invoquées. Ainsi, dès le moment qu'un tribunal de commerce a eu connaissance d'un jugement d'un tribunal civil qui a admis un failli au bénéfice de cession de biens, les juges doivent surseoir à statuer, et ne point ordonner le dépôt de la personne du failli. La sentence, quelqu'irrégulière qu'elle puisse être, ne peut être réformée que par la voie de l'appel. Il n'appartient qu'à un tri-

bunal supérieur dans l'ordre des juridictions, d'apprécier le mérite des irrégularités qu'on peut reprocher au jugement émané
d'un tribunal légalement saisi d'une demande, et à l'égard de
tout autre tribunal égal ou inférieur. Sa décision a reçu l'autorité de la chose jugée, sauf les droits des parties ou des tiers à se
pourvoir devant qui de droit et dans les formes légales. (Interprétation des art. 899 et 901, *pr.*, et 571, *c. com.*)

(PRÉS. DE M. LE BARON ARTHUYS DE CHARNISAI, PR.ᵉʳ PRÉSIDENT.)

(Renvoi de cassation.)

Planque	Appel du trib. de commerce
c. les syndics de sa faillite.	de Nevers, i.
M.ᵉˢ Johanet fils et Légier, av. pl.	Arrêt du 26 mai 1824.

---

538. QUAND on a formé une demande en nullité d'un billet à
ordre pour cause illicite, et qu'il s'y joint une action recursoire
en garantie, dont le résultat tend à faire la preuve par témoins,
que la cause réelle du billet est une dette de jeu; le tribunal de
commerce est compétent pour apprécier le mérite d'une exception fondée sur le défaut de cause vraie ou légitime d'un billet à
ordre: quoique le but de l'enquête demandée soit d'arriver à
l'application de l'article 1965 du Code civil, qui n'accorde aucune action pour une dette de jeu, la demande recursoire en
garantie ne peut changer la juridiction consulaire, qui est
compétente, tant à cause de la matière, qu'en raison des personnes.

| Sallier c. Saurin. | Appel de Vendôme (jugeant comm.) |
| M.ᵉˢ Baudry et Moreau, av. pl. | Arrêt du 4 janvier 1825. |

---

539. TOUTE contestation survenue entre des mariniers de
rivière et leurs facteurs, est de la compétence des tribunaux
de commerce. L'article 633 de ce Code n'est point exclusif
dans les définitions qu'il donne de ce qu'on entend par actes
de commerce, et il comprend implicitement dans ses attributions, les avaries survenues dans les bateaux naviguant sur
les rivières.

| V.ᵉ Fleury c. Ganat. | Appel d'Orléans. c. |
| M.ᵉˢ Baudry et Légier, avoc. plaid. | Arrêt du 24 janv. 1825. |

●•●▪▪▪●▪●▪●▪●▪●●▪●▪●▪●▪●▪●●●▪●▪●▪●▪●●●●●▪▪●●▪●●●▪●▪●▪●●●▪●●▪●▪●▪●●

INT.

ARTICLE TRENTE-SIXIÈME.

INTERDICTION.

—

UN jurisconsulte qui « en toute occasion chercha » à concourir, par ses efforts, au rétablissement de » la magistrature domestique, si favorable à la con- » servation des mœurs, si conforme au vœu de la » nature * », M. de Malleville, demanda au conseil d'état, lors de la discussion du Code civil, que l'in- terdiction, pour cause de prodigalité, fût admise, ainsi qu'elle l'était sous l'ancien droit **. La grande difficulté consista à bien définir ce qu'on entendait par prodigue. Tronchet combattit le projet d'inter- diction dans le cas de prodigalité, en la considérant sous plusieurs rapports. D'abord, d'après sa nature, puis en raison des personnes appelées à la provoquer, et à cause des effets qu'elle doit produire. Il regarda

---

* Discours de M. le comte Portalis prononcé à la Chambre des Pairs le 29 janvier 1825.

** Cette sorte d'interdiction se fondait sur l'édit du Préteur revêtu de cette formule remarquable ; «Quando tua bona avitáque nequitiá » tuá disperdis, liberosque tuos ad egestatem perducis, ob eam rem tibi » ed re commercioque interdico. » (Vid. ff. Pothier, lib. 27, tit. X, §. 1er.)

cette demande, toujours odieuse de la part de la
femme et des enfans, impossible à justifier autrement que par des actions publiques. La question
fut long-temps discutée; et enfin, on s'arrêta à donner aux prodigues un conseil judiciaire. (Article
513, c. c.)

Autrefois, les interdictions forcées ou volontaires,
se prononçaient au châtelet de Paris, sans conclusions des gens du Roi. (Voir Denizart, verbo *Interdiction.*) Cet auteur cite un acte de notoriété du 13
mars 1693, qui consacre cet usage : et cependant les
fonctions du ministère public ne doivent jamais être
plus actives et plus vigilantes que lorsqu'il s'agit de
prononcer sur l'état des personnes; c'est pourquoi
l'article 83 du Code de procédure civile contient une
obligation expresse de communiquer au procureur
du Roi les causes de cette nature.

La législation ancienne admettait l'interdiction
de la femme pour cause de mésalliance. Ce droit
était fondé sur l'art. 182 de l'ordonnance de Blois,
qui statuait : » que les veuves ayant enfans d'autre
» mariage, et qui se remarient follement à personnes
» indignes de leur qualité, aucunes à leurs valets,
» seront interdites. » Un arrêt du parlement, du 19
août 1748, a été encore plus rigoureux; il a prononcé l'interdiction de la veuve d'un procureur qui
avait seulement manifesté l'intention d'épouser son
domestique. Enfin, on allait jusqu'à interdire une
femme par le seul fait de la disproportion d'âge : et
la faveur accordée aux enfans nés du mariage était
telle, qu'on ne voulait pas qu'une mère pût se re-
marier pour avantager un jeune homme qui avait

peu de biens *. Le Code civil a singulièrement amélioré cette jurisprudence vicieuse. Il est vrai qu'aujourd'hui tout parent est recevable à provoquer l'interdiction de son parent (article 490, c. c.); mais
aussi, les tribunaux ont la plus grande latitude pour
s'assurer de l'exactitude des faits allégués, et en obtenir la preuve. Les droits des familles, et l'intérêt
qui s'attache au malheur, trouvent une égale protection devant les tribunaux. La justice ne frappe
point d'une sorte de mort civile l'individu dont l'esprit est faible, et dont l'incapacité est notoire, mais
elle le place sous l'égide d'une espèce de tutelle, en
lui donnant un conseil tenu de lui prêter secours
dans tous les actes importans de la vie.

---

540. On ne peut prononcer l'interdiction d'un individu qui
n'est pas dans un état habituel de démence. (Art. 489, c. c.)
Cette disposition de la loi est rigoureuse : il ne suffit point que
les accès d'aliénation mentale soient rapprochés. L'affaiblisse-
ment des organes de la raison permet seulement aux tribunaux
de lui nommer un conseil judiciaire. (Art. 513, c. c.)

(M. LE BARON PETIT-LAFOSSE, PREMIER PRÉSIDENT.)

(M. LE BARON SÉZEUR, PROCUREUR-GÉNÉRAL.)

V.° F..... c. le Procureur-général.   Appel de Vendôme. 1.
M.° Baudry, avoc. plaid.   Arrêt du 4 juin 1813.

---

541. Celui qui a été acquitté d'une accusation criminelle,
parce que l'homicide qu'il a commis dans un accès de fureur a
été le résultat d'une aliénation mentale, et qui depuis cette époque est resté dix-huit mois sans donner aucun signe de démence
ou de fureur, doit néanmoins être interdit, si cet état de lucidité n'offre pas une garantie suffisante pour la société. Aux ma-

* Voir le Répertoire de M. Merlin *Verbo* interdiction, §. 2.

gistrats appartient le droit d'apprécier la situation mentale des individus, relative à leur capacité et à l'exercice de leurs droits civils.

(M. LE BARON ARTHUYS DE CHARNISAI, PR.er PRÉSIDENT.)

(M. BORDIER, CONSEILLE(,) RAPPORTEUR.)

Philippe   Appel de Vendôme, i.
c. le Procureur-général.   Arrêt du 11 mars 1818.

542. UN tribunal ne peut rejeter une demande en interdiction avant d'avoir fait subir un interrogatoire au défendeur. Lorsqu'il s'agit de statuer sur une question d'état, les mesures indiquées par la loi, sont de rigueur. En vain, disait-on, que placé dans un cas d'exception, le tribunal peut arrêter la marche de la procédure, quand il est suffisamment éclairé. On ajoutait : M. Merlin pense que, quelle que soit la cause de l'interdiction, l'interrogatoire n'est pas d'une nécessité absolue; nombre d'arrêts, dit ce docte magistrat, ont été confirmés sur l'appel, quoique prononcés sans ce préliminaire, dont on ne peut d'ailleurs méconnaître l'importance *. Cependant, il faut distinguer ce qui est laissé à la libre disposition du tribunal, d'avec ce qui lui est impérativement prescrit. Si les pièces produites à l'appui de la demande, et l'interrogatoire sont suffisans, les juges peuvent se dispenser d'ordonner l'enquête, et si cette dernière mesure est nécessaire, elle peut avoir lieu en présence comme en l'absence du défendeur. (Art. 496, c. c., et 893, c. pr. combinés.) On doit conclure de ces raisonnemens, que la loi regarde l'interrogatoire de celui dont on demande l'interdiction comme étant indispensablement nécessaire, et que le législateur a imposé au juge l'obligation précise de remplir cette formalité qui tient à la substance même de l'action.

(PRÉSIDENCE DE M. LOYRÉ, PRÉSIDENT DE CHAMBRE.)

(M. RUSSEAU, AVOCAT-GÉNÉRAL.)

Pierre Choux c. Claude Choux.   Appel d'Orléans. i.
M.es Pailliet et Johanet, avoc. plaid.   Arrêt du 26 fév. 1819.

_____

* Voir le Répertoire _Verbo_ interdiction, §. 3

543. UNE demande en main-levée d'interdiction est une action nouvelle, susceptible de subir les deux degrés de juridiction; en conséquence, le tribunal de première instance qui en est saisi ne peut se déclarer incompétent, en donnant pour motif qu'il avait déjà prononcé sur cette demande avant l'arrêt qui a ordonné l'interdiction. Une action de cette nature peut cesser avec les causes qui l'ont fait admettre. (Art. 512, *c. c.*) Mais la justice a le droit de statuer et de suivre à cet effet le mode d'instruction prescrit par l'article 896 du Code de procédure.

Nota. Chez les Romains, quel que fût le motif de l'interdiction, elle cessait de plein droit dès que la cause n'existait plus. « *Tamdiù furiosus et prodigus erunt in curatione, quamdiù vel* » *furiosus sanitatem, vel prodigus sanos mores receperit, quod si* » *evenerit, ipso jure desinunt esse in potestate curatorum.*» (L. 1, ff. *de curat. furios. et aliis extrà minores dandis.*)

(PRÉSIDENCE DE M. LE BARON ARTHUYS DE CHARNISAI.)

(M. RUSSEAU, AVOCAT-GÉNÉRAL.)

Philippe   Appel de Vendôme. i.
c. le Procureur-général.   Arrêt du 17 août 1820.

---

544. LA Cour pouvant, avant faire droit et pour éclairer sa religion, faire interroger de nouveau par un commissaire qu'elle nomme à cet effet, celui dont l'interdiction est demandée, ce magistrat délégué peut être choisi hors du sein de la Cour Royale, qui a la faculté de donner cette mission à un juge de paix, et d'ordonner en outre que l'individu sera visité par un officier de santé, pour constater son état mental. (Sur l'article 500, *c. c.*)

(M. DESPORTES, SUBSTITUT DE M. LE PROCUREUR-GÉNÉRAL.)

Pelé c. le Procureur-général.   Appel de Vendôme. i.
M.e Légier, avoc. plaid.   Arrêt du 3 juillet 1823.

---

545. LORSQU'UN individu a été acquitté par une Cour d'assises d'une accusation portée contre lui, le crime ayant été déclaré excusable pour cause de la démence de l'accusé; si néanmoins le procureur général a fait retenir cet individu en prison et a provoqué son interdiction, les juges ne doivent toutefois admettre la demande, qu'autant que le défendeur est dans un

état habituel de démence ou de fureur. (Art. 489, c.c.) Autrement, un accusé déclaré non punissable, puisque son crime a été excusé, doit jouir pleinement de la décision du jury, et quelle qu'ait été la gravité de l'accusation, elle est sans aucune influence sur la question d'état; en conséquence, si tout concourt à prouver que celui dont on réclame la privation de ses droits civils, jouit de toute sa raison, les magistrats n'ont pas le droit de surseoir à sa mise en liberté.

(M. COLAS DE LA NOUE, DOYEN DES CONSEILLERS, PRÉSIDENT.)

(M. DE S.te MARIE, SUBSTITUT DU PROCUREUR-GÉNÉRAL.)

Gagneux c. le Procureur-général.   Appel de Blois, c.
M.e Moreau, avoc. plaid.   Arrêt du 22 août 1823.

---

546. QUAND il s'agit d'une action en interdiction pour cause de démence, et qu'il est reconnu que le défendeur jouit actuellement de l'usage de sa raison, il est libre aux demandeurs de se désister sur l'appel interjeté par le défendeur, de l'instance qu'ils ont introduite; et alors, d'après la simple acceptation de l'appelant, à qui il avait été donné un conseil judiciaire, le jugement doit être infirmé, et le défendeur réintégré dans la plénitude de ses droits.

Dans l'espèce, la demande en interdiction n'ayant point été interdite pour cause de fureur, elle n'intéressait point l'ordre public. La cause ayant cessé, tous les remèdes de la loi sont sans application, et la main-levée du conseil judiciaire a dû être prononcée.

Aug. Brault c. F.ois Brault.   Appel de Chinon, i.
M.es Marchand et Lair, avoués plaid.   Arrêt du 5 mai 1824.

---

547. C'EST uniquement au conseil de famille qu'il appartient de décider, qu'un interdit sera traité dans son domicile, ou sera placé dans une maison de santé, et même dans un hospice, selon les caractères de sa maladie et l'état de sa fortune. Les tribunaux ne peuvent prononcer sur ce point, sans sortir des limites de leurs attributions; et l'article 510 du Code civil n'est susceptible de recevoir aucune exclusion.

(PRÉSIDENCE DE M. COLAS DE LA NOUE, DOYEN DES CONSEILLERS.)

V.e Soupiron c. son fils, défaillant.   Appel de Romorantin, i.
M.e Légier, avoc. plaid.   Arrêt du 27 avril 1825.

•=•=•=•=•=•=•=•=•=•=•=•=• •=•=•=•=•=•=•=•=•=•=•=•=•=•=•=•=•=•=•

ARTICLE TRENTE-SEPTIÈME.

INTÉRÊTS.

—

Le prêt à intérêt n'a été consacré par la législation civile que depuis 1789. Les jurisconsultes les plus accrédités s'accordaient pour en condamner l'usage, comme contraire aux règles de l'Église. A Dieu ne plaise que je veuille aujourd'hui censurer la doctrine des savans canonistes, qui ont regardé l'intérêt de l'argent comme une véritable usure. « Prêter, dit » Domat, c'est faire plaisir, donc on ne peut prêter » que gratuitement, et il est contre l'ordre que celui » qui prête vende son bienfait *. » L'argent se consommant par l'usage, il est impossible de distinguer l'usage de la chose même. Ainsi, dit Pothier **, « re- » cevoir quelque chose pour le prix de l'usage de » l'argent, est une injustice semblable à celle de » celui qui vendrait pour un prix quelque chose » qui n'existerait pas. *Accipere usuram pro pecuniâ* » *mutatâ, est secundùm se injustum, quia venditur id* » *quod non est.* (St.-Thomas, *quæst.* 78, art. 1.) » Cette doctrine, regardée à présent comme rigou- reuse, s'appliquait à toutes les conventions civiles,

* Lois civiles, liv. 1.er, tit. VI.
** Traité du Prêt de Consommation, n.º 56.

et même aux matières de commerce. Pothier s'élève
avec force contre toute espèce de prêt à intérêt,
et quant à l'objection tirée de ce que le prêt d'argent est une sorte de contrat de louage, il la combat
en disant, que le prêteur d'une somme d'argent
donne à l'emprunteur le droit de la dépenser, ainsi
il lui transfère évidemment la propriété de la somme.
Ce jurisconsulte admet cependant le cas où le prêteur s'étant privé d'un profit certain et constant,
qu'il eût fait sur son argent, s'il ne l'eût pas prêté, il
aurait le droit d'exiger licitement des intérêts com-
pensatoires, *usuræ compensatoriæ;* d'après la maxime :
est iniquum damnosum cuique esse officium suum *. Si un
commerçant a fait fructifier une somme à lui prêtée,
l'accroissement, selon le même auteur, n'est qu'*ex
accidente;* car le marchand ne le doit qu'à sa propre
industrie, et non au prêteur, qui ne lui a donné
qu'une somme d'argent et rien de plus. « De même,
» ajoute le consciencieux Pothier, qu'un sculpteur
» qui a fait une statue qu'il a vendue un prix im-
» mense, ne doit néanmoins à l'ouvrier qui lui a
» fourni les ciseaux dont il s'est servi pour la faire,
» que le prix ordinaire des ciseaux, quoiqu'il n'eût
» pas pu faire la statue sans les ciseaux, etc. »

Domat, le premier des jurisconsultes qui a mé-
rité le nom de philosophe, par la hauteur de ses
vues en législation, et la profondeur de sa doctrine,
avait, avant Pothier, proscrit l'intérêt de l'argent
qu'il appelle usure. « *Ad usuram non commodaverit,*
» *et ampliùs non acceperit..... hic justus est, vitâ vivit.* »

---

* Traité du Prêt de Consommation, n.os 82 et 83.

(Ezech. cap. 18, v. 8.) Cependant Domat regardait comme licite l'intérêt de sommes d'argent dues par les débiteurs en demeure de payer ce qu'ils doivent[*] ; ce qui est conforme à la loi romaine. « *In* » *bonæ fidei contractibus, usuræ ex morâ debentur.* » (·L. 32, §. 2, ff. *de usur.*)

Puffendorf[**] examine la loi de Moïse, qui défend aux Israélites de se prêter à intérêt les uns aux autres, mais qui permet ce genre de contrat vis-à-vis les étrangers. « *Non fenerabis fratri tuo ad usuram* « *pecuniam... sed alieno* [***]. » Il démontre que les décisions intervenues sur l'application de ce précepte législatif, sont fondées, non sur le droit naturel, mais sur le droit positif. Le gouvernement des Hébreux étant en quelque sorte populaire, il était important de ne pas favoriser la trop grande inégalité des fortunes envers les citoyens.

On ne peut plus réellement admettre aujourd'hui dans nos lois civiles, la rigueur des anciens principes sur la proscription de l'intérêt de l'argent. Les communications, devenues habituelles entre tous les hommes, de nations différentes ; les relations multipliées du commerce, fruits heureux de la civilisation, ont rendu nécessaire de réprimer l'usure, mais ce mot ne doit plus être confondu avec celui d'un intérêt raisonnable et légitime. Le mouvement des affaires est dû à la facilité du prêt à intérêt.

---

[*] Lois civiles, liv. 3, tit. 5, chap. 1.

[**] Tome 2, liv. 5, chap. 7, §. 8 ; trad. de Barbeyrac.

[***] Deuter. cap. 33, v. 19 et 20.

En condamnant l'usage de ce contrat, nos anciens jurisconsultes regardaient comme permis, celui de la constitution de rente, qui n'est autre qu'un prêt perpétuel à intérêts. Dans ce cas, le débiteur renonce à réclamer le remboursement de son capital. (Art. 1909, *c. c.*) Cependant la loi, en maintenant la rente constituée, n'a pas voulu que le débiteur ne pût jamais se libérer; car il est un terme aux besoins de celui qui emprunte. L'article 1911 du Code civil a reconnu en principe, qu'une rente constituée est essentiellement rachetable, et que le terme le plus long, pendant lequel une rente ne pourra pas être remboursée sera de dix ans, délai le plus étendu qu'un créancier puisse imposer à son débiteur.

Le prêt, en général, est mis au nombre des contrats de bienfaisance : le prêt à intérêt n'appartient pas tout-à-fait à cette catégorie, nous devons en convenir; car, si le prêteur oblige celui qui reçoit l'argent, les intérêts que la loi lui permet d'en retirer, sont pour lui un dédommagement réel, un *fruit civil* qu'il perçoit, une location véritable de sa chose, qui, quoique fongible en elle-même, ne l'est point par le fait, dès lors que le débiteur s'est obligé à la rendre dans les mêmes espèces qu'il l'a reçue. Il est donc vrai de dire, qu'il n'en est pas d'une somme d'argent comme d'un cheval, etc.; car, si l'animal périt, l'emprunteur peut en rendre un autre de valeur égale, mais enfin l'objet n'est plus réellement le même; au lieu que, lorsque l'argent prêté a été consommé et converti en marchandises, à l'échéance de l'obligation, le débiteur rend

la même chose, en même nature, en mêmes espèces, et le créancier ne reçoit plus l'équivalent de
sa chose, mais sa chose elle-même.

Souvent le prêt est la cause du refroidissement
de l'amitié et des contestations les plus vives. Loysel,
dans ses *Instituțes coutumières* *, rapporte les vieilles
maximes de nos pères à ce sujet:

> Qui prête, non ra;
> Si ra, non tôt;
> Si tôt, non tout;
> Si tout, non gré;
> Si gré, non tel.
> Gardes-toi de prêter;
> Car, à l'emprunter,
> Cousin germain;
> Et à rendre....... **
> Et au prêter ami;
> Au rendre, ennemi.

L'annotateur de Loysel fait ici remarquer que Dumoulin, dans son *Traité des usures*, écrit en français,
rapporte une partie de ce proverbe, qu'il avait plusieurs fois entendu dire à son hôte, pendant qu'il
étudiait à Orléans. « Des paroles de l'Ecclésiasti-
» que, chap. 29, semble dériver un vieux proverbe
» que j'ai souvent ouï alléguer à mon hôte, lors-
» que j'étais jeune escolier à Orléans, qui était tel:

---

* Liv. IV, tit. 6, 1.

** On ne peut pas réellement, dans un livre de droit, transcrire
les expressions par trop naïves qui terminent ce vers, et que Don
Quichotte avait sans cesse à la bouche, quand il voulait réprimer la
trop grande liberté de son fidèle écuyer Sancho-Pança.

» *Si j'ai prêté à un ingrat, je ne l'ai pas reçu : si je l'ai*
» *reçu, non tout : si tout, non tel ; si tel d'ami, j'ai ac-*
» *quis ennemi.* Ce qui n'est dit que contre les trom-
» peurs et ingrats, etc. »

---

548. Le nouvel adjudicataire d'un domaine est saisi des droits
de son vendeur, et il doit remplir les conventions antérieures à
son adjudication. En conséquence, si le vendeur était débiteur
de sommes produisant intérêts à douze pour cent, constituées à
une époque où le taux de l'argent n'était fixé par aucune loi, ces
intérêts ne peuvent être ultérieurement réduits au moment de
l'ordre; autrement, la base des contrats serait renversée, et la
loi aurait un effet rétroactif. (Sur l'art. 1907, c. c.)

Margaritis, héritiers Courtois   Appel d'Orléans. i.
  c. Bobières.   Arrêt du 14 fév. 1812.

---

549. Une obligation à terme stipulée sans intérêts, et payable
à une époque déterminée, n'en produit point par cela même de
plein droit depuis l'échéance. En vain, dit-on, c'est punir un
créancier du retard qu'un débiteur met à s'acquitter, que de lui
refuser le paiement d'intérêts d'une somme dont le capital est exigible; on répond, que c'est au créancier à former son action, s'il
ne veut point perdre les intérêts de son capital. On ne peut
s'écarter de ces principes, sans renverser toute la législation
de la matière. (Sur les articles 1905 et 1907, c. c.)

Beauvilliers c. Chambon.   Appel de Pithiviers. c.
M.es Moreau et Baudry, &c. pl.   Arrêt du 15 juillet 1819.

●•●⟩●⟨●⟩●⟨●⟩●⟨●⟩●⟨●⟩●⟨●⟩●⟨●⟩●⟨●⟩●⟨●⟩●⟨●⟩●⟨●⟩●⟨●⟩●⟨●⟩●⟨●⟩●⟨●⟩●⟨●⟩●⟨●⟩●

ARTICLE TRENTE-HUITIÈME.

INTERLOCUTOIRE.

A L'ARTICLE fin de non-recevoir contre l'appel, nous avons rapporté diverses décisions relatives à des jugemens qualifiés *préparatoires et interlocutoires.*

Dans l'ancienne jurisprudence, quoique les auteurs s'accordassent à distinguer l'interlocutoire du simple préparatoire, *en ce que celui-ci n'était rendu qu'en attendant, et pour parvenir à un jugement définitif,* (Denizart verbo *Prépar.*); on regardait néanmoins l'interlocutoire comme un préparatoire, un préalable à remplir, mais qui est rendu après avoir examiné le fond, comme lorsqu'on ordonne, avant de faire droit une enquête, ou une descente sur les lieux, un plan, une visite *.

La loi du 3 brumaire an II, en statuant, article 6, qu'on ne pourrait appeler d'aucun jugement préparatoire, pendant le cours de l'instruction, et avant le jugement définitif, avait confondu les jugemens interlocutoires avec ceux purement préparatoires; car les articles 4 et 5 de cette loi qualifiaient préparatoires les jugemens qui ordonnent une enquête,

---

* Voir l'ancien Répertoire de Guyot, *Verb. interloc.*

ou une expertise. L'article 452 du Code de procédure civile, a pris le soin de définir ces deux sortes
de jugement d'une manière précise. Malgré cette
sage précaution de la loi, la nuance qui existe quelquefois entre ces jugemens est si délicate, que les
magistrats ont souvent une question de procédure
très-difficile à décider; les contestations de cette nature se reproduisent fréquemment devant les cours
royales. Nouvelle preuve de cette vérité, qu'en législation il n'est point de théories absolues et d'une
évidence authentique. Cette définition de la jurisprudence : *divinarum atque humaniarum rerum notitia
justi atque injusti scientia*, (Inst. lib. 1, tit. 1.er, §. *de
justitiâ et jure.*) est d'autant plus vraie qu'elle est
vague et générale.

---

550. Lorsqu'après un jugement qui a statué sur des contestations relatives au partage d'une succession, et qui renvoie les
parties à faire compte devant un notaire pour terminer l'acte de
liquidation, un des intéressés vient de nouveau se plaindre au
tribunal que le notaire a outrepassé la mission qui lui a été confiée, s'il intervient un second jugement qui ordonne une révision des opérations de la liquidation et du partage devant le
même notaire, sauf à revenir devant le tribunal, s'il s'élève de
nouvelles contestations; cette nouvelle sentence n'est qu'un avant
faire droit *préparatoire*, dont l'appel n'est point recevable : en
conséquence, les parties doivent retourner devant le notaire indiqué.

Héritiers Janson   Appel de Tours.
c. Gallet.   Arrêt du 11 août 1813.

---

551. Un jugement qui, avant de statuer sur le fond de la contestation, ordonne que, dans un temps déterminé, les parties
produiront leurs moyens et droits respectifs à un partage de famille, et qui nomme un séquestre pour administrer les biens du

défunt, n'est qu'un jugement préparatoire, qui ne préjuge en aucune manière quels pourront être les droits sur lesquels il y aura à statuer.

P. Diot c. Diot Barrois.   Appel de Tours. c.
Mes Moreau et Johanet, av. pl.   Arrêt du 20 avril 1814.

---

552. Un jugement interlocutoire, quoiqu'il prononce la réserve des droits des parties, est nul, s'il ne contient pas de motifs; car les motifs sont une des parties constitutives de tous les jugemens sans distinction. (Sur l'art. 141, pr.)

(PRÉSIDENCE DE M. BOSCHERON-DESPORTES, PRÉSIDENT.)

(M. RUSSEAU, AVOCAT-GÉNÉRAL.)

Joubert c. les créanciers Guépin.   Appel de Chinon. i.
Mes Moreau et Baudry, avoc. plaid.   Arrêt du 5 fév. 1817.

---

553. Un jugement qui ordonne la production d'un compte, n'est pour l'ordinaire qu'un simple jugement préparatoire, quand ce compte ne fournit aux juges qu'un moyen de s'éclairer sur le fond du procès, mais, s'il faut décider si un compte est dû ou non, s'il a été rendu ou s'il doit l'être, la solution de cette question préjugeant le fond du droit, ce jugement est interlocutoire. Dans l'espèce, il s'agissait de savoir si un compte de tutelle était dû, et la tutelle ayant fini avant l'émission du Code civil, on invoquait l'article 6 de la loi du 3 brumaire an II, qui n'admettait aucune différence entre les jugemens *préparatoires et interlocutoires*, et qui même se servait du mot *interlocutoire* pour désigner ceux qui aujourd'hui sont qualifiés *préparatoires*, c'est-à-dire, rendus seulement pour l'instruction de la cause. (article 452, pr.) La seule manière de bien se fixer sur le sens à donner au mot interlocutoire, est de désigner, par cette dernière expression, toute décision judiciaire qui préjuge le fond d'un point contesté; on ne peut donc regarder comme préparatoire un pareil monument émané de la justice.

(M. LE BARON ARTHUYS DE CHARNISAI, PR.^{er} PRÉSIDENT.)

(M. DESCHAMPS, AVOCAT-GÉNÉRAL.)

(Renvoi de cassation.)

De Limelle, Belleuvre, c. Muller.   Appel d'Angers. c.
Mes Moreau, Johanet, Légier, av. pl.   Arrêt du 5 mai 1819.

554. Un jugement qui rejète une demande faute d'avoir été précédée du préliminaire de conciliation, est un jugement définitif, et non interlocutoire, quoiqu'il réserve les dépens. Les premiers juges sont dessaisis, car l'instance se trouvera éteinte, si la cour, sur l'appel, confirme la sentence; et si elle l'infirme, la cause sera renvoyée devant un autre tribunal pour épuiser le premier degré de juridiction. (Sur l'article 472, *c. pr.*)

(PRÉSIDENCE DE M. DE LA PLACE, PRÉSIDENT.)

(M. DESCHAMPS, AVOCAT-GÉNÉRAL.)

(M. LAISNÉ DE S.te MARIE, CONSEILLER-AUDITEUR, RAPPORTEUR.)

Le colonel Séguier	Appel de Gien. i.
c. le Procureur-général.	Arrêt du 2 juin 1819.

555. Un jugement qui renvoie les parties devant un juge de paix, à l'effet d'entendre des témoins sur des faits tendant à constituer une servitude, de concilier les parties, s'il est possible d'y parvenir, et enfin de donner son avis sur le résultat de la mission qui lui est confiée, est un jugement préparatoire qui ne préjuge pas le fond, et dont l'exécution n'empêche point d'en interjeter appel en même temps que du jugement définitif.

Trottier c. Prévault et la v.e Moreau.	Appel de Chinon.
M.es Baudry et Moreau, avoc. plaid.	Arrêt du 17 mai 1820.

556. Lorsqu'en matière de revendication, les juges ordonnent une expertise, après l'examen des titres présentés par les parties, cette mesure constitue réellement un jugement interlocutoire qui préjuge le fond; on peut en conséquence se pourvoir par appel contre cette sentence. (Art. 451, *pr.*)

Proust c. Besnier.	Appel de Vendôme. i.
M.es Moreau et Baudry, av. pl.	Arrêt du 14 août 1822.

557. Un jugement qui impose à une partie l'obligation d'avouer ou de dénier des faits articulés par l'autre, afin d'en faire

usage pour obtenir la prescription, est un jugement interlocutoire. Dans l'espèce, l'objet du litige était de savoir, s'il s'agissait de statuer sur une servitude ou sur un droit de propriété :
ainsi, la preuve ordonnée avait pour but de préjuger le fond.
(Sur l'art. 451, *pr.*)

Leblond c. Bouchet.   Appel de Montargis. i.
Mes Plasman et Moreau, av. pl.   Arrêt du 27 juin 1823.

●ı●

ARTICLE TRENTE-NEUVIÈME.

INTERROGATOIRE SUR FAITS ET ARTICLES.

—

Au titre premier du livre onzième du Digeste, *de interrogationibus in jure faciendis,* se trouve le fondement de toute notre jurisprudence sur cette procédure. « *Ubicumque judicem æquitas moverit, opor-* » *tere fieri interrogationem dubium non est.*» (L. 21, ff. n. t.)

L'ordonnance de 1667, titre 10, n'a fait que re-produire les dispositions des ordonnances anté-rieures, qui avaient autorisé, en matière civile, à rechercher la vérité des faits articulés par une partie au moyen de l'interrogatoire de l'autre partie. L'ar-ticle 1 du titre de l'ordonnance de Louis XIV, et l'article 324 du Code de procédure, ont admis ce mode d'action en tout état de cause, c'est-à-dire, quand l'instance est liée; car, comme le remarque judicieusement M. Merlin : « il n'y a point de fin de non-recevoir contre la recherche de la vérité. »

L'article 4 de l'ordonnance de 1667 voulait, quand la partie assignée faisait défaut ou refusait de ré-pondre, que les faits fussent tenus pour confessés et avérés. Jousse, dans son commentaire sur cet article, n'admet d'exception qu'à l'égard du mineur assigné dans la personne de son tuteur. Les dispositions de l'article 330 du Code de procédure civile, sont infiniment plus sages ; c'est aux tribunaux à apprécier le motif du défaut, ou du refus de répondre. Le texte de l'article précité ne contient plus qu'une faculté abandonnée à la prudence des magistrats.

Un autre changement aux règles de l'ordonnance est relatif au serment que le juge était tenu de prendre de la partie interrogée (article 7) ; ce serment, dit Jousse, était ordonné à peine de nullité. L'article 334 du Code de procédure n'oblige plus la partie qu'à déclarer après son interrogatoire, si elle a dit la vérité, et si elle y persiste. L'orateur du gouvernement (le tribun Perrin) fit remarquer, avec raison, en présentant le projet de loi au corps législatif : « que ce serait abuser du serment que de « l'exiger de celui à qui on adresse des questions « contre son propre intérêt; que cette disposition « serait immorale, en ce que son effet le plus immédiat familiariserait les hommes avec l'idée du « parjure..... Il y a une immense différence entre « l'interrogatoire sur faits et articles, et le serment « décisoire que les parties peuvent respectivement « se déférer devant les tribunaux; car celui qui, « privé de toute autre ressource, a consenti de suivre « la foi de son adversaire, a bien le droit d'exiger « que le serment devienne pour lui un gage sacré « de la vérité qu'il espère obtenir. »

M. Merlin * fait observer « que le mot interroga-

---

* Répertoire, verb. interrog.

» toire ne s'emploie seul (au civil), que pour dé-
» signer les questions qui sont faites par le juge à
» une personne dont l'interdiction est poursuivie
» pour cause de démence, d'imbécillité ou de fu-
» reur, et les réponses de cette personne. » Ainsi,
dans tous les autres cas, matière civile, quand un
interrogatoire a lieu, ce n'est que sur faits et articles, et d'après la demande des parties en cause.

558. Du principe, qu'en tout état de cause, les parties peuvent respectivement demander à se faire interroger respectivement sur faits et articles pertinens, il résulte, que l'une d'elle
peut s'opposer à un jugement par défaut, qui a ordonné l'interrogatoire aux fins de discuter la pertinence des faits allégués.
(Sur l'art. 324, c. pr.)

J.ph Héret c. les h.ers de la Vergne.   Appel d'Orléans. c.
M.es Moreau et Légier, avoc. plaid.   Arrêt du 20 mars 1823.

559. Quoiqu'un interrogatoire sur faits et articles puisse être
demandé en tout état de cause, sans retard de l'instruction,
ni du jugement (article 324, c. pr.); cela ne peut préjudicier au
droit d'ordonner une continuation de la cause, surtout lorsque
les juges ne prononcent cette remise que d'après la nécessité
où ils sont de recommencer les plaidoieries, parce qu'un nouveau magistrat siège à l'audience, au jour où l'interrogatoire est
demandé.

(PRÉSIDENCE DE M. COLAS DE LA NOUE, DOYEN DES CONSEILLERS.)

Reyssier c. la v.e Louvet.   Appel de Montargis. c.
M.es Baudry et Légier, avoc. plaid. Arrêt du 1.er juillet 1824.

560. De ce qu'aux termes de l'article 325 du Code de procédure civile, l'interrogatoire sur faits et articles ne peut être ordonné que par un jugement rendu sur requête, cette disposition
ne peut avoir lieu qu'au cours d'une instance, et lorsque les

parties sont en cause. (Art. 324, *pr.*) Ainsi un appel interjeté par acte à personne ou domicile, est nécessaire pour que la cour soit saisie de l'examen d'une requête tendante à obtenir la réformation d'un jugement qui a déclaré la demande non fondée, par la raison, qu'en première instance, elle ne reposait point sur des faits précis et pertinens.

(PRÉSIDENCE DE M. COLAS DE LA NOUE.)

(M. PHIL. ARTHUYS, SUBSTITUT DU PROCUREUR-GÉNÉRAL.)

Girard, ex-huissier à Meun.	Appel d'Orléans.
M.ᵉ Cornu, avoué.	Arrêt du 25 mars 1825.

●•▪•●•▪•●•▪•●•▪•●•▪•●•▪•●•▪•●•▪•●•▪•●•▪•●•▪•●•▪•●•▪•●•▪•●•▪•●

ARTICLE QUARANTIÈME.

INTERVENTION.[*]

CET article, de même que les précédens, porte en lui-même la dénomination sous laquelle on doit l'entendre. La préposition latine *inter* devient française toutes les fois qu'elle s'identifie à un mot Français. C'est ainsi que la jurisprudence a consacré *l'intérêt*, *l'interlocutoire* et *l'interrogatoire*; quant à *l'intervention*, c'est l'action d'un individu qui entre dans un procès qui l'intéresse, et qui ne lui a pas été fait directement.

L'article 339 du Code de procédure n'est que la reproduction de l'article 28 du titre 10 de l'ordonnance de 1667. Il doit être donné copie de la requête d'intervention, « afin, dit Jousse, de connaî- » tre si la partie qui intervient a quelqu'intérêt dans » la cause, et que cela n'éloigne pas le jugement. » *Ne intervention malitiosè, et ad processum extrahendum fiat.* (L. *si suspectu*, ff. *de inoff*. *test.*) Mais comme elle peut retarder le jugement de la cause principale, quand l'affaire est en état (art. 340, *pr.*), la voie de la tierce-opposition est permise à ceux qui n'ont pas été appelés, lors d'un jugement qui porte pré-

---

[*] *Voyez* TIERCE-OPPOSITION.

judice à leurs droits (474, *c. pr.*) ; mais si une instance d'appel était ouverte, l'intervention est encore
facultative pour celui qui aurait pu attaquer le jugement par tierce-opposition. (Article 466, *pr.*) Ces
principes sont élémentaires, nous ne les rappelons
ici que parce qu'on les applique sans cesse dans la
pratique. On ne regardera point non plus comme su-
perflu de rapporter l'opinion de M. Merlin *, sur la
question de savoir si, en cause d'appel, les parties
principales peuvent forcer celles qui ont le droit
d'attaquer l'arrêt à rendre par tierce-opposition, à
intervenir quand elles ne le font pas elles-mêmes
volontairement. Ce jurisconsulte résout cette question d'une manière affirmative. « On ne fait, dit-il,
» aucun tort à la partie en la mettant en cause sur
» l'appel, et on ne la prive point d'un premier de-
» gré de juridiction ; car, si sur l'appel elle n'était
» pas mise en cause, et qu'elle formât ensuite
» tierce-opposition à l'arrêt, elle ne pourrait porter
» cette tierce-opposition ailleurs qu'à la cour d'ap-
» pel **. »

---

561. CELUI qui au cours d'une instance formée entre deux personnes, relativement à la validité d'une obligation, veut exercer
une action contre une des parties en cause à qui il a confié un
mandat, ne peut procéder par voie d'intervention ; mais il doit
en faire l'objet d'une demande principale, sur laquelle tous les
degrés de juridiction doivent être épuisés.

Hanapier, Desienne,   Appel de Pithiviers. c.
    c. Aubron.   Arrêt du 22 août 1816.

---

* Repertoire, *verb. intervention*, §. 1.er

** Voir un arrêt de la Cour de cassation, du 13 octobre 1807,
conforme à cette doctrine.

562. Quand en vertu d'un arrêt de la cour, il est procédé entre époux à une liquidation de communauté, les créanciers peuvent intervenir par requête, sans prendre la voie de la tierce-opposition; car s'agissant d'une liquidation, et non de l'appel d'un jugement qui l'a ordonnée, la procédure à suivre est celle de première instance. Tout créancier d'ailleurs a droit d'intervenir à ses frais au partage, pour empêcher qu'il ne soit fait en fraude de ses droits. (Sur l'art. 882, *c. c.*)

(PRÉSIDENCE DE M. LE BARON ARTHUYS DE CHARNISAI.)

(M. BARBOT DU PLESSIS, CONSEILLER, RAPPORTEUR.)

F.° Chapiotin, née Poissonnet, c. Chapiotin son mari, Roma et Beaumarié.   Exécution d'arrêt de la cour.

M.ᵉˢ Moreau, Légier et Baudry, av. pl.   Arrêt du 30 août 1820.

563. Des créanciers ne peuvent intervenir pour attaquer un acte fait par leur débiteur, lorsqu'à la date de sa confection ils n'avaient pas encore de droits acquis. Cependant, pour raison des erreurs, omissions ou doubles emplois dont l'acte pourrait être vicié, ils ont la faculté d'intervenir et de critiquer les actes produits dans un ordre pour justifier les collocations demandées à leur préjudice, et de plus pour exercer les droits de leur débiteur. (Sur les art. 1166 et 1167 du *c. c.*)

H.ᵉʳˢ Colineau c. Vaslin, Soulac, etc.   Appel de Chinon. i.

M.ᵉˢ Moreau, Baudry, Légier, Moreau fils, avoc. plaid.   Arrêt du 7 février 1822.

564. Les créanciers d'un débiteur qui n'attaquent point un jugement comme ayant été l'effet d'une collusion frauduleuse, et qui n'articulent aucuns faits à cet égard, ne peuvent intervenir qu'en faisant usage des mêmes voies qui seraient ouvertes au débiteur lui même.

(PRÉSIDENCE DE M. LE BARON ARTHUYS DE CHARNISAI.)

(M. RUSSEAU, AVOCAT-GÉNÉRAL.)

(Renvoi de cassation.)

La Masse Fumagalli, de Milan, c. Beddarides, etc.   Appel de Paris. i.

M.ᵉˢ Moreau et Légier, avoc. plaid.   Arrêt du 5 mars 1823.

565. Il est souvent difficile de saisir la nuance délicate qui distingue la forme d'une intervention, et qui la sépare du fond de cette même intervention; car, pour déclarer une intervention recevable et régulièrement formée, il ne suffit point toujours d'examiner, si elle est faite d'après les règles de la procédure; mais il faut en outre décider qu'elle se lie à une instance, d'où il suit, que même sur la forme, on ne peut se dispenser d'entrer dans le mérite du fond du procès.

Dans l'espèce, une intervention avait été formée, relativement à une instance, suivie sur l'appel d'un jugement qui avait subrogé un créancier aux droits d'un premier poursuivant une saisie-immobilière. La requête d'intervention était faite, quand le créancier subrogé fut intégralement désintéressé par le débiteur; alors celui-ci vint présenter une fin de non-recevoir contre l'intervention, motivée sur ce que le jugement rendu au profit du créancier qui avait été entièrement payé, ne pouvait plus avoir aucun résultat, et que dès lors, l'appel était sans intérêt.

Cette jurisprudence n'a point été admise par la Cour qui a décidé, au contraire, que si le remboursement fait par le débiteur poursuivi en expropriation forcée, avait complètement désintéressé personnellement le créancier subrogé aux droits du premier saisissant, sur le sort de l'appel du jugement qui a admis la validité de la subrogation, il n'avait pu priver les intervenans des droits qui leur étaient acquis par une intervention régulièrement formée antérieurement à ce paiement, et qui avait eu pour résultats de les substituer aux intimés sur l'appel, sauf aux appelans à faire valoir contre les intervenans, tous les moyens qu'ils auraient opposés aux créanciers poursuivans, si ceux-ci n'avaient pas été désintéressés.

(PRÉSIDENCE DE M. LE BARON ARTHUYS DE CHARNISAI.)

Mariés de Clerambault c. Sinnet, Baron et Boivin. Appel de Gien.
M.es Légier, Baudry, Moreau et Gaudry, av. pl. Arrêt du 28 janv. 1825.

566. Celui qui a renoncé à la succession de son père depuis sa majorité, en déclarant qu'il s'en tenait à sa qualité de créancier comme héritier de sa mère douairière, ne peut plus intervenir dans une instance en nullité des adjudications des biens

du père faites judiciairement au cours de sa majorité, et introduite par son frère, héritier sous bénéfice d'inventaire.

(PRÉS. DE M. LE BARON ARTHUYS DE CHARNISAI, PR.er PRÉSIDENT,)

(M. BOSCHERON-DESPORTES, AVOCAT-GÉNÉRAL.)»

Le c.te de Rochechouart et Max. de Roche-   Appel d'Orléans.
    chouart c. Poisson et autres.   Arrêt du 20 avril 1825.
M.es Moreau, Johanet, Légier et Baudry, avoc. plaid.

---

567. Il est admis en principe, qu'une demande en intervention est une action principale, susceptible d'être soumise aux
deux degrés de juridiction. En conséquence, l'appelant ne peut
demander que des individus qui n'ont point été parties en cause
en première instance, interviennent devant la cour. On doit
donner acte à celles-ci (défenderesses) de ce qu'elles n'entendent
aucunement s'immiscer dans la contestation portée à la cour
royale.

Mariés Ecosse c. les époux Quarré.   Appel de Loches.
M.es Moreau et Gaudry, avoc. plaid.   Arrêt du 25 août 1825.

ARTICLE QUARANTE-UNIÈ ME.

INVENTAIRE. (PAR COMMUNE RENOMMÉE.)

—

Dans les cas où un inventaire est requis, c'est une formalité tellement indispensable, qu'on permet même de constater par la preuve testimoniale les titres et les papiers domestiques, et même au besoin par *commune renommée*. Certes, l'état d'un mobilier, ainsi reconnu, ne peut être d'une parfaite exactitude, on le conçoit facilement; cependant, il est rare que le résultat d'un pareil inventaire puisse porter préjudice au dépositaire ou au possesseur des objets mobiliers que des héritiers réclament. Des témoins entendus sous la foi du serment, sont presque toujours très-réservés dans des dépositions qui, n'étant relatives qu'à des souvenirs, doivent passer sous silence plusieurs objets dont il ne reste plus aucune trace dans la mémoire.

Aux articles communauté et succession, se trouvent plusieurs décisions relatives aux inventaires qui suivent l'ouverture des successions. Lors de la dissolution de la communauté, la femme ou ses héritiers peuvent réclamer le bénéfice de l'inventaire

par commune renommée (article 1415, c. c.); mais
le mari n'est jamais reçu à faire cette preuve, car il
n'a tenu qu'à lui de se mettre en mesure de jouir de
l'avantage de la preuve prescrite par la loi.

---

568. Un inventaire de commune renommée n'a pas besoin,
pour être valable, d'être soumis à l'homologation du tribunal.
D'après la jurisprudence de la matière, aucune procédure particulière n'est spécifiée pour ces sortes d'inventaire. Ils ne sont
point, non plus que tout autre acte, assujétis à la formalité de
l'homologation. Ce n'est que dans le cas où il s'élève des contestations, que l'intervention de la justice est nécessaire. (Sur l'article 944, c. pr.)

V.e Bussière c. les h.ers Gauthier,   Appel de Tours. c.
M.es Johanet et Baudry, avoc. plaid.   Arrêt du 19 fév. 1819.

ARTICLE QUARANTE-DEUXIÈME.

JUGEMENT $\left(\begin{array}{l}\text{NULLITÉS DE........}\\\text{SIGNIFICATION DE}\end{array}\right)$.

———

Il n'est pas de fonction plus élevée et plus importante que celle de rendre la justice. *Jus suum cuique tribuendi*, les juges tiennent du prince un pouvoir qu'il a reçu du souverain juge lui-même, et que le monarque n'a délégué qu'en se réservant la plus belle de ses prérogatives, le droit de faire grâce. Ce n'est toutefois qu'en matière personnelle et afflictive, que le Roi peut faire remise de la peine à celui qui s'est rendu coupable ; mais lorsqu'il s'agit d'intérêts civils, Sa Majesté elle-même est soumise aux prescriptions de la loi, à cette expression publique de la volonté générale, sanctionnée par la puissance même du chef de l'état. De là cette ancienne maxime, *qui veut le Roi, si veut la loi.* « Le Roi, dit Loysel, est lui-
» même une loi animée *. »

La justice est nécessaire au bonheur des citoyens, et elle assure la tranquillité des gouvernemens : pourquoi donc l'application de ses décrets n'est-elle point

---

* Inst. cont., liv. 1.er, tit. 1, *in principio.*

invariable? pourquoi des hommes également animés d'un esprit d'équité, mûris par l'étude constante des lois, et par une longue expérience, sont-ils souvent entr'eux d'une opinion contraire sur un même objet de discussion? n'en recherchons la cause que dans cette faiblesse humaine compagne inséparable de notre nature, et à laquelle notre orgueil s'efforce en vain de se soustraire. Cette preuve irrécusable de notre imperfection, mêlée à l'idée d'une véritable perfection à laquelle nous désirons vainement atteindre sur la terre, nous révèle un être infini, dont la justice est immuable, et dont les hommes ne sont que les faibles dispensateurs. « *Et nunc, reges, intelligite, erudimini qui judicatis terram* *. »

Pour bien remplir les fonctions de juge, il ne suffit donc point d'être versé dans la connaissance des lois et de la jurisprudence, il faut encore apporter un cœur pur et dégagé de toute prévention. Qu'il est quelquefois difficile de ne se point faire illusion à soi-même, lorsque notre devoir nous oblige de prononcer sur des contestations qui intéressent des personnes avec lesquelles nous avons des liaisons et des rapports intimes! La fiction ingénieuse des anciens, qui représentaient Thémis les yeux voilés d'un bandeau et une balance à la main, doit être sans cesse présente à la pensée de ceux qui prononcent chaque jour sur le sort et la fortune de leurs semblables, et dont les décisions influent souvent pour toute la vie sur le bonheur de ceux qui demandent justice dans les tribunaux.

* *Psal.* 2.

Les législateurs ont pris soin de tracer des règles nécessaires à la validité des jugemens. Sans ces formalités indispensables, les arrêts de la justice seraient fréquemment surpris aux magistrats, par l'habileté d'un plaideur plus versé que son adversaire dans l'art de la chicane. La procédure est la sauve-garde du droit; il suit de là qu'un jugement qui ne serait pas conforme au mode de rédaction prescrit par la loi (art. 141, Code de procédure), ne serait pas un jugement, et ne pourrait pas avoir pour les parties l'autorité de la chose jugée.

C'était une question grave et très-controversée dans l'ancienne jurisprudence, celle de savoir si les juges avaient le droit de rétracter un jugement rendu sur un procès par écrit, lorsqu'il n'avait pas été signé. Plusieurs arrêts du parlement de Paris s'étaient prononcés pour la négative. On admettait cependant la possibilité d'une réformation, quand les parties faisaient des productions nouvelles. L'illustre chancelier d'Aguesseau écrivait en 1746, que l'opinion du parlement de Toulouse, qui admettait le délibéré tenu entre les juges *pro non lato*, lorsque de nouvelles réflexions se présentent, était fort douteuse, et que les suites peuvent en être fort à craindre.

M. Merlin donne ainsi la raison de cette indécision * : « parce qu'avant la loi du 24 août 1790, on » n'était point d'accord sur l'époque précise à la- » quelle un jugement sur procès par écrit était censé » formé et parfait..... Aujourd'hui, plus d'incerti- » tude ; ces jugemens, délibérés en chambre du

* Répert, *verb.* jugement, s. 3.

» conseil, devant être prononcés à l'audience, un
» jugement n'existe que quand il est prononcé, et
» jusqu'alors il peut être changé. »

Nous allons faire connaître plusieurs questions de
droit qui se rapportent aux nullités invoquées contre les jugemens, et qui s'attachent à une procédure
incorrecte. La jurisprudence de cet article comprendra aussi quelques décisions intervenues sur des
significations de sentence regardées comme irrégu-
lières par ceux qui ont à se plaindre de leurs dispositions.

569. LES préfets ont seuls le droit, comme chefs de l'administration départementale, de soutenir les contestations qui intéressent la propriété des domaines de l'état. En conséquence, un
jugement rendu, sans qu'ils soient partie en cause, est frappé
d'une nullité radicale. Le préfet est néanmoins recevable à intervenir sur l'appel, quand il n'a point été assigné en première
instance, et la cause doit être jugée, si elle est au fond susceptible de recevoir une décision définitive. L'article 69, §. 1 du Code
de procédure est formel. Le préfet seul, et non le directeur des
domaines, doit être en cause. Cet article, quoiqu'il ne désigne
que les défendeurs, est également applicable à l'état, quand une
action est dirigée au nom du domaine.

(M. PETIT-LAFOSSE, PREMIER PRÉSIDENT.)

(M. LE BARON SEZEUR, PROCUREUR-GÉNÉRAL.)

(M. BORDIER, CONSEILLER, RAPPORTEUR.)

Lebrun et autres   Appel d'Orléans, i.
c. l'administration des Domaines.   Arrêt du 1.er juillet
M.e Dinochau, avoc. plaid.   1812.

570. EN matière de revendication, quand par le résultat d'une
expertise ordonnée pour constater une anticipation dont on se
plaint, et l'interruption d'un chemin public, les juges reconnaissent que la distraction de ce chemin a eu lieu au moyen d'un

fossé, et que les parties, par leurs actes, se sont fait préjudice réciproquement, on ne peut ordonner le rétablissement du chemin à leurs frais communs. Cette question ne résultant point des conclusions des parties, le jugement est nul, comme rendu *ultrà petita*.

Marchin c. Pillard.   Appel de Gien, i.
M.ᶜˢ Moreau et Dinochau, avoc. plaid.   Arrêt du 7 août 1812.

571. LES affaires sommaires sont affranchies des formalités ordinaires de la procédure jusqu'au jugement; mais les sentences qui interviennent doivent contenir les qualités et autres parties constitutives du jugement, comme en toute autre matière. (Sur les art. 142 et 405, *c, pr.*)

La f.ᵉ Cuinier, née Ouvrard, c, son mari.   Appel de Tours.
M.ᶜˢ Johanet et Baudry, avoc. plaid.   Arrêt du 31 août 1814.

572. POUR qu'une partie puisse profiter des dispositions d'un jugement qu'elle a obtenu, il faut que la régularité de cette sentence s'étende jusqu'à sa signification. Ainsi, la signification d'un jugement, dont est appel, inscrite en marge, et qui ne fait pas mention de la personne à qui la copie a été remise, est nulle. Cette omission vicie l'acte d'une des formalités substantielles constamment observées dans l'usage, et on doit éviter ces omissions avec d'autant plus de soin, que cet acte tient lieu de signification à personne ou domicile, et fait courir le délai d'appel. Les dispositions relatives aux exploits d'ajournement sont applicables aux significations de jugement. (Art. 61, *pr.*)

Courtois c. Girard.   Appel de Blois, c.
M.ᶜˢ Baudry et Moreau, avoc. plaid.   Arrêt du 12 déc, 1816.

573. 1. UN jugement interlocutoire qui, dans son dispositif, ne rappelle point les faits admis à la preuve, quand les uns sont déniés et les autres sont avoués, est nul. Chaque témoin assigné doit trouver dans la copie qui lui est remise du dispositif de l'interlocutoire, le texte même des faits, objet de l'enquête. (Combinaison des art. 255 et 260, *pr.*)

a.   Lorsqu'un jugement interlocutoire est annulé pour vice de forme, et que le dispositif est maintenu, les parties doivent être renvoyées devant le tribunal saisi du fond; autrement, et en évoquant le principal, les parties seraient privées du double degré de juridiction. (Art. 473, pr.)

Joubert c. les créanciers Guépin.   Appel de Chinon, i,
M.rs Moreau et Baudry, avoc, plaid.   Arrêt du 5 fév, 1817.

574. Lorsque, devant la cour d'appel, une opposition à un arrêt par défaut est formée, et que, pour l'attaquer, on soutient qu'elle est non-recevable, et faite hors des délais de la loi, l'arrêt qui statue sur cette exception doit être motivé à peine de nullité, quand même il serait encore rendu par défaut. En vain, dit-on, cette fin de non-recevoir n'était qu'indiquée dans des conclusions transitoires, reproduites ensuite dans les qualités de l'arrêt, lesquelles ne sont que l'ouvrage des avoués, jusques et y compris le point de droit. Cette objection n'est que spécieuse, et rien ne peut dispenser les magistrats de motiver toutes leurs décisions. L'art. 141 du Code de procédure est formel, et s'applique aux exceptions, même à celles les plus évidemment mal fondées. C'est ce qu'a jugé la cour de cassation relativement à un pourvoi contre un arrêt de la Cour Royale de Paris qu'elle a annulé. Le fond du procès a été ensuite renvoyé devant la Cour Royale d'Orléans. (Voir n.° 575.)

(Renvoi de cassation.)

Boileau de Maulaville   Appel de Paris.
c. les h.ers Pothier.   Arrêt du 18 juin 1818.

575. Voici une nouvelle application du principe établi au numéro précédent : Un jugement qui déclare bonne et valable l'opposition formée à un autre jugement rendu par défaut, est nul, s'il n'est pas motivé; et tout ce qui a été fait en vertu de cette sentence est également entaché de nullité. On ne peut combattre cette doctrine en alléguant que le second jugement rendu sur l'opposition n'est que la suite et la conséquence du premier, lequel n'avait pas été attaqué; ce qui devait faire regarder la nullité comme étant couverte. Ce raisonnement ne peut se soutenir, car

on ne peut étendre l'appel d'une sentence à une autre qui a précédé, et qui évidemment est étrangère au second jugement à l'égard
de ceux qui n'ont interjeté appel que de ce dernier. (Voir n.° 577.)

Bourassé c. les h.ers Rassereau.   Appel de Tours. i.
M.es Moreau et Baudry, avoc. plaid.   Arrêt du 9 déc. 1818.

576. Les jugemens qui sont rendus en matière d'ordre, après
le rapport du juge-commissaire et les conclusions du ministère
public, ne doivent pas être précédés des plaidoieries des avoués.
On combattait cette décision en disant que les parties étant représentées par leurs avoués, en audience publique, on ne pouvait, sans violer les règles ordinaires de la procédure, priver les
parties de l'avantage d'une discussion contradictoire. La réponse
à ces raisonnemens fut que les dires et les contredits ayant été
fournis et débattus auparavant le renvoi à l'audience, et le rapport du juge-commissaire n'ayant été dressé que sur ces pièces
de procédure, il ne serait pas décent de voir le rapport d'un magistrat censuré par un officier ministériel. (Voir n.° 589 et 592.)
(Sur les art. 761 et 762, pr.)

(PRÉSIDENCE DE M. LOYRÉ, PRÉSIDENT.)

(M. RUSSEAU, AVOCAT-GÉNÉRAL.)

Desniau c. les syndics Deslandes,   Appel de Tours. c.
M.es Baudry et moreau, avoc. plaid.   Arrêt du 25 fév. 1819.

577. Les Cours Royales doivent annuler un jugement non motivé, lors même que sur l'appel les parties ne concluent point à
la nullité du jugement. L'article 141 du Code de procédure impose à tous juges, et d'une manière impérative, l'obligation de
motiver leurs jugemens. (Voir n.° 574 et 575.) Cette nullité est
d'ordre public, et les magistrats supérieurs ne peuvent sanction-
ner un acte vicieux dans sa substance.

Courtandeau et Bichon c. Grison.   Appel de Romorantin. i.
M.es Légier et Pailliet, av. pl.   Arrêt du 19 mai 1819.

578. Un avocat, ancien magistrat, mais qui n'a prêté aucun
serment comme avocat devant la Cour, ne peut être admis à sié-

ger dans un tribunal du ressort, en cas d'empêchement d'un juge. Les jugemens auxquels il peut avoir concouru sont entachés d'une nullité radicale.

(PRÉSIDENCE DE M. COLAS DE LA NOUE, DOYEN DES CONS.ers,)

(M. RUSSEAU, AVOCAT-GÉNÉRAL,)

Bastard c, Bodin et Chevalier.   Appel de Chinon, i,
M.es Johanet et Moreau, avoc. plaid,   Arrêt du 14 juillet 1820.

---

579. QUAND on demande la nullité d'un jugement pour violation des formes de la procédure, on ne peut opposer à cette nullité une fin de non-recevoir résultant de ce qu'elle aurait été couverte par des conclusions au fond. L'article 170 du Code de procédure ne s'applique qu'aux nullités d'exploits et des autres actes de procédure, mais non aux nullités de jugement. Ces dernières nullités sont d'ordre public, et sont toujours recevables à être proposées; car il ne peut dépendre d'une partie d'attribuer à une sentence un caractère qu'elle n'a point.

(PRÉSIDENCE DE M. LOYRÉ, PRÉSIDENT DE CHAMBRE,)

(M. RUSSEAU, AVOCAT-GÉNÉRAL,)

H.ers Coudray c. Meunier.   Appel de Tours. i.
M.es Légier et Moreau, avoc. plaid.   Arrêt du 28 juillet 1820.

---

580. UN jugement d'un tribunal de commerce rendu par deux juges et un suppléant qui *y assistaient et concouraient*, et avec *l'assistance* d'un autre juge suppléant, est régulier et ses dispositions doivent être maintenues. Il résulte de l'énonciation précitée, que les trois premiers magistrats seulement ont concouru au jugement, et que l'autre suppléant était présent, sans y avoir concouru, ce qui ne peut entacher de nullité la sentence. (Art. 506 du *c. com.*)

(PRÉSIDENCE DE M. DE CHAMPVALLINS, CONSEILLER.)

Delavergne c. Bourbault.   Appel de Tours, c.
M.es Moreau et Baudry, avoc. plaid.   Arrêt du 11 avril 1821.

---

581. LORSQU'UN jugement est rendu sur le rapport d'un juge-commissaire, et d'après l'intimation par lui faite à toutes les par-

ties de se trouver à l'audience indiquée, l'absence de l'une d'elles au jour fixé n'enlève point toujours au jugement le caractère contradictoire. Le contrat judiciaire ayant été formé, et l'instruction complettée régulièrement, le jugement ne peut plus être attaqué dans les formes légales que par la voie de l'appel. (Art. 111 et 113 *pr. combinés.*)

(PRÉSIDENCE DE M. LE BARON ARTHUYS DE CHARNISAI.)

(M. DE LA TAILLE, SUBSTITUT DU PROCUREUR-GÉNÉRAL.)

Héritiers Michaux c. Augibert.　　　Appel de Chinon, i.
M.es Vilneau et Légier, avoc. plaid.　Arrêt du 20 juin 1821.

---

582. DES juges suppléans près un tribunal de commerce ne peuvent que remplacer leurs collègues absens; de telle sorte que, si le tribunal est composé du nombre de juges titulaires exigé par la loi, le *concours* en outre d'un ou plusieurs suppléans qui montent à l'audience, vicie le jugement et le rend nul et illégal. (Sur l'article 626, *c. com.*)

Rivière-Pannetier c. Pannetier-Blot.　Appel du tribunal de commerce
　　　　　　　　　　　　　　　　　　　　　　　de Tours, i.
M.es Moreau et Légier, avoc. plaid.　Arrêt du 17 mars 1822.

---

583. LORSQUE le contrat judiciaire est formé par un jugement interlocutoire qui ordonne un rapport d'experts; après l'exécution de l'expertise, le tribunal ne peut statuer sans qu'il soit donné à *venir* préalable, l'audience devant être poursuivie sur un simple acte, à la requête de la partie la plus diligente, autrement, le jugement est radicalement nul. (Sur l'art. 321, *pr.*)

(M. COLAS DE LA NOUE, PRÉSIDANT L'AUDIENCE.)

Royer et sa f.e c. la v.e Sicard.　　Appel de Chinon. i.
M.es Moreau et Vilneau, avoc. plaid.　Arrêt du 20 nov. 1822.

---

584. UN jugement qui statue sur des conclusions du procureur du Roi, qui ne concernent pas l'ordre public, est nul, quand elles ne sont pas conformes aux demandes des parties. Le procureur du Roi n'a point qualité pour conclure en matière civile et pri-

vée, au-delà surtout de ce que réclament les parties. Dans ce cas, la sentence est nulle, comme étant rendue *ultrà petita*.

Faguéret et autres c. Martin.   Appel de Pithiviers, i.
M.es Moreau et Légier, avoc. plaid.   Arrêt du 26 juin 1823.

585. En matière de commerce, on peut ordonner d'office tout ce qui tend à éclaircir le procès. Ainsi, les tribunaux ont la faculté, après avoir ordonné une enquête, d'en prescrire une seconde; et, comme il n'y a pas d'expressions sacramentelles dans le mode de procéder, si après avoir prononcé au principal, les juges statuent que, subsidiairement, tel autre fait sera admis à la preuve, le jugement n'est pas pour cela entaché de nullité. (Sur les art. 407, 408, 432, c. pr.)

Blondeau c. Caillard, fils.   Appel du trib. de com. de Blois. c.
M.es Baudry et Légier, av. pl.   Arrêt du 28 août 1823.

586. La signification d'un jugement qui prononce la contrainte par corps, et qui émane d'un tribunal de commerce étranger même au ressort de la Cour Royale, peut être faite par un huissier du lieu du domicile du débiteur, commis par ce tribunal. Cette jurisprudence a été controversée. Un arrêt de la cour d'appel d'Orléans du 26 décembre 1810, avait jugé que les tribunaux consulaires ne peuvent commettre d'huissier que pour la signification des jugemens par défaut seulement. Ce mode de décision est contraire au n.° 2 de l'article 780 du Code de procédure, qui laisse au tribunal la faculté de commettre un huissier; car, à défaut de faire cette désignation, la signification de la sentence est faite par le président du tribunal de première instance du lieu où se trouve le débiteur. La commission donnée à un huissier par un tribunal de commerce n'est point un acte d'exécution du jugement, ce qui est interdit par l'article 442 du Code de procédure; mais c'est un moyen d'arriver à l'exécution du jugement, en donnant à cet acte toute la régularité dont il est susceptible.

Grivot c. Chotard.   Appel d'Orléans. (Trib. de com.) c.
M.es Gaudry et Légier, av. pl.   Arrêt du 11 décembre 1823.

587. Un jugement n'est pas nul parce qu'il n'est pas mentionné

sur la grosse, que le juge suppléant qui y a concouru, n'a siégé qu'en remplacement des juges titulaires. Le constat de la présence du juge suppléant établit de fait et suffisamment l'empêchement des magistrats du tribunal. La non-mention de ce fait est une irrégularité, mais non une nullité qui ne peut résulter que des termes formels de la loi.

Delamothe-Jamet c. Archambault.   Appel de Chinon, i.
Mrs Baudry et Moreau, av. pl.   Arrêt du 5 mars 1824.

---

588. Lorsqu'un juge suppléant est appelé comme départiteur en cas de partage pour vider une fin de non-recevoir opposée à un incident élevé par le défendeur, ce juge suppléant se trouve également saisi du mérite de la demande incidente au fond. Il convient de rendre cette décision sensible par un exemple : Un fermier, après la résiliation de son bail, est condamné à des dommages-intérêts envers le demandeur, en raison du défaut d'exécution de ses obligations : cependant il forme incidemment une demande en indemnités contre le propriétaire, parce qu'il a joui d'une contenance de terres moindre que celle indiquée dans son bail ; alors le propriétaire défendeur à cet incident, oppose une fin de non-recevoir fondée sur ce que cette action n'a point été intentée dans l'année, à partir du jour du contrat (art. 1622 et 1765, c. c.). Sur l'examen de cette difficulté, les juges déclarent qu'ils sont partagés d'opinions ; on appelle un magistrat départiteur ; celui-ci se trouve saisi de l'appréciation de la *f. n. r.*, et également du mérite de l'incident en lui-même. Sans doute, il est permis de dire, jusqu'à un certain point, que le partage des opinions n'a eu lieu qu'à cause de la discussion de la fin de non-recevoir, car autrement les juges auraient rejeté cette exception ; d'où l'on tire la conséquence que le tribunal n'a point fait frapper sa décision sur le mérite de la demande incidente en indemnité pour défaut de contenance des terres ; mais on répond ainsi à cette objection : la fin de non-recevoir est ici liée étroitement au fond de l'incident, et les juges en se déclarant partagés d'opinions ont pu s'occuper de toute la contestation.

Cependant si, lors du débat renouvelé devant le juge départiteur, le fermier demandait à faire interroger son adversaire sur faits et articles, le juge suppléant est sans qualité pour prononcer sur cette demande nouvelle, sans entacher de nullité le jugement qui statue alors sur un objet différent de celui pour lequel le juge départiteur a été appelé.

(PRÉSIDENCE DE M. COLAS DE LA NOUE, DOYEN DES CONSEILLERS.)

Reyssier c. la v.e Louvet.   Appel de Montargis. i.

M.es Baudry et Légier, avoc. plaid.   Arrêt du 1er juillet 1824.

---

589. Un jugement d'ordre n'est pas nul pour n'avoir point été précédé de plaidoiries avant le rapport du juge-commissaire. (Voir n.o 576 et 590.) S'il est vrai de dire que le rapport ordonné par l'article 762 du Code de procédure, n'est point assimilé à un rapport sur délibéré; (Art. 111, c. pr.) on doit néanmoins considérer qu'en matière d'ordre, les avoués produisant par écrit leurs dires et contredits, s'ils ne demandent point à les discuter en plaidant, avant le rapport du magistrat, ils ne peuvent plus ensuite élever de nullité contre le jugement rendu, après le rapport du commissaire, et les conclusions du ministère public. (Voir n.o 576 et 592.)

Guillonet c. la d.lle Girois.   Appel d'Orléans. c.

M.es Gaudry et Baudry, avoc. plaid.   Arrêt du 12 août 1824.

---

590. Les dispositions de l'article 411 du Code de procédure sont impératives, et leur inobservation entraîne la nullité du jugement. Ainsi, en matière sommaire, un tribunal reconnaît un commencement de preuve par écrit de l'existence d'un marché, et une enquête est ordonnée; le résultat de cet interlocutoire ne paraît pas concluant; cependant les juges décident la cause sans avoir égard à l'enquête. Mais du moment que l'appel de ce jugement est interjeté, le procès-verbal d'enquête doit être rapporté : autrement, il serait impossible à la cour royale d'apprécier la régularité de l'enquête, et le mérite du jugement qui en a été la conséquence.

(PRÉS. DE M. LE BARON ARTHUYS DE CHARNISAI, PR.er PRÉSIDENT.)

Floceau c. Gatien de Clerambault.   Appel de Tours. i.

M.es Moreau et Gaudry, avoc. plaid.   Arrêt du 20 avril 1825.

---

591. Lorsque des jugemens sont opposés au cours d'une instance, ce n'est point par action principale qu'on peut les attaquer,

mais par les formes et dans les délais établis par la loi. Dans l'espèce, il s'agissait d'une action en nullité d'une adjudication de biens de mineurs, et l'on disait, pour repousser cette demande, que présenter une action en nullité d'un jugement au tribunal d'où il émane, c'était vouloir que ce tribunal détruisît son propre ouvrage; et, en d'autres termes, lui demander de renverser aujourd'hui les dispositions d'une sentence qu'il a rendue à une époque antérieure. On ajoutait : les jugemens d'adjudication sont de véritables jugemens, qui ne sont prononcés qu'après la sanction de tous les actes qui ont précédé l'adjudication. A l'appui de ces raisonnemens, on citait un arrêt de la Cour de cassation, du 6 février 1822, rendu dans une cause *Abautret*, et rapporté au tome LXIII, page 225 du *Journal du palais*, lequel arrêt a décidé, que ce n'est que par la voie ordinaire de l'appel qu'on peut attaquer un jugement d'adjudication définitive, tant en matière de saisie-immobilière, que lorsqu'il s'agit d'une licitation de biens de mineurs.

On répondit à ces objections : les biens ont été aliénés au nom de l'un des mineurs par sa mère, tutrice, et qui ne procédait pas en vertu d'un avis de parens régulier, car aucune des sentences d'adjudication ne lui avait été signifiée. On n'a dû voir dans la réclamation du mineur qu'une simple action pétitoire; l'arrêt *Abautret* cité, n'est pas applicable. Dans ce procès, un tuteur demandait, par action principale, la nullité d'une adjudication dans laquelle il avait été partie, ce qui démontre que ce tuteur n'était aucunement fondé à invoquer le bénéfice des art. 466, 839, 840 et 1314 du Code civil.

(PRÉSIDENCE DE M. LE BARON ARTHUYS DE CHARNISAI.)

(M. BOSCHERON-DESPORTES, AVOCAT-GÉNÉRAL.)

Le c.te de Rochechouart et Max. de Roche-   Appel d'Orléans.
    chouart c. Poisson et autres.   Arrêt du 20 avril 1825.
M.es Moreau, Johanet, Légier et Baudry, avoc. plaid.

---

592. UN jugement rendu en matière d'ordre, n'est point nul pour avoir été rendu, sans avoir voulu entendre les plaidoiries des parties (voir n.° 576 et 589.) Pour l'opinion contraire, on invoquait l'article 761 du Code de procédure civile, qui veut que les parties soient citées à l'audience sur un simple acte d'avoué à

avoué. Elles doivent donc être admises à plaider pour soutenir les moyens qu'elles présentent à l'appui de leurs prétentions. L'article 111 du Code de procédure, qui interdit la parole aux défenseurs après les rapports et conclusions du ministère public, est placé au titre des délibérés et instructions par écrit, et ne peut s'appliquer aux ordres. On répondit : l'instruction, en matière d'ordre, est spéciale, et ne se réfère pas aux autres dispositions du Code de procédure. L'article 762, *pr.*, est formel : le jugement doit être rendu sur le rapport du juge-commissaire et les conclusions du ministère public; outre cela, cet article, n'imposant pas aux tribunaux l'obligation d'entendre les plaidoiries des avocats, on ne peut admettre une nullité qui n'est point prononcée par la loi.

(PRÉSIDENCE DE M. COLAS DE LA NOUE, DOYEN DES CONS.ers)

(M. LAISNÉ DE S.te MARIE, SUBSTITUT DU PROCUREUR-GÉNÉRAL.)

V.e Deloynes d'Estrées.　　　　　　Appel d'Orléans.
c. les h.ers Fouqueau-Pussy.　　　　Arrêt du 29 avril 1825.
M.es Johanet et Légier, avoc. plaid.

---

593. LA nullité que l'on fait résulter de ce qu'un jugement interlocutoire n'a pas été motivé, n'est pas d'ordre public, mais elle est réglementaire et relative. Ainsi, elle est couverte, s'il n'y a pas eu d'appel de la sentence interlocutoire avant le jugement définitif.

(PRÉSIDENCE DE M. RUSSEAU, PRÉSIDENT DE CHAMBRE.)

Ours-Bonnet c. Boudier.　　　　　　Appel de Loches, c.
M.es Baudry et Vilneau, av. pl.　　　Arrêt du 28 juillet 1825.

---

594. UN jugement qui, sur la plainte du procureur du Roi, prononce des peines de discipline contre un officier public ou ministériel, ne peut être rendu en chambre du conseil, mais il doit être prononcé en audience publique, autrement, il est nul. (Sur l'art. 53 de la loi du 25 ventose an XI, et autres articles de cette loi.)

(PRÉS. DE M. LE BARON ARTHUYS DE CHARNISAI, PR.er PRÉSIDENT.)

(M. MIRON DE L'ESPINAY, PROCUREUR-GÉNÉRAL.)

D....., notaire, c. le Proc.-gén.　　　Appel de Gien, i.
M.e Gaudry, avoc. plaid.　　　　　　Arrêt du 17 août 1825.

JUR.

ARTICLE QUARANTE-TROISIÈME.

JURY. (JURÉS. *)

—

L'INSTITUTION du jury remonte par le fait aux temps les plus anciens. Chez les Athéniens les juges du *fait* étaient de véritables jurés. Aristote nous apprend **, que les archontes présidaient les dix tribunaux établis à Athènes, composés de citoyens âgés de trente ans, de bonnes mœurs, et ne devant rien au trésor public. Chacun de ces juges déposait dans une urne d'airain le caillou noir ou blanc, selon qu'il voulait condamner ou absoudre.

A Rome, après la publication de la loi des XII tables, le préteur dressait tous les ans la liste des citoyens établis juges des *questions perpétuelles*. Ils jetaient également dans une urne la lettre initiale qui exprimait leur décision. *A absolvo, C condemno, N L non liquet;* par ces dernières expressions, l'accusé était renvoyé à une information nouvelle. Valère

* Cette expression est dérivée du mot *serment (juramentum)* exigé des Jurés. (Art. 312, c. inst. crim.)

** Liv. 2, chap. 2.

Maxime * et Cicéron ** donnent des détails sur cette procédure.

Chez les anciens peuples du Nord, en Suède, en Angleterre, en Allemagne, en France même, l'instruction par jurés était en usage à une époque très-reculée. Ce n'est que lorsque le droit fut devenu une science pratique, et que dans l'intérêt de leurs sujets, nos Rois eurent commencé à abaisser la puissance des comtes et des seigneurs, que l'exercice du pouvoir judiciaire résida tout-à-fait et exclusivement entre les mains de juges revêtus de charges publiques. Le président Hénault, dans ses remarques sur l'histoire de France ***, a donné sur cette matière une dissertation pleine d'intérêt et d'érudition.

Considérée sous un point de vue philosophique, l'institution du jury réunit de grands avantages, depuis trente-quatre ans qu'elle est introduite parmi nous ****, elle a subi plusieurs réformes, et nos législateurs se sont souvent occupés de la perfectionner. Les modifications et les changemens que la loi du jury réclame, ne peuvent être que l'œuvre du temps et d'une longue expérience.

L'indépendance des jurés n'est point une chimère. Leur pouvoir est grand, car ils décident de l'honneur et de la vie des citoyens, mais il ne peut être dangereux, puisqu'il n'est qu'instantané. Le sort appèle un citoyen à être juge de ses pairs, et c'est

---

* *Lib.* 1, *cap.* VIII.
** *Orat. pro Cluentio.*
*** Sur la 3.e race.
**** Loi du 16 septembre 1791.

seulement au moment où il va exercer ses fonctions, que sa mission lui est confiée. Dès que le juré a prononcé sa déclaration, ses pouvoirs cessent, il rentre dans la société, et sa conscience seule a le droit de l'interroger sur la manière dont il a rempli ses devoirs.

---

595. Celui qui est dans les ordres sacrés, mais qui n'exerce point de fonctions ecclésiastiques, ne peut pas être compris dans la liste des jurés. L'article 354 du Code d'instruction criminelle, qui déclare les fonctions de juré incompatibles avec celles de ministre d'un culte quelconque, est applicable à tout prêtre qui n'a point été sécularisé par un bref du Pape.

Cette décision est sage et judicieuse. Un prêtre est revêtu d'un caractère sacré et ineffaçable, tant qu'il n'a point été relevé de ses vœux.

(M. COLAS DE LA NOUE, PRÉSIDENT.)

M. M......   Cour d'Assises de Blois.
le Procureur-général.   Arrêt du 20 nov. 1823.

---

596. Un membre du conseil des prud'hommes ne peut être dispensé du service de juré. On opposait à cette interprétation de l'article 384 du Code d'instruction criminelle, que les prud'hommes remplissent dans leur conseil les fonctions de juge, et de même que les membres du tribunal de commerce ne peuvent faire partie d'un jury pendant la durée de leur exercice, il doit y avoir une raison d'analogie pour les prud'hommes, véritables juges des contestations qui s'élèvent entre les ouvriers et les fabricans. On répondit avec avantage, que les prud'hommes sont des arbitres forcés plutôt que des juges; ils reçoivent d'ailleurs leurs commissions des préfets, tandis que tous les juges, à quelque juridiction qu'ils appartiennent, ne sont nommés et institués que par le Roi. (Application de l'article 57 de la Charte constitutionnelle.)

(M. COLAS DE LA NOUE, PRÉSIDENT.)

(M. DESCHAMPS, AVOCAT-GÉNÉRAL.)

M. G.. M....   Cour d'Assises d'Orléans.
c. le Procureur-général.   Arrêt du 12 janv. 1824.

TOME I.   24

•o•o•o•o•o•o•o•o•o•o•o•o•o•o•o•o•o•o•o•o•o•o•o•o•o•o•o•o•

ARTICLE QUARANTE-QUATRIÈME.

LÉGITIMITÉ.

(POSSESSION D'ÉTAT D'UN ENFANT.)

L'UNIQUE source de la légitimité des enfans est le mariage de leur père et mère. «*Filium cum definivi-* » *mus qui ex viro et uxore ejus nascitur* [*]. Le mariage, » dit Domat, étant la seule voie légitime de la pro- » pagation du genre humain, il est juste de distin- » guer la condition des bâtards de celle des enfans » légitimes [**]. »

Il n'est pas de matière qui ait donné naissance de- vant les tribunaux à de plus graves questions, que les causes qui concernent la réclamation d'état d'en- fant légitime. Un avocat célèbre, dont les plaidoyers sont des modèles de dialectique et d'éloquence, Co- chin a soutenu avec toute l'énergie dont il était ca- pable, que la possession publique de l'état de mari et de femme suffisait pour assurer la légitimité d'un enfant qui avait perdu tous les titres qu'il aurait

[*] *L. 6, ff. de his qui sui vel alieni juris sunt.*
[**] Lois civiles, tit. prél., sect. 1.re, n.o 3.

pu produire à l'appui. « La présomption, dit-il, est
» toujours pour la possession publique et paisible;
» autrement, on courrait risque de dégrader un en-
» fant, élevé tranquillement dans la maison de ses
» père et mère, comme le fruit légitime de leur
» mariage. Il se repose sur son état et sa possession,
» et jouit en conséquence. S'il peut déchoir de son
» état faute de rapporter les titres primordiaux, c'est
» le réduire à l'impossible *. »

Les décisions de la Cour Royale qui vont être rap-
portées, seront peu nombreuses. Au mot Mariage,
il s'en trouvera quelques autres qui se réfèrent à
des nullités invoquées contre l'acte de l'union conjugale, et dont les conséquences viennent réfléchir
sur les enfans issus de mariages irrégulièrement
contractés.

Les Romains nous ont transmis leurs lois et leurs
principes sur l'état des enfans. L'antique adage, *is
pater est quem justæ nuptiæ demonstrant*, est reproduit
textuellement dans l'article 312 du Code civil. L'article suivant semble apporter le correctif à la sévère
disposition qui vient d'être énoncée : mais la loi ne
permet la preuve de la non-paternité qu'au moyen
de celle de l'adultère de la femme, qui doit essentiellement précéder l'action en désaveu. Il faut en
outre que la naissance de l'enfant ait été cachée au
mari. (Article 313, c. c.) En vain, sans cette circonstance, éleverait-il la voix contre une épouse notoi-
rement dissolue! on réduirait ces époux malheureux au silence, par ce texte de la loi romaine :

* Œuvres de Cochin, tome 3, p. 247.

« cùm possit et uxor adultera esse, et impuber patrem
» (maritum) habuisse *. »

---

597. Un acte extra-judiciaire fait par un enfant ou par son
tuteur légal aux héritiers du mari, relatif à la prétention de l'enfant à la légitimité, constitue le trouble de la possession d'état
dont les héritiers du mari avaient joui jusqu'alors, comme étant
les seuls enfans légitimes.

Il est nécessaire, vu l'importance de cette décision, de lui
donner ici quelques développemens. On disait : il faut une action
directe de la part de celui qui se prétend enfant légitime pour
constituer le *trouble* dans la possession des biens du mari, d'après
l'article 317 du Code civil. Ce trouble légal ne peut avoir lieu que
par des voies de fait ou des actions judiciaires. C'est l'interdit des
Romains *uti possidetis*, remplacé dans nos lois par l'action en com-
plainte.

« Cette action, dit Jousse, a lieu au moyen d'une opposition
» ou d'une demande judiciaire, pour empêcher le possesseur
» d'un bien d'en jouir **. » La loi a donc voulu que les héritiers
fussent avertis d'une manière non équivoque, par un trouble réel
dans la possession. On ajoutait : il est impossible de s'arrêter à
cette idée admise par la cour de cassation ; qu'un acte, même
extra-judiciaire, par lequel l'enfant notifie aux héritiers ses prétentions à la légitimité, et par conséquent à sa part héréditaire
dans les biens de la succession, soit un trouble dans le sens
légal. La loi n'a pas voulu qu'on procédât, par induction, par
analogie, ou par extension, et que des prétentions à la légitimité
fussent regardées comme des prétentions à la part héréditaire.
Ce serait donner à l'art. 317 du Code civil un sens tout-à-fait
équivoque de supposer que le législateur se fût borné à n'exiger
que des prétentions vagues à l'état d'enfant légitime ; mais l'article précité ne parle point de prétentions ; il s'explique d'une
manière précise, en disant que la faculté de contester la légitimité ne pourra avoir lieu que lorsque les héritiers auront été

---

* *L.* 2, §. 9, *ff. ad Juliam, de adulteriis.*

** Comment. sur l'Ordonnance de 1667, tit. 18, art. 1er verbo ;
si aucun est troublé.

troublés dans la jouissance réelle, positive et matérielle des biens. « Les lois, dit Montesquieu, ne doivent pas être subtiles, » parce qu'elles sont écrites pour des hommes de médiocre en- » tendement. » Celui qui élève des prétentions à être regardé comme enfant légitime, ne cause point par cela même un trouble véritable à ceux qui sont en possession des biens de celui qu'il regarde comme son père. Car un individu peut, après des expli- cations confidentielles que l'honneur des familles réclame, garder le silence et ne pas aller au-delà. Il serait odieux de prendre acte d'une tentative abandonnée pour accorder la possession d'état d'enfant légitime à celui qui n'a pas osé attaquer directement les héritiers dans leur jouissance; et cette possession d'état ne ten- drait à rien moins qu'à couvrir d'opprobre la famille entière, et surtout la mère de l'enfant.

On combattit ces raisonnemens de la manière suivante : L'acte de naissance d'un enfant est une grave présomption de sa filia- tion légitime. Cette présomption légale assure son état, et le dis- pense de former aucune demande pour l'obtenir. Il n'y a d'autres exceptions que celles portées aux articles 312, 313, 314 et 315 du Code civil. Or, dans les différens cas prévus par ces articles, le mari ne peut contester la légitimité qu'en formant sa demande en désaveu dans les délais rigoureux prescrits par l'article 316 du même Code. L'article 317 ne concerne que les héritiers du mari; ceux-ci doivent intenter leur action en désaveu dans les deux mois, à compter de l'époque où l'enfant se serait mis en possession des biens du mari, ou de celle où ils seraient troublés dans cette possession par l'enfant. Il résulte des termes dans les- quels la loi est conçue, et de la discussion à laquelle l'examen et la présentation du projet ont donné lieu, qu'aucune notification ou demande directe de la part de l'enfant ou de ses représentans ne sont exigées pour faire courir le délai au-delà duquel l'enfant ne sera plus recevable; mais la loi a regardé suffisant pour en faire commencer l'époque, le trouble que l'enfant pourrait ap- porter à la possession des biens du mari. Lors de l'examen de l'art. 317 du Code civil, beaucoup de difficultés s'élevèrent dans le conseil d'État sur la rédaction de cet article; plusieurs con- seillers d'État pensèrent que, dès que l'enfant a été inscrit au registre des actes de l'état civil sous le nom du mari, et que ce dernier n'avait point réclamé contre cette dénomination, les hé- ritiers du mari étaient par ce seul fait non-recevables à lui contester sa possession d'état, et que, si l'enfant n'avait point de possession d'état, il faudrait lui imposer un délai pour notifier ses prétentions, passé lequel aucune réclamation de sa part ne serait admise. D'autres jurisconsultes furent d'avis que, si cette obligation de notifier était imposée à l'enfant, cela conduirait à de grandes injustices, surtout s'il était nécessaire qu'après même un long espace de temps, les droits de l'enfant fussent contestés, car il serait quelquefois très-difficile à un individu de faire connaître ses prétentions à des héritiers dont il ignore même l'existence. Cette controverse nécessita le renvoi de l'article 317 à la section de législation; et après une nouvelle discussion très-approfondie, on ajouta que le délai de deux mois accordé aux héritiers pour constater la légitimité de l'enfant, pourrait aussi courir de l'époque où ceux-ci seraient troublés par l'enfant dans leur possession.

En conséquence, et en appliquant ici l'esprit de toute cette doctrine, il faut conclure que les expressions générales employées par le législateur dans l'art. 317, doivent être entendues conformément aux principes suivant lesquels le trouble peut être de fait ou de droit. Ce dernier genre de trouble résulte ou d'actes judiciaires, ou d'actes extra-judiciaires; ainsi les notifications faites au moyen d'actes extra-judiciaires, soit par l'enfant, soit par son tuteur légal, aux héritiers du mari, des prétentions de l'enfant, non-seulement à la légitimité, mais encore aux partages des biens de la succession, constituent éminemment le trouble, regardé par la loi comme suffisant pour fixer le terme à partir duquel commence le délai prescrit. Si donc, depuis le trouble, les héritiers laissent écouler un mois sans diriger une action contre les prétentions de l'enfant à la légitimité, ils ne sont plus recevables à les contester.

(PRÉS. DE M. LE BARON ARTHUYS DE CHARNISAY, PR.er PRÉSIDENT.)

(M. RUSSEAU, AVOCAT-GÉNÉRAL.)

(Renvoi de cassation.)

Anne Fraise de Cauville c. les héritiers de Cauville. M.es Moreau et Légier, avoc. plaid.	Appel de Rouen. i. Arrêt du 4 février 1818.

---

598. LA possession d'état ne peut jamais donner la légitimité

contrairement à un acte de naissance. Ainsi, quoiqu'un mariage subséquent légitime les enfans nés auparavant des deux époux, quand ils étaient dégagés de tous liens, *solutus cum solutá*, la paternité doit toujours être reconnue explicitement ou implicitement par son auteur. En conséquence, si un acte de mariage ne constate point que l'enfant né de la femme qui se marie est provenu des œuvres du futur époux, cet enfant n'aura pas ultérieurement, quand il se mariera lui-même, la qualification d'enfant légitime ; une longue possession d'état (aurait-elle eu plus de vingt ans de durée), ne pourrait suppléer au vice de l'acte de naissance de ce même enfant, auquel vice sa mère n'a point remédié au jour de son mariage avec le père de celui qui vient aujourd'hui demander à être regardé comme légitime. La notoriété publique n'effacera jamais une tache originelle et radicale. Dans l'ancien droit français, tout mariage n'attribuait pas nécessairement au mari les enfans que sa femme pouvait avoir eus avant le mariage d'un autre que de lui, autrement la jurisprudence relative à la légitimation par mariage subséquent, introduite pour retirer du vice ceux qui vivaient dans le concubinage, aurait eu pour résultat le renversement des principes de l'ordre public. (Voir la L. 6 au *Cod. de natural. liberis.*)

Barthole sur Denys *, professe la doctrine qui vient d'être consacrée. Ce grave jurisconsulte pense que, lorsque l'enfant est né hors la maison du père, si la mère n'est point la concubine reconnue de celui qui l'épouse, le mariage ne peut légitimer un enfant qui n'est point avoué par le mari. Le silence de celui-ci ne peut équivaloir à une reconnaissance tacite de l'enfant, auquel il n'est pas permis de s'introduire ainsi furtivement dans une famille, et recevoir un *état* que la volonté seule de ses père et mère peut lui conférer.

Rimbert c. Boiszondy.　　　　Appel de Chinon. c.
Mes Vilneau et Légier, av. pl.　　Arrêt du 6 déc. 1823.

* Consultation 53, vol. 1.er

•=•

LEG.

ARTICLE QUARANTE-CINQUIÈME.

LEGS. *

—

Les Romains n'étaient point parfaitement fixés sur la nature du legs, dont les définitions ont varié **. Celle des instituts, d'après laquelle l'héritier était chargé de délivrer le legs, vient se contrarier avec la loi 5 au ff. de legatis 3°. si quis, non ab herede... sed herede legatarii (legatum) reliquerit, valet, etc. Le testateur pouvant délivrer lui-même le legs, c'est alors une donation à cause de mort; et voilà pourquoi les lois romaines, après avoir dit que ces do-

---

* Legatum à lege. Legere, id est, modo Legis præcipere.

** Vid. tit. 20, lib. 3, inst. de legatis.
    l. 36, ff. de legatis n.°
    et l. 116, ff. de legatis.

Je me rappelle que M. Berthelot, professeur de droit romain à la faculté de Paris, faisait remarquer la différence des trois définitions du legs qu'il a suffi d'indiquer ici; et relativement à la dernière loi citée, M. Berthelot disait qu'il aurait été plus exact de substituer le mot patrimonii au mot hereditatis, et de définir le legs ainsi : « Legatum est delibatio patrimonii quâ testator, etc.... alieni aliquid vult collatum esse verbis directis », à cause de cette règle invariable : bona non intelliguntur nisi deducto ære alieno.

nations étaient faites *instar legatorum* *, posent ce principe général : « *Illud generaliter meminisse opor-* » *tebit, donationes mortis causâ factas, legatis compa-* » *ratas esse. Quodcumque igitur in legatis juris est, id* » *in mortis causâ donationibus erit accipiendum* **. »

Le droit romain, sur la matière des legs et des testamens, était non-seulement suivi dans les pays de droit écrit, mais il avait étendu ses profondes racines dans les provinces régies par les coutumes. L'article 228 de la coutume d'Orléans qui défend d'être héritier et légataire en même temps, afin de maintenir l'égalité entre tous ceux appelés à recueillir une succession, est une modification de cette loi, *heredi à semetipso legari non potest, à coherede, potest* ***; ce que Pothier explique ainsi : « Il n'est pas » impossible par la nature des choses, que celui qui » n'est héritier qu'en partie, soit en même temps » légataire d'une chose, non pour la part qu'il a » comme héritier, mais pour les parts qu'y ont ses » cohéritiers. »

Une donation à cause de mort est une *institution d'héritier.* Les Romains se choisissaient des héritiers par testament : *Si nemo subiit hereditatem, omnis vis testamenti solvitur.* (L. 181, ff. de reg. jur.) L'art. 287 de notre Coutume d'Orléans proscrivait en termes formels l'institution d'héritier, d'après cette maxime fondamentale des successions *le mort saisit le vif* : il était cependant permis de faire des institutions d'hé-

---

* Loi 17, ff. de mortis causâ donationibus.

** Loi 37, ff. de mortis causâ donationibus.

*** Loi 116, ff., §. 1, de legatis 1.°

ritiers par contrat de mariage. (Voir Pothier, appendice, au titre 17 de la Coutume d'Orléans.) Cependant les mots *institutions d'héritiers*, considérés comme donation à cause de mort ou legs, étaient tellement en usage en France, que les rédacteurs du Code civil jugèrent à propos de les laisser subsister, en faisant observer, art. 1002, c. c., que « soit que » les dispositions testamentaires aient été faites sous » la dénomination d'institutions d'héritiers, ou sous » celle de legs, elles produisent les mêmes effets, » d'après les règles établies sur cette matière ». Nul n'est censé ignorer la loi, sans doute; mais le testament est une seconde loi qu'on ne peut enfreindre. *Dicat testator, et erit lex.* Beaucoup de personnes ont cru (et croient peut-être encore), que l'institution d'un héritier est nécessaire pour la validité d'un testament, et cela d'après ces principes du Droit romain qui s'étaient enracinés dans une partie de la France, que, les testamens étant de droit politique plutôt que de droit civil, nul homme n'était présumé avoir eu la volonté de mourir *ab intestat.* Je n'ai point oublié la maxime que m'ont apprise des magistrats de Lyon, ancien pays de droit écrit : *Institutio heredis est caput et fundamentum totius testamenti.* Il importe peu à la loi que le testateur se serve du mot *héritier* ou de celui de *légataire universel;* il est seulement nécessaire que la volonté de l'homme soit clairement exprimée. Le Code civil, en consacrant le droit de disposer par testament et pour cause de mort (art. 967 et 1002, c. c.), a judicieusement établi les différentes catégories des dispositions de cette nature, en divisant les institutions

d'héritier et legs en *legs universels*, *legs à titre universel*, et legs particuliers.

---

599. Un legs particulier est exigible du légataire universel,
avant l'extinction de l'usufruit qui repose sur une tête étrangère
au légataire universel, par la raison qu'au jour du décès du testateur le légataire particulier a un droit sur la chose léguée, du
moment qu'il a formé une demande en délivrance. (Sur l'article 1014, *c. c.*)

De Villemanzy c. Druillon.   Appel de Blois. c.
Mes Moreau et Baudry, avoc. plaid. Arrêt du 7 juillet 1813.

---

600. Un légataire universel peut cumuler la qualité d'héritier
avec celle de légataire universel ; l'héritier ayant la faculté, aux
termes de l'article 843 du Code civil, de réclamer les legs à lui
faits expressément et avec dispense de rapport. Cependant, il ne
lui est pas permis de conserver les deux qualités de légataire particulier et de légataire universel. La raison veut que celle-ci exclue la première, puisqu'elle la renferme implicitement, le testateur ayant d'ailleurs le droit de donner à son légataire universel
une somme quelconque par préférence aux autres légataires, il
n'est tenu qu'à se conformer aux dispositions portées en l'art. 927
du Code civil.

Druillon c. Orillard et autres.   Appel de Blois. c.
Mes Baudry et Moreau, avoc. plaid. Arrêt du 7 déc. 1814.

---

601. Un legs fait dans un testament par un père à son fils et à
sa fille conjointement, accroît au légataire-*joint*, en cas de décès du co-légataire ; les dispositions de l'article 1044 du Code
civil étant générales, et n'établissant aucune distinction entre
les co-légataires enfans du testateur, et les co-légataires qui leur
sont étrangers.

Boyer, Archambault c. la ve Cartier. Appel de Chinon. i.
Mes Moreau, Johanet et Baudry, av. pl. Arrêt du 3 mars 1815.

---

602. Un legs particulier de libération fait à un légitimaire,

sans qu'il ait été dit par le testateur que ce legs était accordé par préciput et hors part, ne doit pas néanmoins être imputé sur le montant de la réserve légale. Cette décision est une dérogation à l'ancien droit. La nécessité de concilier les intérêts du testateur avec ceux du légitimaire, avait introduit la jurisprudence aujourd'hui abrogée. (Ricard * combat l'opinion de Cujas qui, se fondant sur la loi 6 au Code *de inofficioso testamento*, pensait que dès-lors que la légitime ne devait se prendre que sur les biens qui avaient appartenu au père au jour de son décès, les donations seulement à cause de mort doivent entrer en imputation sur la légitime. Cet auteur soutenait « que, la légitime ne pouvant se pré-
» tendre qu'à titre d'héritier, il faut nécessairement que celui
» qui la demande rapporte tout ce qu'il ferait , s'il venait à la
» succession entière de son père ». Sans l'imputation, l'obliga-
tion de laisser une partie de la succession à ses enfans ou à ses ascendans serait illusoire , et le plus précieux de tous nos droits, celui de tester, ne serait plus qu'une chimère. Cette opinion est aussi celle de Lebrun **. Il s'appuie sur les lois 30 et 36 au Cod. (*de inoffic. testam.*) Le Code civil, dit-on, garde le silence sur ce point ; mais en se pénétrant bien de l'esprit de l'art. 915, on verra que la *réserve légitime* étant établie pour le cas où le défunt ne la laisse pas à qui elle est due, le légitimaire ne peut rien prétendre au-delà de sa légitime ; et quoiqu'il soit vrai en prin-
cipe que ce qui est sujet à *rapport* l'est aussi à *imputation*, il y a entre ces deux choses une différence réelle, c'est que l'imputation ne peut jamais avoir pour effet de diminuer les dons faits au légitimaire , tandis que ces mêmes dons pourraient être réduits par l'effet du rapport.

On combattit ces moyens, en disant : Il est des cas où les deux qualités d'héritier à réserve et de légataire peuvent se cumuler. Les articles 843 et 847 du Code civil, relatifs aux rapports, sont ici applicables par analogie. L'article 843 qui défend à l'héritier de cumuler les legs et dons à lui faits avec la part qu'il est appelé par la loi à recueillir dans la succession, si le testateur ne lui a fait les donations et legs avec la clause expresse de préciput et hors-part, s'applique à l'héritier lorsqu'il vient partager avec

* Traité des Donations, partie 3, ch. VIII, sect. XI, n.° 1149.

** Des Successions, liv. 2, chap. 3 , sect. IX.

d'autres cohéritiers; mais cet article est inapplicable lorsque l'héritier à réserve ne concourt qu'avec des légataires, à quelque titre que ce soit. Un successible non à réserve qui concourt avec un légataire peut prendre son legs et ensuite venir à partage, le rapport n'ayant lieu qu'entre cohéritiers, et n'étant point dû aux légataires. (857, c. c.) Si on n'admettait point une jurisprudence pour l'héritier légitimaire analogue aux dispositions de l'article précité, cet héritier serait le plus mal partagé quoiqu'il eût plus de droits que tout autre dans l'ordre des successions. Le législateur n'a pu vouloir un effet aussi funeste. Les magistrats doivent rechercher la volonté du testateur, et interpréter les clauses des testamens, en conciliant les dispositions de la loi et celles de l'équité; et du moment que dans l'espèce il apparaît que l'intention du fils testateur a été que son père reçût un legs particulier, indépendamment de ce que la loi lui réservait; cette volonté qui ne blesse point les principes de la matière doit recevoir son exécution.

ll.ᵉⁿ Gratta-Lefevre c. les s.ʳ et d.ˡˡᵉˢ Beauvais. Appel d'Orléans. c. M.ᵉˢ Légier et Moreau, avoc. plaid. Arrêt du 28 juillet 1819.

603. QUAND un immeuble a été vendu à un individu institué depuis par le vendeur légataire universel, après l'annulation du contrat de vente comme entaché de simulation, le domaine rentre néanmoins dans les biens de la succession, et le légataire en est investi jusqu'à la quotité dont le testateur a pu disposer à son égard : on ne peut dire dans cette hypothèse, que le légataire est approprié de la chose d'autrui, et qu'ainsi le legs soit nul. (Article 1021, c. c.) Ici la chose n'est plus à autrui, puisque la vente a été annulée; mais ce legs a été celui de la propre chose du testateur qui a fait un legs universel *per modum universitatis* de tout ce qui se trouvera dans sa succession au jour de son ouverture; alors, quand l'aliénation est déclarée nulle, le legs universel comprend un droit à la chose aliénée, *jus ad rem recuperandam*, et il est renfermé dans l'universalité des droits successifs. Ajoutons encore : le legs particulier de la chose du légataire n'est plus nul, s'il se trouve quelque déficit à la propriété du légataire, et alors ce qui lui manque peut devenir l'objet d'un legs; ou bien, en d'autres termes, le legs fait de cette chose est valable, en ce qu'il tend à réparer l'imperfection du titre du lé-

gataire, et de consolider sa propriété, par la raison que nous ne sommes jamais propriétaires d'une chose tant qu'elle peut nous être enlevée. « *Non videtur perfectè cujusque id esse, quod ex* » *causâ auferri potest.* » (L. 139, ff., §. 1, de reg. jur.)

H.ers Lebois-Desguay c. la d.e Lucy-Ozon. Appel de Montargis. c.
M.es Johanet, Moreau, Briolet, av. pl. Arrêt du 19 avril 1820.

604. Un testateur ne peut dispenser le légataire à titre universel, par lui institué, de l'obligation de demander aux héritiers la délivrance de son legs (art. 1001, c. c.), la loi n'ayant admis pour les legs de cette nature aucune des exceptions qui s'appliquent soit aux legs universels, soit aux legs particuliers. (Articles 1005 et 1015, c. c.) Ainsi, à défaut par le légataire d'avoir fait sa demande, il doit tenir compte des fruits qu'il a perçus depuis le décès du testateur jusqu'au jour de sa demande en délivrance. On opposait à ces principes, que l'article 1015 du Code civil doit s'appliquer à toute espèce de legs, et que d'ailleurs, s'agissant dans l'espèce d'une veuve instituée légataire à titre universel, et saisie du revenu des biens du mari dès le jour du décès de celui-ci, la force de la maxime *le mort saisit le vif*, la dispensait de toute demande en délivrance. Tous ces raisonnemens, qui ne reposent que sur des allégations, ne peuvent renverser la jurisprudence qui vient d'être établie, par la raison que, si le mari a voulu que son épouse eût la jouissance de son bien, l'intention présumée de ce testateur n'a pu être que sa femme, légataire à titre universel, s'en mît elle-même en possession.

Lasolai-Pallu c. la v.e et enfans Pallu. Appel de Chinon. i.
M.es Légier, Briollet et Jallon, av. pl. Arrêt du 30 août 1820.

605. Quand la délivrance d'un legs et des intérêts qu'il doit produire est demandée, si le jugement qui intervient ne fait pas mention des intérêts, ils sont néanmoins dus, et on doit les regarder comme implicitement renfermés dans les autres dispositions de la sentence; et, conformément au vœu du testateur, ils courent, par la seule force de la loi, du jour de la demande. (Sur l'art. 1014 du c. c.)

L. Pallu et sa f.e c. Champigny-Perthuys. Appel de Chinon. c.
M.es Baudry et Moreau, avoc. plaid. Arrêt du 13 mars 1822.

606. Le vol commis par un légataire sur les effets du donateur du vivant de celui-ci, constitue un délit qui donne à l'héritier du donateur le droit d'intenter son action en révocation de legs pour cause d'ingratitude. (Art. 955 et 957, c. c.) Quand, des élémens de la cause, il résulte que l'héritier n'a eu connaissance de ce vol qu'à une époque ultérieure, et que depuis il n'a point laissé écouler un an sans former son action, il n'en peut être déchu par fin de non-recevoir.

La Cour Royale de Paris, en confirmant un jugement du tribunal de première instance de la Seine, avait posé en principe que la soustraction des effets d'une succession par un légataire emportait toujours la révocation du legs : cette décision fut annulée par la Cour de cassation comme erronée, en ce qu'elle n'énonçait point que cette soustraction avait eu pour résultat de porter atteinte à la mémoire du testateur ; ce qui, selon la Cour suprême, était créer une cause d'indignité non admise par la loi, et commettre un excès de pouvoir. La Cour Royale d'Orléans, saisie par renvoi de cette affaire, a déclaré que le vol ayant été commis du vivant du donateur, avait constitué le délit prévu par l'article 955 du c. c. précité, dont les dispositions sont déclarées communes aux testamens. (Art. 1046, c. c.)

(PRÉSIDENCE DE M. LE BARON ARTHUYS DE CHARNISAI,)

(Renvoi de cassation.)

De la Baume c. la v.ᵉ Chantereau.   Appel de Paris, i.
M.ᵉˢ Baudry et Gaudry, avoc. plaid.   Arrêt du 7 fév. 1823.

607. Un acte sous seing privé qui oblige des individus institués légataires universels, par un testament dont ils ont connaissance, à payer en contre échange une somme déterminée aux héritiers de celui qui stipule, et qui prend de ceux avec lesquels il contracte une sûreté hypothécaire, doit recevoir son exécution vis-à-vis les *héritiers du sang*, et non vis-à-vis les *légataires universels*, le legs universel ne se composant que de ce que le testateur laisse au moment de son décès; l'article 1038 du Code civil ne s'applique qu'aux legs universels; car il serait absurde qu'un acte obligeât hypothécairement et solidairement ceux qui contractent envers eux-mêmes ; en vain ceux-ci disaient-ils que leur qualité de créanciers, inhérente à celle d'héritiers,

n'ayant pas été anéantie par la révocation du testament, ce défaut de révocation avait rendu aujourd'hui cette qualité définitive.

Par le mot héritiers, le testateur n'a pu entendre que les héritiers du sang, et on ne peut l'appliquer aux légataires universels. Les expressions du testament ne concerneront jamais les héritiers que le testateur s'est déjà donnés, ou pourra se donner par testament. Il est vrai que le légataire universel est censé tenir la place de l'héritier : *hi qui in universum jus succedunt loco hæredis habentur* (loi 128, ff. *de reg. jur.*), mais cette fiction de la loi n'exclut pas des différences graves entre l'héritier et le légataire : ce dernier n'est pas saisi par la mort du testateur; ce n'est qu'un simple successeur de biens. La représentation entière des droits de celui qui n'existe plus, appelée *universum jus defuncti*, ne repose pas *de plano* sur la tête du légataire, puisqu'il attend d'un tiers, dit M. Merlin, l'impression de la maxime, *le mort saisit le vif.*

Lemaître c. J. et Sylv. Morin.   Appel de Tours. c.
M.es Moreau, Légier et Marchand fils]e, av. pl. Arrêt du 3 juillet 1823.

---

608. LE légataire institué pour une partie du mobilier en usufruit, n'étant qu'un légataire à titre universel, tenu de demander aux héritiers la délivrance de son legs, est sans qualité pour diriger une demande contre l'exécuteur testamentaire, et pour exercer les actions qui peuvent se rattacher à un legs dont il n'a point encore été saisi par les héritiers.

(M. COLAS DE LA NOUE, PRÉSIDANT L'AUDIENCE.)

De la Mothe c. Archambault.   Appel de Chinon. i.
M.es Baudry et Moreau, avoc. plaid.   Arrêt du 5 mars 1824.

---

609. LE droit qu'ont les magistrats d'interpréter les dispositions testamentaires, ne peut s'étendre jusqu'à celui de substituer le sens d'un mot à celui d'un autre. Ainsi, si un legs est fait aux *héritiers d'un individu*, en cas qu'il prouve qu'il n'a pas été payé de telle créance, ce legs ne peut être délivré *aux enfans* de cet individu, tant que celui-ci n'est pas décédé. Il y a bien dans cette clause une sorte de difficulté, attendu que par la con-

dition du legs; il faut qu'il prouve n'avoir point été payé, etc.
Ces expressions, conçues au singulier, ne laissent-elles pas
apercevoir que, par le mot *héritiers*, le testateur a entendu celui
enfans? Cependant la Cour a pensé qu'une personne vivante n'ayant
point d'héritiers, ce sera à sa mort seulement qu'on pourra connaître ceux qui seront appelés à lui succéder. La demande est donc
jusques-là prématurément formée et non-recevable, quant à présent.

(M. COLAS DE LA NOUE, PRÉSIDANT L'AUDIENCE.)

Héritiers Grasneuil de Plaisance   Appel de Loches, c.
    c. Vautelon et ses enfans.   Arrêt du 10 février
Mes Moreau et Vilneau, avoc. plaid,   1815.

●•

LET.

ARTICLE QUARANTE-SIXIÈME.

LETTRE DE CHANGE.

—

La lettre de change n'est pas seulement un moyen de faciliter les paiemens en évitant le transport de l'argent ; c'est une véritable branche de commerce qui établit dans toutes les places une circulation continuelle de l'or et des richesses, sans aucun déplacement de signe monétaire. Depuis dix ans que l'Europe jouit du bonheur de la paix, la prospérité des finances de chaque État s'est accrue, et tend à s'accroître encore. Presque tous les gouvernemens ont contracté des dettes publiques ; leur exactitude à remplir leurs engagemens a augmenté la confiance générale et a fait prospérer leur crédit. Dès-lors, les opérations du change et de la banque leur sont devenues familières, et ils en ont tiré un grand avantage. Aujourd'hui, les principales puissances européennes ont élevé leur crédit à ce point que leur papier, *leurs lettres de change*, sont recherchés de préférence aux autres valeurs des plus riches commerçans. De là la juste prétention des gouvernemens d'emprunter à un taux moins élevé que les particuliers. Heureux le monarque dont le gouvernement ferme et prudent peut obtenir un crédit aussi assuré! Plus il inspire de confiance et de sécurité, plus sa politique doit être grande et influente à l'extérieur.

Les souverains alliés doivent toujours avoir les yeux fixés sur cette balance politique suspendue en quelque sorte au milieu de l'Europe, et qui, à la moindre secousse, peut perdre cet équilibre, que les rois ont cherché pendant des siècles, et qui seroit encore une utopie, une illusion chimérique, sans la restauration de notre monarchie en 1814.

Revenons aux lettres de change. Les Romains ignoraient le moyen de changer de l'argent contre des lettres. Savary (dict. com.) pense que cette invention est due aux Juifs. « Chassés de France pour les » crimes dont on les accusait sous Philippe-Auguste » en 1186, et sous Philippe-le-Long en 1316, ils » trouvèrent le moyen de retirer leurs effets qu'ils » avoient confiés entre les mains de leurs amis, » par des lettres secrètes et des billets conçus en » termes courts et précis, et cela par l'entremise » des voyageurs et des marchands étrangers. » Plus tard, les négocians d'Amsterdam répandirent dans toute l'Europe le commerce des lettres de change au moyen de leurs correspondans en France.

L'ordonnance de 1673 a fixé les bases de la jurisprudence sur les lettres de change. Le préambule de cette célèbre ordonnance porte le sceau du grand Roi qui a donné son nom à son siècle. « Comme le

» commerce est la source de l'abondance publique
» et de la richesse des particuliers, nous avons,
» depuis plusieurs années, appliqué nos soins pour
» le rendre florissant dans notre royaume. C'est ce
» qui nous a portés à ériger parmi nos sujets plu-
» sieurs compagnies par le moyen desquelles ils
» tirent présentement des pays les plus éloignés ce
» qu'ils n'avaient auparavant que par l'entremise
» des autres nations ; c'est ce qui nous a engagés
» ensuite à faire construire et armer grand nombre
» de vaisseaux pour l'avancement de la navigation,
» et à employer la force de nos armes par mer et
» par terre pour en maintenir la sûreté. Ces établis-
» semens ayant eu tout le succès que nous en atten-
» dions, nous avons cru être obligés de pourvoir à
» leur durée par des réglemens capables d'assurer
» parmi les négocians la bonne foi contre la fraude,
» etc. »

Le nom de Colbert vient se lier naturellement aux
dispositions de l'ordonnance de 1673, dont le titre 5
est uniquement consacré aux lettres de change. Le
titre VIII du Code de commerce, section 1.re, a établi
toute la législation des lettres de change, et a apporté
quelques changemens que l'expérience a rendus nécessaires. L'article XVI de l'ordonnance obligeait les
tireurs ou *endosseurs* des lettres à « prouver en cas de
» dénégation, que ceux sur qui elles étaient tirées
» leur étaient redevables ou avaient provision au
» terme qu'elles ont dû être protestées ; sinon qu'ils
» seraient tenus de les garantir. » Aujourd'hui l'acceptation suppose la provision, et en établit la preuve
à l'égard des endosseurs (117, *c. com.*) ; et après

l'expiration des délais fixés par l'art. 166, le porteur qui fait un protêt tardif est déchu de tous droits contre les endosseurs (168, c. com.). Les motifs de ces changemens se trouvent naturellement dans l'obligation rigoureuse imposée au porteur de se présenter à l'échéance pour recevoir les fonds que le tireur s'est obligé à faire trouver dans le lieu où la lettre de change est adressée ; d'où on conclut que, si le tireur qui justifie avoir fait la provision est libéré, les endosseurs qui sont censés avoir payé la lettre de change par leur signature, ne peuvent être garans avec le tireur que jusqu'au jour où la négligence du porteur lui a fait encourir la déchéance ; et pour me servir des expressions de cette loi : « parce qu'il ne doit pas dépendre du porteur » d'empirer par son fait la condition des endos- » seurs, en prolongeant indéfiniment leur garantie ; » prolongation qui entraînerait pour eux une aug- » mentation de risques, puisque, pendant ce temps, » leurs cédans et le tireur lui-même pourraient être » tombés en faillite. »

---

610. L'ENDOSSEMENT en blanc ne doit pas être regardé comme une simple procuration, puisque le blanc qui précède la signature de l'endosseur donne le pouvoir non-seulement de toucher le montant de la lettre de change, mais encore d'en transférer la propriété par un endossement régulier. Il ne faut point regarder les art. 137 et 138 du Code de commerce comme tellement rigoureux, qu'une transmission de propriété ne puisse être acquise au porteur d'une lettre de change endossée en blanc. On peut d'ailleurs prouver, soit par les registres ou la correspondance des parties, que celui qui a passé l'ordre en blanc a reçu la valeur du billet, et a eu la faculté d'en transférer la propriété à un tiers

qui peut, à son tour, exercer son recours contre le souscripteur du billet.

Jahan c. Nabon.   Appel du trib. de com. de Tours. c.
M.es Moreau et Légier, av. pl.   Arrêt du 19 novembre 1814.

611. LES délais fixés par les articles 165, 166 et 167 du Code de commerce pour le recours en garantie d'un endosseur d'une lettre de change, qui a été contraint de payer, contre les autres endosseurs, ne sont pas tellement de rigueur qu'on ne puisse en être dispensé par les parties intéressées. Ainsi, si l'endosseur d'une lettre de change la passe à l'ordre d'un tiers qui la transmet à son tour dans une autre main au moyen de la formalité de l'endossement, et que ce dernier ne payant point à l'échéance, le deuxième endosseur vienne exercer un recours contre le premier qui lui a transmis l'effet commercial; ce recours, quoique intenté après l'expiration des délais légaux, est encore valable, quand celui qui réclame la garantie produit des lettres du précédent endosseur qui l'invite à ne pas faire de frais en cas de non paiement à l'échéance. En matière de commerce, plus spécialement encore qu'en toute autre, les juges sont appréciateurs de toutes les allégations et observations des parties.

Plisson c. Cousin.   Appel du trib. de com. d'Orléans, c.
M.es Johanet et Moreau, av. pl.   Arrêt du 30 novembre 1814.

———

612. QUAND une lettre de change est tirée à plusieurs mois de vue, l'échéance arrive à la date du mois correspondant au jour où l'on souscrit; le protêt, en cas de non paiement, doit être fait vingt-quatre heures après l'échéance et non plus tard, une lettre de change ne commençant point à courir vingt-quatre heures après la date de la souscription. Il y a cette différence entre une lettre de change tirée à un ou plusieurs mois de vue, ou à une ou plusieurs usances de vue, que celles-ci sont de trente jours, et que les mois tombent pour leur échéance de quantième à quantième, conformément au calendrier Grégorien. (Voyez le n.º 614.) (Combinaison des art. 129, 132, 162 et 189, c. com.)

Martin c. Nabon.   Appel du tribunal de Loches
                              jugeant consulairement. c.
M.es Daudry et Moreau, av. pl.   Arrêt du 12 juin 1816.

613. Un tribunal de commerce peut quelquefois attribuer à une négociation un nom et un caractère autres que ceux qui résultent des termes exprès de la convention des parties. Ainsi, ce qu'elles ont qualifié *lettres de change*, peut être regardé par les juges chargés de décider les contestations qui sont survenues, non comme des conventions de change, mais comme d'autres actes que les circonstances seules peuvent qualifier, surtout quand ces lettres de change manquant de l'énonciation de la valeur exigée par l'art. 110 du *c. com.*; on a dû les considérer comme de simples mandats régis par les règles établies au Code civil sur cette matière. Ainsi il ne faut pas toujours dire : *l'acceptation suppose la provision* (117, *c. com.*); cette règle ne reçoit d'application qu'à l'égard des endosseurs. C'est ce qu'a enseigné M. Pardessus dans son Cours de Droit commercial, tome 1.er, *p.* 402 et 436.

La jurisprudence qui paraît s'éloigner de la rigueur des principes du dr   , se fonde sur ce qu'il ne s'agissait point, dans l'espèce, de l'   érêt des tiers. Les tribunaux n'ayant à juger que deux individu   ui se sont prêtés mutuellement à obliger un tiers qui n'est   int en cause, peuvent s'arrêter aux moyens d'équité qui découlent des actes objets du procès; sur-tout quand il existe des contre-lettres qu'il est facile d'apprécier, et qui font foi entre ceux dont elles émanent. Dans la cause actuelle, le porteur de la lettre de change avait été payé, et les endosseurs se trouvaient par conséquent à couvert de toutes poursuites en garantie. Les tribunaux de commerce n'ayant plus à juger que les parties contractantes, ont pu donner à l'acte un tout autre objet que celui que ses expressions littérales indiquent. Cette décision toutefois ne peut établir une règle générale; ce n'est qu'avec une extrême circonspection que les juges consulaires doivent s'écarter de la législation sur la matière.

Millochin c. Lecour.   Appel du trib. de com. de Blois. c. M.es Légier et Moreau, av. pl.   Ar êt du 5 mars 1817.

614. Déjà la Cour a consacré le principe (voir n.º 612) qu'une lettre de change (de même qu'un billet   ordre) tirée à un ou plusieurs mois de date, est payable à la date du mois indiqué correspondante à celle où elle a été tirée. Ainsi, une lettre de change tirée à neuf mois du 28 février, est payable le 28 novembre

suivant, et le protêt doit en être fait dans les vingt-quatre heures qui suivent.

La Cour de Cassation a déféré à la Cour Royale d'Orléans un arrêt de la Cour de Paris qui avait méconnu la doctrine qui vient d'être énoncée; nous devons ajouter que, s'il s'agissait d'une lettre de change tirée du dernier jour d'un mois ayant trente et un jours, tombant à la fin d'un mois qui n'aurait que trente jours, il serait fait alors dérogation à la règle, le législateur n'ayant pas voulu la chose impossible. Ainsi, une lettre de change tirée du 31 janvier à trois mois, serait payable le 30 avril suivant : mais on ne conçoit pas, avec la Cour Royale de Paris, comment une lettre de change tirée du 28 février, dernier jour de ce mois, pour une année non bisextile, à 9 mois de vue, ne serait plus payable que le 30 novembre suivant. (Sur les art. 129 et 132 *c. com.*)

(Renvoi de cassation.)

Blot c. Nabou, défaillant.	Appel du trib. de com. de Paris. i.
Me Baudry, avoc. plaid.	Arrêt du 10 juin 1818.

Même décision entre Jauge et Robin c. Nabon et le Trésor Royal.
Mrs Légier, Moreau et Johanet, av. pl.   Arrêt du 3 mars 1819.

●●●

MAN.

ARTICLE QUARANTE-SEPTIÈME.

MANDAT.

—

MANDATUM (*à manu datum*). Chez les anciens, celui qui se chargeait d'une affaire mettait sa main dans celle de celui qui la lui confiait, et sa foi était engagée *. Le mandat est l'office de l'amitié; il est donc gratuit de sa nature **, et non de son essence, ainsi que l'a enseigné Pothier (n.º 22, Traité du Mandat), le Code civil s'étant exprimé ainsi, article 1986 : « Le mandat est gratuit, s'il n'y a convention » contraire ». *Mandatum nisi gratuitum nullum est, nam originem ex officio atque amicitiâ trahit* (l. 1, §. 4, ff. mand.). Cependant, la promesse faite au mandataire d'acquitter la dette de la reconnaissance, donnait même lieu, chez les Romains, à une action contre le mandant. *Si remunerandi gratiâ honor intervene-*

---

* Pothier, au lib. XVII, tit. 1, ff., cite l'autorité de Noodt, qui pense que le mandat a été ainsi nommé, *ex eo quod datâ manu dextrâ fidem mandatæ susceptæque operæ invicem alligabant. Hinc apud auctores : cedo dexteram.*

** C'est pourquoi les auteurs le placent au nombre des contrats de bienfaisance.

rit, *mandati actio* (l. 6, ff. mand.). Le Code civil a
consacré cette jurisprudence en termes formels
(art. 1986). Ce contrat a été rangé dans la classe
des contrats synallagmatiques imparfaits ; car, dans
le cas même où le mandat serait salarié, l'obligation
du mandant n'est ouverte qu'après l'exécution du
mandat; celle du mandataire naît au moment où il
consent à se charger de l'affaire qui lui est confiée.

Les procureurs *ad lites*, aujourd'hui les avoués,
sont de véritables mandataires ; mais leurs fonctions
ont toujours été soumises à des règles particulières.
Le mandataire ordinaire est toujours libre d'accepter
ou de refuser le mandat. Le procureur *ad lites* a un
ministère obligé qu'il ne peut refuser, quand l'action
dont on lui a imposé la direction est légale et n'est
point contraire aux bonnes mœurs et à l'ordre public. Les commissionnaires, agens de change et courtiers sont aussi des espèces particulières de mandataires soumis à des règles spéciales établies au titre 5,
sect. 2, et au titre 6 du livre 1.er du Code de commerce. (Voir art. Commissionnaire.)

---

615. Le négociant que le mauvais état de ses affaires détermine
à s'éloigner de son domicile, peut valablement donner à un mandataire, dans tous les cas où celui-ci le jugera convenable, le
pouvoir d'autoriser son épouse à faire tous les actes d'administra-
tration, et même ceux dont le but serait d'obtenir l'aliénation de
ses biens; en un mot, il a la faculté de déléguer à un tiers l'exercice de son autorité maritale. Cette autorisation donnée à la
femme en conséquence, suffit pour valider les engagemens qu'elle
peut avoir contractés. Le fait du mandataire est le fait du mandant. (*Qui mandat, ipse fecisse videtur.*) En vain, dit-on, la
procuration conçue dans des termes généraux ne suffit point pour
autoriser la femme à aliéner ou hypothéquer ses immeubles ; il

faudrait un mandat spécial. L'objection, qu'on voudrait fonder sur l'article 1968 du Code civil, n'est pas juste. Car le mandat exprès dont parle cet article, n'est point un mandat particulier pour chaque espèce d'acte, mais une procuration où la volonté du constituant est clairement exprimée. Ainsi, la femme peut, d'après l'autorisation du mandataire, abandonner l'hypothèque de ses droits mobiliers sur les biens de son mari. Il ne s'agit point de porter atteinte aux dispositions des articles 223 et 1538 du Code civil. Ces articles sont sages, en ce qu'ils ont refusé à la femme une indépendance contraire à l'esprit des lois auxquelles elle est soumise. Dans l'espèce, la femme demandait l'annulation du traité par lequel elle avait abandonné son hypothèque légale, en prétendant qu'il aurait fallu un jugement rendu sur un avis motivé de quatre de ses parens. (2144, 2145. c. c.) L'argument tiré de ces deux articles n'est que spécieux; ils ne concernent que la restriction de l'hypothèque légale dans l'intérêt du mari qui la demande. La loi n'a point voulu que dans ce cas le mari pût autoriser sa femme, qu'il fût *auctor in rem suam ;* mais quand il s'agit de l'intérêt d'un tiers, la femme qui peut s'obliger solidairement avec son mari à toute espèce de garantie, a bien le droit de renoncer, en faveur de ce tiers, à l'hypothèque légale qu'elle a sur les biens de son mari.

D.º D....... (née R.......) c. D....... père.   Appel d'Orléans. c.
M.ᶜˢ Dinochau et Johanet, avoc. plaid.   Arrêt du 16 déc. 1812.

---

616. QUAND, en matière de commerce, le mandat est établi par la correspondance des parties, on ne peut en dénaturer le caractère par des expressions vagues, renfermées dans les lettres invoquées. Il faut toujours se reporter à celles qui le constituent, et qui doivent être suivies, à moins de dérogation formelle et spéciale.

Janse c. Luzet.   Appel du trib. de com. d'Orléans. i.
M.ᶜˢ Baudry et Légier, av. pl.   Arrêt du 1.ᵉʳ mars 1816.

---

617. LE mandataire d'un individu appelé à recueillir une succession, n'est pas dessaisi de son mandat parce qu'un des cohéritiers lui aura donné connaissance d'un service funèbre qui a eu lieu, et d'un deuil porté par les parens de celui qui a donné sa procura-

tion. Toutes ces allégations, quelque probables qu'elles puissent paroître, n'établissent point la preuve légale du décès du mandant, et le mandataire peut concourir valablement aux opérations relatives à la liquidation de la succession, tant qu'il n'a pas reçu, d'une manière officielle, la nouvelle de la mort de celui qu'il représente.

Salmon de la Brosse, de Villette c. Noizet.   Appel de Tours. c.
M.*** Baudry, Johanet, Légier, av. pl.   Arrêt du 17 mai 1816.

---

518. Le mandataire n'est tenu à aucune garantie relativement à ce qui est fait *induement*, lorsqu'il a donné à celui qui contracte avec lui une connaissance suffisante de ses pouvoirs. C'est dans ce sens qu'on doit interpréter l'article 1997 du Code civil : *volenti non fit injuria*. Le Code civil ne se sert, il est vrai, que des mots *au-delà*. Dans l'espèce, le mandataire n'était point, il est vrai, autorisé à recevoir le remboursement qui lui a été fait, mais c'est le débiteur lui-même qui l'avait induit en erreur, et il doit s'imputer de ne s'être pas fait une idée plus juste des pouvoirs de son mandataire. Certes, ce dernier qui a reçu ce qu'il ne devait point recevoir, était tenu de le lui restituer, dès qu'il en aurait été requis ; mais la chose ayant péri sans sa faute, avant qu'elle ait été réclamée, il ne peut être obligé à restitution. Le débiteur, pour assurer sa libération, devait s'éclairer et se consulter lui-même sur ce qu'il avait à faire : il doit s'imputer de n'avoir point agi ainsi en payant *induement* à un mandataire qui n'en a point profité, puisqu'il s'est libéré de ce qu'il avait reçu, en le versant entre les mains de celui de qui il tenait ses pouvoirs.

H.*** Baranger c. h.*** Villebon.   Appel de Romorantin. c.
M.** Moreau et Johanet, avoc. plaid.   Arrêt du 23 janv. 1818.

---

619. En matière de ... amerce, le mandat tacite peut s'établir en justifiant que le mandataire était dans l'usage habituel et reconnu de faire toutes les affaires commerciales du mandant. Ainsi, un commis négociant qui figure ordinairement dans les relations d'affaires de celui qui l'emploie, doit être regardé comme un véritable mandataire. Il n'est pas besoin d'avoir entre les mains un pouvoir spécial pour que les engagemens pris par lui au nom du négociant soient valables ; un négociant est res-

ponsable des faits de son commis relatifs à son commerce. (Argument tiré des articles 1985 et 1987 c. c.)

Foulon-Allaire c. Merceuil.   Appel du trib. de com. de Tours. c.
Mes Baudry et Johanet, av. pl.   Arrêt du 15 mars 1820.

———————

620. UNE procuration donnée outre-mer*, à l'effet de gérer et d'administrer en France les affaires d'un mandant, de faire lever les scellés qui pourraient avoir été apposés sur les meubles et autres objets de toutes successions où les constituans se trouvaient avoir droit, de passer et de signer tous actes, et généralement de faire tout ce que les circonstances exigeront, et même ce qui n'aurait pas été prévu par la procuration, doit aussi comprendre implicitement la gestion des successions qui pourraient s'ouvrir au profit du mandant.

On disait que le mandataire n'a pas le droit d'étendre sa procuration aux objets qui n'existaient pas au moment où elle a été donnée; qu'elle ne peut embrasser qu'une continuité d'opérations commencées, et rien au-delà; qu'elle ne s'applique point à des individus légataires universels des objets de la succession du mandant, celui-ci n'ayant reçu aucune autorisation spéciale d'accepter cette succession. Pour la validité du mandat, il aurait fallu que le constituant eût donné pouvoir de faire apposer les scellés sur les meubles, effets et papiers de la succession, de procéder à la reconnaissance et à la levée desdits scellés, en un mot, de suivre l'ordre tracé par la loi pour recueillir une succession. Si celui au nom duquel on a contracté ne veut pas ratifier ce qui a été fait, il en est le maître. Ce droit dérive de la loi naturelle, et est consacré par l'article 1120 du Code civil.

Voici ce qu'on répondait pour détruire le système de l'invalidité de la procuration : Et d'abord, c'est une subtilité, que de vouloir distinguer entre les affaires commencées et celles qui ne l'étaient point. L'usage et le droit repoussent cette distinction futile. On ne peut regarder les expressions d'un mandat donné en temps de guerre, à 1800 lieues de l'endroit où on doit en faire usage**, que comme indicatives, et non limitatives des

* Dans une colonie française.

** A la Martinique.

pouvoirs ; et il n'a jamais été nécessaire que ce mandat contînt l'autorisation d'accepter le legs universel fait antérieurement. Un legs universel n'est pas soumis à la formalité de l'acceptation. Le silence du Code sur ce point (1005. *c. c.*) prouve qu'il n'a point été dérogé aux anciens principes enseignés par Pothier dans son contrat du mandat, n.º 161 et 162, où il démontre que l'acceptation d'un legs universel peut être régulièrement faite par un procureur général. En effet, le légataire universel lui-même n'est tenu des dettes que jusqu'à concurrence des biens qui lui ont été donnés ou légués. Ainsi, l'acceptation d'un legs ne pouvant être qu'une affaire avantageuse pour celui à qui il est fait, le mandant est présumé l'avoir comprise dans la procuration générale qu'il a donnée. L'ordonnance de 1731, article 5, établissait formellement que les donations (ce qui comprend les legs) doivent être acceptées par le donataire ou par son *procureur général* ou spécial. (Sur les articles 1987, 1988, 1989. *c. c.*)

H.ᵉⁱˢ de Repentigny et Demarchais c. Joly.　　Appel de Montargis. i.
M.ᵉˢ Baudry, Moreau, Légier, av. pl.　　Arrêt du 7 juin 1820.

---

621. Des ouvriers qui, de l'ordre d'un mari, ont réparé un immeuble propre de la femme, ont contre elle l'action *negotiorum gestorum* pour obtenir le remboursement de ce que le mari doit à la femme qui fait liquider ses reprises et conventions matrimoniales, jusqu'à la concurrence de la plus-value que les ouvrages ont donnée à l'immeuble de la femme. La Cour Royale de Paris, saisie de cette affaire, avoit commis une erreur, en disant que des ouvriers qui n'ont point traité avec une femme mariée, et qui n'ont pris aucune précaution pour acquérir un droit de gage, n'ont pu, par conséquent, gérer les affaires de la femme, qui n'a d'autre gérant que son mari administrateur légal de ses biens, auquel seul elle doit le remboursement de ses impenses, jusqu'à concurrence de l'amélioration apportée à son immeuble. On ajoutait, pour fortifier ces moyens, qu'il n'y a aucune application à faire des règles des quasi-contrats, la femme mariée ne pouvant avoir que son mari pour *negotiorum gestor.* La Cour d'Orléans, à qui cette cause avait été renvoyée par la Cour de cassation, a renversé ce système, en disant : Les parties peuvent être engagées par des faits purement volontaires de l'homme, qui remplacent toute convention ; les principes de quasi-contrats

s'appliquent aussi à la femme; il suffit que les constructions aient été utiles à son immeuble, pour qu'elle soit passible d'une indemnité envers ceux qui les ont faites. C'est ce qu'avait consacré ce texte d'une loi romaine : *Si mandatum solius mariti secutus, tàm ipsius quàm uxoris ejus negotia gessisti, tunc tibi quam mulieri invicem negotiorum gestorum competit actio.* (leg. 14, Cod. lib. 2, tit. 19.) Autrement, et pour ne point sortir de cette espèce, une femme profiterait de la plus-value de sa maison, au détriment de ceux qui ont donné cette plus-value. (Sur l'art. 1375. *c. c.*)

(PRÉSIDENCE DE M. LE BARON ARTHUYS DE CHARNISAI.)

(Renvoi de cassation.)

Crouillebois c. D.ᵉ Delisle.　　　　Appel de Paris. c.
M.ᵉˢ Légier et Moreau, avoc. plaid.　　Arrêt du 7 fév. 1821.

---

622. APRÈS la mort du mari, le mandat que la femme, conjointement avec son époux, avait donné à leur fils, de vendre ses biens personnels, ne peut plus avoir d'effet, et toute vente faite par le fils, en vertu de cette procuration, est nulle.

On opposait : Que le fils n'avait rien fait qui excédât les bornes de son mandat; que, si la condition imposée au mandataire de vendre conjointement avec son père, est demeurée caduque par le décès de celui-ci, cela n'a pu rien changer à l'essence du mandat, le mari n'ayant aucun droit de propriété sur les biens personnels de son épouse; les mots *conjointement avec son père* ne sont que la conséquence de la puissance maritale sous laquelle la femme était placée.

La cour a pensé que ces expressions étaient sacramentelles, et que la procuration n'a pu être exécutée que dans les termes qui l'ont établie. La mère avait assigné à son fils un co-mandataire, sans lequel il ne pouvait agir. La mort de ce dernier éteint le mandat et le rend nul et sans effet. (Sur l'art. 2003. *c. c.*)

V.ᵉ Nottin c. Rodier.　　　　Appel de Montargis. i.
M.ᵉˢ Légier et Moreau, av. pl.　　Arrêt du 6 avril 1821.

---

623. UN huissier a le droit de se substituer valablement un de ses confrères, lorsqu'il charge un autre huissier d'actes déterminés de son ministère. Ces deux huissiers, égaux en attribu-

tions, ne pouvant être considérés au respect l'un de l'autre, soit comme maître ou commettant, soit comme préposé ou domestique, il n'y a aucune application à faire de l'article 1384 c. c.

Un huissier n'est pas responsable des gardiens qu'il prépose à la surveillance des objets saisis. Sans doute, s'il avait contrevenu à la loi, en présentant une des personnes désignées dans l'article 598 pr. civ., il en serait responsable.

Ici le cas était différent : le créancier saisissant avait écrit à son huissier de remettre de suite les pièces à un huissier désigné pour qu'il fît la saisie ; mais cela ne veut point dire que l'huissier devait répondre, à ses risques et périls, de celui qu'il chargeait du soin de la saisie. Les individus saisis, éloignés de leur domicile, avaient été volés par le gardien et par l'huissier commis ; tous deux furent condamnés criminellement : les saisis vinrent ensuite actionner à fins civiles l'huissier qui s'était substitué un confrère mal-honnête homme. Ils disaient que ce dernier n'avait instrumenté que de l'ordre et pour le compte du premier huissier. Un huissier ne donne point d'ordre à son confrère qui est revêtu comme lui d'un caractère public. Du moment que ce dernier accepte les pouvoirs qu'on lui remet, il prend sur lui la responsabilité tout entière, sans pouvoir admettre de solidarité avec celui qui le met en son lieu et place. Le premier s'est dessaisi de tous ses droits, en lui transférant son mandat ; il a imposé, par ce fait, à son substitué, toutes les charges de son ministère. L'huissier dessaisi n'a plus de fonctions ; toujours il agit d'office ; la loi lui impose l'obligation de prêter son ministère pour et contre toutes personnes, sans acception de qualité ; mais il n'a pas de partie comme l'avoué ; après l'accomplissement de chaque acte, il ne reste plus à l'huissier d'autorité. Les fonctions de l'avoué, au contraire, ne cessent qu'au jugement définitif ou après révocation.

(PRÉSIDENCE DE M. LE BARON ARTHUYS DE CHARNISAI.)

(Renvoi de cassation.)

Grozier c. le b.ᵒⁿ et la b.ᵒⁿⁿᵉ Jubé.   Appel de Paris. i.
M.ᶜˢ Moreau et Légier, avoc. plaid.   Arrêt du 8 nov. 1821.

---

624. APRÈS le partage d'une succession, un des héritiers porteur d'une procuration pour administrer les biens de la succes-

sion, ne peut donner d'hypothèques sur lesdits immeubles pour sûreté des obligations par lui contractées, le mandat n'étant point spécial à cet égard. Si un héritier a la faculté de consentir hypothèque, en raison de ses droits successifs, sur les biens de la succession, ce ne peut être qu'avant le partage et en se soumettant aux chances de ce partage.

(PRÉSIDENCE DE M. LE BARON ARTHUYS DE CHARNISAT.)

De Repentigny c. Brunet et autres.   Appel de Montargis. c.
M.es Baudry, Légier, Dupin (de Paris,
      avoc. plaid.   Arrêt du 2 mars 1822.

———————

625. UNE procuration sous seing-privé, donnée par un citoyen des Etats-Unis, à l'effet d'en faire usage en France, n'est point assujétie pour sa validité en la forme à être libellée d'après le statut local des Etats américains.

On combattait ainsi cette proposition : Un citoyen des Etats-Unis est sans accès auprès du consulat français; il ne peut faire aucun acte dans cette chancellerie; ainsi la légalisation de sa signature par le consul français est nulle, et doit être regardée comme non avenue. Les lois américaines seules peuvent régulariser cette procuration; signée du constituant, elle doit porter en outre l'empreinte de son sceau, et la signature de deux témoins *; pour en faire usage hors des Etats-Unis, il est nécessaire de la présenter à un notaire du pays dont la signature sera ensuite légalisée par le consul français. La règle immuable *locus regit actum* a pour conséquence que tous les actes, même privés, soient partout assujétis aux formes prescrites par le statut local.

On répondit à ces argumens : le mandat n'est en Angleterre assujéti à aucune forme; il peut avoir lieu *per nuncium, per epistolam;* c'est ce qu'enseigne Blasckston. Les formalités d'ailleurs usitées pour les actes authentiques, ne s'appliquent point aux actes sous seing-privé; c'est ainsi qu'on doit entendre la maxime *locus regit actum.* Les notaires dans les Etats-Unis, pays régi par les lois anglaises, ne sont ni rédacteurs, ni dépositaires des actes qui leur sont présentés rédigés et signés des parties; ces

* C'est ce qu'a répondu le consul des Etats-Unis à Paris, consulté sur cette question.

officiers publics n'ont d'autre misssion que de constater l'individualité des contractans, et d'assurer la date et la nature des
actes. Dans l'espèce, la légalisation par le consul de France donne
au mandat un caractère de vérité que personne ne peut méconnaître. L'apposition du sceau inventé pour suppléer au défaut
des signatures, est sans conséquence, quand l'écrit est reconnu
par le souscripteur. On a cité l'opinion du consul général à Paris,
mais cet agent diplomatique dit : qu'il est d'usage de légaliser les
procurations anglaises rédigées par des citoyens de quelque pays
qu'ils soient, et que souvent des habitans des Etats-Unis font légaliser de semblables procurations données en français par les
consuls de France aux Etats-Unis, pour traiter avec des Français. Enfin, ni le consul résidant à Paris, ni celui des Etats-Unis
à Bordeaux, n'affirment que le défaut des formalités entraîne
une nullité : les magistrats ne peuvent donc prendre sur eux de
la prononcer d'office. Le mandat d'ailleurs étant un contrat du
droit des gens, doit se juger d'après les lois du lieu où l'on en
fait usage.

(PRÉSIDENCE DE M. LE BARON ARTHUYS DE CHARNISAI.)

(M. DE S.te MARIE, SUBSTITUT DU PROCUREUR-GÉNÉRAL.)

La famille le Ray de Chaumont, le duc de Broglie,   Appel de Blois. i.
   le b.on de Staël c. le b.on d'Etchégoyen.   Arrêt du 10 juin
M.es Gairal (de Paris) Moreau, Légier et Baudry,   1825.
   avoc. plaid.

MAR.

ARTICLE QUARANTE-HUITIÈME.

MARIAGE. (OPPOSITIONS AU MARIAGE.)
(NULLITÉS DE MARIAGE......)

—

L'INSTITUTION primitive du mariage exclut la polygamie : *et erunt duo in carne unâ* (Genes. cap. 2, v. 24).
Ce n'est cependant que depuis la promulgation de
l'Evangile que la polygamie a été tout-à-fait interdite. Pothier, qui a traité cette matière autant en
canoniste qu'en jurisconsulte, fait judicieusement
observer (*Contrat de Mariage*, n.° 101), « qu'en exa-
» minant le mariage en tant que mariage, et d'après
» les lois invariables du droit naturel dont il n'est
» pas possible que la divine sagesse s'écarte jamais,
» la polygamie n'est point contraire au droit natu-
» rel, puisque Dieu l'a permise dans un temps *. »
Il est curieux de remarquer que la loi de Justinien

---

* Abraham a eu en même temps Sara épouse au 1.er ordre, et
Agar en 2.° ordre. Jacob eut Lia et Rachel en 1.er ordre, et Bala et
Zelpha en 2.° ordre. (Gen. cap. 35, ɣ. 23 et seq.)

Toutefois, on n'entend jamais par polygamie la *polyandrie*, c'est-
à-dire, le cas où la femme aurait plusieurs maris ; *propter perturba-
tionem sanguinis.* Le mot *polyandrie* n'est plus usité qu'en botanique.

(45 *au cod. de episcop. et cleric.*) est la première qui
ait prohibé le mariage des personnes engagées dans
les ordres sacrés. « *Sacris canonibus neque Deo amatis-*
» *simis presbiteris, neque reverendissimis diaconis aut*
» *subdiaconis nuptias contrahere.... non possunt, etc...* »
Pothier fait observer que la peine de nullité de ces
mariages a été abrogée par les Novelles 6, chap. 5,
et 22, chap. 42; la déposition de l'ordre était seulement encourue par les prêtres et les diacres qui se
mariaient depuis leur ordination. Ce ne fut qu'au
concile de Trente que l'Eglise a prononcé anathème
contre ceux qui osent soutenir que les personnes
engagées dans les ordres sacrés, peuvent se marier; et depuis cette époque, la jurisprudence des
Parlemens a été conforme à ces règles de discipline
ecclésiastique.

Lors du projet du Code civil, un des membres du
conseil d'Etat (M. Emmery) pensa que si le mariage
devait être interdit entre le neveu et la tante, parce
que celle-ci suppléait en quelque sorte la mère, le
même empêchement n'existait pas à l'égard de l'oncle et de la nièce, ni entre beaux-frères et belles-
sœurs. Toutefois, les mœurs anciennes, les lois canoniques et l'honnêteté publique ont réclamé cette
prohibition; mais la faculté d'accorder des dispenses
pour des causes graves (art. 164, *c. c.*) est un remède salutaire auquel il est quelquefois nécessaire
de recourir. Au reste, ces empêchemens de la parenté se fondent sur les lois romaines. *Sororis pronep-*
tem non possunt ducere uxorem, quoniam parentis loco ei
sunt. (L. 39, ff. *de ritu nuptiarum.*)

Suétone, dans la vie de Claude, parle d'une loi

qui fut portée au sénat, afin de permettre aux on-
cles d'épouser les filles de leur frère. Cette loi eut
pour but de favoriser la passion de l'empereur pour
Agrippine, fille de son frère Germanicus. Pothier
dit, à ce sujet, que l'exemple de Claude ne fut point
suivi par les autres Romains, et que ce décret fut
abrogé par les empereurs Constance et Constant,
qui défendirent de contracter de tels mariages sous
la peine capitale*. Le Code Théodosien (*l. 3 de incest.*)
a été plus loin, et déclara nuls les mariages entre
cousins germains permis par le §. 5, tit. *de nuptiis,*
inst. : duorum autem fratrum vel sororum liberi, vel
fratris et sororis conjungi possunt. L'autorité ecclésiastique commençait à étendre sa puissance, et bientôt la défense des mariages entre parens eut lieu
jusqu'aux cousins issus de germains et même au-delà.
Quel en fut le résultat? le droit de délivrer des dispenses dont le produit devint considérable pour
l'Eglise. Pothier fait observer ** « que, pour que la
» parenté forme un empêchement dirimant de ma-
» riage, il importe peu qu'elle soit une parenté lé-
» gitime ou non, parce qu'on ne considère que la
» proximité du sang (suivant la loi 24, ff. *de ritu*
» *nupt.*) *** ». Les mêmes principes sont reproduits
dans les articles 161 et 162 du Code civil; mais l'article 163 ne parle point du mariage entre des parens

* Traité du Contrat de Mariage, n.º 134.

** Traité du Contrat de Mariage, n.º 149.

*** Cela ne détruit pas le principe, que les enfans naturels, même
reconnus, n'ont pas de famille, principe qui ne s'applique qu'aux
rapports civils, et non aux *rapports* naturels.

(M. DELVINCOURT, Institutes du Droit français.)

naturels et non légitimes, savoir entre *l'oncle et la nièce*, *la tante et le neveu* : il nous semble que ce silence doit faire croire que la parenté naturelle ne peut s'étendre jusque-là, d'après la règle des inclusions : *inclusio unius est exclusio alterius.*

· Le profond Domat examine les engagemens qui naissent du mariage * : « L'ordre de la naissance, » dit-il, est le fondement des devoirs qui naissent » entre les parens et les enfans... C'est sur ce même » ordre dont Dieu s'est servi pour donner la vie aux » enfans par leurs parens, que sont fondées les lois » qui font passer aux enfans les biens des parens » après leur mort.... Le lien de la naissance qui » unit les pères et mères à leurs enfans, les lie en-» core à ceux qui naissent et descendent de leurs » enfans.... L'opposition des différens caractères de » l'amour qui unit le mari et la femme, et qui lie » les parens et les enfans, est le fondement des lois » qui rendent illicite le mariage entre les ascendans » et les descendans en tous degrés, et entre les col-» latéraux en quelques degrés ». Nul jurisconsulte ne s'est élevé plus haut que Domat. Ses préceptes sont toujours ceux d'un vrai philosophe et d'un homme éminemment religieux.

Depuis la révocation de l'Edit de Nantes **, les mariages entre catholiques et protestans étaient défendus; mais aujourd'hui que la Charte a proclamé la liberté des cultes, cet empêchement n'existe plus. Si cependant les actes de l'Etat civil étaient exclusi-

---

* Traité des Lois civiles, chap. 3.

** En 1685.

vement remis au Clergé, le cas dont nous parlons
donnerait lieu à de graves inconvéniens auxquels il
serait difficile de remédier. Je me garderai bien d'invoquer la *tolérance* et la *philosophie*, deux mots dont
on a trop abusé, et qui, dans certaines bouches, ne
signifient autre chose que *l'incrédulité* et *l'irréligion*;
mais je me contenterai de dire que le voile de notre
conscience ne doit être soulevé qu'avec bien de la
circonspection, et qu'en toutes choses, il faut toujours éviter les suites funestes du scandale.

Relativement aux oppositions au mariage, le Code
civil a mis un terme à cette jurisprudence vicieuse,
qui avait introduit des oppositions multipliées formées sous le prétexte de l'inégalité de fortune ou
de condition. Déjà le Parlement de Paris avait, par
un arrêt du 28 avril 1778, proscrit les appels comme
d'abus de publications de bans, sous prétexte d'intérêts civils ou de promesses verbales de mariage *,
en limitant le droit de former opposition, aux proches parens des futurs époux; il fallait que les causes
en fussent déduites dans l'exploit d'opposition. L'E-
glise a le droit de recevoir, il est vrai, les oppositions au mariage d'après la publication des bans;
mais, comme le fait remarquer Pothier **, « ces op-
» positions ne peuvent jamais concerner que le lien :
» toutes les autres sont de la compétence du juge
» séculier, il y aurait lieu à l'appel comme d'abus,
» si le juge d'église s'ingérait d'en connaître ». Si

* Voir le Répertoire de Jurisprudence, *verbo* Opposition à un
Mariage.

** Traité du Contrat de Mariage, n.° 84.

telle était même l'ancienne jurisprudence, on ne
doit jamais confondre les oppositions aux bans avec
celles énoncées au chap. 3 du tit. 5, liv. 1.er du Code
civil.

D'après le principe établi en l'article 146 du même
Code, le consentement des parties contractantes est
de l'essence même du mariage; aussi ce mot *consen-*
tement libre des époux reporté en l'article 180, com-
prend-il implicitement tous les cas où le mariage
aurait été contracté par l'effet du rapt ou de la violence. Lors de la discussion du Code civil au conseil
d'Etat, le *premier Consul* fit observer « qu'il n'y a
» point de contrat s'il y a violence; mais que la con-
» sommation du mariage formant le contrat par les
» sens, la difficulté était de constater la violence ».
On ne voulut point cependant se servir du mot *vio-*
lence, dont la définition aurait nécessairement varié
suivant les cas. Il aurait été également peu exact
d'employer le mot *rapt*, qui avait été proposé lors
de la première rédaction de l'article 180; car on distingue ordinairement le rapt de violence du rapt de
séduction : celui-ci ne pouvant concerner que le
mineur, la loi a pourvu à l'intérêt de la famille,
en décidant que le consentement du mineur ne suffit pas pour valider son mariage. C'est encore le *rapt*
de séduction qui était désigné par l'article 40 de l'ordonnance de Blois de 1580, qui défendait aux curés
de passer à la célébration des mariages des enfans
en puissance d'autrui, sans le consentement de leur
père et mère, etc., et sous peine d'être punis comme
fauteurs du crime de rapt. Mais *le rapt de violence* s'applique à toutes les circonstances, et est toujours une

nullité qui ne peut être couverte que par la co-habi-
tation de l'époux pendant six mois, depuis qu'il a
acquis sa pleine et entière liberté (181, *c. c.*). Autant
la loi a été prudente et réservée dans les cas dont
nous venons de parler, autant ses dispositions ont dû
être sévères, quand il s'agit de la violation de l'ordre
public, qui ne tendrait à rien moins qu'à jeter le
trouble et le désordre dans la société tout-entière
(184, *c. c.*) : ainsi des époux se sont unis par mariage avant l'âge fixé par la loi *; d'autres ont contracté un deuxième mariage avant la dissolution du
premier ; il en est enfin qui ont violé toutes les convenances en ne respectant pas les liens d'une étroite
parenté qui les unissaient, alors tous les intéressés
peuvent s'élever contre des unions aussi scanda-
leuses ; la voie même de nullité est ouverte au ministère public, protecteur-né de l'ordre social, et
qui veille sans cesse à la conservation de l'état des
familles.

Non-seulement la bénédiction nuptiale était autrefois nécessaire pour la validité du mariage, lorsque l'acte civil n'était point séparé du sacrement,
mais il fallait encore que le prêtre qui avait célébré
le mariage fût compétent. Nous aurons occasion
d'appliquer cette jurisprudence dans une affaire dont
nous nous occuperons au n.° 629. Pothier ** pense
que, « quoique le Concile de Trente qui a prononcé
» la nullité du mariage célébré par un prêtre in-
» compétent, n'ait pas été reçu en France, les dé-

* Sauf l'exception portée en l'article 185, *c. c.*
** Traité du Contrat de Mariage, n.° 361.

» clarations du Roi de 1639 et de 1697 ont adopté la
» disposition du Concile sur ce point, en regardant
» comme une des *solennités essentielles* au sacrement
» du mariage la présence du propre curé de ceux
» qui contractent ». Ce jurisconsulte ajoute : « que
» la déclaration de 1697 ordonne que les parties qui
» ont contracté de tels mariages soient poursuivies
» par les procureurs du Roi pour réhabiliter ces
» mariages; ils sont donc nuls, car s'ils étaient
» valables, il ne faudrait pas les réhabiliter ».

Dans l'ancien droit, l'évêque et le curé pouvaient
préposer un prêtre pour la célébration du mariage;
mais, quoique depuis la loi du 20 septembre 1792,
le curé soit remplacé par un officier municipal qui
porte le nom d'*officier de l'état civil,* ce magistrat
exerce une fonction personnelle qu'il doit remplir
au lieu de sa juridiction, et il ne peut la déléguer à
d'autres fonctionnaires étrangers.

Le mariage doit être célébré publiquement et devant l'officier de l'état civil, *dans la maison commune*
(Art. 75 et 165 *c. c.*). Ces articles ne sont que la reproduction des six premiers de la section 4.ᵉ de la
loi du 20 septembre 1792 : mais, quoique le Code
civil contienne sur ce point des dispositions impératives, il résulte de l'article 193, qu'il peut arriver
que les contraventions aux règles de l'article 165 ne
soient pas suffisantes pour faire prononcer la nullité
de mariage. C'est ainsi qu'un arrêt de la Cour de cassation, du 22 juillet 1807, rapporté au Répertoire de
Jurisprudence *, a consacré cette jurisprudence dans

* *Verbo* Mariage, section 4, §. 1.

la célèbre affaire de la demoiselle Phelippeaux, mariée chez elle dans la nuit du 26 mars 1806, à l'âge de 15 ans et 5 mois.

Pour terminer ces réflexions sur le mariage, je vais donner un extrait des cérémonies usitées chez les anciens Romains dans la célébration des noces. Parmi les auteurs que j'ai consultés sur ce sujet, j'ai lu avec beaucoup d'intérêt un morceau inséré par Pothier dans ses Pandectes, comme *appendix* au titre du ff. *de ritu nuptiarum* *. Ces recherches historiques avaient été faites par Pothier sur le livre de Brisson, *des Cérémonies du Mariage.*

On évitait d'abord de marier les vierges un jour férié, parce que, dans ces jours expiatoires on devait s'abstenir de toute violence, et que par le mariage, *quædam vis videbatur inferri virginibus.* Le mois de février, destiné aux cérémonies funéraires, n'était point propice au mariage. Il en était de même du mois de mai. Plutarque ** en donne plusieurs raisons, entr'autres, à cause de la cérémonie de la plus grande purgation de l'année, époque où la prêtresse de Junon est toujours triste et comme en deuil, *sans jamais se laver ni se parer.* Mais les ides de juin étaient le temps le plus apte aux épousailles.

Du moment que les conventions matrimoniales étaient faites, la fille qui déjà avait pris le titre de *sperata puella*, le changeait en celui de *pacta puella.*

---

* Du verbe *nubere*, lequel vient de *nubes*, voile qui couvrait le visage de la fiancée comme d'un nuage.

** Des Demandes des choses Romaines, n.° 86, édit. de Vascosan, *in-f.°*; Œuvres morales, p. 473.

Alors les proxénètes faisaient affirmer les contractans qu'ils se mariaient pour avoir des enfans. On traitait aussitôt des stipulations dotales ; on procédait ensuite aux fiançailles (*sponsalia*), qui donnaient aux futurs époux les noms de *sponsus* et de *sponsa*, quand le père ou celui qui exerçait sur la fille la puissance paternelle avait répondu à la demande des futurs époux, *spondeo*. Les accordés se faisaient des présens, et le futur envoyait l'anneau, *annulus pronubus*. Les fiancés se donnaient ensuite réciproquement le baiser *osculum*. Le jour du mariage, les futurs époux se rendaient à un temple où l'on faisait un sacrifice en présence de dix témoins. Le prêtre offrait un pain et en jetait des morceaux sur la victime, symbole de la la vie commune qui allait s'établir entre les époux. Ce rit, appelé *confarreatio*, était un véritable lien : alors la femme, sous la protection des mêmes dieux que son époux, devenait l'héritière du mari, s'il mourait *intestat* ou sans enfans *.

Heineccius ** donne quelques explications sur le mariage des citoyens romains, appelé *connubium, seu justæ nuptiæ*, au moyen duquel l'épouse était liée à son mari, et lui appartenait en quelque sorte. C'est ainsi que Virgile *** dit, en parlant de la nymphe Déiopée :

Connubio jungam stabili, propriamque dicabo.

Tous les effets civils s'attachaient au mariage ap-

* Histoire de la Jurisprudence Romaine, par Terrasson, p. 46.
** *Pandectis, hoc Titulo.*
*** Eneid, lib. 1, v. 77.

pelé *connubium*. Celui que contractaient les étrangers se nommait *matrimonium*, et l'union légitime des esclaves, *contubernium*. Revenons aux cérémonies nuptiales.

Le jour où la fiancée était conduite dans la maison de l'époux, ornée de six tresses de cheveux, à l'instar des Vestales, et comme un gage de la chasteté qu'elle promettait de garder à son mari, on portait devant elle une hache qui avait servi à arracher la vie à un gladiateur, afin que l'épouse devînt unie à son époux, comme cette hache s'était attachée au corps du gladiateur. On revêtait l'épouse d'une tunique droite, attachée avec une ceinture de laine : on lui portait une couronne autour du front, et sa tête était couverte d'un voile de couleur jaune, afin que personne ne pût lui voir le visage avant son mari.

La vierge ainsi couronnée de fleurs, était conduite le soir dans la maison du mari par deux enfans revêtus de la robe appelée *Prétexte*. Tous deux lui donnaient la main ; un autre enfant portait dans un vase couvert des ustensiles à l'usage des femmes. On arrivait à la demeure de l'époux ; la façade de cette maison était décorée de feuillages, et avant de franchir le seuil de la porte, on demandait le nom de celle qu'on allait introduire : elle répondait s'appeler *Caia*, nom de la femme de Tarquin l'ancien, qui excellait dans l'art de filer la laine. Le mari donnoit à sa nouvelle épouse une pièce de monnaie appelée *as caianus*. On suspendait alors aux portes des bandelettes de laine, et on faisait des onctions d'huile. Dès ce moment l'épouse s'appelait *uxorem*, velut *unxorem*.

L'onction terminée, l'épouse entrait dans la maison; on prenait un soin extrême à ce qu'elle ne marchât point sur le seuil de la porte, ce qui aurait été un sacrilége de fouler aux pieds un objet consacré à la chaste Vesta, au moment où elle allait déposer sa virginité. Souvent ceux qui l'accompagnaient la portaient jusque dans la maison, en mémoire de l'enlèvement des Sabines, afin qu'elle ne parût point vouloir entrer volontairement au lieu où elle allait cesser d'être vierge. Quelquefois même elle ne passait point par la porte, mais par une brèche faite à la muraille; des jeunes filles lui présentaient les clefs de la maison, pour l'avertir que les soins du ménage allaient lui être confiés. Elle se plaçait sur une toison de brebis. Son époux venait à sa rencontre, et lui donnait l'eau et le feu. On faisait sur elle une aspersion de cette eau, et on brûlait cinq torches résineuses. Le nouvel époux offrait un repas à son épouse et aux personnes qui l'accompagnaient : pour l'ordinaire il était splendide. On criait pendant le festin *Thalassius*, ce qui, selon Varron, signifie un vase propre à mettre de la laine, ouvrage favori des anciennes dames romaines. Ce cri de joie, que d'autres prétendent avoir été le signal de l'enlèvement des Sabines, et dont l'explication a beaucoup embarrassé les savans, remplaçait celui d'*Hymen* chez les Grecs. Un joueur de flûte entrait; on jetait des noix aux enfans, fruit protégé par Jupiter. Ceux-ci se dépouillaient de la prétexte, récitaient des vers licencieux, et chantaient aux époux des strophes presque toujours obscènes. Alors on préparait le lit nuptial dans la chambre du mari; bientôt on y conduisait solennellement la nouvelle épouse, précédée de torches enflammées (heureux présages d'une longue vie), portées par les amis des deux époux. On plaçait aussi dans la couche nuptiale plusieurs images des dieux, afin que par leurs secours l'union conjugale pût s'accomplir, et que les maléfices des mauvais génies n'y missent aucun obstacle. Dans l'appartement de l'époux, outre le lit nuptial, il y avait une sorte d'autel en l'honneur de Priape, sur lequel on montait par des degrés ornés d'ivoire. La nouvelle mariée s'y reposait pendant quelques ins- tans, afin d'offrir sa virginité au dieu dont l'image était sur l'autel. Des femmes d'une vertu éprouvée, et qui avaient été elles-mêmes mariées une seule fois, plaçaient ensuite l'épouse sur la couche qui lui était préparée ; alors l'époux rompait la ceinture de laine qui attachait la ceinture de son épouse * ......

Le lendemain se donnait le festin des noces. Pen- dant tout ce jour la nouvelle épouse jouissait de toute liberté ; se mettait en possession des affaires domestiques, et recevait des présens de ses amis et de ses parens.

On voit par ces détails, que les Romains envi- ronnaient de cérémonies solennelles le mariage, qui était chez eux plutôt un acte religieux qu'un acte civil.

———————

626. L'ENFANT qui a fait à son père des sommations respec- tueuses pour son mariage, et qui ensuite lui écrit pour le prier d'excuser sa résistance à ses volontés, en lui protestant à l'avenir d'une plus grande soumission, est non-recevable à demander la

* Ce nœud était appelé *Nodus Herculareus*.

validité des actes respectueux faits précédemment. Il ne peut plus, par un acte extra-judiciaire, révoquer les lettres qu'il a écrites, pour faire revivre les sommations respectueuses, et il est tenu de les renouveler, s'il persiste à se marier sans le consentement de son père ; les premiers actes respectueux devant être regardés comme non-avenus. (Sur les articles 152, 154 *c. c.*)

| Champigny-Clément | Appel de Chinon. i. |
| c. Champigny, fils. | Arrêt du 14 fév. 1816. |

627. Pour la validité d'un acte respectueux relatif au mariage, il n'est point nécessaire que l'enfant vienne en personne avec deux notaires faire l'acte respectueux. Les actes appelés improprement sommations, ne peuvent être assimilés aux actes de procédure ; rédigés dans la forme des actes notariés, ils étaient autrefois dressés par le ministère d'un sergent. Ainsi les père et mère à qui ils étaient signifiés les regardaient souvent comme un nouvel outrage : c'est pourquoi un arrêt du parlement du 27 août 1692 établit des formes plus respectueuses. Les notaires furent chargés d'être les porteurs de ces sortes de sommations. Il fallait de plus obtenir un jugement pour être autorisé à les faire. Le Code civil n'a point jugé cette intervention de la justice nécessaire en pareil cas ; la loi actuelle n'a pas non plus conservé à ces actes le nom de sommation, qui était fait plutôt pour aigrir un père que pour le désarmer. Le mot *respectueux* ne s'allie nullement avec celui de *sommation*. Les actes respectueux ne sont point nuls, parce qu'ils sont présentés à la requête du fondé de pouvoir. Ce n'est pas là *plaider par procureur*, dans le langage ordinaire du droit *. (Sur les art. 153 et 154 du *c. c.*)

| Demoiselle Rabotteau c. Rabotteau père. | Appel de Blois. c. |
| M.es Baudry et Légier, av. pl. | Arrêt du 3 déc. 1817. |

628. Les notaires chargés de notifier aux ascendans les actes respectueux pour le mariage (Art. 151, *c. c.*), et qui ne trouvent

---

* Il ne sera point déplacé de dire ici que, lors de la discussion au conseil d'État de la loi sur les actes respectueux, le projet présenté par le ministre de la justice appliquait aux ministres du culte qui

personne au domicile de ceux à qui la notification est faite, peuvent remettre au maire la copie de cet acte, au lieu de la laisser d'abord à un voisin. La matière est ici spéciale, et les formalités communes à tous les exploits ne sont point applicables. (Sur l'art. 154, c. c.)

Mariés Brossier c. Brossier fils. Appel de Blois. c.
M.es Baudry et Moreau, avoc. plaid. Arrêt du 12 août 1819.

---

629. 1. Le mariage contracté à Constantinople entre un Français et une sujette de la Turquie est nul, s'il n'a pas eu lieu d'après les lois en vigueur dans l'empire ottoman.

2. La tolérance accordée par le grand-seigneur à toutes les religions étrangères au culte mahométan, oblige les catholiques sujets de la Porte Ottomane à se conformer aux règles du Concile de Trente pour la validité de leurs mariages.

3. Les lois de 1792 et 1793 sur l'état civil des Français ont été exclusives pour l'administration intérieure de la France, et n'ont point modifié la législation respective de cette puissance avec les gouvernemens étrangers.

4. Une possession d'état, après un mariage célébré par un individu sans pouvoir pour le faire, ne peut couvrir la nullité radicale et d'ordre public qui s'attache à ce mariage. Les effets civils d'un tel mariage déclaré nul, subsistent néanmoins, quand il a été contracté de bonne foi.

Toutes ces décisions sont d'une telle importance, qu'il nous semble nécessaire d'entrer dans l'examen de la discussion de droit à laquelle elles ont donné lieu.

---

procéderaient à donner la bénédiction nuptiale à des enfans mineurs, sans qu'on leur justifiât le consentement de leur père et mère, etc..., les mêmes peines dont l'article 156, c. c. rend passibles les officiers de l'Etat civil qui se rendent coupables de cette infraction à la loi. Il se fondait sur ce qu'en pareille matière il fallait multiplier les obstacles pour empêcher d'éluder l'autorité paternelle. Le premier Consul avoua lui-même «que cette obligation à imposer aux ministres » des cultes serait certainement une garantie de plus, mais qu'elle » ne serait pas dans l'esprit de la législation, laquelle exclut entiè- » rement les ministres des cultes de tout ce qui concerne la validité » du contrat civil du mariage.» Cet avis fut adopté.

Il s'agissait d'une demande en nullité d'un mariage célébré
en 1793 à Constantinople, entre un Français, employé dans
l'agence diplomatique, et une grecque catholique, sujette de
l'empire ottoman. Pour repousser l'action en nullité, on disait
que notre législation ancienne a laissé aux Français qui épousent
des étrangères, la liberté de suivre les formes et les usages français, ou les formes et les usages étrangers. La loi du 20 septembre 1792, en proclamant la liberté des cultes, a séparé l'acte religieux du contrat civil du mariage; dès-lors, les anciennes lois
canoniques ont été abrogées. Dans cette espèce de lacune de la
législation depuis 1791, l'autorité administrative a constamment
regardé les consuls et agens diplomatiques de France comme les
seuls officiers capables de recevoir en pays étranger les actes de
l'état civil des Français. Un extrait des actes de la chancellerie
de l'ambassade du Roi de France près la sublime Porte, prouve
que plusieurs mariages ont été ainsi célébrés. La morale publique
et l'intérêt de la société interdisent toute recherche sur la validité
de ces mariages; et quand il y aurait eu quelqu'irrégularité dans
leur célébration, ils ne seraient pas nuls, selon la maxime *Error
communis non vitiat contractum.*

Il y a dans la législation une lacune depuis 1791, on ne peut
se le dissimuler; mais ce n'est qu'avec une extrême circonspection que les magistrats doivent se permettre l'examen au fond de
pareilles nullités de mariage; car, si elles étaient admises, elles
pourraient compromettre l'état civil et le sort d'un grand nombre
de familles. Le mariage doit son institution à la nature, sa perfection à la loi, sa sainteté à la religion. Cet acte étroitement
uni à la morale publique, n'était autrefois regardé légitime et ne
pouvait produire d'effets civils que quand il avait eu lieu, d'a-
près la loi de l'Eglise.

Depuis la révocation de l'Edit de Nantes en 1685, tous les
Français, quelle que fût leur croyance, ont été soumis aux règles de la discipline ecclésiastique. C'est encore au Roi bienfaisant, à l'infortuné Louis XVI, que les Protestans durent l'édit
de 1787 qui permit aux non-catholiques de se marier devant les
officiers de justice civile.

D'après la constitution de 1791, la loi ne considéra plus le mariage que comme un contrat civil; une nouvelle législation s'établit, et les ministres de la religion perdirent leur empire absolu
sur les mariages. Les droits des Français les suivirent bientôt

jusques chez l'étranger ; la liberté des cultes devint un statut personnel attaché à la personne de chaque citoyen Français, quel que fût le pays où il portât ses pas. Dès ce moment, les consuls envoyés en pays étranger pour y protéger les Français qui, sans renoncer à leur patrie, résidaient alors dans ces contrées lointaines, se trouvèrent naturellement placés à la tête de l'administration des affaires civiles qui concernent les membres de leur nation. On ne peut donc plus décider aujourd'hui les questions civiles avec les anathèmes prononcés par les conciles. Laissons au souverain juge le droit unique de lire au fond des consciences, et d'apprécier si le Français qui, en 1793, épousait une Grecque à Constantinople, et recevait la bénédiction nuptiale dans la chapelle de l'ambassadeur de Venise, remplissait les devoirs d'un véritable chrétien. Ajoutons maintenant, qu'une longue possession d'état pendant vingt-trois ans a effacé toutes les irrégularités reprochées à un pareil mariage ; et pour employer le langage du célèbre d'Aguesseau *, disons avec ce grand magistrat : « Si l'u-
» tilité publique veut que les lois soient observées avec rigueur,
» et que l'on déclare nul tout mariage contracté contre leurs dis-
» positions, la tranquillité publique et le repos des familles ne
» souffrent pas que, pour un simple défaut de formalité, on
» rompe un mariage qui a subsisté tant d'années, sans que les
» parties aient réclamé ».

Nous allons donner l'analyse du système contraire par lequel on a combattu les moyens que nous venons de reproduire, système qui a été adopté par la Cour.

La célébration du mariage est un acte de juridiction qui ne peut être exercé que par l'officier public auquel la loi en a conféré le pouvoir, et seulement à l'égard des personnes soumises à la même loi. Le mariage est le principe de l'état de famille ; il intéresse la société tout-entière : voilà pourquoi tous les gouvernemens ont adopté pour sa validité des formes substantielles qui ne peuvent être suppléées. Dans toute l'étendue de l'empire ottoman, les catholiques ont le libre exercice de leur religion : la discipline du concile de Trente est pour eux la loi commune ; et d'après les canons de ce saint concile, un mariage doit être célébré en présence du propre curé des contractans : *Ut pote non contractum juxtà præscriptum sacro-sancti concilii Tridentini,*

* Septième plaidoyer, tome 2, p. 171.

coràm scilicet prædictorum proprio parocho ; adeòque nullum irritumque esse censendum. C'est ce qu'a fait, dans l'espèce, celui qui voulut se marier, en 1793, à Constantinople, avec une jeune Grecque. Il s'adressa à l'archevêque de Marcian, qui refusa cette permission à l'envoyé du gouvernement révolutionnaire français. Appliquons ici le principe : *Locus regit actum ;* les anciens traités et les capitulations entre la France et la Turquie avaient réglé les fonctions des consuls et agens diplomatiques accrédités près ces puissances. Aucune loi n'a donné à nos consuls le pouvoir de faire des mariages. La loi de 1792, qui a retiré au clergé les actes de l'état civil, n'a été faite que pour la France. Or, il ne s'agit point ici d'un mariage passé entre français en pays étranger; le Code civil même n'a point été au-delà des anciennes lois; les articles 47, 48 et 170 de ce Code prescrivent, pour les mariages passés à l'étranger entre Français et étrangers, l'observation des formes usitées dans le pays. Ce qui prouve que les anciennes ordonnances de nos Rois et leurs traités avec le Grand-Seigneur ont encore tous leurs effets. Vouloir donner une interprétation différente à cette législation, serait violer le droit des gens en s'immisçant dans l'état civil des étrangers. Ainsi, le consul ou le délégué de cet agent diplomatique, quand il aurait été officier de l'état civil, n'aurait jamais été compétent pour marier une Grecque en 1793, ni à aucune autre époque. Cette nullité étant *radicale*, est indéfinie, et s'attache au mariage d'une manière absolue. Un mariage ainsi contracté n'offre plus qu'un attentat aux droits de la société, et qu'une infraction manifeste aux lois de l'État. Jamais la possession même pendant vingt-trois ans de l'état d'épouse ne peut couvrir cette nullité. Elle est réellement radicale, en ce qu'elle détruit l'obligation formelle de la loi ; et l'état civil d'époux et d'épouse ne s'acquiert jamais par la prescription. Ces principes ont été professés par d'Aguesseau, dans la célèbre affaire du duc de Guise, qui avait épousé, dans les Pays-Bas, la veuve du comte de Bossu *. L'illustre chancelier démontre, de la manière la plus éloquente et la plus solide, que, lorsqu'un mariage est célébré hors la présence du propre curé, ni le temps, ni la possession, ni l'approbation d'une famille entière ne peuvent imprimer à ce mariage le caractère de sacrement et de contrat civil; que l'É-

* Voir le 57.ᵉ plaidoyer,

glise et la loi lui refusent également. Pothier va encore plus loin * :
« En vain, dit-il, opposerait-on les maximes *nemo audiri debet*
» *propriam allegans turpitudinem; nemo ex proprio dolo consequi*
» *potest actionem*. La réponse est, que ces maximes n'ont d'autre
» objet qu'un intérêt particulier du demandeur..... Mais ici, c'est
» un objet d'honnêteté publique qui doit faire admettre la de-
» mande,..... et surtout quand il s'agit de vices absolus....., *puta*,
» de ce que le mariage n'a pas été célébré en face de l'Église, ou
» de ce qu'il l'a été par un prêtre étranger, sans permission de
» l'évêque ou du curé. » *La demande en nullité*, dit ce grand-
jurisconsulte, *peut être intentée même par celle des parties qui a*
trompé l'autre. La Cour de cassation a consacré cette doctrine le
2 septembre 1807, dans la cause de la demoiselle Perrault contre
le sieur Brichard **. La Cour suprême a encore déclaré nul, en
1816, le mariage du général K....., malgré une possession d'état
de 16 ans, et l'existence d'un enfant.

(PRÉSIDENCE DE M. LE BARON ARTHUYS DE CHARNISAI.)

(M. RUSSEAU, AVOCAT-GÉNÉRAL.)

(Renvoi de cassation.)

Anna Summaripa c. Emile Gaudin.   Appel de Paris et de Rouen.
Mes Johanet et Moreau, avoc. plaid.   Arrêt du 7 mars 1820.

---

630. DÉJA la Cour a décidé (n.º 627), qu'il n'est pas nécessaire, pour la validité d'un acte respectueux, qu'il soit fait à la
personne même de celui à qui on l'adresse; et que le père et
l'enfant soient mis en présence l'un de l'autre. En vain invoquait-
on cette opinion de l'orateur du gouvernement, lors de la présentation du Code civil au corps législatif, qu'il faut que les pères et
les enfans soient mis en présence, afin que la raison et l'affection
puissent exercer leur influence. On ajoutait : Se voir et entrer en
explication, c'est presque toujours dissiper les nuages et rétablir
l'harmonie. Cette pensée, juste en elle-même, n'est pas exacte,
quand il s'agit de mariage. Des raisons fortes de convenance, ou
une passion dont on n'est plus le maître, et à laquelle on ne peut
résister, déterminent seulement l'enfant à faire des actes respectueux à son père qui lui refuse son consentement; et lorsqu'on en

* Traité du Contrat de Mariage, n.º 443.
** Voir le Journal du Palais, par Denevers, année 1808, p. 53.

vient à cette extrémité, les observations verbales ne peuvent plus servir à changer une résolution presque toujours invariable ; le résultat d'un pareille entrevue produirait quelquefois plus de mal que de bien, et tendrait à irriter davantage le père contre le fils qui vient lui annoncer de vive voix et en personne qu'il est décidé à se marier contre sa volonté. La circulaire du Grand-Juge Ministre de la justice, du 11 messidor an XII, qui avait statué que la copie de l'acte respectueux devait être remise au père en main propre par l'enfant, n'est plus en vigueur. (Sur les articles 152, 153, 154, *c. c.*)

D.lle Chanteloup c. Chanteloup père.   Appel de Blois. c.
M.es Baudry et Lairtullier, av. pl.   Arrêt du 23 juin 1820.

---

631. Une promesse de mariage résultant d'une publication faite par l'officier de l'état civil, n'est point une *obligation de faire* dont l'inexécution donne lieu à des dommages-intérêts de la part de celui qui ne la réalise point. La promesse de mariage, quoique rendue certaine par la publication des bans, n'équivaut point aux fiançailles, qui, selon Pothier *, « Sont la conven- » tion par laquelle un homme et une femme se promettent réci- » proquement qu'ils contracteront mariage ensemble ». Le but des fiançailles était d'éviter les inconvéniens des mariages con- tractés brusquement entre des parties avant de se connaître. Chez les Romains cet usage entraînait des obligations. *Moris fuit veteribus stipulari et spondere sibi uxores futuras.* (l. 2, ff. de sponsal.) *Sponsalia sunt mentio et repromissio futurarum nuptia- rum.* (l. 1, ff. l. t.) Dans notre ancien droit, elles étaient éga- lement obligatoires. Aujourd'hui, les publications des promesses de mariage ne lient plus les futurs conjoints ; elles ne sont pres- crites que dans l'intérêt des tiers qui peuvent avoir des raisons d'opposition au mariage.

L'inexécution d'une promesse de cette nature ne peut autori- ser à réclamer des dommages-intérêts, qu'autant que la partie qui se plaint aurait éprouvé préjudice ou injure. Encore faudrait- il articuler des faits réels, et prouver que le changement de vo- lonté repose sur des motifs injurieux et diffamatoires.

Dubois c. Marie Richer.   Appel de Vendôme. c.
M.es Gaudry et Lafontaine, av. pl.   Arrêt du 29 juillet 1824.

* Traité du Contrat de Mariage, n.° 23.

ARTICLE QUARANTE-NEUVIÈME.

MÉMOIRES. (FACTUMS.)

—

L'USAGE a détruit les *factums* : ce mot a perdu aujourd'hui, dans le langage du droit, sa véritable acception. On ne l'emploie plus que pour désigner un écrit acerbe, une sorte de libelle. Cependant l'exposé simple et fidèle des faits d'une cause s'appelait autrefois *factum* ; maintenant, l'avocat qui se contente de l'analyse succincte d'un procès, donne à son travail le nom de *Précis*.

L'autorité judiciaire s'est étendue dans tous les temps à l'examen des mémoires distribués par les avocats des parties ; la peine de la suppression de l'écrit publié, quelquefois même des amendes et des dommages-intérêts envers le fisc et la partie lésée, ont été et sont encore prononcés contre ces libelles diffamatoires dont le but est de calomnier et souvent d'obtenir de son adversaire, par la crainte, ce qu'on n'aurait pu espérer par toute autre voie.

Pour l'ordinaire, un mémoire n'est qu'un plaidoyer écrit, un tableau de la procédure qui a formé le *contrat judiciaire* et préparé le champ de la discussion. Les consultations qui souvent sont jointes aux mémoires, ne présentent que les moyens de droit puisés dans les sources de la jurisprudence ; cela n'empêche point que les mémoires renferment tout l'exposé des faits et la discussion des moyens, en un mot, toute la controverse. Il y a certaines causes qui, par leur nature, ne peuvent se juger que sur mémoires. Telles sont celles qui intéressent l'administration de l'enregistrement et des domaines. Devant la Cour de cassation, les mémoires font partie intégrante de la procédure ; ils ont le caractère de conclusions motivées, et sont rédigés par des avocats qui sont également les officiers ministériels seuls en exercice près cette Cour suprême.

Il y a des mémoires, des consultations, et des plaidoyers écrits qui ont donné de la célébrité à leurs auteurs : les œuvres des Lemaître, Patru, Cochin ne sont qu'un recueil de factums et de plaidoyers. Nous regrettons tous les jours que les Gerbier, les Caillard, etc., ne nous aient rien laissé d'écrit. Les contemporains de Gerbier sont aujourd'hui en petit nombre. Le souvenir d'un orateur aussi éloquent ne se perdra pas sans doute ; son nom ne sortira point de l'enceinte du palais théâtre de sa gloire ; mais la tradition de sa manière s'effacera peu-à-peu, dès lors qu'aucun de ses discours n'a été livré à l'impression.

Cinq mémoires furent publiés successivement par un homme qui n'était point jurisconsulte ; ils n'avaient pour objet, au fond, que l'apurement d'un compte entre associés, à l'occasion duquel une des parties se plaignait hautement de l'injustice du magistrat chargé de rapporter la cause au parlement

Maupeou. Cette matière, peu faite pour piquer la curiosité du public, a cependant excité celle de l'Europe entière. Jamais mémoires n'ont été plus répandus; ils ont suffi pour faire la réputation de leur auteur. Beaumarchais réussit, par son esprit, à intéresser au succès de sa cause les personnes même les plus frivoles; il parvint à faire lire (à faire dévorer) le détail d'un procès qui lui était personnel. Le succès de ces mémoires a été un prodige; et l'amour-propre de Voltaire fut même alarmé de la célébrité de Beaumarchais. Le patriarche de Ferney, alors presque octogénaire*, n'aurait jamais pardonné à l'audacieux antagoniste de Goesman, si quelques amis, dont Voltaire aimait les suffrages, ne lui eussent dit à l'oreille, *qu'il fallait encore plus d'esprit pour faire Zaire et Mérope.*

Les mémoires de Beaumarchais soutiennent la curiosité du lecteur par des scènes piquantes et variées, sans s'écarter du point principal qu'ils traitent. On fait cause commune avec le plaideur, et on partage toute son indignation contre ses ennemis. Qu'on ne dise donc plus après cela, comme je l'ai entendu répéter souvent, qu'il y a peu de mérite à composer un mémoire.

---

632. Un mémoire qui contient de injures graves contre une partie, mais qui n'est qu'une récrimination à une provocation de la part de celui contre lequel est fait le mémoire, n'en est pas moins répréhensible aux yeux de la loi, qui interdit aux citoyens même lésés le droit de se faire justice eux-mêmes. Dans ce cas, le mémoire doit être supprimé, avec compensation des dépens.

De Thiville c. Lefebvre.   Appel d'Orléans. i.
M.es Moreau et Baudry, avoc. plaid. Arrêt du 11 mai 1811.

* En 1773.

●●

MIN.

ARTICLE CINQUANTIÈME.

MINISTÈRE PUBLIC.

—

« On est surpris, disent les auteurs du Répertoire
» de Jurisprudence *, qu'une aussi belle institution
» soit sortie de la barbarie des gouvernemens mo-
» dernes. Cela prouve que le temps et le besoin de
» bonnes lois qui agite toujours les hommes, peu-
» vent quelquefois aussi bien faire que le génie
» dans la politique..... Les Grecs et les Romains
» n'eurent jamais l'idée d'une pareille magistra-
» ture.... Un accusateur public eût peut-être sauvé
» la république romaine, en réprimant plus puis-
» samment les premières entreprises des ambitieux,
» et en la purgeant de toute l'infamie des délateurs ».
Dans chaque province romaine, il est vrai, il y avait
le *Procureur de César;* mais ce n'était qu'un magistrat
chargé de veiller à la conservation des droits du
prince contre les entreprises des particuliers. Quant
à l'*avocat du fisc,* il portait seulement la parole lors-

* *Verbo* Ministère public.

qu'il s'agissait des deniers du prince. Ni le président Hénault, ni Montesquieu ne parlent de cet officier appelé *Saion*, établi à l'époque de Charlemagne près les tribunaux des comtes. M. Merlin * rapporte un fragment d'un ouvrage fait sur Cassiodore, où il est dit : « que le Saion devait se rendre partie contre les » violateurs des lois......; qu'il était l'exécuteur des » sentences rendues par le juge auprès duquel il oc- » cupait ». Certes, voilà bien les fonctions attribuées aujourd'hui au ministère public. Cependant, quand la puissance féodale s'établit sous les faibles succes- seurs de Charlemagne, cette magistrature disparut.

Le premier avocat du Roi a été Jean de Vassoigne, en même temps chancelier; il exerçait en 1300, sous Philippe-le-Bel. Son nom est cité dans l'histoire du président Hénault. Avant ce magistrat, les intérêts du Roi étaient défendus au parlement de Paris par un avocat nommé à cet effet à chaque cause. Sous Philippe-le-Long, en 1319, Guillaume de la Magdelaine fut pourvu le premier de l'office de procureur du Roi. Ce n'est qu'avec le temps que les fonctions de ce magistrat sont devenues un véritable ministère public, protecteur-né des intérêts des citoyens, chargé spécialement du dépôt et de l'exécution des lois et ordonnances.

En examinant avec attention les attributions de cette magistrature, on concevra combien elle est élevée et importante. Il n'y a plus d'autre accusateur au nom de la société; ce qui toutefois n'empêche point la voie de la plainte ouverte à tous ceux qui la

---

* Répertoire de Jurisprudence, *verbo* minist. public.

réclament ; les dénonciations sont également permises. L'époque fatale de notre révolution a attaché au nom de dénonciateur une sorte de réprobation morale, à cause de l'horrible usage qui en a été fait. Ce mot est encore celui de la loi : il est même des cas où les dénonciations sont ordonnées en matière criminelle (Art. 30, *Inst. crim.*). Cependant, si le ministère public n'agit point d'office, mais s'il poursuit sur une dénonciation, il est tenu, après l'acquittement de l'accusé, de lui faire connaître ses dénonciateurs.

En matière civile, le procureur du Roi ne peut point être contredit : chargé de résumer les moyens que les avocats ont fait valoir, en vain ceux-ci ont-ils épuisé vis-à-vis l'un de l'autre toute la sagacité de l'intérêt et tout le prestige de l'éloquence ; le magistrat dont le ministère est essentiellement juste et impartial, appréciera hautement tout ce qui a été dit ; il parlera devant un auditoire qui devancera peut-être le jugement du tribunal. Si quelques faits ont été négligés ou omis dans les plaidoieries ; si, au milieu de la discussion, quelques points de droit n'ont point été présentés, le procureur du Roi est là pour réparer cette négligence : mais il ne peut suppléer aux conclusions des parties ; il n'agit point, il requiert l'application des lois ; il est donc sans pouvoir pour étendre les demandes civiles au-delà des bornes dans lesquelles elles ont été placées par ceux qui y ont un intérêt direct et personnel.

Mais dans les affaires criminelles il en est autrement. Le Procureur-général est le vengeur de la société ; il accuse, il satisfait ainsi sa haine pour le crime, et son zèle pour la sûreté publique; l'accusé est aussi sous la protection des lois; il va être jugé par ses pairs; plus de procédure secrète; tous les moyens d'accusation ont paru au grand jour; les témoins sont venus revéler à Dieu et sous la foi du serment, sans haine, sans crainte, ce qu'ils ont vu, ce qu'ils ont entendu; enfin tout ce qui est relatif à l'objet de l'accusation; des débats sont établis, le Procureur-général a un adversaire à combattre, heureuse et salutaire innovation qui aurait peut-être eu lieu lors de la confection de l'ordonnance de 1673, sans le conseiller d'Etat Pussort.

Il était également sage d'établir que les derniers mots qu'on doit entendre soient ceux de la défense. Le magistrat qui préside à ces débats solennels a un véritable *ministère public* à remplir : placé entre l'accusation et la défense, il élèvera le dernier la voix et présentera aux jurés le tableau fidèle de ce qui s'est passé devant eux, et en s'adressant à la conscience d'hommes éclairés et animés du seul désir de connaître la vérité, il assure toute garantie aux droits de la justice.

---

633. Si le procureur du Roi a le droit de porter la parole dans toutes les affaires, il ne doit en matière civile que donner des conclusions, et non requérir. Cette dernière voie lui est interdite, quand il ne s'agit point de l'ordre public. Ainsi les tribunaux qui statuent sur de telles réquisitions du ministère public, rendent une décision nulle et jugent *ultrà petita*, les parties n'en ayant fait en aucune manière l'objet de leurs conclusions. (Sur l'article 83, *c. pr.*)

V.º Lecomte c. D.lle Couzé.   Appel de Blois. i.
M.ᵉ⁾ Moreau et Sévin, avoc. plaid. Arrêt du 30 mars 1815.

634. L'INTERROGATOIRE sur faits et articles est une faculté attribuée par le Code de procédure exclusivement aux parties, et le procureur du Roi ne peut point requérir cet interrogatoire, en alléguant à cet effet un intérêt d'ordre public; ce qui est une application du principe rigoureux que la voie d'action est interdite en matière civile au ministère public. (Sur l'art. 324, c. pr.)

Caranda   Appel de Romorantin. i.
c. héritiers Perrault.   Arrêt du 27 nov: 1816.

---

635. QUAND le procureur du Roi n'est point partie en cause devant un tribunal civil, il ne peut être intimé sur l'appel par celui qui réclame devant la Cour l'infirmation d'un jugement rendu sur ses conclusions.

Pour faire connaître toute l'étendue de cette jurisprudence, il faut dire deux mots de la matière du procès. On voulait exercer une action en calomnie contre un individu qui avait rendu plainte en faux devant un juge d'instruction. Le tribunal délivra au requérant copie de la plainte. Celui-ci demanda au tribunal qu'il lui fût donné à ses frais copie de l'information; ce qui eut lieu devant le magistrat instructeur. Le procureur du Roi par des motifs qu'il est inutile de déduire, s'opposa à cette remise, et conclut en conséquence : le tribunal rendit une décision conforme à ces conclusions. La partie interjeta appel, et intima à cet effet le ministère public devant la Cour, qui déclara l'appel non-recevable, le procureur du Roi n'ayant point été partie en cause en première instance.

(M. DESCHAMPS, AVOCAT-GÉNÉRAL.)

Ferret c. le Procureur-général.   Appel de Chinon.
M.e Pailliet, avoc. plaid.   Arrêt du 5 juin 1817.

---

636. L'ADMINISTRATION des canaux d'Orléans et de Loing étant assujétie par les décrets et ordonnances des 22 février 1813 et 20 novembre 1814, à la surveillance et à l'action de l'administration publique, il faut la regarder comme un établissement public. Toute contestation qui intéresse cette administration doit donc, à peine de nullité, être communiquée au ministère public. Le défaut de cette communication constitue une infraction d'or-

dre public, puisqu'elle donne ouverture à cassation et à requête civile.

Blanchard c. l'ad.^{on} des canaux.   Appel de Montargis.
Mes Baudry et Moreau, av. pl.   Arrêt du 2 fév. 1823.

---

637. QUAND, au sujet d'un procès civil et après les plaidoiries des parties, le ministère public, en portant la parole, dirige contre un avoué, partie en cause, une imputation qu'il fait résulter de l'état de la cause, et qui devient l'objet d'un réquisitoire tendant appliquer à l'officier ministériel une peine de discipline, les magistrats doivent admettre la partie inculpée à se défendre, le droit de défense en toute discussion judiciaire étant un droit naturel et sacré dont personne ne peut être privé. Si l'article 87 du décret du 30 mars 1808 interdit la parole aux parties quand le ministère public a été entendu, c'est parce qu'elles l'ont eue auparavant pour proposer tous leurs moyens de défense, et que le procureur du Roi, dans ses conclusions, n'a point changé l'état de l'affaire, ni créé une contestation nouvelle, ce qui ne saurait s'appliquer au cas où, par un réquisitoire spécial, le ministère public porterait une dénonciation, une imputation imprévue contre un des officiers ministériels constitués dans la cause.

Me C.....   Appel de Tours.
c. le Procureur-général.   Arrêt du 4 déc. 1816.

Le 7 août 1822, la Cour de cassation, en appliquant les principes ci-dessus indiqués, a cassé l'arrêt de la Cour Royale d'Orléans, qui, en prononçant la peine de la suspension contre un avoué, sur la réquisition du procureur-général, n'avait pas admis cet officier inculpé à se défendre, et avait ainsi violé l'article 14 du titre 2 de la loi du 24 août 1790, et faussement appliqué l'art. 8 du décret du 30 mars 1808.

●●●

MIN.

ARTICLE CINQUANTE-UNIÈME.

MINORITÉ. *

—

LA loi du 20 septembre 1792, en fixant la majorité à 21 ans, a produit une innovation heureuse et salutaire. Sans doute, la nature varie à l'infini, et l'intelligence ne se développe point à un âge fixe chez tous les individus ; mais l'expérience avait depuis long-temps appris qu'à 21 ans, époque où l'éducation est terminée, on est véritablement capable de la conduite de ses affaires. Le choix d'un état devance ordinairement cet âge ; cependant le terme de la majorité était autrefois fixé à vingt-cinq ans. Notre législation avait sur ce point suivi les lois romaines, sans admettre entièrement les distinctions relatives à la puberté. Chez les Romains, la tutelle finissait quand la puberté commençait, ce qui amenait pour conséquence que, si le mineur pubère n'avait point de curateur, il contractait valablement, et ne pouvait se faire restituer en entier, qu'en cas de lésion ;

* *Voyez* TUTELLE.

mais le mineur en curatelle était un véritable interdit, et toute aliénation faite sans l'autorisation de son curateur était nulle (*L. 3, Cod. de in integr. restitut.*). Cependant, lorsqu'on examine le texte de cette loi, on voit qu'elle n'est qu'un rescript des empereurs Dioclétien et Maxime, adressé à Attianus. On sait que les rescripts n'étaient que des décisions particulières à certains cas; or, Ulpien établit le principe général (*leg. 44, ff. de minorib., XXV ann.*) que les actes des mineurs ne sont point nuls de plein droit, mais seulement qu'ils doivent être annulés s'il en résulte que les mineurs ont été trompés ou se sont trompés eux-mêmes : *Non omnia...... irrita sunt, sed ea tantùm quæ causâ cognitâ ejusmodi deprehensa sunt, etc.*; ce qui est confirmé par la loi 141, ff. de verborum obligationibus, *puberes rectè stipulari possunt.*

Je ne m'étendrai pas davantage sur ces questions controversées, quoiqu'il me soit un peu difficile de perdre le souvenir des difficultés que j'ai eues à vaincre en étudiant cette matière sur laquelle j'ai soutenu ma thèse de Licence. Le titre *de minorib. XXV annis*, auquel se joint celui de *restitut. in integr., etc.*, est riche en argumentations à présenter et à résoudre. Toutes ces discussions faisaient les délices de M. Berthelot, professeur de droit romain à la faculté de Paris. Ce docteur aimable, et dont l'érudition n'était point pédantesque, disait ingénument que, depuis la publication des Pandectes de Pothier, toute la science de la glose avait disparu des chaires de droit; il ajoutait : la réputation d'un homme érudit ne s'acquiert plus dans les universités par l'étude des

antinomies, des *raisons de douter*, *de décider*. M. Berthelot avait bien raison : les jurisconsultes qui pro-
fessent aujourd'hui le droit romain ont renoncé aux
objicies, 1.°, 2.°; *imò*, *quidam palàm*, *etc.*, distinctions
que ne négligeaient point les docteurs de l'ancienne
école.

La Coutume d'Anjou (art. 464), et celle du Maine
(art. 455) faisaient cesser la minorité à 20 ans. Ces
dispositions étant très-différentes de celles du droit
généralement observé en France, il importait essentiellement de fixer la majorité d'une manière uniforme. La société éprouvait une perte réelle de tous
les travaux et transactions qu'aurait pu y apporter
celui qui n'aurait pas été frappé d'une interdiction
légale jusqu'à l'âge de 25 ans. Voilà pourquoi l'article 6 du titre 1.er de l'ordonnance de 1673 réputait
« majeurs les négocians et marchands pour le fait
» de leur commerce et banque, sans qu'ils puissent
» être restitués sous prétexte de minorité ». Jousse
ajoute, en commentant cet article, qu'on pouvait
même faire le négoce avant l'âge de 20 ans accom-
plis * dans les villes où il n'y a point de maîtrise.
Cette jurisprudence avait été reproduite dans l'article 1308 du Code civil d'une manière trop générale.
Elle a été modifiée par l'article 2 du Code de commerce pour les mineurs émancipés âgés de 18 ans; et
cependant autrefois les mineurs de 25 ans *pourvus de
bénéfices* étaient capables d'agir en justice sans l'autorité et assistance d'un tuteur ou curateur pour les

---

* Le temps de la minorité s'est toujours compté *à momento in mo-
mentum* (l. 3, ff. de minorib.).

droits, fruits et revenus du bénéfice (tit. 15, art. 14, ordon. 1667.). Denizart, en faisant observer que le *bénéfice* d'un mineur est son pécule, ajoutait que, pour agir ainsi, il n'était pas nécessaire que le mineur eût atteint l'âge de puberté. Cette glose est contraire à l'opinion de Jousse, qui, se fondant sur d'Héricourt (Lois Ecclés., tome 1, part. 2, chap. 19, tit. 29), dit expressément qu'il faut que les mineurs soient *pubères,* c'est-à-dire qu'ils aient 14 ans ou 12 ans, selon les sexes. Toutes ces distinctions ont été sagement abolies ; en législation, le temps est un grand maître.

———————

638. DANS l'ancienne jurisprudence, les mineurs devenus majeurs n'avaient que dix ans, à partir de leur majorité, pour se faire restituer contre des actes passés pendant leur minorité ; ce qui doit s'entendre d'actes faits par les mineurs eux-mêmes, mais non de ceux passés par leurs tuteurs ; à moins que, dans ce dernier cas, il ne soit justifié qu'ils ont eu connaissance de ces actes, et que depuis cette connaissance, ils n'ont point laissé écouler dix ans sans réclamer. (Sur l'article 134 de l'ordonnance de 1539).

Houdebine et autres c. Bourgogne.   Appel de Vendôme. i.
Mes Dinochau et Baudry, av. pl.   Arrêt du 25 juillet 1811.

———————

639. UN conseil de famille, dans l'intérêt des mineurs, et pour acquitter les dettes d'une succession, peut prendre une détermination à l'effet d'autoriser la vente en bloc d'un fonds de marchandises appartenant au père des mineurs.

En vain le tribunal refuse-t-il d'homologuer cette détermination, sous la raison que la vente d'un fonds de boutique doit être faite comme celle des meubles meublans : ici, l'intérêt unique des mineurs doit être apprécié. La vente en détail des diverses marchandises dont une partie est passée de mode, occasionnerait plus de frais, et ne procurerait pas le même avantage que la vente en bloc. (Sur l'article 989 *c. pr.* et l'art. 826 *c. c.*)

Héritiers Lecomte   Appel de Blois. i.
c. v.ᵉ Pryvé.   Arrêt du 9 juin 1813.

---

640. Le mineur devenu majeur n'est pas recevable, après vingt années, à attaquer une vente faite au cours de sa minorité, sans l'accomplissement de toutes les formalités prescrites par les lois anciennes, en invoquant l'article 134 de l'ordonnance de 1539, qui fixe à 30 ans la durée des actions d'un mineur, dans le cas d'aliénation de ses biens, pendant qu'il est encore sous l'autorité d'un tuteur.

Pour que cette action fût admise, il faudrait alléguer la lésion. L'ancienne jurisprudence, quoique controversée sur ce point, doit ici s'accorder avec les principes actuels, qui consacrent cette maxime de droit : *Restituitur minor, non tantùm ut minor, sed ut læsus.* (Sur l'art. 1304 *c. c.*).

Aubry-Valette   Appel de Tours. c.
c. la v.ᵉ Liger-Brousse.   Arrêt du 9 nov. 1815.

---

641. Le mineur qui a reconnu un enfant naturel pour être né de lui, en le présentant à l'officier de l'état civil, peut ensuite être recherché pour la déclaration de paternité, en ce sens que la mère de l'enfant peut réclamer que celui qui s'en est déclaré le père subvienne aux frais nécessaires pour la nourriture de cet enfant. Le mineur a toujours qualité pour contracter une obligation naturelle, et il n'a pas eu besoin, à cet effet, de l'autorisation de ses père et mère.

Fille Poussin c. Gabillard.   Appel de Vendôme. c.
M.ᵉˢ Baudry et Johanet, av. pl.   Arrêt du 13 déc. 1816.

---

642. Un mineur a qui il a été rendu un compte de tutelle en présence du curateur nommé à son émancipation, où tout est dit avoir été examiné article par article, ne peut, après sa majorité, revenir ultérieurement contre cet acte, sous le motif qu'il lui a porté préjudice.

Une fin de non-recevoir vient repousser cette demande. En vain invoque-t-on l'ancienne jurisprudence et l'autorité de Domat, qui enseigne (lois civiles, liv. 4, tit. VI, §. 2, n.º 19), que le mineur doit être restitué par le prince contre tout acte ou jugement où il se trouvait lésé, même contre les actes qu'il a faits avec son tuteur, le pouvoir du tuteur étant borné à ce qui peut être utile au mineur. (*Sed si in judiciis subvenitur, sive dum agit, sive dum convenitur captus sit*, etc, loi 7, ff, §. 4, *de minorib.*) On répond par l'article 444 du Code de procédure civile, qui fait courir le délai d'appel contre le mineur émancipé, du jour où le jugement aura été signifié, tant au tuteur qu'au subrogé tuteur, etc..... Ainsi, la liquidation intervenue après le compte de tutelle, est aujourd'hui inattaquable.

Lauverjat père c. Lauverjat fils.   Appel de Blois, c.
M.es Légier et Moreau, avoc. plaid.   Arrêt du 14 mars 1819.

●•●

NOT.

ARTICLE CINQUANTE-DEUXIÈME.

NOTAIRES.

(CHAMBRE DE DISCIPLINE DES NOTAIRES.)

—

A Rome, les notaires étaient mis au nombre des officiers préposés pour recevoir les contrats. Il est à remarquer qu'ils ne rédigeaient point l'acte, mais qu'ils remettaient leurs *notes* aux *tabellions* qui les inscrivaient sur des *tablettes*. Charlemagne fut le premier de nos Rois qui donna aux actes des notaires le sceau de l'autorité publique : ce prince leur accorda le titre de juges entre les contractans (*Judices carthularii*). Loiseau (des Offices, liv. 2, ch. 2), fait observer que, les procès n'étant pas jadis aussi fréquens qu'ils le sont devenus depuis, les clercs des juges leur servaient à la fois de greffiers et de notaires. Saint Louis changea cet ordre de classes, et créa soixante notaires à Paris, pour recevoir tous les actes de juridiction volontaire. Philippe-le-Bel, en 1302, établit ensuite des notaires dans tous ses domaines. Il y avait cependant encore quelque confusion entre

les greffes et les tabellionages, entre les prévôts et
les baillifs. Charles VIII, en 1493, sépara les attributions de ces deux offices.

Ragneau dit, en son Traité des Droits royaux et
seigneuriaux, que les fonctions des tabellions étaient
de mettre en grosse la minute de l'acte reçu par les
notaires, puis de le revêtir du *scel* et de le délivrer
aux parties. Henri IV réunit les tabellions aux notaires, par l'édit de 1597. Il créa des offices de *notaires, tabellions, gardes-notes* *, qu'il rendit héréditaires.

Avant 1789, le nom de tabellion était resté aux
officiers qui recevaient les conventions et contrats
dans les seigneuries et basses-justices. Cependant,
les seigneurs n'avaient droit *de tabellionage,* que lorsque le Roi leur en avait fait une convention expresse
ou tacite, d'après la maxime : *Potestas creandi nota-
rios, tabelliones, actuarios ad imperatorem pertinet.*

C'était anciennement une opinion généralement
admise par les jurisconsultes, et fondée sur un arrêt
du conseil du 4 juin 1668, que les nobles pourvus
d'offices de notaires, même antérieurement à cet arrêt,
étaient réputés avoir dérogé à la noblesse. Cependant les notaires de Paris, au moyen d'une finance
de 452,000 liv. **, obtinrent, en 1673, pour leur
compagnie, des lettres-patentes d'après lesquelles *le
titre et les fonctions de notaires de Paris ne pourront être*

* Henri III, en 1575, avait d'abord établi en chaque siége royal
un garde-note comme dépositaire des minutes des notaires après leur
décès, ou la démission de leurs offices.

** Voir Denizart, *verbo* notaires, n.° 50.

imputés dérogeance à noblesse. Denizart pense que, ce privilége ne concernant pas les notaires des autres juridictions, ceux-ci ne peuvent s'en approprier le bénéfice, et dérogent nécessairement. J'avoue que cette opinion me paraît rigoureuse, surtout pour les notaires d'Orléans, qui, comme ceux de Paris et de Montpellier, avaient le droit de *recevoir et de passer tout contrat par tout le royaume de France* *. Les dispositions de notre Coutume, conformes à l'art. 368 de l'ancienne coutume d'Orléans, n'ont fait que consacrer le privilége accordé en 1302 par Philippe-le-Bel, et confirmé par lettres-patentes de Louis XII en 1512; par celles de François 1.er en 1539; celles de Charles IX en 1561, et celles de Henri III en 1584. Pothier fait remarquer à ce sujet ** que ce privilége tire son origine de la célébrité de ces villes. « La » confiance, dit ce jurisconsulte, qu'on avait en la » science de leurs juristes qui remplissaient les fonc- » tions de notaires, les faisait appeler de toutes les » parties du royaume pour recevoir les actes im- » portans ». Un autre privilége du Châtelet d'Or- léans était le sceau attributif de juridiction, droit reconnu par beaucoup d'arrêts du Parlement et d'arrêts de réglement, et confirmé par l'article 2 de l'édit de réunion de la prévôté d'Orléans au bailliage, édit publié au mois de mars 1749. « Ainsi, » dit Pothier, ceux qui ont contracté par acte reçu » par un notaire du Châtelet d'Orléans, peuvent,

---

* *Voyez* l'art. 463 de la Coutume d'Orléans.

** Voir le Commentaire de Pothier sur cet art. 463 de la Coutume d'Orléans.

» eux et leurs héritiers, en quelque lieu du royaume
» qu'ils aient leur domicile, être assignés au Châ-
» telet d'Orléans, pour l'exécution de leurs obli-
» gations et engagemens contenus auxdits actes. »

Les notaires portaient autrefois la robe et le bon-
net, et ils étaient tenus d'en être revêtus, quand ils
comparaissaient devant les magistrats.

Langlois, auteur du Traité des Droits des Notaires
au Châtelet de Paris, dit qu'*en toutes cérémonies, actes
publics et assemblées, les notaires ont le rang et la préséance sur les procureurs.* Denizart, qui était *procureur
au Parlement de Paris,* contredit cette opinion de
Langlois *, en énonçant que, « lorsqu'il s'agit de
» préséance, c'est la possession et l'usage qui la
» déterminent; ainsi, il faut distinguer les procu-
» reurs postulans ès cours supérieures de ceux des
» juridictions subalternes, et ceux-là (à l'exception
» des Procureurs au Parlement de Dijon) ont tou-
» jours eu la préséance sur les notaires ». Cet auteur ajoute : « Les notaires n'ont point le pas sur les
» avocats, et il n'y a point d'intervalle et de corps
» intermédiaire entre les avocats et les procureurs :
» ceux-ci suivent immédiatement les avocats, et ils
» ne composent avec eux qu'une seule communauté
» au Parlement de Paris ».

Toutes ces prétentions de l'amour-propre ne peuvent rien diminuer de la considération qu'obtiennent des hommes estimables et qui remplissent leurs
charges avec zèle et désintéressement, dans le but
unique d'être utiles à ceux qui réclament leurs lu-

---

* Notaire à Paris.

mières. Les notaires, comme aujourd'hui les avoués,
peuvent souvent, dans leurs cabinets, éteindre les
sentimens de haine et de passion qui existent entre
ceux qui les consultent. Les notaires ont encore un
ministère plus élevé : ils exercent des actes de juridiction volontaire, et sont les dépositaires des secrets des familles : ces importantes fonctions se trouvent ainsi, en quelque sorte, associées à celles de la
magistrature.

La loi du 29 septembre 1791, en abolissant la vénalité et l'hérédité des offices, effaça toutes les distinctions qui existaient entre les notaires royaux,
seigneuriaux et apostoliques *. Tous furent appelés
notaires publics, et reçurent en même temps le titre
de fonctionnaires publics. Enfin, la loi du 25 ventose an XI, a réglé d'une manière définitive leurs
droits et leurs attributions.

---

643. Les réglemens anciens et nouveaux interdisent à deux
notaires, beau-père et gendre, de concourir simultanément à la
confection du même acte; l'un d'eux ne peut, même comme
mandataire ou conseil des parties, réclamer des honoraires d'aucune d'elles, lorsqu'à l'appui de cette demande, il ne prouve
point que son intervention ait eu lieu, d'après le vœu formel des
parties intéressées. La présence du second notaire ne doit être
regardée que comme une coopération officieuse de sa part dans
l'intérêt unique du notaire instrumentaire. En conséquence, le
notaire *adjoint* est tenu de restituer tout ce qu'il a reçu au-delà

---

* On donnait ce nom aux notaires préposés pour recevoir et expé-
dier les actes en matière spirituelle et bénéficiale : voir Denizart sur
cet article. Dans plusieurs Présidiaux, les notaires royaux étaient
aussi notaires apostoliques.

de ce qui a été légalement payé à celui qui a fait les actes de son ministère.

(PRÉSIDENCE DE M. LE BARON PETIT-LAFOSSE, PR.ᵉʳ PRÉSIDENT.)

(M. BUREAU DU COLOMBIER, AVOCAT-GÉNÉRAL.)

(M. COLAS DE LA NOUE, CONSEILLER-AUDITEUR, RAPPORTEUR.)

H.ᵉʳˢ David c. P.... et L....   Appel d'Orléans. i.
M.ᵉˢ Johanet et Grouard, avoc. plaid.   Arrêt du 12 mai 1813.

---

644. Lors du décès d'un notaire, le juge de paix doit, dans l'intérêt public, constater le dépôt des minutes du notaire, et veiller à ce que la transmission en soit faite aux héritiers du défunt auxquels elles appartiennent. Cependant le juge de paix irait au-delà de sa mission, s'il dressait un inventaire de l'état intérieur des minutes ; car alors il s'immiscerait de son plein gré dans les secrets des familles ; c'est par cette raison que ce magistrat n'a droit à aucune vacation, puisque, dans le cas dont il s'agit, il exerce son ministère au nom et dans l'intérêt uniquement de la société. Dans l'espèce, le tribunal, saisi d'une affaire de cette nature, avait pensé que l'art. 58 de la loi du 25 ventose an XI, qui ordonnait de remettre les minutes au successeur du notaire décédé, était général, et devait s'appliquer à tous les cas : les minutes d'un notaire étant une propriété publique qui doit être religieusement conservée. L'article 59 de cette loi ordonne seulement que deux notaires feront l'appréciation des recouvremens à faire sur les minutes : c'est pourquoi il est nécessaire d'apposer, après décès, les scellés sur les papiers des dépositaires publics (art. 911 du c. pr.) ; tant que l'inventaire n'a pas été terminé, la cause de l'apposition des scellés existe, et ils ne peuvent être levés qu'après la clôture de cet inventaire.

Les héritiers du notaire soutenaient que le droit de dresser un double état des minutes appartenait à eux seuls. Après une discussion très-controversée, M. le Procureur-général * développa cette question neuve avec cette justesse d'esprit et cette solidité de raisonnement qui caractérisait particulièrement son talent. Ce magistrat fut d'avis que, la clientelle du notaire décédé étant la propriété de ses héritiers, il ne fallait point dresser un inven-

---

* Le baron Sezeur.

taire de l'état intérieur des minutes, en constatant les irrégularités qui pouvaient s'y rencontrer; mais que l'intérêt public
faisait un devoir au juge de paix de veiller à la transmission d'un
dépôt qui est la propriété de tous les citoyens.

Cette doctrine fut adoptée par la Cour Royale, avec les motifs suivans : la loi du 25 ventose an XI et le Code de procédure
civile, en ordonnant l'apposition des scellés sur les minutes d'un
notaire décédé, ont voulu donner à la société une garantie de la
conservation entière d'un dépôt dont le contenu intéresse tous
les citoyens : la conséquence de cette intention manifeste est que
le législateur n'a point disposé que les minutes d'un notaire rêstas-
sent à la disposition des héritiers de ce titulaire : il suffit donc
que le juge de paix, comme conservateur de l'intérêt public,
soit témoin de la remise intégrale du dépôt, sans que de sa part
il ait le droit d'en constater l'état matériel.

(M. LE BARON SEZEUR, PROCUREUR-GÉNÉRAL.)

H.ers Gauthier   Appel de Gien. i.
c. le Procureur-général.   Arrêt du 11 janv. 1815.

—————

645. LA chambre des notaires a le droit, par voie de discipline, d'émettre un avis qui ait pour résultat de suspendre provisoirement de ses fonctions un notaire de son arrondissement,
si la chambre pense que le notaire a compromis, par sa conduite,
l'honneur et la délicatesse de l'honorable profession qu'il exerce :
cependant, une pareille décision est prématurée, si elle se fonde
sur le résultat que pourrait avoir un procès civil que le notaire a
comme *citoyen*, et non en la qualité d'officier public dont il est
revêtu, et que le tribunal saisi de cette affaire n'ait encore rendu
qu'un jugement interlocutoire. On conçoit facilement que les notaires, en prenant pour mesure de discipline une délibération
qui inculpe un de leurs confrères, manifestent, dès ce moment,
une opinion sur le fond d'une contestation qui n'est pas jugée,
en établissant contre le notaire qu'ils censurent un préjugé défa-
vorable; en conséquence, l'avis de la chambre des notaires doit
rester sans effet, et être regardé comme non-avenu jusqu'à la
décision définitive de la cause. (Sur l'art. 53 de la loi du 25 ventôse an XI.)

M.e B..... c. la Chambre   Jugement du tribunal d'Orléans
des Notaires d'Orléans.   du 20 septembre 1817.

646. Les chambres de discipline des notaires, instituées pour prévenir tout différent et concilier des notaires divisés d'intérêt, à l'égard des fonctions qu'ils remplissent, ne sont point par cela même exclusivement chargées de prononcer sur le sort d'un notaire qui auroit encouru la peine d'une suspension pendant trois mois, pour avoir instrumenté hors de son ressort. Une action de cette nature peut être intentée devant les tribunaux, sans qu'il ait été nécessaire de la porter préalablement devant la chambre de discipline. Pour la négative, on invoquait une loi du 2 nivose an XII, qui avait fixé les attributions des chambres de discipline pour les cas où un notaire, par son indélicatesse, aurait encouru la peine de la suspension. La Cour considéra que le décret de règlement du 2 nivose an XII, postérieur à la loi organisatrice du notariat, du 25 ventose an XI, ne s'appliquait qu'aux cas de discipline sur lesquels la loi ne contenait point de dispositions spéciales; ce qui n'existait point dans l'espèce particulière qui a été formellement prévue par les articles 6 et 53 de la loi du 25 ventose an XI.

Cervet c. Archambault.   Appel de Loches. i.
M.ᵉˢ Moreau et Baudry, avoc plaid.   Arrêt du 13 fév. 1818.

---

647. Un notaire peut former une demande en paiement de ses actes, avant de les avoir fait taxer par le tribunal de son arrondissement, aucune loi n'exigeant la taxe préalable des coûts et honoraires d'un notaire pour valider son action en paiement, puisqu'en tout état de cause, cette taxe peut être demandée et obtenue.

M.ᵉ Gaulthier c. le docteur Ranque.   Appel d'Orléans. i.
M.ᵉˢ Baudry et Moreau, avoc plaid.   Arrêt du 9 nov. 1820.

---

648. Le notaire qui vend son étude, est tenu de remettre à son successeur son répertoire et toutes ses minutes. S'il ne satisfait point à cette obligation, le procureur du Roi, comme partie publique, doit le citer au tribunal, à l'effet de se conformer aux dispositions des articles 55, 56 et 57 de la loi du 25 ventose an XI, sur le notariat. Si cependant le notaire forme une opposition à l'action du ministère public, et qu'en outre il conclut à des dommages-intérêts contre le procureur du Roi, de pareilles con-

clusions sont irrévérentielles, et portent atteinte à la dignité de la magistrature. Au fond, il peut être prononcé une amende contre cet officier public en demeure de remettre à son successeur son répertoire et ses minutes, et cette amende se renouvelle par chaque mois de retard.

(M. LAISNÉ DE S.ᵗᵉ MARIE, CONSEILLÉR-AUDITEUR, RAPPORTEUR.)

(M. GAULLIER DE LA GRANDIÈRE, SUBSTITUT DU PROC.ᵗ-GÉNÉRAL.)

Jousselin c. le Procureur-général. Appel de Blois. c.
M.ᵉ Ferrière, avoué plaidant. Arrêt du 23 fév. 1821.

---

649. LES notaires doivent, dans tous leurs actes, prendre un soin rigoureux à ce que la mention des *mots rayés nuls et approuvés*, soit faite en marge, et non au bas du texte de l'acte avant les signatures. Le motif de cette prescription est facile à concevoir; il importe essentiellement qu'on ne puisse point, à l'aide d'un blanc qui souvent précède les signatures, placer une approbation de mots rayés comme nuls, au moyen desquels il serait aisé d'opérer la radiation de mots importans, et de dénaturer ainsi frauduleusement les conventions stipulées. (Sur l'art. 68 de la loi du 25 ventose an XI.)

(M. LAISNÉ DE S.ᵗᵉ MARIE, CONSEILLER-AUDITEUR, RAPPORTEUR.)

(M. GAULLIER DE LA GRANDIÈRE, SUBSTITUT DU PROC.-GÉN.)

Jousselin c. le Procureur-général. Appel de Blois. c.
M.ᵉ Ferrière, avoué plaidant. Arrêt du 28 mars 1821.

---

650. Nos lois permettent la vente des offices de notaire. Cependant, si l'acquéreur d'une charge de cette nature s'engage envers son cédant démissionnaire à faire ses propres affaires du résultat de cette démission, en s'obligeant envers celui-ci à toute garantie, cet acquéreur, par cela même, ne contracte d'engagement que dans le cas où, en raison de causes qui lui sont personnelles, sa nomination n'aurait pas lieu.

Ces principes établis, si la démission du cédant n'est pas acceptée par le gouvernement, d'après le motif que celui-ci n'est point en mesure de rapporter au ministère de la justice la démission actuelle d'un notaire voisin dont l'office est supprimé; l'acte de cession doit être regardé comme non-avenu. En conséquence, si le notaire cédant a reçu de celui auquel il avait vendu son étude, une somme quelconque en à-compte du prix stipulé, cette somme doit être restituée à celui qui l'a payée. En vain dit-on que, la vente étant parfaite, c'est le cas d'appliquer le principe *res perit domino*, et que l'argent reçu n'a été que le prix de la démission vendue ; en d'autres termes, que la démission a dû être consentie au préalable, comme étant un moyen pour acquérir un titre: or, l'aliénation d'un office de notaire était dans l'espèce un contrat aléatoire; car, si le lendemain de ce contrat de vente, le décès du notaire voisin était arrivé, l'étude vendue aurait, par cela même, acquis une valeur plus considérable, attendu la suppression de cette autre étude. On combattit avec avantage ces raisonnemens, en disant : Il ne s'agit point ici d'alléguer des chances aléatoires; avant tout, la démission du notaire cédant a été la condition première, qu'aucune autre n'a pu suppléer ; cette démission n'ayant point été agréée, il n'y a réellement pas eu de vente. (Sur l'article 1156 du *c. c.*)

Gastellier c. de Vaillant. Appel de Montargis. c.
M.ᵉˢ Baudry et Moreau, av. pl. Arrêt du 1.ᵉʳ août 1821.

---

651. L'ACTION solidaire qu'un notaire a contre chacune des parties pour lesquelles il a opéré, en raison du paiement des actes de son ministère, peut s'éteindre, quand le notaire a donné à une des parties la quittance de ce que celle-ci devait pour sa quote-part. Un notaire a toujours la faculté de remettre son débet à une partie de l'expédition de l'acte passé dans son étude ; en déclarant qu'il réserve ses droits contre les autres parties. (Sur l'article 1121 du *c. c.*)

(M. COLAS DE LA NOUE, DOYEN DES CONS.ᵉʳˢ, PRÉSID. L'AUDIENCE.)

(M. DESCHAMPS, AVOCAT-GÉNÉRAL.)

Lemoyne Montbrun c. M.ᵉ Cabart et Pelerin. Appel d'Orléans. c.
M.ᵉˢ Baudry et Moreau, avoc. plaid. Arrêt du 13 déc. 1821.

---

652. TOUTES les procurations, de quelque nature qu'elles soient, doivent être annexées à la minute des actes auxquels

elles ont donné lieu. Les expressions de l'article 13 de la loi du 24 ventose an XI, sur l'organisation du notariat, sont générales, et s'appliquent à toute espèce de procuration.

(M. COSTÉ, CONSEILLER-AUDITEUR, RAPPORTEUR.)

(M. DESCHAMPS, AVOCAT-GÉNÉRAL.)

Boutroux c. le Procureur-général.	Appel de Gien. i. Arrêt du 18 déc. 1821.

————

653. 1. Les tribunaux ont, en tout état de cause, un pouvoir discrétionnaire, lorsqu'il s'agit de la destitution ou de la suspension d'un notaire, sans qu'il soit nécessaire de provoquer préalablement une délibération de la chambre des notaires, dont le résultat soit de dénoncer au tribunal de l'arrondissement le notaire gravement inculpé. La lettre, comme l'esprit de la loi du 25 ventose an XI, et du règlement du 2 nivose an XII, autorise les tribunaux civils à suspendre pour un temps déterminé, et même à destituer un notaire, sur la plainte formée par le ministère public, même hors des cas prévus par les articles 6, 16, 23 et 26 de la loi spéciale pour la matière.

2. Le renvoi d'un prévenu du délit d'abus de confiance, en raison de ce que l'action en police correctionnelle est prescrite, n'empêche point les tribunaux civils d'apprécier, en matière de discipline, les faits qui auraient été imputés au prévenu; tel serait, par exemple, *un abus de confiance* commis par un notaire dans l'exercice de ses fonctions.

D'après les principes qui viennent d'être énoncés, s'il s'agit de l'examen d'une cause de cette nature, et que la Cour Royale ait reconnu que la chambre des notaires, en conséquence d'une délibération qu'elle a prise, se soit efforcée de prémunir l'opinion publique et celle du tribunal de première instance, contre une demande en destitution d'un notaire, formée à la requête du ministère public, au tribunal déjà saisi de cette action, il appartient à la Cour Royale de déclarer que la chambre des notaires a fait un acte hors de ses attributions, contraire à ses devoirs et au respect qu'elle doit au pouvoir judiciaire, sous la surveillance duquel elle est directement placée. La Cour doit, en ce cas, annuler cette délibération, et ordonner la transcription de l'arrêt en

marge de la minute du registre des délibérations de la chambre
des notaires.

(PRÉSIDENCE DE M. LE BARON ARTHUYS DE CHARNISAI.)

(M. DESPORTES, FILS, SUBSTITUT DE M. LE PROCUREUR-GÉNÉRAL.)

Turmeau	Appel de Vendôme. i.
c. le Procureur-général.	Arrêt du 10 janv. 1823.

---

654. **1.** QUAND un acte contient la démission d'une charge
de notaire, et la présentation de celui désigné pour succéder
au notaire qui se démet de son office, moyennant une prestation
viagère à payer par le cessionnaire à un des enfans du cédant, pendant le cours de la vie de celui-ci ; cette stipulation
peut, selon les circonstances, être considérée comme un avantage
réel que le père qui consent à se démettre de son étude, a voulu
faire à un de ses enfans : ainsi, après le décès du notaire, le
montant de cet avantage est sujet à rapport. (Articles 843 et
857 du *c. c.*

Conformément à l'article 91 de la loi du 28 avril 1816, les
notaires ont la faculté de présenter leurs successeurs pour obtenir l'agrément de Sa Majesté, pourvu que les officiers dont on
demande l'admission, réunissent les qualités voulues par la loi
pour exercer les fonctions du notariat. Il suit de là, que l'office
de notaire est une propriété que le titulaire peut céder pour un
prix stipulé par des conventions autorisées par la loi. Donc, si
un père qui, moyennant une très-modique prestation viagère, et
dont la durée ne peut pas être très-longue, d'après les chances
les plus probables, se démet de son office de notaire pour l'établissement d'un de ses enfans ; ce père procure réellement à ce
dernier un avantage dont la valeur doit être rapportée à la succession du père commun, quand cet avantage n'est pas stipulé
avoir été fait avec dispense de rapport. (Article 843 du *c. c.*)
Dans tous les cas, il est réductible au montant de la quotité
disponible. (Art. 844 du *c. c.*)

2. L'office de notaire réservé propre dans le contrat de mariage de celui qui en est pourvu, ne pouvant entrer dans la communauté, le rapport n'en doit être fait qu'à la succession du no-

taire, et sa veuve n'a aucun droit à exercer sur la valeur de cette charge.

Froger-Moynard   Appel de Chinon.
c. la f.° Godeau-Moynard.   c. et i.
M.es Moreau et Baudry, avoc. plaid.   Arrêt du 18 août 1824.

---

655. Lorsqu'un acte a été déposé en l'étude d'un notaire, et que la partie dans l'intérêt de laquelle il a été passé, ne peut faire valoir les droits qu'elle réclame, qu'en constatant son individualité, les juges ont la faculté, d'après la requête qui leur est présentée, d'autoriser le notaire à se dessaisir momentanément de la minute des actes de naissance et de mariage annexés à celui dont il est dépositaire. Ce déplacement est nécessaire pour donner à ces actes le complément qui leur manque, en les faisant revêtir de la légalisation des signatures des officiers de l'état civil qui les ont reçus. Alors le notaire est tenu de substituer aux minutes distraites de son étude, des copies conformes auxdits actes, et collationnées par le président du tribunal; et après leur légalisation en forme régulière, les actes originaux doivent être réintégrés dans l'étude du notaire, au lieu et place qu'ils occupaient auparavant.

(PRÉSIDENCE DE M. COLAS DE LA NOUE, DOYEN DES CONSEILLERS.)

(M. ARTHUYS DE CHARNISAI FILS, SUBSTITUT DU PROCU.r-GÉNÉRAL.)

D.e Goëtz, v.e Riberon, c. le Proc.-gén.   Appel d'Orléans. i.
M.e Jobanet fils, avoc. plaid.   Arrêt du 10 mai 1825.

FIN DU TOME PREMIER.

www.ingramcontent.com/pod-product-compliance
Lightning Source LLC
Chambersburg PA
CBHW031359210326
41599CB00019B/2815